一頁 folio

始 于 一 页 ， 抵 达 世 界

编者序

德里克的日记，总计三十三本，全都书写在水彩本上，手工装订的黑边，一本本小小的刚够放进他的外套口袋。然而其中的两卷遗失了，尽管所有的日记都写上了“如有拾获，定有奖励”的字样，却仍然没有下落。

对于日记的出版，德里克态度矛盾，一度他曾指示我在他死后将这些日记全部烧毁。可他仍然在持续写着，为每卷日记附上一些暂定的标题，比如“心安”“一阵失忆”“虞美人之战”“圣人之日”“在火焰中被击倒”“乌托邦里的一道寒意”“岁月老去”……德里克总是为日记的标题竭尽心力。他在日记中对后来参演了他第一部长片的某位旧爱抒过一段情：“在《塞巴斯蒂安》的一场戏里，他浮出水面，慢慢微笑起来。”德里克在“慢慢微笑”下画了横线，我便拿来做了书名。

德里克第一卷日记的一校和二校都由他自己来完成，我很幸运地参与了德里克早期的两部自传性集子《以卵击石》和《现代自然》的编辑，现在又以同样的方式接手了这一本。我集合起德里克一些零碎的自传文字，去除重复以及有法律隐患的段落。剩下的文字都保留了德里克口语体的连贯风格——就跟他曾经充满美感的笔迹一样，也随着病情的加重而退化了。

除了两次因病痛而无法提起他的墨水笔，只好口述日记之外，大部分的时间里，德里克都保持手写的习惯。在写作最后的日记时，他已经失明，凭着对笔尖与纸张的记忆，他才能略带潦草地写下文字。

当我誊写最终卷时，发现字句在一页纸的末端中断。也许是德里克写作时，正好被电话或探访打断，又或许是写作耗尽了他的体力。我以为到此日记就已完结，直到几个月后，我向一位友人展示那一页时，德里克当时遇到的事情也发生在了我身上——原来日记本的一些空白页面粘连在了一起。于是我跳过那几页，发现他用充满痛苦的笔迹，记录着三页让人痛彻心扉的最终章。

早期德里克身体还健康时，他在一卷日记的结尾颇为动人地写道：

请阅读我锁进这些书页中的关于世界的思虑；然后放下书，去爱。愿你有一个更好的未来，无顾虑地去爱，并且记得我们也曾爱过。当阴影逼近，却更见星光。

德里克·贾曼，《自担风险》

May 12-91.

For days now I have tried to restart this
diary. but the clatter of my existence has
warned me off. the first mark on the page
eludes me it is easy to put off. the cold
weather with its biting easterleys has
pinched me to the old stove that roars
through the evening white hot. a cruel.
sore throat. coughs and a deep depression
have left me darting hither and thither
mop and duster in hand. paint brush
dipped in venetian red. even my new
overalls the colour of faded brick and
my suntan hardly cheer me. H.B.
drove here yesterday with Malcolm
it grew so cold we muffled up to
visit the swans nest at the Long Pits
with its seven small cygnets. the
fox decomposing in the shallows
a swaying mass of green is surrounded
by an army of black tadpoles
many thousands of them. H.B.

* 上图所示日记篇目与本书正文第一篇日记的日期不符，原书如此，且原编者未加说明。

目 录

一九九三年

一九九四年

一九九一年

五月

5 月 11 日　星期六

连日来我试着开始写这本日记，俗世的扰攘却总是来打搅；无法在纸上落下第一笔，于是一拖再拖。

HB[1]开车去邓杰内斯，天渐渐变冷，我们裹得严严实实地跑去看长坑里的天鹅巢和七只小天鹅。一只狐狸的尸体腐烂在浅滩上，贪吃的黑蝌蚪们组成小型舰队，簇拥在大团摇摆的绿藻边，把绿藻啃噬得所剩无几。HB朝水里扔了枚石子，涟漪便向这群掠食的军团漾去。“造物主，也是毁灭者啊。”他说。我被凛冽的东风所裹挟的寒意逼退到老旧的火炉边，炉火近乎白炽，轰鸣着烧了一整晚。我被剧烈的喉痛、咳嗽和深深的沮丧感所摆布，手里攥着拖把和抹布，犹疑地握着画笔，蘸着威尼斯红的颜料，此刻

1　指基思・科林斯（Keith Collins，1966—2018），贾曼的爱人，也是本书英文版的编者。——本书注释均为译者注

就算穿着新买的做旧砖色工装裤，还有晒得黝黑的肤色，都让我提不起劲头。

我窝在破沙发里，一边用眼角扫着电视，同时心中几乎没有热情、以蜗爬的速度读着《佩皮斯[1]日记》。

5月12日　星期日

破晓时天光明媚，今天是个无风、温暖的晴日，安静而美好。平日里嗡嗡轰鸣的核电站今天也没有工作。暖暖的热光在滩上的卵石间闪烁，连绵数周的雨水为海角留下一片新绿。

艾伦·贝克来电，我们讨论了一本疯狂的书——《同志、感情骗子和交媾》，一本恶语诽谤、制作简陋的投机之作；而后一切又归于宁静。

～

花园里好些野花都开了：有闪着光的天竺葵、春山黧豆、葶苈草、海滨蝇子草和金雀花。

～

彼得·费林翰同他在坎特伯雷铸铜厂工作的朋友史蒂芬来访，我们去海边拾荒，捡到一些木头和金属，为即将在设计博物馆[2]开办的展览做准备。

我早早上了床，一夜难眠，而后又反复梦到挨饿的男孩们，几度辗转醒来。

5月13日　星期一

这天清晨八点，雾气蒙蒙中看到皇家艺术学院电影系的学生们在隔

1　指塞缪尔·佩皮斯（Samuel Pepys，1633—1703），英国政治家，其写于1660年到1669年间的日记记录了伦敦大瘟疫、第二次英荷战争、伦敦大火等重大历史事件。

2　设计博物馆（Design Museum）是位于伦敦南肯辛顿的一家博物馆，主要展出各类产品、艺术设计。

壁拍摄。任何陌生人的到来都会令我不安，越来越多的车出现在我的视野中，停靠在路边，破坏了我幻想中的独处时光。人们徘徊在乡野间，完全没有注意到脚下的虞美人和海甘蓝幼苗。难道就不能来些人给风景增光添彩吗?

～

手头的计划都几近完成：《现代自然》和《酷儿爱德华二世》都写好了，设计博物馆的花园展也开展在即。昨晚八点我接到征询电话，问我是否愿意乘坐协和式客机去华盛顿，参加今天下午一点的《花园》首映。我可跑不了这么快，于是便继续坐在这里看着正在成长的花园植物，雾越发浓重起来，像粉白的面纱，海角对面的发电站被完全罩在这一片白色之中。

～

艾伦·贝克来访。我们开车去黑斯廷斯吃炸鱼薯条、参观莱伊港、穿越被他称为“科斯塔卡纳斯塔”的佩特村。我们停了车，朝着大海的方向，沿着小路步行穿过田野，穿过成排类似蕨类的毒芹。我们着实费了一番口舌，才打消了艾伦的朋友比利想要尝一尝毒芹的想法——我们告诉他，某年夏天一个朋友把毒芹拌进沙拉，最后像奥菲莉娅[1]一般死在溪中。艾伦说他曾读到过，这种植物并不会“温柔地”毒死你。

5月14日　星期二

利亚姆·丹尼尔和菲利普·麦克唐纳德来拍照。天空放晴，我扔出一串发霉的香肠，海鸥立刻聚拢争抢。菲利普抱怨着《花园》公映后的几周以来，人们遇上他都会大胆地跑上前与他搭话：“你就是那部电影里的裸体男妓之一。”

1　莎士比亚剧作《哈姆雷特》中的女性角色。

～

十二点，我的美国友人林恩·汉克带了湿地农家小铺的芦笋便当来访。我们突袭了麦德罗纳苗圃，弄了些薰衣草移植到我屋前。

种下薰衣草之后，我们开车沿着石街经由利姆前往坎特伯雷参观主教堂——自从上次尼克·佩夫斯纳和他老婆对一些建筑细节所属时代进行剧烈争吵之后，我一直都对坎特伯雷喜欢不起来。我们小心地挤进停车位，沿着丑陋陈旧的主街向主教堂附近走去；街的一边是罗兰爱思（Laura Ashley）女装店，另一边是拉特纳（Ratner）珠宝店——一两周前《太阳报》登了一篇关于这家珠宝店的文章，标题叫《这就是废物买给你的东西》，配图是拉特先生[1]和太太坐在一间无比丑陋的房中。

～

我本以为主教堂的走道里会挤满了打着拍子、用披头士的老歌曲调高声唱着《圣经》颂歌的灵恩基督徒们——然而这里却像教堂坟地一样宁静，只能听见穿着死黑色袍子的司事们围着廊柱走动时发出的沉闷的脚步声。新主教凯利[2]就曾在从西面塔楼瞄过来的枪手们的枪口守护下就任。这就是废物搞定你的地方。

～

昨夜又在电视上看了一部伤感的电影，配乐用的是宠物店男孩（Pet Shop Boys）的《犯戒》（“It’s a Sin”）[3]，电影里有个试图让自己父母伤心的同性恋男孩，因为父母二人都是坚定的基督徒。

被售货摊破坏了的主教堂地下室今天关闭了，但是彩绘玻璃在阳光下闪耀着光芒。哀鸣的钟声为我们的脚步伴奏。

穿着皱巴巴土豆色的国王学院制服、工工整整地扣着扣子的男生们在

1　原文是“Mr Rat”，字面意思为“老鼠先生”，有讥讽之意。

2　指乔治·凯利（George Carey，1935—　），于 1991 至 2002 年间就任坎特伯雷大主教一职。

3　这首歌的 MV 正是由贾曼执导的，歌词写的是乐队成员尼尔·坦南特自小接受的天主教教育，具有很强的自传性。

玩槌球。我无神论的观点变得更加坚定了。坎特伯雷真是个丑陋的地方，被试图改善此地的人们抹去了历史的印记。

回到停车场，原先整齐地装在黑色塑料袋里的垃圾现在全部丢在我们的车座上了，车窗上留了张便条，写着“你撞坏了我们的车，有两位目击者看到了，等着我们告你吧”。

开车回伦敦的路上，我们一路感慨着六〇年代，那个年代真是丑啊，建筑、服饰、发型都是如此——除了杰奎琳·肯尼迪，一切都丑。关于杰奎琳·肯尼迪的回忆让我们一路笑着回到伦敦，眼中闪烁着耀目的阳光。

～

晚上理查德·萨蒙[1]邀请我们所有人去参加他为一个朋友举办的晚宴，他的这个友人塞巴斯蒂安·德·贾内是一位身价过亿的画家。餐厅位于波托贝洛街，内部装潢拙劣，蜡烛太多。我坐在林迪·达弗林和玛丽·简的中间，林迪说塞巴斯蒂安的长相让人有种想去宠他的冲动。理查德戴了一条有着开心果图案的亮色领带；HB给我缝了他那条凯瑟琳·哈玛尼特[2]牌的裤子，因为扣子全都掉光了——他说她有意把裤子设计成这样，这样你才不会忘记她。凌晨一点，我们回到了凤凰之屋[3]。

5月15日　星期三

为了给苏·阿迪尔录制一档关于同性婚姻的电视节目，在演员休息室待了大半天。也是一段很有趣的经历，可以听到律师们的观点：我们乐于摆脱束缚着异性恋的婚姻，在漫长的历史中，婚姻将女性贬低为财产；然而，婚姻确实为利益、财产、继承权和儿童的权利构建了一个框架。

1　英国画商，经营位于伦敦肯辛顿的理查德·萨蒙画廊。

2　凯瑟琳·哈玛尼特（Katherine Hamnett，1947—　），英国时装设计师，以政治相关的 T 恤衫设计和商业道德而闻名。

3　凤凰之屋（Phoenix House）位于伦敦查令十字街，与凤凰剧院同处一栋楼，贾曼于 1984 年迁入这套公寓。

自然而然，女性会比男性更谨慎，即使有些人的同性关系受到了大都会教堂的祝福，有些女性还是已经忍耐不幸的婚姻很久了。我不知道我在讨论中起到了什么作用，毕竟比起其他人来说，我年纪要大很多。和HB一起受邀去吃晚餐，他不在的场合下，很难与人谈论我们的事。录制快结束时我说，我从来没有像现在这样开心过。

5月16日　星期四

国家电影院[1]正在上映我最爱的电影。

我们到达影院的时候，我的“头号粉丝”正等着我的到来。“您收到我的明信片了吗？”

“收到了，谢谢。”

“我打电话给沃克泰托电影公司，他们说您很忙，我不想打扰您，但是我一直等在您公寓外的咖啡店，希望能见见您。您可以在我的票根上签名吗？”

当我签着名时，她继续说道：“宠物店男孩最新的演唱会和您当时制作的那场根本不能比。”

“噢真的吗？你在哪里看的？”

她的脸色忽然绷紧，瞪着我道：“巴黎！我就是在那儿给您寄了明信片！”

HB滑到我们中间，巧妙地把我拉进了影厅。

～

格里菲[2]的《海》是一部遗失多年的好电影，有人在国家电影资料馆为我找到了它。六〇年代时，我在学院里看过的画面到现在仍然记得：影片

1　国家电影院（National Film Theatre）是英国电影协会管理下的一个放映机构，2007年3月已更名为英国电影协会南岸中心（BFI Southbank）。

2　指朱塞佩·帕特罗尼·格里菲（Giuseppe Patroni Griffi，1921—2005），意大利编剧、导演。

看着很无聊，两名年轻男子在不合时令的卡普里岛上，一个是演员，另一个是出走的男孩，两人之间存在着某种若有似无的关系。岛上的环境盖过了这两个角色，成了他们所思所感的外延。最后演员抛弃了那个男孩，转而追求一个时髦的年轻女人。

这是电影史上首次试图用电影语言笨拙地描述同性关系，那时的电影还不能明确表达这些内容。这是部性感的电影，摄影技巧优雅且自有风格，音乐也令人难忘。这部电影拍摄于1961年，比虐心且毫无性感可言的《受害者》还早拍几年。我在想我当时拍《塞巴斯蒂安》的时候，《海》里面那个男孩在暴风雨里洗澡的镜头是不是一直留在我的心上？——那感觉很色情。

5月18日　星期六

在展望小舍[1]。

昨夜和HB一起到了邓杰内斯。他买了新枕头。

～

才短短两天，花园就有了很大的变化。我拿出花洒来浇水，而后彼得开着他那辆勃列日涅夫时代的拉达车过来，我们开车前往黑斯廷斯去见利蒂希娅·雅普[2]、她的儿子埃贾克斯和她丈夫迈克尔——迈克尔正在海滩修补他的渔网。黑斯廷斯海滩上的碎木、漂流物都被清干净了，全被收集来用于我们在伦敦的展览。利蒂希娅在画渔夫和海滩上的篝火。HB不喜欢被取出内脏的狗鲨的味道，但这些让埃贾克斯很开心，他在周围转来转去，像在游乐场里玩耍似的。

1　展望小舍（Prospect Cottage）是贾曼的花园木屋，坐落于英国肯特郡邓杰内斯角海畔。

2　利蒂希娅·雅普（Laetitia Yhap，1941—　），英国艺术家，作品被泰特美术馆永久收藏。

5月19日　星期日

来自海角的生活家德里克·鲍尔惊恐地在夜里跑来——他的猫斯派德不见了；后来它又跑回来吃早餐了。

～

在海滩上拾荒。今年的第一批紫鸢尾、海甘蓝、海石竹、桂竹香、虎眼万年青和匍匐筋骨草都开花了。

5月20日　星期一

哀伤的雾角声响彻深夜。月光暗淡了，晨光在奶白色的天空出现，平静又分外温暖。我拿出花洒在前院浇水，湿冷的春天染得满园绿色。继去年那批种坏了的缬草后，我培育出了一批坚强的植物。接骨木经历了犀利的东风的洗礼，也迅速生长起来。野花也都开得旺盛。

5月21日　星期二

上午十一点时一群朋友突然来访，让我有点慌乱。我们在轻轨咖啡店午餐，然后出发前往黑斯廷斯。HB傍晚六点出发去伦敦。日落时分，隔壁皇家艺术学院的男生们停止拍摄，在海滩踢足球。

5月22日　星期三

一整天天气变化无常，忽冷忽热，时晴时多云。

路边的毛茛和牛角花[1]开了。我在轻轨咖啡店里吃培根鸡蛋。

1　牛角花在英语中俗称“bacon-and-eggs”，与下文中的英式培根鸡蛋相映成趣。

5月23日　星期四

听沃恩·威廉斯[1]的音乐，时而轻缓时而轰鸣。人们愉快地漫步，尽情呼吸着乡野的空气，间或有人骑车或慢跑着经过，送奶工送来七品脱[2]奶——HB每天早晨都要将一品脱牛奶和七块掰成一堆的维他麦饼干混在碗里做早餐。麦片盒里送了些夜光的怪物贴画，他将贴画贴满卧室的墙，不让每天跑来看花园的好奇游客打扰到我。

收到几封信。我提着浇花壶和羽毛掸子跑到花园里，驱赶入侵蜂巢的蚁群。

～

整夜脸都很痒，鸡尾酒疗法令我辗转反侧。我试着忽视这感觉，但瘙痒感爬满我全身，终于忍不住去抓挠。我无法克制不去挠，也找不到刺激的源头，直到睡意涌来将我淹没。

5月24日　星期五

今早没有一丝风，一只毛色鲜艳的红尾鸲跳到我的石头上。看到了黄色、粉色的桂竹香和海石竹花，一丛丛白色的海滨蝇子草在风中摇曳，路边的黄木犀草也开花了。

洗了衣服，也清洗了厨房地板，还给茴香幼苗浇了水。

5月25日　星期六

晨光中迷雾逼近——我被不停鸣响的雾角惊醒。太阳勇敢地尝试着

1　沃恩·威廉斯（Vaughan Williams，1872—1958），英国作曲家。

2　一英制品脱约等于568毫升。

冲破灰霾，在云端抹上一片淡淡的红晕。在大雾笼罩一切之前，一架喷气式飞机在天空中拖出两条明亮的白线。架起一把火。这就是英格兰的夏天——还是非常冷。蜂群在九点半拜访花园，为了迎接它们的到来，天气也好了起来。

～

蜂群安稳地在WBC蜂箱[1]里落户，发出甜蜜的嗡嗡声。哈特先生将它们作为礼物送给了我，我和他一起搬动蜂巢时，蜜蜂们完全无视我，几分钟后，它们就开始愉快地扇着翅膀了。

～

费伊·戈德温[2]带着要送给我的书《我们的禁地》来拜访并拍照。我们在轻轨咖啡店吃了午餐。一个年轻的日本粉丝来这里，我为她准备了茶，并送她一串用邓杰内斯石做的幸运项链——她眼中隐约含着泪离开了。穿越半个地球，只为来看看花园，这种感觉多奇妙啊。太阳开始落山，一只哨兵蜂对靠蜂巢太近的我发出嗡嗡的警告声。

5月26日　星期日

阴云覆盖天空。鸢尾开出白色、浅蓝和深紫的花朵。

～

如果你想看HB跳起来，只需要对他说“当心”——这绝对会让他疯掉的。当心，当心，当心！

～

步行去长坑。第一拨黄菖蒲开得正好，红黑色的朱砂蛾不安地扑动着翅膀，燕子疾速从低空划过。黑莓丛中聚集着大量的毛虫，柳枝间荡下的

1　以发明者威廉·布劳顿·卡尔（William Broughton Carr）的名字缩写命名的一种双层蜂箱。

2　费伊·戈德温（Fay Godwin，1931—2005），英国摄影师，尤以拍摄英国乡村和海岸的黑白照片而闻名。

蛛丝飘浮在空中。

5月27日　星期一

第一拨花菱草在屋前的白石间开放。蜜蜂挂着亮橘色的花粉袋回了家。

5月28日　星期二

我的邻居布赖恩·耶尔说，我们这个时代的悲剧在于缺乏专注力。他开车带我去福克斯通的公共图书馆参观他的画作。那里有一家小博物馆——小小的空间中填塞了全世界的历史。

下午狂风与大雨同时到来。彼得来收棍子和石头，用货车载到伦敦设计博物馆。

～

天气越发冷了。我躲在室内休憩，画了两幅小小的帆布画。HB将《现代自然》的最终校样送到兰登世纪出版社。

5月29日　星期三

这个五月天气十分干燥，已经破了纪录，今天天气更冷了一些。我把自己完完全全包裹起来，坐在火炉前。

～

在蜜蜂进食槽中添加白糖浆；虽然我保持安静且小心翼翼，但仍然有点不安，因为它们突然一涌而出，对着我发出愤怒的嗡嗡声。一只大黄蜂嗅着蜜味潜入蜂巢，一下子就被愤怒的工蜂轰了出来。

～

一大卷传真涌出传真机——出版社的律师就《现代自然》画出了二十七点他认为不合宜之处——他尤其认为我记述的梦境有诽谤的嫌疑："我很欣赏作者在这里描绘了他的梦境……但杰弗里·阿彻[1]先生非常喜欢挑起诉讼，且此处的引用涉及污蔑……"几乎所有的要点都事关"可能的同性恋倾向"和同性环境下的异性恋。

～

下午，蜂群云集在厨房下水道边寻找水源。天气更冷了。彼得和我开车前往伦敦，在潘记餐厅吃晚饭。

5月30日　星期四

在贝尔托饼屋吃早餐。巴西咖啡馆关门了，因为经济不景气，很多商店也都纷纷关门了。到处都是封门板。

～

迈克尔·卡什曼[2]忙着制作一档很有价值但非常无聊的BBC节目，重点介绍了石墙平权组织[3]与麦克莱恩[4]之间的关系。完全没有提到歧视同志群体的《刑事诉讼法案》第25条——现在已被改成第29条了。为什么他想要顺应一种明显已经过时的生活模式呢？他用"纳税人"这种称呼来形容骄傲游行的示威者——这是用来指代中庸价值观的可怕称呼。谁会把《东区人》这种电视剧当作同性恋的神话？根本就是不值得看的肥皂剧罢了。同性恋政治中的精神和骄傲在哪里？报章很少提及这些，同志骄傲游行里

1　杰弗里·阿彻（Jeffrey Archer，1940—　），英国政治家、作家。1992年被封为男爵。

2　迈克尔·卡什曼（Michael Cashman，1950—　），英国演员、政治家，曾在下文提到的电视剧《东区人》中饰演过一个同志角色。

3　石墙平权组织（Stonewall Equality Limited）成立于1989年，创始人中就有迈克尔·卡什曼和伊恩·麦克莱恩，目前是欧洲最大的性少数群体权益组织。

4　指伊恩·麦克莱恩（Ian McKellen，1939—　），英国著名演员，也是性少数群体权益活动家，代表作有《指环王》系列、《X战警》系列等。

更少，石墙平权组织里则几乎没有[1]。他对同志运动的愿景，看上去充满痛苦，只是把生命耗尽在一场沉闷的宴会中而已。

我尽力和他保持距离，你能想象自己每天早晨睁开眼看到的就是这些家伙吗？——完全不对头。如果这就是同性恋能给出的答案，那我很高兴自己是个与众不同的酷儿（queer）。

5月31日　星期五

在设计博物馆中安装花园，回到巴特勒码头感到很奇怪。我每晚都会打开的老铁门就在那里，“约翰·戴尔战俘营”的涂鸦还在家具卖场的门上，其他的都被清洗掉了，一切乐趣都消失了。我们之前拍摄超8毫米电影的前院——浑身赤裸的男孩们在河堤边做爱——现在则是一个停车场。我跨过栅栏，被看门人骂了一顿。

～

傍晚开车回到展望小舍。

～

彼得·费林翰带着海甘蓝苗来拜访我们，HB用它们铺了条小径，一直通向前门。电视里在播关于泰坦尼克号的电影《冰海沉船》——优雅的片尾令我潸然泪下。

1　贾曼认为石墙平权组织的策略过于温和，因此与卡什曼和麦克莱恩决裂，转而参加更为激进的平权组织“狂怒！”（OutRage!）的活动。

六月

6月2日　星期日

今日和暖。风渐渐平息。HB睡了一上午。我临摹了花园，所有的花都开始绽放。午饭后他为拥在厨房下水道边的蜂群建了个“盥洗处”，这样它们就可以换个地方喝水了。

～

下午茶时分，约翰·维尔·布朗和他的朋友一起来访。尽管不久前才犯了心脏病，但今天他看着状态不错。在他拍照的间隙，我们去了埃尔雷海滩小屋，在帕特正在照料的花园里与她交谈。自从她用火车车厢建成的家被电影公司意外炸毁后，已经过去几年了，她仍然没有收到任何赔偿，所以她和她的狗、她的丈夫艾伯特一直住在残破的废墟里。HB和狗丢树枝玩。我们很羡慕这里有夜里散发香气的紫罗兰和木犀草。

～

到家后阅读弗朗西丝·斯波尔丁[1]写的约翰·明顿[2]的传记——相当传统的文笔："先天的同志"和水手们——难道不会出现得太过频繁吗？殖民俱乐部看上去肯定很像电影《南太平洋》里的某个场景。

悲伤的酩酊一代：明顿、基思·沃恩[3]、弗朗西斯·培根[4]、我亲爱的朋友罗伯特·梅德利[5]，都喝醉了酒，在玻璃制成的博物馆展柜里扭动大叫。

～

晚上十一点上床。本应下的骤雨最终没下，我那可怜的干旱的花园啊。

6月3日　星期一

霜降来临，风不间断地吹，在屋檐下盘旋哀鸣，什么都做不了，连收垃圾的人都停止工作了。HB戴着雅各宾式帽子清理着厨房，看上去像法国大革命时期的人，他管这帽子叫"国民健康保险毛织避孕膜"。

我为玫瑰浇水，风越吹越冷，空巴士经过。一切都很宁静，没有人打电话来。我们被遗忘了。

～

安娜·帕弗德为《独立报》的文章来收集花园的素材，走前留给我一些补血草和欧亚香花芥。"简直是全英格兰最好的鸢尾"开花了，令HB很开心——他觉得我入了魔了。花菱草开得十分旺盛。

～

把蜜蜂的"盥洗处"改装成青苔园，关上房门，开车回伦敦。在潘记

1　弗朗西丝·斯波尔丁（Frances Spalding，1950—　），英国作家、艺术史学家。
2　约翰·明顿（John Minton，1917—1957），英国画家、舞台设计师。
3　基思·沃恩（Keith Vaughan，1912—1977），英国画家。
4　弗朗西斯·培根（Francis Bacon，1909—1992），英国著名抽象肖像画家。
5　罗伯特·梅德利（Robert Medley，1905—1994），英国画家，曾参演贾曼的电影《塞巴斯蒂安》。

餐厅吃晚饭，然后离开去看获赞无数的电影《沉默的羔羊》。安东尼·霍普金斯[1]让观众感受到了何为恐惧，然而其他地方则不够水准，情节零碎，那杀人犯看上去像是乏味的哥特异装癖。

在普莱斯托餐厅[2]喝咖啡，HB在我的痘痘上涂了祛痘膏。做了一夜的梦。

6月4日　星期二

西蒙·特纳[3]准备在重映屏幕前用垃圾废料建造一座城堡，每个人都可以为这个项目捐赠些什么。他会用一条河的伏特加来为它收尾。

～

皇家艺术学院今晚开幕，学生们很迷人，作品却很呆板，相对于画作，雕塑要更有趣一些，但都只是对过去作品的浅显模仿而已。

～

和麦克·奥普瑞、理查德·汉密尔顿、保罗·赫胥黎一起冲到影院看一部学生毕业作品，我们看上去都很老，都在开心地笑。

肯在皇家艺术学院学习；他说导师待人的态度，好像他们给出的不是政府拨款，而是自己在掏腰包似的——我找电影赞助时也是这样的感觉。

～

在达奎斯餐厅吃饭，喝了波兰啤酒，吃了香肠。HB的朋友卡米拉穿着布卢姆斯伯里的蜡染裙子，跟我们讲她在列宁格勒的假期——在街角挥着成包的万宝路香烟，试图通过搭车游遍整座城市。HB说我们应该变卖掉一切，去那里过沙皇时代的生活。那里应该会很冷，我们可能不得不花费所

1　安东尼·霍普金斯（Anthony Hopkins，1937—　），英国演员、导演、制片人，代表作有《沉默的羔羊》《告别有情天》等。

2　普莱斯托餐厅（The Presto）是曾位于伦敦苏活区的一家意大利餐厅，深受贾曼的喜爱。

3　西蒙·特纳（Simon Turner, 1954—　），英国作曲家，曾长期与贾曼合作，创作了贾曼多部电影的原声音乐。

有的一切来买件像样的皮草裹在身上——买一件北极狐大衣要用多少条万宝路?

6月5日　星期三

HB有一个可怕的想法：既然尘埃是由人掉落的皮屑组成的，那你用吸尘器去吸昆廷·克里斯普[1]的房间，你或许可以再造一个昆廷出来。HB很开心——他的跆拳道教练给了他一条白色的训练裤。

6月6日　星期四

彼得的艺术装置很出色，就像设计博物馆自制展品区的荒地上的一颗星。乔恩·萨维奇[2]带来一盘混音带，是长达九十分钟的伦敦歌曲集。泰晤士河流过。活着是何等幸福。

今晚，HB在厨房，他说他很开心，我也是。

6月8日　星期六

德雷科先生的车开到了铰接式卡车下面；他被送到了重症室，还没有恢复意识。曼弗雷德·萨尔斯格伯从柏林打来电话。他生病了，并建议我们制作一出关于艾滋病的喜剧。在康普顿酒吧，在一群留着暹罗式胡子的人群中，二十岁的皮特跑到我身边，向我吐露他也是艾滋病阳性——悲伤的笑容淹没在迪斯科舞曲里。

1　昆廷·克里斯普（Quentin Crisp，1908—1999），英国作家、演员，参演过电影《奥兰多》。

2　乔恩·萨维奇（Jon Savage，1953—　），英国作家、播音员和音乐记者。

6月9日　星期日

阳光明媚的一天。朱利安·科尔[1]载我和他的朋友埃里克去邓杰内斯。今年我第一次看到太阳神阿波罗。和煦的暖风吹拂过树丛，每片树叶和青草都舞动起来，反射出点滴的光斑。整个下午花园里都闪烁着光芒。紫色和绿色的虞美人花瓣翻飞如五彩纸屑。

风让蜜蜂紧急降落在蜂巢入口，它们被逼得躲在巢中一直不出来。朱利安和埃里克在厨房泡茶。朱利安告诉我保罗最近被诊断为艾滋病阳性，他有过一段狂野的艳遇，一周后，他的情人向他坦诚自己是病毒携带者。埃里克谈论着猎艳时的体会：无论情况有多困难，至少英国人都会试图向对方微笑，法国人则总是怒目相向。他说什么都没有半勃起的男根更能让他激动，想象的期待胜于实际的满足。

～

后来在伦敦阿普伦提斯[2]有一次奇怪的偶遇：有人跑来告诉我，他很高兴看到我出来，他曾经在七〇年代和我共度了一晚。我问他我们在哪里见过。“我们是在希思公园认识的，后来你带我回家了。”他说。

我遇见一位美国建筑师，我们谈到了现代建筑，谈到了六〇年代我去参观菲利普·约翰逊[3]的玻璃屋，还有路易斯·卡恩[4]、厄诺·戈德菲格[5]的作品，我们都喜欢现代风格。这一夜过得很快，清晨五点，在一片明媚晨光里，我眼神迷蒙着离开。

1　朱利安·科尔（Julian Cole），英国导演、作家。

2　伦敦阿普伦提斯（London Apprentice）是英格兰康沃尔郡南部的一个村庄。

3　菲利普·约翰逊（Philip Johnson，1906—2005），美国建筑师，普利兹克建筑奖首位得主。后文提到的玻璃屋（Glass House）建于1948至1949年间，是约翰逊的代表作之一，1997年成为美国国家历史名胜。

4　路易斯·卡恩（Louis Kahn，1901—1974），爱沙尼亚裔美国建筑师，风格宏伟庞大，深受古代遗迹影响。

5　厄诺·戈德菲格（Ernő Goldfinger，1902—1987），匈牙利建筑师，二十世纪三〇年代移居英国，成为现代主义建筑运动中的重要人物。

6月10日　星期一

我们开始准备《爱德华二世》的最后一次混音，西蒙的中世纪风格音乐充盈着整个录音室，我们都很开心。

上星期五晚些时候，我们把最后一卷胶片放了一遍，舞蹈场景的配乐是性感而激昂的《甜蜜的王子我来了》，安德鲁·蒂尔南的声音婉转动人。如清晨一般的性感——弄蛇的少年和他寒冰般的淡绿色眼眸。

～

西蒙穿着印有大麦町犬斑纹的和服式晨衣，在他的“城堡”前匍匐绕圈；现在是十点半，我们录完了第一卷。

西蒙说：“你出汗了吗？”他出汗了，于是脱下了衣服。

～

我将以何种方式描绘出顺从的国王形象。

～

彼得说他喜欢国王作为守护者的形象，但是讨厌在电影里表现性爱。我们都很赞同。

十二点——我们开始录第二卷。

～

下午两点半——盖文斯顿正在大笑，我中午在梅拉蒂餐厅吃太饱了。我们吃饭的时候，看到一个上了年纪的人穿过烟熏色玻璃，在街对面的店里买了一副皮面具——别人的幻想。

～

肯在抽烟，我们在录第四卷；我的头号粉丝在接待处，鬼才知道这人又准备让我在哪里签名。

6 月 11 日　星期二

昨晚没有睡好，一直在床上辗转，今晨起得很早。在凤凰之屋浇灌花园，在阳光最好的角落种下了缬草。

～

穿着我的约翰 · 皮尔斯夹克去剪辑声效——背上有皇家税务局的标记。

～

肯的口袋里揣着一盒烟到达剪辑室，在沙发上坐下，待在我旁边，像猫一样蜷作一团。我们这两只猫咪在录音部被称作“立体声”和“单声道”。

肯点了支烟，不停咳嗽，发出重重的鼻息说：“我这不停抽烟的身体已经废了。”

～

西蒙在讲解他的城堡说：“城堡里少了什么？”伏特加河，被他喝掉了！

～

和彼得还有他的朋友卡尔在普莱斯托餐厅吃意面。去看斯莱德乐队（Slade）的演出，在看过皇家艺术学院的企业式艺术之后，再看他们，有种令人愉悦的艺校风格。草坪对我们而言是一个更加轻松愉快的聊天场所，学生们为我们送上纽卡斯尔棕啤，大部分人都微笑着，一些男孩带着先锋派特有的怒容。我和彼得的一位朋友聊天，他面带笑容，有双铁匠般的手，像一个明星。两个迷人的格拉斯哥人，还有个女孩在三眼艺术馆看过我的展览；人们带给我的温暖就像冬日里的一把火。

伊恩在前往金奇 · 杰林奇[1]的途中与我见面，他说他会带我去镇上。

1　金奇 · 杰林奇（Kinky Gerlinky）是伦敦一家成立于 1989 年的著名夜店，1994 年关闭。

～

HB从纽卡斯尔回来，给我带了礼物：手工酸奶、女士斗篷、蓝莓和蓝色工装裤。

6月12日　星期三

没睡好，我对那个爵士称号感到愤怒不已，还有那些说他们会像帮助自己一样帮助我们的人，也让我生气。就像是一个百万富翁声称自己的财富可以帮助穷人一样。我想写点什么放进《爱德华二世》的片尾演职人员表里，号召法律前人人平等。

～

买了一件紫色天鹅绒衬衣，在暗处也能闪闪发光——但是太贵了。

～

《晚旗报》来电话，请我就“狂怒！”组织的婚礼和公民自由发表看法。我想知道，是否其他男男女女也跟我一样，心中汹涌着自凌晨起就悄然积聚的巨大愤怒？那些只关心自己事业的野心家们，等他们终于羽翼丰满后才出柜，还批评我们的行为，可是六七〇年代，甚至八〇年代前期，他们又在哪里呢？

～

沃利策·巴比伦——显然是纳尔逊勋爵的后裔——反对举办婚礼！我问《晚旗报》：“他是哪个情妇生的？”这个烂国家，我们竟要被迫听命于一群蠢货，还起着老旧乏味的名字。

～

回到音效剪辑室，屏幕上蒂尔达·斯文顿[1]的表演真棒：“契约完成

1　蒂尔达·斯文顿（Tilda Swinton，1960—　），英国女演员、制作人、编剧。1986年出演了贾曼的电影《卡拉瓦乔》，从而正式进入演艺圈。

后，就把他杀掉。”

～

六点在特拉法加广场举行了一场同性恋婚礼。雨云似乎即将倾盆而下，我和HB、彼得和卡尔步行到那儿，穿着我的“酷儿至上”T恤。几百个“狂怒！”组织的支持者撒着米和五彩纸屑，不止十二对的伴侣和彼得·塔切尔[1]戴着粉色康乃馨站在柱座上，一个穿着裙子的男孩在底座上来回走动，举着“傻瓜委员会”的牌子。“啊！”“噢！”“呸！”“嘘！”这些魅力非凡的人极为愤怒，愤恨地吐唾沫，投掷纸屑，大叫着“让保守党出柜”。

情侣们有趣且感人：两个女孩在六年后再次交换誓言；理查德和安东尼骑着摩托到了；两个男孩穿着女装起誓共用彼此的化妆品；两个戴着礼帽的男人带着他们的狗作为伴娘。

婚礼中途下起雨来，一个叫“暴怒”（Inrage）的团体进行了一场小型的游行来抵制“酷儿”这个词。鸽子争抢着米粒，理查德骑着摩托高高立在圆柱上，他抛出一束花，从人群上空飞了过去——令我震惊的是，我跳起来接住了花。HB看上去很惊慌。

到达位于考文特花园广场[2]的克里斯蒂娜·史密斯画廊，我们在门廊下避开倾盆大雨，伊尼戈·琼斯拱门下的咖啡店女侍应给我们椅子以便坐着避雨。

画廊里有一幅约翰·明顿的画，画的是一个坐着的少年，迷人但却瘦削。我的T恤让一些人感到不快；HB对约翰·皮尔斯很粗鲁，因为这件T恤他卖我一百六十英镑，我还在开幕式上和另外两个人撞衫了。“利润这么高，居然没有做成一次性的。”

HB为自己做了一件一次性的T恤，在一张他挥舞着机枪的照片上写着

1　彼得·塔切尔（Peter Tatchell，1952— ），英国LGBT权益活动家，“狂怒！”组织创始成员之一。

2　考文特花园广场（Covent Garden）是伦敦最大的特色商品市场，遍布剧院和特殊的商店。

“酷儿猛击者”，下面则写着“来，上啊”。

6月14日　星期五

六点为投资方播放《爱德华二世》——大获成功。科林·麦凯布说基特·马洛[1]也会对此露出笑容，这在原版的基础上是一次大进步。

～

晚上和帕特里夏·塔切尔以及一对英俊的青年在“狂怒！”组织谈论我们的第一次性经历——彼得说他的第一次为他的人生带来了光明，其他人都没有那么幸运。

～

和一位来自新西兰的年轻刑事律师在希思公园进行了一次愉快的会面，他领我在他的山谷中上下跳舞，走的时候一直在笑——他说我是他童年时代的偶像，并从树下拿出一瓶事先藏好的红酒。这时开始下雨，我们聊了几个小时，全身湿透。他头戴羊毛编织帽，穿了皮夹克，在黑暗中看上去就像我的爱德华二世。我问他是不是常健身。不，他说，他玩橄榄球——我们在夜的阴影里互相挑逗、畅谈。我完全迷路了，他几乎是把我扛回到小径，我很幸运，立刻就拦到了出租车。

～

很晚才到家，HB蜷在床上读《禅与武术》。脑中不断回忆着安格[2]的《烟火》和热内[3]的《情歌恋曲》入睡，睡得很好。

1　基特·马洛，又称克里斯托弗·马洛（Christopher Marlowe，1564—1593），英国诗人、剧作家，伊丽莎白时期最伟大剧作家之一，《爱德华二世》是他创作的剧本。

2　指肯尼思·安格（Kenneth Anger，1927—　），美国实验电影导演、演员，对马丁·斯科塞斯、大卫·林奇等知名导演都有影响。

3　指让·热内（Jean Genet，1910—1986），法国当代著名小说家、剧作家、导演。

6月15日　星期六

和HB、詹姆斯[1]、大卫一起开车去展望小舍，中午一起野餐，然后在海滩上捡东西。HB昨晚去练跆拳道，全身乌青。他睡着了，詹姆斯和大卫去伦敦听江湖郎中乐队（The Charlatans）的演唱会。

～

天色阴沉，我沿着海滩散步，潮湿的沙子上反射着天空的石青色和夹杂其中的点点锈橘色。平静的展望小舍，HB讨厌我买的科普兰[2]的唱片，于是换成了他的专属音乐——《雨树鸦》[3]。这天结束前，艾伦·贝克来找大卫——艾伦的一个学生被怀疑在海斯谋杀了一个同志，大卫在凶案发生的周末与他在一起。［原编者注：这里提到的两个人均不涉案。］

6月16日　星期日

《独立报》刊登了关于强制出柜[4]的长篇文章。尽管一开始我有些顾虑，我还是赞成强制出柜的。每一位律师在质询《现代自然》时都把焦点放在性上——异性恋的世界为我们创造了这个牢狱，现在我们已在牢狱之门边上了。得知一个人的性向又能造成什么伤害呢？我们需要迫使身居高位的人出来发声。相对于那群声称能代表我们的悲剧演员，还要有更多显要人士——首先要瞄准的是政客，然后是各行的专家，尤其是律师、法官和警察，再则是祸害了年轻生命的神职人员。

～

1　此处应指贾曼的制片人詹姆斯·麦凯伊。

2　指阿龙·科普兰（Aaron Copland，1900—1990），美国古典音乐作曲家、指挥家和钢琴家。

3　英国乐队雨树鸦（Rain Tree Crow）发行于1991年的同名专辑。

4　强制出柜（Outing）也译作被出柜。这种未经当事人同意，强行公开其性倾向的做法是LGBT运动中的一种策略，针对的目标主要是有恐同倾向的知名人士，从而使其陷入言行不一的尴尬局面。由于涉及个人隐私等问题，这种策略也有很大争议。

彼得和他的朋友史蒂芬来访。我们开车去乔安娜在戴姆彻奇的野花苗圃，买了缬草，并在房子的周围种下。

HB点了蜂巢喷烟器，为此惹了麻烦。打开蜂房的时候，我本就已经够紧张了。最后储蜜箱和一大桶糖水、隔母蜂板、盖板全都放好了，没发生意外。时下已近仲夏，太阳鲜少透过云端，午后开始下雨。一道亮黄的标志立在房子旁，上书“深海捕鱼”。

那群被HB称为“邓杰内斯人”的年轻人，出发去了坎特伯雷和电影院，而我早早上床休息了。

6月17日　星期一

多云，宁静而温煦的清晨，九点我才独自醒来。

做早餐，在屋后接种上最后一批绵杉菊枝子。重写我的遗嘱。

晾衣服的时候，太阳爬上云端，黑玳瑁色的毛虫趴在荨麻叶上，海鸥争抢着丢弃的食物残屑。另一位探访者穿过花园，一位牛津的学生寄来一封信，并要我给他回信：“亲爱的德里克，我疯狂地爱着你，真希望你是我的父亲。”

莱德靶场的枪声伴着雷声，花园中布满了深红色虞美人、各种球果、紫堇、林地鼠尾草、墨蓝楼斗草。白色海甘蓝花瓣被风吹散，还有紫红的婆罗门菊和蓝绿色的黄海罂粟，海石竹和如哨兵般的火把莲——HB认为它的名字叫“埃迪”。一簇簇黄色金雀花、毛地黄和缬草——长势很野，粉色石竹、汉荭鱼腥草、猫薄荷、匍匐筋骨草和七月末盛放的花全都簇拥在一起。

6月18日　星期二

今早阳光灿烂，稍后太阳便遁入云后，紧随黎明的步伐而绽放的虞

and the white pink and sinkins
herb Robert. known as herb Kevin here,
Catnip bugle and the last of the winter
July flowers all a jumble. by two
the poppies had shed their petals. I spent
the afternoon giving an interview for the observer.

[illegible]

The sun shone brightly at eight this
morning then disappeared behind the
clouds - such a humming of bumble
bees in the blue sage flowers. Poppies
that come with the dawn. punctuate
the garden with scarlet sending the
bees dizzy as the blow in the breeze.
yellow seedum deep yellow. eggs &
bacon, and purple vetch. all flowering
small mullein plants where I scattered
seed last autumn. Planted woad & chicory

美人将花园用鲜红的色带间隔开来，微风搅动花香，吹晕了蜜蜂。黄色景天、深黄的牛角花和紫色的野豌豆都开花了。去年秋天我撒下种子的小毛蕊也长出来了。

种下菘蓝和菊苣、最后一拨绵杉菊枝子，为鸢尾准备了一块苗圃。

雅纳切克[1]的小提琴音乐会过于清晰响亮。

我不喜欢我今天画的风景画，它们看上去结构混乱，很局促——颜色也都像泥巴一样混在一起。

～

风刮得更大了，浅褚黄色的草叶在阳光中闪耀，午后稍晚一些时，我开始浇灌花园，提着镀锌的铁桶前前后后来来回回地浇。一整天我都感觉一阵阵异常的微微眩晕，胃也开始渐渐不妙，注意力被不适感干扰着——HB更换电话号码已经四周了，我还是无法记住它们。我说我不知道自己的电话号码时，大家都以为我在说谎。

晚上开始下雨，脑子嗡嗡的，眼睛疲累，难以描述地感到不安。

6月19日　星期三

整夜都在下雨，寒气紧紧攫住六月，并没有如天气预报所言会转暖。虞美人被冻到发蓝——无情的海面堆叠着铁灰的云块，白色海崖跳跃在我的头痛边缘。风会把我新种的缬草的叶片吹走，我只好把它们剪短。

～

《同志时代》杂志的彼得·伯顿来信说，他们不会刊载《现代自然》，因为这稿子与他们刊登的其他内容有冲突，我在这份杂志那里总是欠缺些运气——我要不然就是他们蔑视的对象，要不然就是他们待用的二手货。我已经放弃了同志报刊，或者说是他们放弃了我。捧着尼古拉

1　指莱奥什·雅纳切克（Leoš Janáček，1854—1928），捷克作曲家、音乐理论家和民俗音乐学者。

斯·德·容[1]关于同性恋和戏剧的书蜷在沙发里。

～

下午刮起风来，太阳又重新出来了，蜜蜂迟疑地飞起，群花翩舞。

6月21日　星期五

天气仍旧阴冷。脸部因过敏而发红，感觉自己正在逐渐消失。

6月22日　星期六

十一点时，赶火车前往阿什福德，与彼得碰面。我们和HB漫无目的地在森宝利[2]超市里边逛，寻找“HB专属口粮”——小包的坚果和我觉得根本没法吃的微波即食食品、大包的麦片、堆成山的酸奶、加工豆类、牛肉饼——他跟我们分开坐，独自吃着他的食物。

6月24日　星期一

HB熨了我所有的衣服，然后不停地跳来跳去，拿大夫茶的商标来惹我，每次我们要出门，他总是很兴奋——今天出发去柏林。他为所有他能想到的场合打包了相应的衣物，从大使接见到无政府组织的动乱。

冒雨步行至希普利书店，买了本关于画家惠斯勒的书，在飞机上可以读。HB陪着我，他戴上他的蓝色茶壶套式帽子，肩上挂着黄色的包，穿了红色的袜子和T恤、绿色格纹裤子和红黑格的外套——真是个花花公子。

飞机摇晃着飞起，冲入云霄，飞向泰格尔机场。HB坚信坐在我们隔壁

1　尼古拉斯·德·容（Nicholas de Jongh，1944—　），英国作家、戏剧评论家和剧作家。后文提到的尼基·德·容为他的昵称。

2　森宝利（Sainsbury's）为英国第二大连锁超市。

的女人是个间谍。

我们去电影院看了《造梦机》、康尼的电影《让·热内死了》，还有保罗·贝特尔 的《非法招标》。天色就这样暗下来。我日出时才回到酒店。HB睡得很熟，已醒来的鸽子在咕咕叫，我伴着这叫声也在他身旁进入了梦乡。

6月25日　星期二

汤姆的家和上次我们离开时相比没什么变化，塑料加热器里的热水潺潺作响，房间内装饰了芬兰的汤姆[1]的靴子男孩巨幅画报——我们的房间里挂的是一幅奴隶市场的图画和穿着皮衣、束带喇叭裤的男孩画像。餐厅里挂着的油画上画着一位肥硕邋遢的女士，手中挽着一枝玫瑰。房主库尔特对歌剧和芭蕾充满热情。“现在，”他边拄着拐杖端上早餐边说道，“我们所有的东西都是成双成对的。”

～

拍了一整天纪录片，七点才收工：在老城铁站拍，在老海滨酒店的盥洗室里拍，接着从破败的酒店内部穿过。HB回去上床休息了（途中路过汉堡王，他在柏林只去汉堡王吃饭）。我和曼弗雷德·萨尔斯格伯在一家泰国餐厅吃晚餐，对同志电影的支持，他做的比任何人都多。

凌晨一点，街角酒吧将音乐播撒到街面上，温暖的夜晚，放着响亮的音乐，警察路过都会提醒他们把音乐调小。曼弗雷德穿着皮衣，他的新男友是东柏林人，穿了身整洁的制服，向我敬礼道了晚安。柏林——深夜随和慵懒的柏林，我想知道它如今已重新成为首都，一切是否会改变。一夜间租金上涨，爱或金钱都无法让人获得食宿了。

1　芬兰的汤姆（Tom of Finland）是芬兰艺术家托科·拉克索宁（Touko Laaksonen，1920—1991）的化名，他笔下健壮性感的男子形象对二十世纪晚期的同志文化有极大影响。

6月27日　星期四

HB穿着他的格纹裤子挥拳劈掌，他说他马上就要所向无敌了——跆拳道一旦练成，他就能将所有我看上的小帅哥劈成两半。

整整一上午，我们开着车在东柏林闲逛。参观了阴森、杂草丛生的犹太公墓，冰霜破坏了花岗岩纪念碑，侵入园中的树木又将它们推倒。东柏林真的很丑，到处都很简陋，而且看上去很不亲切，建筑物像破败的厕所，老房子还未出现衰朽的铜绿，外墙的粉饰就都剥落了，树看上去也很糟糕，连个可以改善抑郁氛围的漂亮男孩子都看不到。难道人们是越长越像周边环境的吗？到咖啡店喝咖啡，店里的女士笑着接待我们——在东柏林很少看到笑容。

HB说东柏林让自己想起许多关于英格兰东北部的事，这让他感觉很自在，像是回到了家。柏林还不是首都，HB说柏林像全城只营业半日的桑德兰[1]。

上周库尔特去听柏林交响乐团的演出，当演奏到一支马勒交响曲的舒缓部分时，东柏林的观众大叫着：“大声点，大声点。”男孩们依然穿着破牛仔，露出关节突出的膝盖——这种风尚在伦敦早就看不见了。鲍勃·盖尔多夫[2]的妻子宝拉·耶茨曾是最鲜明的代表——她曾在法弗舍姆露出了整个臀部。当然，HB觉得她棒呆了。

～

回到酒店，詹姆斯发过来一大篇代购单，要买约翰·梅伯里[3]拍摄电影《雌雄莫辨》需要的东西——从电灯开关到卫生棉之类的，一应俱全。过去几天没有关于电影的琐事来打扰，我们过得很愉快，这份来自巴西利斯克电影公司的丑恶传真破坏了一切。

1　桑德兰是英格兰东北部的一个小城市。

2　鲍勃·盖尔多夫（Bob Geldof，1951—　），爱尔兰歌手、音乐创作人、社会活动家。

3　约翰·梅伯里（John Maybury，1958—　），英国导演，代表作有《情迷画色》《爱的边缘》等。

～

HB弄了个弗朗茨·李斯特式的发型，他说他很讨厌这个发型，准备用发胶来修整一下。他用报纸叠了顶帽子把头发遮住，然后我们出发去一家影院参加一场午夜派对，结果这派对一直没能让人提起兴致。夜深后我们搭便车回酒店，只能挤在保时捷后座里，不过总算及时赶上和罗萨·冯·布劳恩海姆[1]一起最后喝一杯，十五年来罗萨看起来一点没变，还是穿着同样的皮衣和蓝色衬衫。

～

HB说我是"床上的法西斯"——意思是我会卷走所有的床褥和枕头，而他只能在光秃秃的床垫上挨冻。

6月28日　星期五

天依然灰蒙。

"宝贝宝贝微醺的小宝贝"，HB在脸盆边唱着歌。我们所有的钱都花在詹姆斯要求购买的道具上。为德国电视二台制作一部电影的达格玛·本克来访，我们花了五十五英镑在超市买了堆垃圾。然后我们搭城铁去东柏林，步行数小时穿越破烂的街道去破破烂烂的教堂，有条未开发的主题公园街刚翻修过，街面足有一座建筑的正面那么宽。

三点时，我们在一座叫皇后之屋的房子前逗留了一会儿，HB朝窗户扔石头，惊动了几个留着小平头的男孩——他们难以置信地朝我们眨眼。我们看了一场为第四频道制作的奇怪电影，像恐怖片一样的画外音讲述着他们的生活，以及一场跟新纳粹男孩和警察的战役。

冒雨回家。

1　罗萨·冯·布劳恩海姆（Rosa von Praunheim，1942—　），德国导演、同志权益活动家。

6 月 29 日　星期六

接受了另一个关于艾滋病的采访，又做了一场放映：这次是关于那恐怖的拼布[1]的——会有哪些废弃的小东西缝在我的拼布上呢？去汉普斯特德的出租车收据和地铁会员卡吧。

～

到克里斯托弗街游行，很多人都化了妆，染了头发，易了装，伴着史蒂夫·斯特兰奇的老歌舞动着——有点累，但很有趣。

政治演讲如冰冷的雪崩一般从扩音器里传出来，让人难以听清。游行队伍很快就散了，因为每个人只管往自己的方向走，似乎也没有必要冒着雨水和寒冷去东柏林的体育馆了。游行结束，随处可见耷拉着的羽毛和污迹斑斑的睫毛膏，像七〇年代中期伦敦城里雷尔顿路上的狂欢。

柏林异常沉闷，每个人都想重建柏林墙，因为新接触到的现实还难以被接受。东德无法形容的难看，透着忧伤，仿佛是一家人中的跛子——那里的每个人都行走缓慢。“他们不喜欢我们，我们也不喜欢他们”是目前普遍的态度。队伍里的每个人都抱怨说今晚的派对“在那边”[2]。我们没能参加——票上没写地址。

6 月 30 日　星期日

十一点，早餐喝了香槟。HB窝在一堆酸奶罐后，桌边一圈紧绷的中年脸。柏林是建在沙子上的。劳烦沙人[3]先生，让我做个好梦吧。

HB在房里来回走动着打包行李。广场上的鸟不再鸣叫，只有远处传来

1　此处似指美国人克利夫·琼斯于 1987 年正式发起的“艾滋病拼布”（AIDS Memorial Quilt）活动，人们用这些拼布来纪念那些死于艾滋病的亲友，以唤起社会对艾滋病的关注。

2　这里指的是东柏林。

3　沙人（Sandman）是西欧和北欧传说中的人物，他将有魔力的沙子撒入人眼，就能催人入眠，做个好梦。

的电台声和洗漱声。

在爱因斯坦咖啡店吃午餐，天气暖和，适合坐在外面。HB一边唱着“喂鸟儿咯，一袋两便士”[1]，一边丢面包屑给麻雀吃，侍应出来阻止他。HB点了一个面包卷，继续撒更多的面包屑。侍应回来告诉HB，如果他不停止，就会请他离开。HB愤怒地抗议说自己没有错。我们听到身后传来一声孤零零的鸟叫声，转身一瞧，却有一大群满怀期待的麻雀。侍应盯着我们看了一会儿，迈着大步走了。HB把整个面包卷都丢给了小鸟们。

和达格玛在车里待了一下午。这座城的文化被掏空了，对犹太民族的摧残就像砸碎了唯一一面可以照清自己的镜子。柏林蹒跚着盲目地进入未来，无法在它心上那个张着大口的黑洞里看到自己。华沙也是如此。

1 出自美国歌舞片《欢乐满人间》中的《喂鸟》这首歌，歌词讲的是一位老妇向路人兜售喂鸟的面包屑。

七月

7月1日　星期一

又一次穿了他的马裤。

演员永远无法胜任政客的角色，因为他们会为了掌声而出卖你。工党议员们应该被强制出柜，因为他们应当帮助我们。我要拧紧托利党的锁匙，把他们留在柜子里。对我自己来说，我一直相信纯艺术，在那种机制下制作我的电影——可是我的评论家太笨拙，无法理解这些；我的观众宁愿想着与葛莉娅·盖娜共舞，也不愿打着呵欠看完《花园》；如果我不必为我的性取向和尊严而斗争，我的立场肯定会非常温和。

～

这一天待在图书馆：早晨以电影学会接手《酷儿爱德华二世》开始；我收到了第一本《现代自然》；见了浅井隆[1]，他委托我再写一本书；世纪

1　浅井隆（Takashi Asai，1955—　），日本制片人，贾曼作品《爱德华二世》《维特根斯坦》《花园》《蓝》的联合制片人，并将贾曼的作品介绍到日本。

哈钦森出版社打来电话聊另一本书。

～

从柏林回来后，伦敦看上去乱七八糟，因为有很多乞丐、健美的男妓和苏活区价格不菲的酒吧。

～

日落时分到达邓杰内斯。沿着海滩散步，找到一只很旧的铁皮罐，可以用来种植物。回家的路上，一辆车停在路边，车上有四个年轻人，其中一个向我要了签名。我邀请他们回到展望小舍喝茶。我们伴着烛光聊天，我给他们一本书——他们来自诺丁汉，尚未受到伦敦的摧残，非常腼腆。他们其中一人曾把我的照片挂在自家墙上。

7月2日　星期二

大雨倾盆而下，车道上出现了许多大水洼，车辆穿梭在迷雾笼罩的小路上，雨点在屋顶上敲出切分音，雨水滴在花园，洗绿了我眼前的景物。

邮报上满是基督徒的劝诫文，另外，许多来自利物浦的迷惘的男孩写信给我，落款处画着桃心。

林恩·巴伯[1]来采访我，我们在轻轨咖啡店吃午餐，一名男模在那里为拍摄牛仔服广告脱衣服。

虞美人的头越发低垂，它们在午后沉沦，在七月天里被清洗。雨还在下着，夜幕渐渐降临。

7月3日　星期三

乌云遮蔽了蓝天，天色暗淡，紧紧攫住地平线，血红的虞美人在微风

1　林恩·巴伯（Lynn Barber，1944— ），英国知名记者，出版了一系列人物采访类书籍，并被BBC制作成广播节目。

中摇曳，这些花朵仿佛是在围绕着小黑房子鞠躬，低下了困乏的头，迷住了我的访客们。有一瞬间，我感觉盯着它们看太久会使人目盲——但是它们点亮了我的眼。我应该数一下到底有多少花，可是去年的几百粒种子已经发出了上千朵花，虞美人的大战嘲笑着白日的短暂。

多希望今早你能和我在一起。对于太阳的出现，我们几乎不抱希望，最近的天气变化多端。再过几个星期，夏天就要到了。

新起草的那份遗嘱从门缝里被塞了进来，我在上面签了字。

戴留斯的《海的漂流》[1]像潮水般响起，将这个清晨洗涤一新。我整理着花园，把一簇海石竹和紫鸢尾分开，还移植了毛蕊花、甜心玫瑰和军人泪。

我扦插金雀花的时候，一只优红蛱蝶在旁边飞来飞去。银色的兔足三叶草在堤岸边闪烁着光芒。

～

在回伦敦的火车上读《同僚、同志和普通人》。晚些时候在大英博物馆的比萨店吃比萨饼。

7月4日　星期四

在圣玛丽医院待了整个上午。我的医生参加完佛罗伦萨的一场艾滋病会议，终于回来了；非洲正面临着巨大的问题——每人每年仅有二十七便士的卫生预算。在这里，情况则很不一样，圣玛丽是最好的医院之一，病人因此可以活得更久一些。我们老是想着“未来学”，最好的预测是能活三至六年，最坏的结果则只能活到下周。回家的路上我决定要尽量活到下一个千禧年。

我在候诊室读完了《同僚、同志和普通人》，对争取同性平等权益组

1　德裔英国作曲家弗雷德里克·戴留斯（Frederick Delius，1862—1934）的作品。

织和石墙组织来说，这本书的信息的确太过强烈，还反对突袭议会的女同性恋。作者对艺术圈毫不了解——霍克尼[1]、萨莫维尔和我都没有在书中出现。难道我们的贡献比不上卡什曼和麦克莱恩吗？我们没有参加他们在唐宁街的集会，原因相当简单：因为我们没有收到邀请——仅仅让我们为稍后举行的拍卖会捐画而已；今年春天我曾捐过一幅画给他们募集基金做拍卖，却被拒绝了。

一场艺术之战正在进行——谁掌握了历史的钥匙？为什么我们没有被邀请？他们虚伪地默许异性恋媒体把我塑造成危险的污秽影片制作人，说我只会拍《庆典》和《塞巴斯蒂安》这样的片子——《同僚、同志和普通人》里提到了丘吉尔法案[2]，却没有谈到我的电影。

～

和《每日电讯报》的雨果・达文波特做了一次漫长而坦诚的访谈，其中间或有些逗趣的对话。在他们的读者中，有些乡下女人会在运动会上拥抱彼此，对此我们都嘲笑不已。

～

太累了，没去参加“狂怒！”的活动，在这个湿热的夜晚早早上了床。

7月5日　星期五

今天想到的问题：上帝代表了我们的健忘。

上午我们看了完整版《爱德华二世》的首映，浅色的画面更突显了地牢和出色的表演。马洛具有洞察力的台词：锁住了我的心的柜子。我注意到吐口水的神父、盖文斯顿、爱德华、斯宾塞、莫蒂默和火把莲。马洛是

1　指大卫・霍克尼（David Hockney，1937—　），英国波普艺术家、舞台设计师、摄影师。

2　指撒切尔夫人当政时期的议员小温斯顿・丘吉尔（温斯顿・丘吉尔之孙）所提出的法案，要求禁止在公开场合展现同性恋相关的画面。

一面镜子，莎士比亚在其中找到了自我。

～

天气很热。接受《论坛报》和《苏格兰人报》的采访。HB去了纽卡斯尔，家里忽然安静了，我很想他——不知何故，当我不在家的时候，清扫、洗衣、熨烫、采购和铺床等家务都会不可思议地自动完成。他说：“有自动清洁功能的公寓正在休息中。”

穿过清凉的威斯敏斯特教堂，去兰登世纪出版社讨论新书，回来时和托尼·皮克[1]再次穿越威斯敏斯特教堂。

～

无法入睡，夜里的大部分时间我都在希思公园，与一位迷人的银发男子谈论过去以及市政厅对这里的植物进行的修剪，所有灌木丛都被烧光了。希思曾经归大伦敦议会管，以前很杂乱却浪漫；现在，在资本的压力下，它彷佛经受了一个银行家的整修。一个年轻人说：“贾曼先生，我只想让你知道我爱你，但我不会和你上床。”

暖和的天气吸引游客来到这里，一切都很得体，不过还是有两个年轻人在沉积了六月雨水的泥地里打滚。身穿皮衣的男孩们簇拥在一个脱了衣服的英俊小伙周围：他皮肤白皙，身形优雅，沐浴在亲吻中。闪电划破夜空，昏暗中一个声音说道：“这里电力十足。”

7月6日　星期六

热浪继续来袭。我睡在开往阿什福德的火车上，火车带着我穿过浅蓝的亚麻田。

花园从未如此好看，在正午的阳光下显得令人心醉神迷。

肯打电话说他昨晚读完了《现代自然》，他发现我沮丧的个性和他在

1　托尼·皮克（Tony Peake, 1951—　），生于南非的小说家、传记作家，贾曼授权他为自己作传。

《爱德华二世》的片场所了解到的截然不同。“我得了肝病，”我说，“那些肺结核病菌害我得了黄疸，我的眼睛看上去像是裂缝泛黄的油漆。”之前我感染肺结核病菌后，立刻就治好了。

今天，我比以往都更清楚地感知到我的双脚立于何处——花园里的花开得更甚从前，所有的野花都开了。

～

艾伦·贝克在去莱伊参加E. F. 本森[1]纪念活动的路上顺便拜访我——我们边沿着海滩散步，边谈论建立同性恋档案馆的可能性。

～

寂静的傍晚，隔壁的红发男孩爱德华用他的气枪瞄准如火的夕阳。夕阳的残光为虞美人染上深红，牛青草焕发出虹紫色，我的天蓝色T恤反衬出展望小舍耀眼的原木。一阵和煦的微风在怒云下摇动着草地的剪影。爱德华发了最后一枪，夕阳缓慢沉到莱德教堂后，消失在那座待售的小屋后面。

随之而来的黑夜中闻得到大海的味道。

7月7日　星期日

七点，一个乌黑头发、蓝眼睛的年轻人敲响了房门，来借钓具。

夜间的厚重露水凝结，在叶片和花瓣间闪烁光芒。我给自己做了吐司和咖啡，眼皮很重，开始适应这个早晨。起风了，云层从海面翻卷而来。

在轻轨咖啡店吃完午餐后，我的邻居布赖恩和希拉开车载我去新罗姆尼的草莓园买大果篮。之后我们沿着海滩散步，带回一只陈旧的龙虾篓。

长达一个多小时的时间里，核电站都在排放蒸汽——实在太吵了，我

1　指爱德华·弗雷德里克·本森（Edward Frederic Benson, 1867—1940），英国小说家、传记作家、考古学家。本森被认为是隐藏较深的同性恋者。

都听不到别的声音。一只优红蛱蝶绕着花园飞舞，下午茶时间，一只小豆长喙天蛾飞进了厨房。

虞美人带来淡紫色的怀旧气息，白帆船漂过蓝宝石般的海面，一天将尽之时，灯塔照亮了发出磷光的深海沉船。

7月8日　星期一

一片雨云飘过，落下蒙蒙细雨，风刮了起来，鼓卷青草，摇曳花浪。湿暖的卵石散发出甜香。

在犹豫了几周后，我开始提笔画起这令人欣喜的风景。约翰·亚当斯[1]的《震荡圈》舞动着飘过邓杰内斯的地平线，我心中膨胀的情绪投入到这片赤红与金色间，漂浮在蔚蓝间，沉到钴蓝深处，最后隐没在一片忧伤的深沉灰绿中。

7月9日　星期二

HB去桑德兰玩。我在拉塞尔和查普勒外的街上遇见唐纳德·“烟熏妆”·史密斯，整个上午我们从皇家学院开始一路逛画廊。

和多次获得透纳奖[2]的诺曼·罗森塔尔见面：“如果阿尼什·卡普尔[3]得奖，我就得不到了。”

搭电梯时诺曼不断指责电梯员——“太挤了”——之后又因为半掩的门而指责检票员：“皇家学院的外观一定要像样。”

他催促我们穿过诺曼·福斯特设计的壮观的新画廊。我最喜欢的野兽派画家布拉克和弗拉明克的紫罗兰和淡紫色的天空。仿佛回到了展望小舍

1　约翰·亚当斯（John Adams，1947—　），美国作曲家、单簧管演奏家。

2　透纳奖（Turner Prize）是英国的一个年度视觉艺术奖项。

3　阿尼什·卡普尔（Anish Kapoor, 1954—　），生于孟买的印度裔英国雕塑家。

的画桌。

我们走下用遮光玻璃做的优雅楼梯，这样就能看到头顶上行人的鞋。

米开朗基罗的作品潜伏在浅绿的防弹玻璃后。诺曼说：“应该把这些换掉。”

上到托塔展馆，看到格林伍德的基思·米洛展和德奥菲的理查德·汉密尔顿展——用所有怪诞奇幻的酒店大堂来表现，比培根更吓人。达米恩·赫斯特在伍德斯托克大街的蝴蝶作品是最好的，热带蝴蝶布满画廊的地板，还在一张大桌子上吸食糖浆。

～

五点的时候展出了《酷儿爱德华二世》一书的最终印刷版。

7月10日　星期三

今早觉得筋疲力尽，但仍然很高兴，因为HB——离开太久的HB终于从纽卡斯尔回来了。

克里斯·伍兹来了，我们聊了克鲁塞慈善晚宴的事。我觉得这个主意令人反感：对穷人是一种规矩，对富人则截然不同。除非能出台一套国家制度来整合学校和医院，让私有手段无从遁形，不然这些机构会一直处于危机之中。富人没有经历穷人所遭遇的一切，也不会做任何事来帮他们，麦当娜为穷人歌唱，但天晓得一张票要多少英镑。

～

和莱斯·布莱尔碰面聊《等待戈多》的美术设计。

～

HB带着一个新的海马文身回到家，他的朋友加里还邀请他去苏格兰野营。HB称我为“破坏分子”，因为洗衣机自己坏掉了，他的白绣球花也已枯萎。

7月11日　星期二

《独立报》的摄影师杰兰特在十一点时接上我。这个灼热的上午，我们要开车去邓杰内斯。

我从蜂巢中移开隔母蜂板，蜂群产了一窝半的蜂蛹，然后我们出发去轻轨咖啡店，在那里，我和一群来自福克斯敦的年长女士们一起拍照。我穿上了我的砖红色工装裤，这样在浅蓝色的室内看上去很亮。四点前我们就完成了拍摄。

～

厨房窗前的玫瑰正在盛放，前方花坛里的山萝卜也开花了。

7月12日　星期五

十点起床——对我来说这已经非常晚了——夜里做了一个相当逼真的噩梦，我的父亲把他在麦利菲尔德的房子改造成了一个非常奇异的空间，像默茨堡[1]和华兹塔[2]的结合体。屋里面正招待着一群辍学生和左岸艺术展的群众演员。这个空间就像皇家学院的新画廊的先祖一样，很令人激动。我十分钦佩，它在各个层面的丰富程度都是原版所没有的。

～

我的老朋友杰弗里·罗杰斯打电话给我，他十五年前“漂洋过海”去了美国。我和他是在汉普斯特德的威廉餐厅认识的，我这辈子认识的第一个成年艺术家。他说，我们从未意识到我们其实经历了黄金时代。

门被风吹得猛地关上，一堆乱七八糟的食物让我的胃非常难受。昨天

1　默茨堡（Merzbau）是德国艺术家库尔特·施维特斯（Kurt Schwitters，1887—1948）创作的集拼贴、装置、建筑于一体的达达主义作品。

2　华兹塔（Watts Towers）是意大利移民建筑工人西蒙·卢地亚（Simon Rodia，1879—1965）于1921年到1954年间设计和建造的十七座相互连接的塔形建筑，1990年被列为美国国家历史地标和加州历史地标。

我很不舒服，全身酸痛，令我感到非常不安。我永远不会忘记我的病，它让我做的每件事都像是临终前的最后举动——这会不会是我种的最后一枝花？前往希思公园会不会是我最后一次怀旧的短暂旅行？于是我就开始怨恨起当下。

我现在很满足，仿佛如今的境遇并非如此糟糕似的。虽然我已经准备放弃了。我诅咒这漫长的垂死的夏季。靠着这病痛之身，我怎能集中精力？

～

花园在风中发出光芒，如焰火般明亮，一片绯红和蓝色，就像我画给理查德的画。彼得打电话给我，他十分忧伤：我给他一本《现代自然》的样书，他没有给詹姆斯看。而《雌雄莫辨》的片场摄影利亚姆在翻阅这本书的时候，詹姆斯一把抓了过去——永远别让日记脱离你的手。电话间的这席对谈犹如滔滔洪水，但我很确定那不过是小小一滴。那些拍摄《花园》的恼人的日子才真是场水灾，书页上只记录了一点点而已。

～

风刮得劲猛，蜜蜂拖着沉重的橘色花蜜，无法着陆。帆布上的颜料流了下来，我的旧裤子沾到了橘色的颜料，膝盖下还破了个洞。

三点钟，HB准备午饭，韭葱香肠在锅里滋滋作响。

～

今天唯一陪伴我的是一只绿头苍蝇，它用身体狂暴地撞着窗户，快把自己撞傻了。

～

你能从这字里行间感受到我大大的满足吗？

7月13日　星期六

我应该待在这里还是回伦敦？雨开始下起来，我的画完成了，也给花园除了草。我突然对巴西利斯克电影公司感到十分厌恶。我收到他们的留言，写着这样那样的事都会成真，但现在已经过了期限，他们却没有打电话给我解释原因。我应该学着不要在意这些事。

~

我的花被雨打弯了头，天气这样寒热交替，它们才不在乎呢。

我洗了地板。在一片阴郁中，彼得来了，然后我们出发去伦敦。

7月14日　星期日

在贝尔托饼屋吃早餐，收到了一大堆信。为《独立报》写一篇关于布斯比的书的评论时，我想起了一些几乎要忘记的往事——那是六〇年代的一个星期日，我探访了多萝西·麦克米伦，和她共进午餐。

~

和詹姆斯一起吃午饭。他描述科林·麦凯布风风火火出现在《雌雄莫辨》的片场，像个开了口的气球一样开心地到处飞窜。

随后的整个下午，我便在床上瞌睡，HB则在看《超世纪谍杀案》。

7月15日　星期一

我们出发去莫斯科电影节展映《花园》。HB打包了两个大行李箱：一个放着衣物；另一个装满了罐头食品、巧克力、烟、口香糖和洗漱用品，他把这个箱子称为“软通货”。

我们坐着石油危机前造的大型图波列夫式客机，巨大而耀眼，飞机上装着五〇年代凯迪拉克汽车上的那种尾翼。宽敞的过道瞬间被电视、录像机和微波炉占据，这都是出逃者们带回家的资本主义浮华产物。飞机颠簸不平，一阵大风咆哮着穿过明亮的机舱。HB说：“太棒了！这才像飞行。”

~

我们的翻译叶莲娜来机场接我们。HB偷塞给她什么东西，小声说着什么。她迅速把我们送到贵宾到达室，绕开海关，引得没穿制服的工作人员对我们扬起眉毛。“我可不希望他们没收掉我用来贿赂别人的东西。”HB解释道。

7月16日　星期二

我们搭乘热得像温室一般的大客车去扎戈尔斯克的修道院。四部客车由一辆警车引导护航。叶莲娜笃信宗教，不时大声背诵着主祷文。在一片黑暗中，她披上头巾跪在圣谢尔盖墓前，巨大的修道院建筑群的正中是一座饰有圣像的小教堂。一度有一千五百名修道士住在那里，现在仅有一百五十名。

如今国家归还了宗教财产。没有人知道他们该如何承担维护这些殿堂的费用。到处是年老的女士们，她们大部分都穿着黑色的衣服，埋头于各自的工作中。有些在给地板打蜡、擦烛台，其他人则边歌唱边亲吻着圣人的墓碑。“你是信徒吗？”她们问，“你是信徒吗？”

“不，不是。”我说。

我们的向导是一位新来的修士，他说他亲眼见过圣光曾使两名朝圣者复明——“这座寺院”的圣灵特别强大。这里的氛围带着旧日气息，显得很紧张，蜂蜡蜡烛的味道和圣歌交替吟唱着的哀伤在黑暗中起伏。

“这个房间，”向导说，“是彼得大帝赠给修道院的，革命期间被用作体育馆。布尔什维克人把原来的圣像当作来复枪练习的靶子，现在这些圣像是从莫斯科的一座教堂运来的。”

他们给我们展示一个上了漆的盒子，卫国战争时期，斯大林将其送给主教，以表达对四旬斋的支持——讽刺的是，盒子上照片中的教堂正是他在莫斯科拆毁的那一座，还在教堂的原址上盖了游泳池。

当我们盯着安德烈·鲁勃廖夫做的圣像时，HB溜去买了一套祷告手册给他母亲，花了一百三十卢布——相当于四美元。他又给了桌后的向导同样的金额作为小费，我们的向导追上来斥责他，因为他们不能接受小费，“但是……我老婆在为修道院绣祭台的桌布，镀金的棉纱相当贵……”于是我们在荒弃的楼梯上各塞给他十英镑——这些钱相当于他六个月的薪水。

7月17日　星期三

HB购物探险回来，带回了些宝贝。“看这个，在阿波罗计划中，美国人花了数百万美元来造可以在零重力环境下使用的笔和便携式计算器。俄国人花几卢布就造出了带计算尺的自动铅笔，真是个无比出众的文明啊。”他又出门去寻找更多太空竞赛时期的宝物，又使了些贿赂，得以排到足有一英里长的麦当劳队伍前端。

～

叶莲娜开车带我们去她在大学外租的小公寓。她有两只奶白色的混种狗，在她带着打包袋回到家时一直不停地边跳边叫，打包袋里装着我们在俄罗斯大饭店吃剩的食物。公寓里杂乱地摆放着木头娃娃、青瓷和老式桃花心木家具，墙上挂着很多原始主义的画作。她沏了茶，讲述信仰治疗师的工作，以及梦见她父母的景象。她说她什么都不怕，但是在我们的影片预映前却不安地发抖。叶莲娜的曾祖父是沙皇游艇上的医生，当船员们在其他官员腿上绑上重物，把他们从船上扔到海里溺死时，却饶了他一命。

叶莲娜和一个酗酒的演员离了婚，从此，她活着就只为了她的狗和上帝。她头发鬈曲，墨黑色的眼珠透出受惊的神情，双颊抹了胭脂，走路速度很快。她略微有些驼背，但笑容迷人。她说这次电影节，翻译们终于不用听命于克格勃，给他们写报告。

叶莲娜每月能拿到一百六十卢布；买一只鸡——如果找得到的话——大约要八十卢布，也就是一美元三十美分。在莫斯科，每个人都在不停寻找硬通货：有人会在酒店悄悄塞鱼子酱给你，要价十五美元；在阿尔巴特街上，微笑的帮派男孩会靠近你，想以十美元的价钱卖给你军用手表，表带上还有红星和加加林的画像。坐一次地铁要五十戈比，价钱是以前的三倍——其实都不到一便士。在这里我们就像亿万富翁，却被悲伤所淹没。

叶莲娜给我们讲了两个外交官的老婆第一次去伦敦的故事：一个被带去博姿药妆店，产品种类之丰富令她难以置信，当场昏倒；另一个去参观了森宝利连锁超市，她沿着店里的走廊跑来跑去，狂喜地大叫。最后两人都接受了镇静剂注射，被送回家接受精神治疗。

7月18日　星期四

HB晨泳后慌乱地回来了。他要进酒店泳池时，一个英俊的年轻男子问他，是否可以请他为自己付游泳的费用。“当然可以。”HB说——浴巾、柜子和游泳的费用加起来都不到两便士。

然而当HB游了许久，正在休息的时候，这个男子游向他：“你要给我三美元。”

“为什么？”

男子发出亲吻的声音。

HB愤慨地游走了。

稍后男子再次游向他说：“那给我两美元好了。”

“为什么？”

他发出更响的亲吻声。

HB离开了泳池。

更衣室有严肃的管理员看管着，其中一人指着HB的动物文身，用流利的英语问道：“你是水手吗？”

那名男子听到声音，找到HB，“那你给我一美元吧……”

HB把自己的泳裤、泳镜和口袋里所有的东西都给了他——口香糖、一包烟和一张五美元的纸币。给了那么多东西，天晓得这个男人会觉得HB

想要对他做什么。因此HB解释道："我不想和你怎么样，我只想让你滚蛋！"

～

傍晚我们被带去青年宫，其中一根阴郁的大理石石柱丑得就像俄国人擅长建造的地宫一样，不过是空洞的排场。

我们站在舞台中央，眼睛都快被射灯照瞎了。"这是我的朋友HB，我们住在一起五年了，他很害羞。"两千名年轻观众先是倒抽一口气，然后鼓起掌来。我们进行了一段漫长且友好的问答环节，七年前我访问这里的时候绝不可能这样。观众向叶莲娜的翻译致意。我的影片是电影节中最受喜爱的作品，因此获得了莫斯科电影俱乐部的嘉奖。在苏联，同性恋仍然是不合法的——对大部分观众来说，这也是他们第一次接触同志题材电影。电影节里没有设立相关的奖项，主办方说如果我出生在这里，可能会像帕拉杰诺夫[1]一样在精神病院度过大半辈子，然后像他一样早早去世。

7月19日　星期五

我们参观了列宁墓对面一家叫"树胶"的百货商店。叶莲娜告诉我们，"树胶"的屋顶上积了成千吨的尘土，要不是最近有人进行了清理，商店肯定会塌掉。这家百货商店很像十九世纪的铁路总站，营业时间内大部分的区域都关着，无事可做的人挤在楼内瞻仰着建筑本身，或是呆呆地盯着服装店的橱窗，里面陈列着班尼顿牌的衣服——他们是绝对买不起的。

～

红场边缘有一群老妇人坐在地上，拿着些褪色的年轻男子的相片。这是为在纳戈尔诺-卡拉巴赫战争中牺牲的年轻人守灵？还是为了在大清洗中

1　谢尔盖·帕拉杰诺夫（Sergei Parajanov，1924—1990），前苏联著名电影导演、艺术家，曾被苏联政府判处五年苦役。

失去的孙子？又或者是“一战”？阿富汗战争？俄国革命？她们真的很老了。在这些久经风霜的褴褛衣衫下，是否隐藏着一些公主？

同时，年轻的莫斯科商人们炫耀着自己那一头迷人的西式发型，平头、乡村摇滚等。他们在白日之下光着膀子，向游客兜售令人厌恶的戈尔巴乔夫蛋形套娃——戈尔巴乔夫手拿乞丐碗，套在里面的是勃列日涅夫、斯大林、彼得大帝。

～

醉汉失控摔倒在俄罗斯大饭店门口的黑色皮椅里。电影节闭幕酒会上，人们面朝长桌站着吃东西。他们忙着把樱桃和梨卷入腹中，只顾得上偶尔交谈一下。你可以很快辨认出外国人，因为他们并没有那么专注在吃上。

一个年轻人说：“我叫安德鲁，十九岁，我一定要见您。”他站在酒店入口，手中卷着一张报纸。安德鲁是个音乐学院的学生，来自伊热夫斯克，他昨晚在青年宫看了电影。“我们从来没看过《花园》这样的影片，”他说，“我会永远记得它。这里根本没有爱情可言，我只能负担得起每年来一次莫斯科，但我老家的情形更加令人绝望。”他有一双浅蓝色的眼睛，穿着旧T恤、卡其短裤，凉鞋快要散架了。我把口袋里所有的卢布都给了他——够他来两次莫斯科——还有我朋友们的电话号码。他强抑着恐惧的情绪不停颤抖。我试着让他平静下来，让他能笑一笑，告诉他在英国，我十九岁时也是这样的。

尽管错过了索菲娅·罗兰主持的颁奖礼，我仍然很高兴。我坐在靠墙的角落与他交谈。

～

晚上十点，克里姆林宫的钟声响起，警卫便进行交接班，他们在红花岗岩的列宁墓前踢着正步。巨大而空旷的广场上，一百来个好奇的围观者冷冷地看着，忽然，一位优雅的肥胖男子（用俄语）大叫起来：“我唾弃这个浑蛋杀人犯的坟墓。”这句话在寂静中回响，人群保持着缄默，四下没有鸽子，夜色中万籁无声。几秒钟后，他被一个清瘦的矮小男子拉出人群，矮个儿男子穿着不合身的皮衣和牛仔裤，对着肥胖男子叫嚷。弹指之间，不知从哪里冒出来一辆车，肥胖男子被克格勃拖进了车里。在恐怖的寂静中，那车快速驶离广场。我们被告知说，除非做恶之人的尸体被彻底埋葬，否则这种极度的恐慌永无休止。

一个人跟我搭话："您在说英语吗？"

"是的。"

"很高兴能见到您。我是个英语老师，您是我见到的第一个英国人。"他的口语非常正式而老派。他说他在度假，从阿斯特拉罕坐了十天船过来的，他笑起来很和善，看上去有点像毕加索。"我读了很多书，特别是杰克·伦敦的，还有拜伦——他真的是位了不起的诗人。"我觉得，在跟他聊天的时候，我的举止会决定他一生事业的成败。

～

此时叶莲娜和HB从罪案现场走回来，叶莲娜说克格勃会把那个男人关进精神病院，把他打到全身瘀青，过几天再把他放出来。

我的阿斯特拉罕朋友说："这个人真的很生气，可能还喝醉了。"可是在我看来，那人看上去很正常且非常清醒。我们在黑暗中分别走开。那个狡猾的克格勃又回去继续他的"工作"了，当街头摄影师，*彩色照片——可以邮寄*。留下名字和地址，他就会寄给你。

"你看克格勃多聪明，"叶莲娜说，"就算是假期他们也会跟着你。"

叶莲娜可以凭穿着认出克格勃：特别整洁，特别昂贵，特别干净。她挽着HB的胳膊一起走着，他们用暗语交谈，看着好像一对间谍。当她看到一个疑似克格勃特工的人，就对HB说："彩色照片……"他看着那个人，如果同意就答："可以邮寄。"两人频繁地作出这样的对答，感觉似乎所有民众都是克格勃的爪牙。

～

午夜，我们被带到一座摩天大楼的顶层，这里是核心党员常去的地方。两个身形高大的武装警卫守在入口，一个负责拉开半掩的门，露出半空的餐厅，个子较高的警卫则拦住了我们：“你们有预约吗？”

“没有。”

“抱歉，今晚餐厅都订满了。”他当着我们的面关上门，与此同时，他的同事按下电梯按钮。

HB向前走了一步，“这个可以当作预约吗？”他说着，炫耀般地朝警卫挥动一张二十美元的纸币。

“当然，先生。”门又开了，我们被带到靠窗的座位，从那里可以俯瞰整个莫斯科，侍者端来鱼子酱。短短几天，HB已经完全领会了社会主义国家的细微差异。

～

回到俄罗斯大饭店，在11楼的VIP房间里，我把蟑螂赶到暗处，躺在令人发昏的热气里，想着过去五天中，我们在电影节展映了《花园》，观众们不敢相信：“这部片子是怎么被选中的？”我自己也很惊讶，这种情况可能从来没有发生过；在英国，很多人都担心，第一次在这里展映同志电影，人们会有怎样的反应。

7月20日　星期六

清早，莫斯科看上去一副灰蒙蒙、无精打采的样子，金色洋葱似的教堂尖顶也无法消除阴霾，到处是破碎的窗子、脱落的粉墙和坑坑洼洼的马路，整个城市看上去陈腐而窒闷。尽管过去和现在的情况都很糟，人们仍用简单的善良照耀这片灰霾，而这在英国应该很难找到。

～

叶莲娜送我们到俄罗斯航空的贵宾候机室，含泪与我们告别，说会为我们祷告。她送给我们一条美丽的红色丝绸横幅，上面绣着金色的标语：“在马列主义的旗帜下，真正的社会主义会取得成功。”HB递给她一大卷纸币：价值两百美元的卢布和两百美元，相当于她当老师五年的薪水。她看着HB的眼睛说道：“你早该这样做的。”一个警卫怀疑地盯着他们，她眯起眼睛说：“彩色照片……”

HB点了点头。“可以邮寄。”

7月21日　星期日

HB洗了巨大的一堆衣服，他说这些衣服散发着共产主义的气味。我边读《独立报》，边想着年轻的乞丐们蜷缩在他们肮脏的睡袋里，用塑料马克杯行乞。凤凰之屋外的那批乞丐来自苏格兰。欢迎回家。

～

傍晚，阿拉斯代尔[1]来了，他还在跟年轻的巴里吵架。九点我们前往汉普斯特德希思公园。我们进行了一段漫长的对话，他非常吹毛求疵：“你在这里做什么？一个公众人物！这似乎和你的公开言论相悖！”

“你说我还能怎么做？和乔纳森·罗斯在电视上介绍汉普斯特德希思公园吗？总要顾及时机和场合吧。”他发着牢骚离开了。

一个年轻的希腊青年让我感觉好了些，他说：“要我拿瓶可乐给你吗？”接着，他去池塘边的摊位上买了一瓶。

回来得很晚。爱与性是不同的——谁听说过有人坠入“性河”的？

7月22日　星期一

在市场上买了支精美的银色钢笔，我要用它来继续写这本日记。接着，我和麦迪·莫里斯、里克·马约尔、奈杰尔·普莱纳、艾德·埃德蒙森一起讨论《等待戈多》。麦迪和我决定用一轮巨大的黄色月亮，还有枯

1　即阿拉斯代尔·麦高（Alasdair McGaw），英国演员，出演过贾曼的影片《塞巴斯蒂安》和《暴风雨》。

萎的柳树和被水淹没的舞台——这些布景有多少是我们能付得起的?

下午，我剪了头发，HB也用一把斯坦利小刀割断了他的几缕头发，然后又跑去找理发师补救。他说，我赞美他的长发是在蓄意干扰他理发。他剪了个加里·斯特雷奇的发型，那是他非常喜爱的拳击手：他也变得“斯特雷奇”了。现在男孩子们都会想追他，他的朋友加里也会很开心。

~

由于近两年的压力，我长了很多白发；灰白爬满我的两鬓，现在又要侵近头顶。当有人问我多大时，倒是很适合多加几岁——“我六十了。”

“天哪，你看上去好年轻啊！”

如果一个跟我同时代出生的男同性恋没有彻底玩完，那么他可能已经小小地出卖了我们这个群体。我们这群被标记为“不同”的人有责任活得大胆而惊险。对这一代人而言，循规蹈矩的行为根本不该存在，在政治领域尤为如此。八〇年代时，人们试图扭转这种局面。你无法让时间倒退，只能把HB买给我的苏联小手表上的指针往回拨。

7月23日　星期二

在邓杰内斯。下午，托比和他的朋友马克在卧室里录了一卷录影带。他们花了很长时间，结果相当不错。他们一直不断忙着，与此同时，我写了很多信，并播放了柴可夫斯基的CD，这是我花了大把卢布从俄罗斯大饭店的门厅里买来的。

~

托比离开后，随着天色变暗，一阵雷雨倾盆而下，狂暴的闪电穿过核电站，越过海洋，像剃刀般划亮天空。展望小舍的光忽明忽暗地闪烁着，太阳落山时放出血红色的光芒，投射出一道奇异的紫罗兰色阴影。

雷声起伏之间，一切都非常寂静。

7月24日　星期三

流言总是传得很快。几晚前伊恩·麦克莱恩爵士被电话紧急传唤到皇宫里，因为爱德华王子向菲利普亲王出柜了，是真的还是假的?

这都是异性恋的责任，他们应该检讨自己，都怪他们的一举一动和他们对我们做出的恶行。他们才应该站出来面对控诉，而不是我们。是他们扭曲了性向，谋杀了无辜的人，或逼得人自杀，他们才应该乞求原谅。

整个上午都下着倾盆大雨，园子里的花在雷雨的重压下低垂着头，深红色的虞美人被深黄的绵杉菊和鲜蓝的矢车菊盖过了，犬蔷薇最后的花瓣如雪花般飘落。丝兰正在盛放，如同一大串奶白色的铃铛，还有紫色的薰衣草和成堆的黄色、绯红色的旱金莲。我穿过这片风景，播撒毛地黄和虞美人的种子。

7月25日　星期四

今天天色阴沉而温暖，我在花园里劳作，在木栅栏边上种了一圈荆豆，都是些能成活的枝条——在这片土地上共有十三根。大雨带来了丰饶的花朵，很多都已自然播种。有锦葵、野桂竹香、耧斗菜、海石竹，在海边还有一簇紫花苜蓿。一位年长的女士带着相机来到这里，问我她可否拍照:“我觉得这里令人感觉很平静。”

～

肯打来电话。他说所有男人都是同性恋，他可以从他们的眼神中看出来。这应该算是妄想症。

回到伦敦。

7月26日　星期五

九点在扬先生那里展出《爱德华二世》的剧照海报。

～

一名供职于英国广播公司国际频道的年轻女士就强制出柜这一话题来采访我，石墙组织对此强烈反对。我必须承认，这让我坚定了支持这一活动的信念。至于隐私，什么是个人行为？富人用详尽的诽谤法来保护自己，皇室整日炫耀他们的联姻，制订了烂俗流程的好莱坞坚定地把我们锁在工作室外。比起对年轻男女的孤立与隔离，一两个电影界或政界人士的前程又算得了什么呢？

跟石墙组织那帮人比起来，我算是个好得多的典范。他们希望获封爵位，或是在凄凄惨惨的小聚会上有人替他们倒上白葡萄酒，他们的理念没法代表我。

正因为历史总是由权威书写的，我不禁想我要如何才能出柜。一个愤愤不平的憎恨生活的人？向身边最亲近的人出柜？将时光逆转，重启同性恋改革？如果你读过《同僚、同志和普通人》，你就会知道，我们缺少一个重要的元素：这本书提倡通过议会立法来推动平权进程。然而这根本不对，是我们的生命令这一切向前发展的，比起1967年出台的法案，1960年的大卫·霍克尼更有价值，他在更大程度上改变了我们的生活。真正的目标是发起对话，用它来拓宽我们的眼界，这是立法无法办到的。

7月28日　星期日

在邓杰内斯。一片棉花和羊毛般的大雾从海面笼罩过来，地平线消失了，令花园充满神秘感。现在是正午时分，雾角每分钟响三遍。

我打开蜂巢，放进第三只储蜜箱，兴许九月我们可以吃到蜂蜜。

《星期日泰晤士报》头版报道了强制出柜的事，塔切尔成为公众关注的中心，石墙组织落在了后面。马修·帕里斯很自私地争论说，这会影响他的事业。如果事业真的存在，那也不该以牺牲他人为代价来追求。他谈论的是“慢慢来”，我们谈论的是“大跳跃”。据说只有一百种职业是有风险的。谁他妈在乎这些权贵？这些人早就功成名就了。他们若是被赶出下议院，生活又能有多糟？还不是直接成了某企业的董事？所以，强制出柜运动仍要继续。

7月30日　星期二

你要是想看男根，最好在电影里找——从舞台上看的话，它们显得太小了。艾伦·贝克、HB和我去河岸街看奇彭代尔舞团[1]的演出——我们是观众里仅有的男性。这里有几百个尖叫的中年女性，她们梳着鬈曲的发型，手包里藏着伏特加，重新体验到了在披头士乐队演唱会上经历过的年轻岁月。

我倒不是特别有兴致。奇彭代尔舞团从不露下体，但喜欢丢枕头和毛巾。演员们身材高大、肌肉发达，所以他们的男根看上去特别小。总的来说，他们是些不中用的水手或单车男孩。在女厕所门口排队的女士们问我们是不是男孩们的看护人。HB比所有奇彭代尔舞团的男演员加起来都性感。

1　奇彭代尔舞团（Chippendales）是一个以男性脱衣舞表演而闻名的巡回舞蹈团。

八月

8月1日　星期四

FROCS[1]发起的强制出柜运动取消了——他们说这是一场媒体骗局，我觉得任何人听到这些都不会开心。他们应该让这个热度延续到周末，再看看有多少议员会自愿出柜。

8月2日　星期五

和霍华德·苏利一起去邓杰内斯。我们去野花苗圃探访乔安娜。打开蜂巢把蜜蜂赶进去——它们的数量已经猛增。

为荆豆箍上木板，给正前方的花坛除了杂草。HB打电话说《酷儿爱德华二世》这本书看上去很好。

1　指根除未出柜同志组织（Faggots Rooting Out Closeted Sexuality），致力于揭发未出柜的同志。

这是奇妙的一天，从日出到日落，一直阳光普照。

核电站在星光璀璨的夜晚咆哮着，喷出大团鬼魅般的蒸汽，直插入青灰色的天空。

8月4日　星期日

为《爱德华二世》举办演职人员放映会；英国电影协会搭了个摊位，卖出两百多本《酷儿爱德华二世》。观众喜欢这部电影，我的老朋友罗伯特·梅德利专程从查特豪斯赶来，他也很喜欢。我们在大英博物馆的比萨店里吃比萨，罗伯特告诉我们，本杰明·布里顿[1]的第一任男友在空难中逝世了。

瞌睡了一会儿——整个下午都太兴奋——晚上九点出发去汉普斯特德希思公园。一个无聊的窥视之夜，两个身形矫健的短发青年在公共场所交合，像戴橡胶手术手套一样“啪”地套上保险套。

8月7日　星期三

《卫报》登了《现代自然》的书评，这是全国性报纸第一次刊登关于我的书的文章。

～

“狂怒!”在兰贝斯宫进行了一场“动乱”——把恐同者逐出英国教会。该死，我们要参加新书发行会——我会错过这些趣事的！

1　本杰明·布里顿（Benjamin Britten，1913— 1976），英国作曲家、指挥家、钢琴家，被认为是英国最伟大的作曲家之一。

8月8日　星期四

在理查德家午餐，举行《现代自然》的新书发行会，很多老朋友都来了：尤兰达·索纳本德[1]、奥西·克拉克[2]、安德鲁·罗根[3]，特别要提到的是布伦达·勒基和罗杰·福特，布伦达已经二十年没见过罗杰了。我在房里忙前忙后，无论怎么拼命都不记得发生了什么——连一丁点八卦都不记得了。HB对凤凰之屋大做改动，把公寓彻底拆解，以便我们改变生活方式。我们准备搬走床和椅子，从此在地板上生活，连壁炉也要拆掉。

8月9日　星期五

在希普利书店签售新书。晚上在汉普斯特德希思公园度过。

8月10日　星期六

赶上了去邓杰内斯的火车。

8月11日　星期日

无聊的阴天，飘着小雨。我把前院的地都翻了一遍。HB和彼得、卡尔一起回来。从凤凰之屋带回来的家具都装好了。

下午HB把石环附近的杂草除掉了。

1　尤兰达·索纳本德（Yolanda Sonnabend，1935—2015），英国戏剧与芭蕾舞美术设计师、肖像画家。

2　指雷蒙德·“奥西”·克拉克（Raymond “Ossie” Clark，1942—1996），英国著名时装设计师。

3　安德鲁·罗根（Andrew Logan，1945— ），英国雕塑家、表演艺术家、珠宝制造师、肖像画家。

8 月 12 日　星期一

明媚的清晨，银色兔足三叶草花丛闪耀着微光，微微上下摇曳。前院看上去很工整——太整洁了，所有的夏花都即将开尽，秋天干枯的深褐色渐渐取代了它们，只有牛蒡犹待开放，花朵正渐渐染上淡紫色。

～

《星期日泰晤士报》指出，我对任何事都以同样重要的态度对待，这是天真的表现，我透过往昔来看待一切，但却能保全自己的现代性。多数英国艺术家都遵循阿尔比翁[1]的标准，通过假想的往昔来看待当下。

～

水槽溢水淹了厨房，我打着赤脚，用拖把将积水推开。

～

打开蜂巢——蜜蜂已经快要成群了，它们的数量大幅增长，到处筑起了蜂巢。

～

我们回到伦敦，HB不情愿地给我看《每日电讯报》上的一篇评论，是我收到过的最恶毒的评论。

8 月 13 日　星期二

克里斯托弗・霍布斯和我一起步行到国家美术馆新馆，然后一起去皇家艺术学院。与诺曼・罗森塔尔和索菲・希克斯[2]见面——希克斯正在给波普艺术展做设计。回去见诺曼的太太曼努埃拉和他们刚出生的孩子，穿着品蓝色连体衣的小婴儿正在沉睡。

1　阿尔比翁（Albion）是英格兰或不列颠的古称。

2　索菲・希克斯（Sophie Hicks，1960—　），英国建筑师、前时尚编辑。

8月15日　星期四

去了圣玛丽医院，然后搭大巴车前往爱丁堡。

我们在电影之屋影院[1]报到登记，和我的美国朋友林恩·汉克见面。我们一起逛了很久，最后在一家二手服装店花四十英镑买了一套西装，是很久之前在上海做的，还从来没穿过。

林恩去了一家旧货店，发现了一段被锯断的树干："哇！这可以用来做成很棒的桌子，放在我第五大道的公寓里。我不在乎多少钱，一定要买下来！"

店主的脸上交杂着喜悦和难以置信的表情——安排好运输后，他挂上了"关门"的标牌。

早早就寝。

8月16日　星期五

早晨散了很久的步，我去修了鞋，然后和HB一起步行到苏格兰国家美术馆，红褐色的灯光吞没了画作。我觉得他们是想要把这里布置得像维多利亚时代的乡村宅院，但这样的宅院从来不是看画展的地方，只是购买画作的场所。

～

三个小时的讲座和采访后，我快速地洗了个澡，然后在卡梅奥影院举办《爱德华二世》的首映。我很紧张——蒂尔达会不会喜欢？影院坐满了人，没有人中途离开，连上厕所的都没有，我在这里办过所有电影的首映，这样的情况还是第一次见到。

1　电影之屋影院（Filmhouse Cinema）是爱丁堡国际电影节的常驻地。

8月17日　星期六

观看《冰锥》，我深深地入迷了，剧中，艾滋病侵入了一段感情中，这部戏如果再多一些温情时刻，少一些感伤，就是我看过最好的戏了。和尼基·德·容一起看了这部戏，我觉得他看得很投入。

我们和演员们一起吃饭，然后一起去生蚝吧。

HB去了纽卡斯尔，凌晨四点一刻太阳开始升起时我才爬回家。

8月18日　星期日

飞回伦敦。

8月19日　星期一

我花四十英镑买的西装上有个虫洞，需要花一百英镑才能补得看不出破绽，我闭上眼，让他们赶紧动手。

8月20日　星期二

克里斯·伍兹和马尔科姆·萨瑟兰来访。我们聊了很多关于石墙的事——聊的是石墙酒吧[1]，而不是石墙暴动。为什么我们要让那个阴谋小集团来控制同性恋群体的政治活动？我很肯定，他们不配用这个名字，这名字具有太多历史意义。

彼得来访，和我一起重修了石环的主要部分，然后他就去海里游泳，

1　石墙酒吧（Stonewall Inn）是位于纽约曼哈顿格林威治村的一家同性恋酒吧，因1969年在此爆发反对警察迫害同性恋的“石墙暴动”而闻名。

在月空下被一群大蚊子围攻。

8 月 21 日　星期三

珍惜一些朋友，侮辱剩下的那些人。

8 月 24 日　星期六

和大卫一起开车去展望小舍。

彼得在花园铺了卵石，还为来往的行人建了长凳。阿拉斯代尔骑着他的自行车突然现身。

～

之后我们去德里克·鲍尔的家，他为一群来自布莱顿的微醉男孩办了一场迷幻室内乐派对。这一夜妙不可言，温暖极了。午夜我们走到展望小舍时还能听到德里克高声朗诵着《同志诗集》——已经有一英里远了。

8 月 25 日　星期日

阳光明媚的一天，收到在苏联遇到的那个伊热夫斯克男孩的来信。

～

满月升起来了，蝙蝠绕着房子飞行。

～

阿拉斯代尔在核电站旁的灌木丛里发现一个迷幻派对，回家晚了。

8 月 26 日　星期一

昨晚我们从蜂巢里偷来的蜂蜜尝起来清淡而美味，我们准备再去拿一次。我们大声播放着戴留斯的《夏之歌》，HB仍旧在遥远的北部，和他的朋友加里在一起。

阿拉斯代尔突袭了蜂巢。结果彻底失控了，蜜蜂正在储蜜箱之间的空隙劳作着。愤怒的蜜蜂追着他到了海边，我们放弃了。我搭了辆出租车去阿什福德，然后坐火车回家。

～

深夜待在希思公园，HB不在，我的心漂浮不定。

8月28日　星期三

拉上百叶窗睡了一整天，房间犹如与世隔绝——仿佛被恒久的暮色笼罩。HB没有如往常般寄来明信片，他一定是度假去了。

8月31日　星期六

在邓杰内斯。一家日本杂志社来了一组人，对着花园拍了三十五张彩色相片和一百张35毫米的相片。我们在轻轨咖啡店吃了午餐。

～

阿拉斯代尔来访，他躺在海滩上睡了一觉。

九月

9月2日　星期一

像以往一样在凤凰之屋睡觉——日式床垫铺在地上——感觉幸福安康。

～

和霍华德·苏利还有史蒂芬·皮克尔斯见面，为再版《舞动的暗礁》找一张可以做封面的照片。

～

麦克·奥普雷来采访我，我泡了些蜂蜜。

～

最热的狂野之夜。

9 月 3 日　星期二

HB回来了，吼着抱怨蜂蜜洒在了公寓的每个角落和缝隙里——之前发生了一场蜂蜜爆炸事件。在所有的蜂蜜被清理干净之前，他拒绝抱我。

唐纳德·“烟熏妆”·史密斯在切尔西办了场很不错的画展，我在那里买了些银色颜料。

9 月 4 日　星期三

一整天都在开会，这些短日记表明了我现在的生活有多么纷繁杂乱。

9 月 7 日　星期六

在威尼斯过了几天疯狂的日子。卡萝尔·迈尔斯安排我们住在利多岛的德班大酒店。大家都聚齐了：HB、我的妹妹和侄女凯特、克里斯托弗·霍布斯、蒂尔达和她的朋友乔安娜。酒店和主管行李员身上那一尘不染的白金制服一样奢华。

9 月 8 日　星期日

我们在这里的第一天相当清闲，早晨进行了三小时的采访后，下午便搭船去托尔切洛岛，在空无一人的教堂散步，教堂重新修整过，耀眼的金色壁画令人赞叹。

在奇普里亚尼餐厅午餐，开销巨大。

9月9日　星期一

早晨九点半开始接受采访，然后一直忙到晚上七点，只得空喝了一杯水。昨天的采访刊登在了意大利所有的报纸上。

八点半我们开车去埃克塞尔西奥酒店，步行去影院，蒂尔达穿着迪奥的黑色丝绒长裙，HB和乔伊斯·皮耶波林骑摩托车到的。电影很受欢迎。

9月10日　星期二

又接受了一天的采访，还在一间小店为凯特找到几副好看的耳环，全是玻璃匠人刚做出来的。

我们乘坐摇摆的贡多拉穿越大运河，这也是我第一次坐贡多拉。

9月11日　星期三

回到伦敦。

9月17日　星期二

今天是我今年的第一个空闲日。坐在邓杰内斯，蝴蝶是我唯一的伴侣，阳光明媚，万物平静。

9月22日　星期日

成为圣徒并非一件小事，特别是当你还活得好好的，需要亲自表达同意时。虽然包容姐妹会[1]提醒我不要让这种事情往心里去，我还是必须严肃对待。毕竟自1170年坎特伯雷的同性恋托马斯被其男友亨利谋杀[2]以来，我是肯特郡的第一个圣徒。

在轻轨咖啡店，伊琳问："为什么你被封为圣徒？""因为命运？"我回答道。

阳光照射下来，风轻轻吹起，把修女们的长袍吹得四处飞扬。几百个人从四面八方而来，由司仪修女和丰饶圣母用高级"黑话"[3]演练仪典安排。

～

在挑典礼服装的时候，我十分犹豫，如同一个准备参加舞会的老变装皇后。我应该表现得像普通圣徒，还是更华丽一些？我屈服于诱惑，选了史蒂芬扮演爱德华二世时穿的那件金光闪闪的加冕袍。

9月27日　星期五

不安的情绪如巨浪般将我淹没，让我笑不出来，含有仇恨言论的信件说我是种"耻辱"——《独立报》报道了我和修女们的事。而与此同时，伊恩·麦克莱恩正在和首相一起喝茶。

就算会有更多仇恨言论，我也要抬起头来，用实例来抵制这堵沉闷的石墙。我们披荆斩棘，他们却趁机安营扎寨，宣称可以为我们代言。为什么要向敌人叩头？为什么不提出正当的要求，反而要去乞求？他们是企图给历史开倒车的敌人——无论你怎么想，我都知道——他们是我同时代

1　包容姐妹会（Sisters of Perpetual Indulgence）是成立于1979年的组织，致力于慈善、游行示威、街头活动等。该组织运用神学的形象呼吁公众关注性别性向歧视问题。

2　指公元1170年，坎特伯雷大主教托马斯·贝克特被亨利二世的四名骑士刺杀一事。后托马斯·贝克特被教宗封为殉教圣徒，即圣托马斯。

3　此处的"黑话"指一种名为"palare"或"polari"的英国俚语，融合了多种语言的特点，曾在英国的戏剧界和同性恋群体中十分流行。

的人。

～

老爷钟整点报时，如果放任不管，它会报十三下。这周末我最好待在伦敦——我最近太马虎了，甚至不能自己做饭，我正在被厌食症吞噬。

～

亲爱的艾伦·贝克开车载我去阿什福德。天空密布磨刀石般的雷雨云，夏天最后的阳光被晦蒙的黄昏吞没了，气象预报说整个周末都会有雷雨。

我是不是活得太久了？是否已经过了人生的保质期？《爱德华二世》即将上映，《道林·格雷的画像》有望被拍成电影，片子的主题是王尔德心中的同性恋倾向，这将是一部监狱题材的电影。

～

回伦敦的旅途十分漫长，我被一群吵闹的女孩子挤在角落里，她们自称是青年酒疯子。

攻击性信件整天都纠缠着我。

我打开洗衣机，开始读一大堆信，所有人都在要求些什么：一次采访、照片、签名，或者让我读一下附寄的剧本。救命啊！我甚至连自己的电影剧本都不会写了。

阿拉斯代尔看起来也心情不佳，也许是秋天到了的缘故。

经过七小时的奔波，HB终于从纽卡斯尔回来了。

9月28日　星期六

下起了湿润的细雨。在潘记餐厅吃午饭，到“短暂邂逅”去取了一份《粉红报》和《首都同志》。

麦克和他的男友伊恩来访。我们去看了《等待戈多》的彩排。第一幕结束时我离开了。贝克特将五〇年代的巴黎虚无主义阐释得十分沉重，他曾经反对的戏剧多年前就已消失，剧中的波卓很乏味，幸运儿的独白是唯一的亮点。无论里克和艾德多么努力，引发的笑声多半只是“例行公事”。

回到拉着百叶窗的凤凰之屋，带着几本王尔德的传记上了床。

9月29日　星期日

阴冷晦暗的秋日气压带来了深深的抑郁。诺曼带我去常青藤酒店，把阴霾的情绪暂时赶走了一小时。

艺术界的一切都投保了，债务像飞蛾般啃噬着画布。自杀时有发生：上周，诺曼的朋友吃了一只龙虾，然后跳崖死了；在艾德里安浮夸的葬礼上，用的金子其实是荷兰黄铜，为此还背上了债务——骨灰埋在亚西西的圣方济各教堂附近。所有的故事都如是，繁华褪去，古董也变成小摆设。

～

蒂莫西·泰勒来喝茶：他一头纤细的金发，跟以往一样和善。他走后，留我独自卷进秋日的惆怅中。我在瓢泼大雨中去希思公园，随后整夜与一位老朋友聊往事。凌晨三点走回来。寒气已至。

9月30日　星期一

为邓杰内斯的客厅买了油漆——用明黄色替换沉闷的那不勒斯黄，这颜色在我眼中已经变得乏味。太阳出来了，天空蓝蓝的。

～

市集上已开始出售橘苹，这水果仿佛羞红了脸，尝起来带着秋天的微酸。今天我开心了很多，和保罗还有他的朋友马里奥见了面，在阳光下，我注意到马里奥戴着的紫晶石戒指，是保罗在西班牙买的。

买了《自深深处》[1]，惊觉我还有好多经典作品没有读过。差点买了《大卫·科波菲尔》，但有个版本的字实在太小，我看不清，能看清的版本又太重，我拿不动。

～

约翰·梅伯里来了，他的电影《雌雄莫辨》不太卖座，他心情不好。看《等待戈多》的中途离开了——这出戏让我很沮丧。晚上，我觉得我去年差点活不下去，多亏有贝克特的作品，我才挺了过来。

我碰到了宠物店男孩，他们刚去看了《爱德华二世》——我感觉他们喜欢这部电影。

---

1 《自深深处》（*De Profundis*）是奥斯卡·王尔德在狱中写给情人道格拉斯·波西的长信。

十月

10月2日　星期三

一整天，天空都是乔托[1]画作里的那种蓝色，花园里的石头都闪着光芒。又来了一大批信件，其中一封是一位七十九岁的老奶奶写的，孙儿孙女都有九个了，她去看了《塞巴斯蒂安》——她评价说："非同寻常。"

待渔船返航之时，霍华德和我已经把从玛卓纳苗圃带回来的植物都种好了。在上千只巡航的海鸥陪伴下，渔船穿过明亮的大海，在风浪中前后摇摆。

我把客厅漆成了明快的淡黄色。

1　指乔托·迪·邦多纳（Giotto di Bondone，1267—1337），意大利画家、建筑师。

10月3日　星期四

灭迹合唱团（Erasure）的成员安迪·贝尔来了。在飞行员旅店吃了炸鱼薯条。他想参与制作一部电影。

10月4日　星期五

在极为湛蓝的天空下料理花园——下午天气很暖和，我在树林里散步。蜜蜂在为暗黄色的千里光授粉。山楂树和犬蔷薇结了绯红的果实——我一定要种山楂树和几圈林石蚕，这种植物的深锈色可以很好地装点花园边缘。

10月6日　星期日

老爷钟已经好几个星期没有报时了，现在整日整夜地嘀嗒作响，但这钟有了一套自己的报时方式——它通常会有规律地敲十三下，然后就谁都说不准了，它可能会敲五下、八下、十下，然后再敲十三下。我从没用老爷钟来计过时，这种钟通常应该在维多利亚时代的厅堂阴影里嘀嗒作响，如同房子的心跳——有时，明媚的日月交替不断。

耙了前后花园的地，然后趁太阳还未落下，我出发前往伦敦。

10月9日　星期三

为了《道林·格雷的画像》参加欧洲电影剧本基金会议——来来去去费了很多工夫才促成这个项目。

10月11日　星期五

和迈克尔一起去邓杰内斯，气温高达102华氏度[1]。然后返回伦敦。HB给医院打了电话。

10月12日　星期六

气温终于降下来了，腿脚有点不稳但还是出发去了北部。

10月13日　星期日

在杜伦待了一天，和伊莱一起参观大教堂，我很是喜欢。伴着环绕头顶的钟声，我们在秋日的阴霾中向卡思伯特[2]和比德[3]致敬。然后在雨中开车向圣彼得教堂出发，六〇年代时，那里因修缮工程而被毁，著名的塔楼被腐蚀了，在基座上摇摇欲坠，为了建设市政绿地，墓碑群都被推到一边——这种恶意破坏的行为像摧毁中世纪圣殿一样可怕。在剩下的坟墓上刻着的名字中，有不下三个伊莎贝拉和两个汉纳，另外一个是用德语刻的——是十九世纪四〇年代一位船长的坟墓，他来自波美拉尼亚[4]的施泰特。

我们要离开的时候，带我们参观的那位年轻的威尔士牧师跑过来，问我们为何来参观这座教堂，是考古学家吗？我本想说“不，我们是一群同性恋”，但我意识到这样也许会让他感觉受到冒犯。他停下手里正在写的

1　约38.9摄氏度。

2　卡思伯特（Cuthbert，约634—687）是七世纪诺森布里亚的一位凯尔特基督教圣徒。

3　比德（Bede，672—735），英国盎格鲁-撒克逊时期的编年史家及神学家，被称为“英国历史之父”。

4　波美拉尼亚（Pomerania）是历史上位于中欧的一个区域，位于波罗的海南岸，包括现在的德国和波兰北部。

布道稿，带我们看最后的撒克逊雕刻遗迹——一个X形的物体，标记着本尼迪克特·毕晓普[1]、卡思伯特和比德曾经从中走过的那扇门。

~

《爱德华二世》的首映终于结束了，我们俩都着实松了口气，HB全家都来看了。《爱德华二世》在利兹收到了很多发自内心的笑声——观众多为年轻的学生——在纽卡斯尔放映时现场气氛相对严肃，观众年龄较大。放到蒂尔达突袭杰罗姆时，明显能听到他们在不安地扭动身子。

剩余的时间里，或者说是周末大部分的时间里，石墙组织那帮占地为王的家伙吸引了大家的注意力，因为首映后的活动几乎成了一场政治集会，但是在这场活动中，人们也不过是满腹怀疑地勉强容忍着石墙组织。总体来说，给人的感觉是他们对托利党的选举有些帮助，除此之外也没什么了。

要我说，如果约翰·梅杰[2]想跟同性恋喝杯茶，他在自己的内阁成员里就能找到。

之后与“好极了”·理查德、马丁·约翰·“保佑他躺过的床”聊天——这里所有的男孩都有很长的外号——他们说他们知道当地有一个议员是同性恋。你看，深藏柜中确实有用。

10月14日　星期一

HB“咚”的一声跳上床，叫我起来，嘴里说道：“被大号东北小伙子压着是什么感觉？”

整个周末都被秋雾笼罩，早晨我们穿过公园和整洁的小菜地去跟HB的

1　本尼迪克特·毕晓普（Benedict Biscop，628—690），其姓 Biscop 读作 Bishop，是盎格鲁-撒克逊时期的修道院院长，死后被认为是圣徒。

2　约翰·梅杰（John Major，1943—　），英国政治家，1990 至 1997 年间作为保守党领袖出任英国首相。

朋友吃早餐时，树叶纷纷谢落。

十点，我们搭特快列车离开了纽卡斯尔。

收到一张明信片，图片里一个男孩躺在金属床上，下身勃起，眼睛盯着天花板。想到今天早上HB压在我身上的情景。

10月15日　星期二

健身男孩蒂姆走进意大利餐吧，讲述他在斯塔德兰沙丘度假的故事——男孩们越粗野，他越喜欢他们。他说自己没法留住他们，因为他们都结婚了。蒂姆后来出发去了马歇尔街浴场，据他说警官学员们都在那里晨泳。

跟我的经纪人洛兰说停止安排采访。你走得越远，他们给你的压力也越大，我的压力大到已接近愤怒的边缘。我需要一点自我空间，这样每天早晨就不必只吃吐司和橘子酱了。

～

HB这几天都很有活力。他在周围蹦蹦跳跳、展示肌肉，还说："看我给你做了什么，毛毛怪。"他还在答录机上留下警告信息，阻吓那些讨人厌的来电。

在普莱斯托餐厅吃午饭，玛丽亚不知疲倦地堆起意面，还忙着夸奖别人——他人若碰上好事，她自己也会开心。

～

《爱德华二世》开始放映——这是为圣玛丽医院的科研人员准备的福利。为了筹备这项活动，迈克尔·克里斯蒂做了大量工作：他处理了所有慌乱的状况，离开时还带着微笑。

宠物店男孩的表演令人叹为观止。HB在演出中途换下紫色丝绒装，换上弗雷德·佩里[1]的衣服。桑迪穿着金色的过膝长靴和巴斯克胸衣，抢了演

1　英国网球运动员弗雷德·佩里创建的服装品牌。

出的风头。很开心看到如此年轻的观众们。

10月16日　星期三

我为瑞安和来自米德尔斯堡的约翰主持婚礼——我让他们亲吻，并且数到一百。出于实际考虑，如果他们想要离婚，我建议他们倒着再数一遍。

10月17日　星期四

凌晨四点半时门铃响了三遍，这些年来这种事情经常发生——喝醉的朋友离开夜店后身上没有钱回家，就会过来。有时我会打开门，但你得做好对付他们的准备，恐怕这一夜就再也别想睡了。

这一回，HB和我躺在一片寂静里，随后HB起身站到阳台上。他回来说他睡不着了，于是躺回床上，抱怨我烦躁难安的个性。

做了个恐怖的噩梦，一支电视拍摄团队侵入我的卧室，我和他们吵了一架，然后他们离开了。我逃跑了，骑摩托车沿着乡村小路逃上山——风景如同一幅散落着花朵的挂毯。

～

亚历山大·沃克在《晚旗报》上发表了一篇出人意料的影评，风格好像一个爱好社交的老太太。我可以坚持把生活和电影混为一体，这样就能如他暗示的那样，将自己打造成一个意见领袖。但是现在的问题可不只是小小的恐同症这么简单。

～

六点走路去国家电影院，这是个清澈、寒冷、星光点点的夜晚，从滑铁卢桥上看到的景致，世上罕有，这里一定是世界上最顶级的美景。

国家电影院被人群团团围住，用画笔固定着发髻的奥西·克拉克看上去很优雅。参与了一次很不错的问答环节——吉内西斯·P-奥里奇[1]后来说，自从我更多地参与政治后，情况好了很多。签售了一百多本书。

晚餐和科林·麦凯布、奥西在格鲁乔餐厅吃生蚝——说了一串近乎歇斯底里的笑话，不但我们笑得不停摇桌子，整个餐厅都充满了科林狂放的笑声。

奥西唤起了我久远的青春记忆。他说蒂尔达的妆容整洁无瑕。

～

回到家，脸色阴沉的西蒙·卡洛[2]在电视上介绍电影时说“作为一个男同性恋”——我不是为“男同性恋”拍的，我是为酷儿拍的。

奥登说，自从1660年以来演员们变成了绅士之后，英国的戏剧就不再有趣了。卡洛会喜欢一些晦暗无趣的价值，这非常奇怪。他说他对这部电影很失望——装模作样的老俗物。

10月18日　星期五

和马尔科姆吃午饭时，聊了很久，他说西蒙·卡洛的评论让人想到一出老掉牙的五〇年代戏剧，这种审美困于象牙塔中，接触不到日常生活。卡洛还属于演员中比较聪明的那种，这使他词不达意的言论显得格外悲哀。

十二点，史蒂芬·皮克尔斯带着《舞动的暗礁》的重印本过来——看上去真的很不错，不像原版那么附庸风雅，现在这本书是题献给HB的。

10月20日　星期日

伊恩把风筝放得比月亮还高。

1　吉内西斯·P-奥里奇（Genesis P-Orridge，1950—2020），英国歌手、作曲家，灵媒电视乐团（Psychik TV）创始成员。

2　西蒙·卡洛（Simon Callow, 1949—　），英国演员、戏剧导演。

10月21日　星期一

我们搬到了安·萨默斯的情趣用品商店楼上的一间小办公室里，从这里可以俯瞰老康普顿街景，有足够的空间来旋转椅子，门铃上写着“自担风险”。穿过小巷，有一家叫“村庄”的餐吧，店里都是俊美的男店员，他们休息的时候呷着伯爵红茶。迈克尔很开心，因为这些十八岁的“埃塞克斯男孩”正是他喜欢的类型。四点，钥匙配好了，桌子也摆放好了，添置这间办公室是件极好的事，尽管钱会轻易从我的指间溜走。

我六点钟离开办公室回家，早早上了床。

10月22日　星期二

我狂暴地拿起我的银质钢笔，写出了《自担风险》的第一笔。

新办公室是个很适合写作的地方。

10月23日　星期三

HB顶着平头从纽卡斯尔回来，这发型和我五年前第一次见到他时一样：“理发师说‘跟平常一样吗？先生。’然后继续完成上次没做完的工作。”

天变凉了，今天一定特别冷——HB正穿着他的睡衣。

10月24日　星期四

我坐在冷冰冰的屋子里写《自担风险》。

HB的朋友史蒂文来访。他通常被称作小桃·明内利——之所以叫“小桃”，是因为年轻时，他的臀部长得像桃子；“明内利”则取自丽莎·明内利[1]。小桃带来他的“今日男友”——一个年轻的美国律师。据称，这位律师身高六英尺七英寸[2]，但他实际看起来没有HB高。

又到了黄昏。天气寒冷而多云，HB愿意用打字机敲出《自担风险》。

10月25日　星期五

上午意大利餐吧在播放费里尼的《阿玛柯德》，为一天拉开了美好的序幕。

十二点时，我们出发去邓杰内斯。

步行去长坑，周遭死一般的寂静；采了蔷薇果，播种在附近。

HB坐在电视机前看《雷鸟》。

10月28日　星期一

我又做了个关于建筑的栩栩如生的梦。我想，在梦里我和林恩·汉克在一起，我们当时肯定是在科夫城堡，想要打车去沃思马特拉弗斯。天下着雨，司机抱怨了一会儿，但最终还是改变心意载上我们。通向劳顿的路变了，我们猛地发现自己正穿过一个如大教堂般庞大的采石场，这里用木质坑柱支撑着，前方稍远处有些坟墓，挺像维多利亚时代的造型，旁边有个石匠正在做最后的收尾工作。

景色改变，太阳升起来，我们发现自己身处一所破败的砂岩房子的庭院里，房子具有古典风格的细部都已崩坏，但整体依然显得庞大而特点鲜明。墙壁看上去天真质朴，却很迷人。

一位老者在爬一条很长的石阶，石阶一直向下延伸，通向一个湖边；

1　指丽莎·明内利（Liza Minnelli，1946—　），美国歌手、演员，因出演电影《歌厅》获第45届奥斯卡最佳女主角奖。

2　约合两米。

墙外的风景很有乡野特色：田野、石墙，都在阳光中熠熠生辉。亭状的厢房一直延伸到湖边，和房子一样，厢房也带有浓重夸张的古典细节。一位老妇人把我们领进庭院，说："如果你们重建这里，这房子就归你们了。"

十二月

12 月 24 日　星期二

我到这里已经快两周了，日子过得断断续续的。我种了很多植物，长势不好，但运送肥料倒是相当成功；读了理查森写的关于毕加索的书和《乞丐的歌剧》，当然，我还给炉火添柴，擦洗了房子。

12 月 26 日　星期四

圣诞节！一切都结束了，感谢伯利恒，这对同性恋来说却并不是什么好日子。忙着用蛋糕屑和打了药的火鸡颂扬上帝的家族成员和远亲，这实在很有疏离感。

12月31日　星期二

伴着烟花和海滩篝火，新年降临在马迪的祖父母位于小石村的家中。德里克·鲍尔喝得酩酊大醉，跟其他直男一样，和大卫·金杰比茨一起跳来跳去。我们在十一点到达的时候，派对气氛正欢，所以，在星空下，没人听到小收音机里传来伴着电流噪音的大本钟的钟声；所有人都忘了许愿。艾伦·贝克说："这是我这些年里第一次参加直男派对。"

在一大帮吵闹的艺校男孩堆里，我们这群人显得很安静，后来就围坐在厨房桌边，喝着艾伦用保温杯泡的正山小种红茶——他就算去了世界尽头，都会带着这杯子。图兰·阿里急促地谈起《晚旗报》——真是份粗鄙的都市报。两点半艾伦带我们回到展望小舍，我在那里睡着了。没想到我竟然又活过了一年。

HB去了诺森伯兰郡的村庄，在那里，男人穿着女装，头上还顶着大坨耀目的焦油。

一九九二年

一月

新 年

今天我起得很早，洗漱后感觉有些头晕。过去的一年如海浪一般，高高扬起，拍碎在海角边缘。

我很好奇德里克昨晚跑到哪里去了，也许和几个艺校的男孩歪七扭八地躺在沙发上。他像个来自异时代的炸弹一样击中了小石村，震撼了这座旧屋——他同时播放尼娜·西蒙娜[1]的音乐（有些伤感）和富特文格勒[2]于1942年录制的贝多芬《第九交响曲》，这个版本有些杂音，效果很奇妙。

～

我知道自己不会坚持写这本日记，热情终将退去，跟一部叫《事关尺寸》的录像片里那个男根硕大的自大男孩一样；这部录像片是小桃送给我

1 尼娜·西蒙娜（Nina Simone，1933—2003），美国女歌手、作曲家、钢琴演奏家。

2 指威廉·富特文格勒（Wilhelm Furtwängler，1886—1954），德国指挥家、作曲家。

的圣诞礼物，这小子像公羊或者说是像驴子一样上了他的老师。这个录像很适合给坎特伯雷的学生看，包容姐妹会的一个分会准备去坎特伯雷，封马洛或是拉德克利夫·霍尔[1]为圣徒，或者两个都册封。

坎特伯雷作为邓杰内斯的子教区，沿着直街开车四十五分钟就能抵达。郊区的土气像性病一样蔓延到了老城区，那里需要一些圣徒前去拯救。

～

数日以来，天气都阴暗而平静，安静得能听到老鼠在厨房下水道筑窝。今天终于起风了，整个假期，我一直在绞尽脑汁寻找今年的新项目，但除了变得嗜睡，其他一无所获。两天前，尼古拉斯·德·容吓了我一大跳，他说新的灾难正在圣托马斯医院中酝酿——研究人员研发出一种新药，据他们说，这种药可以进一步减缓病毒的侵蚀，这样的话，我们这些可怜的小白鼠就能再苟延残喘上一年左右。

我有个想法，一旦你死了，时间流逝的速度就会加快，在你死后的一分钟左右，你所有的朋友都会和你在阴间团聚，五分钟后就能迎来最终的胜利。

～

安德鲁来喝茶——他是德里克·布朗的朋友，不苟言笑却十分迷人。几个月来，他因为有关节炎，走路都一瘸一拐的。几年前，他遇到德里克时，男友刚去世，德里克当时的情况也一样。那真是一段无比悲伤的日子。

～

新年伊始就有好消息，展望小舍后院的扩建计划即将得到规划部门的批准，我们准备建一间浴室和一间小工作室。不管怎么说，我都一直在读他们的决议书，因为我不确定费这么多心力与财力是否值得，会不会把

1　拉德克利夫·霍尔（Radclyffe Hall，1880—1943），英国诗人、作家，著有《寂寞之井》。

这座简单的房子变得复杂。有了浴室，整体上房子会得到极大的改善，另外，我也总算有一间额外的房间可用。

错过了今天的第一通电话，虽然我急匆匆穿过房间去接听，但在接起来的一瞬间，对方挂掉了。HB老是不愿接电话，我则总是跑着去接。我打电话给他，他去哈德良长城徒步旅行了。

～

三点半，德里克·鲍尔来电，他宿醉的反应很严重。他是徒步走到家的——今天凌晨五点，他没穿衣服，在寒风中沿着海岸走了五英里。

我去马迪家里取德里克的夹克——他们说他后半夜时反穿着这件夹克离开了。

～

壮丽的洋红色夕阳挂在核电站上方。一些受着冻的可怜的抗议者团团围住核电站，电站已经收到暂缓关闭的通知，所以会继续运行。他们的抗议牌上写着：“在它毁灭我们之前夺回邓杰内斯。”太阳消失在正在运行的A、B两座反应堆之间，上面发出一串串光芒，看起来就像通往未来的圣诞之窗。

1月2日　星期四

早晨九点半德里克·鲍尔打电话给我，他说他感觉有些脆弱。我最近嗜睡，一直在屋里睡觉。天色灰暗，寒冷而多风。

我开启了这一天的生活，一首吵闹的肖斯塔科维奇的交响曲陪伴着我。伦敦的那些办公室都已又开始忙碌，这里却没什么事情让人感受到时间的流逝，没有高峰时段，也没有周末，只在涨潮时有几个渔民。

十一点半时，德里克沿着车道过来。他第一句话便是：“我已经差不多复原了。”在我看来这话适用于我们所有人。感谢上苍，又到了一月——太阳出来了。

～

为了筹备在设计博物馆的展览，我和彼得又一次在海边拾荒。所有的装置都送回来了，所以现在有了新的雕塑和石环。花园边缘处的苗圃也种上了植物，尽管这个冬天一直很冷，但天气还不算恶劣。没有炎热的风来烤黑金雀花，球茎探出了头，虞美人也长起来了。前几周我一直用小推车搬运肥料，给玫瑰和接骨木施肥。如今种的植物很有本地特色，我种了锦葵、茴香、雏菊和毛蕊花。厨房窗边的犬蔷薇已经长到齐眼高，我摘下蔷薇果，并将其播种在土里。

1月3日　星期五

我和理查德开着那辆漆成英式赛车绿的布里斯托牌汽车，这个厂家以前还造过飞机。理查德答应开得慢一些，路过新罗姆尼的时候，停下车，在被HB命名为“仙女蛋糕”的烘焙店买了派，顺便又去了古董店。那里有一把很棒的爱德华时期的椅子。我们缓慢地开回伦敦，讨论着两场展览和经济萧条——萧条让艺术品经销商们备受打击。

～

回到伦敦后收到了大批来信，最令人吃惊的是《爱德华二世》在比利时赢得了一大笔奖金。

～

偶遇穿着钉饰皮衣的约翰尼·沃卡诺，他是斯帕德的朋友，十分耀眼夺目——我和他在酒吧聊了会儿。

～

我坐在空落落的公寓里半个小时，心里有一半期待着HB回来，随后，我在新年的小雨中前往希思公园。我刚到那里没多久，一个年轻人过来，带着大大的微笑和友善的眼神，他开口与我搭话。他在伦敦住了八年，一直在做一些奇怪的工作，十六岁时他告诉父母自己是同性恋，他们便把他赶出了家门。他只在参加祖母的葬礼时回去过一次。他现在独居，这也是他喜欢的生活方式，很少出门，如果他出门，就会到希思公园——这是最有诚意的猎艳方式，非常纯粹，他并不想要建立恋爱关系。他强调说，他之所以来希思公园，并非是因为心情抑郁。相反，他觉得那些沉迷于广告场景中的人都是自身欲望的受害者。我们步行到湖边的汉堡摊，买了一杯茶，又热络地聊了起来。

他说他来这里很多次了，但还没经历过高潮，他很喜欢就像这样谈话。他十岁时第一次和一个男人发生关系，此后就没断过。在火光中，他大叫道，他觉得异性恋男性以及他们那一心求胜的男子气让人感到幽闭般的恐惧——作为一个来自工人阶级家庭的人，他应该很有发言权。我们谈到压制、自我压抑、强制出柜——他觉得这项运动无法改善局面。他曾经在这里见过一位议员，但想不起来是谁了。他讲了一个特别刺激的故事：他在同性恋杂志上以“建筑工”的身份登了一则广告，然后被“神秘人”联络。他跟自己的同性恋弟弟假装是恋人，一起去赴约，然后狠狠打了那位前议员的屁股——据他描述，那人是一位绅士。

1月4日　星期六

一位主教在电台称我们为“不思悔改的鸡奸者”；这简直让我们单调的性事听起来很刺激。我想我们应该把他的教堂烧掉。

一本书匿名送到我这里来，是关于玛丽安运动组织[1]的，宗派和运动组织的功能就像市镇警备委员会。类似这样的信件如洪水般淹没了我：“基督为你们的罪孽而死。”我用圣洁而决绝的方式回信：“基督真傻，为什么他不活下来，然后在年老后有尊严地离世？”这些信中总是夹着一些书，

1　指玛丽安牧师运动组织（Marian Movement of Priests），1972年由意大利的斯特凡诺·戈比神父创立。

通常封面上总有一束光，在光中有一只眼睛，这些书是由一些权威人士写的，他们的名字后面总有“SJ”[1]之类的可疑的字母缩写。

～

参加了罗伯特·梅德利的八十六岁生日派对。我和玛吉·汉布林[2]讨论了男女同性恋档案馆的事。她说：“我很讨厌‘女同’（lesbian）这个词。”看着菲利普·普罗斯，她又继续说：“桌子这一边坐着的都是同性恋。”这对五十多岁的人来说没什么问题，对战斗在同性恋解放阵线的四十岁一代来说更是如此。我从不喜欢“同性恋”（gay）[3]这个词——听起来像是给我们打上了虚假的乐观主义标签。

1月5日　星期日

我们忙着书的出版。昨晚去了LA酒廊，现在还在宿醉——都是朋友和熟人：朱利安·科尔、戏剧导演肖恩·奥康纳和他的演员朋友加雷思。当晚很多人，很吵，人们充满活力，这里有友好的面容，还有一些色眯眯的眼神。在黎明来临前到了家。

1月6日　星期一

一整天都忙着书的事情。HB从北方回来，带回了很多冒险故事。

1　可能指耶稣会（Society of Jesus）成员。耶稣会士常在个人的名字落款后加上SJ或SI（Societas Iesu）以表明身份。

2　玛吉·汉布林（Maggi Hambling，1945—　），英国画家、雕塑家，英国最重要和最有争议的艺术家之一。

3　这个词也有高兴、快乐之意。

1月7日　星期二

艾萨克·朱利恩[1]在走廊对面，忙着为电影学会编辑一系列黑人电影丛书。他把头从门口探进屋里。写完了《自担风险》，把稿子送到了兰登世纪出版社。

吉米·萨默维尔来喝茶，他在筹划一张叫《果汁》的新专辑。

1月13日　星期一

和尼基一起去花园——德里和汤姆斯的老式屋顶花园。湿冷的夜晚。近郊餐厅里气氛愉快，这里有穿着宽松西装的男孩、打扮得过分精致的女孩，还有低调的穿着女装的同志。大卫·英奇斯来到我们的桌前，他被一个叫“致命武器”的年轻男子搞得十分激动——这是个来自北部的脱衣舞男，他长得很好看，肩膀宽阔，穿着宽松的西装。他坐在自己留着大胡子的经理旁边。大卫给我们看了“致命武器”的裸体照片，工作人员十分激动，几乎摔倒，碰洒了汤。尼基说：“如果你想在这里引起注意，就必须脱衣服。”我们绕着花园散步，看到了两只粉色的火烈鸟。

十二点半到家，HB也看完罗恩·派克的电影《拳击手》回来。

1月14日　星期二

霍华德八点半来接我，开车去展望小舍。通向城里的路很干净，我们决定改道去布罗姆利，寻找长生花苗圃。我们停在一座乡村小屋前，四周有针叶树和修剪过的草坪。关于此处，《发现植物》里有这样的提醒：“需要严格依照预约来访”——霍华德已经提前预约好了。为了打开前门，史密

1　艾萨克·朱利恩（Isaac Julien，1960—　），英国装置艺术家和电影制作人。

斯夫妇几乎把这扇门给毁了，不过还是很可疑地邀请我们去看植物。史密斯先生做展览的时间是最长的，尽管美国有一个人有两百万株长生花，他对所有的竞争对手都嗤之以鼻。他给新培育出的品种命名——每年有两百种新品，培育一千株才能出一个新品种。

我们选了十款植物，等了很久。这是因为店主用一对镊子细心修饰植株，还要挂上品种的名牌，尽管这品种名他也不确定。

一个人竟会迷恋植物长达四十年，会翻山越岭去探寻稀有品种，这让我和霍华德都十分着迷。

一月时，所有植物的颜色都不对，朱顶红现在还是鲜绿色，“蛛网”八角金盘仿佛笼罩在雾里。

在展望小舍，我们用海滩上捡来的铁罐栽种植物。一个英俊的年轻渔夫带着闪亮的笑容过来和我们聊天。

我们在这里的时间刚刚够打开信件，绕着花园散步，随后便出发去黑斯廷斯，吃炸鱼薯条，逛二手书店。

八点时回到伦敦。

1月17日　星期五

彼得·塔切尔来访，我们在村庄餐吧喝茶。他的状态不好——他楼上的公寓住进了一群右翼派的粗暴之人，他们整晚敲着地板大叫“死同性恋”。他说他们连续吵了两个晚上，还互相丢瓶子和家具。居民委员会驱逐了他们，但是他们又搬到了他楼下。

～

我步行去考克洛斯街参加“狂怒！”组织的会议。晚上很冷，霍尔本大街的商店都拉上了百叶窗，歇业了。

男女同性恋中心挤满了人。人们正在组织一场反对使用“酷儿”这个词的示威。去《晚旗报》示威的活动已经组织完毕——阿米尔和萨拉都会参加，一个西班牙记者说他有一个私人的警笛可以阻止好戏上演，房间里的每个人都准备去萨伏依酒店外面示威。

图兰写了一篇很棒的关于托尼·理查森[1]的论文，题目是《弗雷迪·默丘里[2]的秘密耻辱（为什么死于艾滋病算不得英雄）》，以及我自己对待亚历山大·沃克的讣告评论的处理方式。

大部分的时间都在讨论法西斯主义，以及我们是否应该将组织并入反纳粹联盟中。

回家的路上，一位老人倒在书店前，他的手像在做祷告一般紧扣在一起。

1月18日　星期六

《独立报》上登了多姆·西尔维斯特·霍达德的讣告，两晚前尼古拉斯·罗格斯代尔打电话来说，西尔维斯特在伦敦赶火车的时候过世了。

六〇年代末，西尔维斯特把利森画廊当成了自己的第二个家，只要去楼上的小房间，就一定能见到他，他的手指在打字机上飞舞。

1969年，我办第一场单人秀时，他递了些消息给我："上帝女士邀请你去参加她的首映礼。西尔维斯特。"

光头，尖耳，一身黑色修士袍，戴着国家健康保险质询员式的眼镜，西尔维斯特一直是同志解放阵线会议中最具活力的成员之一，他和善真诚的举止和渊博的知识瞬间就能闪耀全场。我记得他偷偷溜去看《罗斯玛丽的婴儿》，没有观众注意到他穿的修士袍——片尾灯光亮起时，一个坐在我们身旁的女孩见到他那恶魔般的笑脸，吓得跳了起来。

1　托尼·理查森（Tony Richardson，1928—1991），英国舞台剧和电影导演、制片人，曾获奥斯卡奖。

2　弗雷迪·默丘里（Freddie Mercury，1946—1991），英国歌手，皇后乐队的主唱，流行音乐史上最伟大的歌手之一。

我制作了一个雕塑:《作为H的H就是H》，这是为西尔维斯特在维多利亚和阿尔伯特博物馆的展览而作的。有时他从根西岛回来之后，会待在我位于班克塞德的工作室——他于二十世纪二〇年代早期出生在根西岛。一次他带了一大瓶从免税店买来的香水，全部倒在浴缸里。我拍《塞巴斯蒂安》的时候，他寄给我几页字距紧凑的资料——一份戴克里先[1]大帝宫廷内的丑闻列表。可惜的是，他的很多木压缩板艺术品都不见了，但剩下的我都装裱了起来，《希腊》和《格洛斯特颂歌》都挂在墙上，显得安静而若有所思。

1月19日　星期日

HB说我夜里就像一艘颠簸在暴风雨里的船，我们不得不在床上多躺了两个小时来补觉。

～

傍晚和乔纳森·霍普聊六〇年代的享乐主义。他和我同时认识了罗伯特·梅普尔索普[2]，以及长得很像山姆·谢泼德的山姆·瓦格斯塔夫[3]。我觉得山姆是六十岁的时候过世的——尽管他看上去不超过四十岁——乔纳森说他有七十岁，还参加过“二战”。山姆认识罗伯特时，他说:“我在找一个可以让我宠爱的人。”随后他送了罗伯特一枚猴子形状的钻石胸针，罗伯特一直将胸针别在自己皮衣的翻领上，直到有人弄坏了猴子的尾巴为止。乔纳森也曾见过不爱与人来往的保罗·莫里西，保罗告诉他，大门乐团（The Doors）的吉姆·莫里森毫无疑问是同性恋。

～

1　戴克里先（Diocletian，约 244—312），罗马帝国皇帝。

2　罗伯特·梅普尔索普（Robert Mapplethorpe，1946—1989），美国著名摄影家，朋克教母帕蒂·史密斯生命中最重要的灵魂伴侣。

3　山姆·瓦格斯塔夫 (Sam Wagstaff，1921—1987)，美国艺术家、策展人，罗伯特·梅普尔索普的伯乐与情人。

稍后和尼基·德·容一起去参加贝斯沃特的男孩聚会。一群美貌的专业人士在这里聊天。由于在这里见到了LA酒廊的英俊主人，我们本以为今天他们的表现会更猥琐——也许他们都在全力表现得规规矩矩的。

～

一点钟到家，发现HB还醒着。他上蹿下跳地争取他那半边床，一点半打开电视看了一部很糟糕的恐怖片，叫《柳条人》，电影里猥亵的歌声响彻整夜。

看电影的中途，阿拉斯代尔和他的朋友巴里来访，他们完全喝蒙了，硬是要闯进来，不停地大吵大闹。为了邻居着想，HB把他们放了进来。这一夜无眠，本不该如此。

1月20日　星期一

去圣玛丽医院。马克医生说齐多夫定让我的皮肤看上去“晒黑”了许多，其它一切似乎都还正常。我们用液氮清理了我脸上的斑点，我告诉他我想用自己的血作画的想法，他热情地说他会研究一下看是否可以消除其中的病毒。他建议我把齐多夫定的包装拆掉，因为携带艾滋病毒进入美国境内是不合法的。这会让移民局很恐慌，但我拒绝在护照上盖上“艾滋病阳性”，因此我能做的也就是手指交叉着祈祷，希望可以通过。

我会尽可能保持冷静。

二月

2月2日　星期日

寒冷而多雾的一天。正在倒时差，睡眠断断续续。今早HB和我结束了两周的美国之行，在那里我们交了新朋友，也失去了一些老朋友。

花了五天时间在鹿园参加圣丹斯电影节——鹿园是靠近盐湖城的一个小镇。

我们遇见了帕特，在零下的温度中，她穿着皮草外套和迷你短裙。她说她曾经去过伦敦，听劳埃德·韦伯的音乐剧。帕特提着一只鳄鱼皮行李箱，原来这里穿皮草的人不止她一个。鹿园的女士们看上去就像一群毛茸茸的待宰旅鼠。我们住的公寓是展望小舍的四倍大，按摩式浴缸可以装下一整支足球队；后来发现浴缸用过多的氯水消了毒，对我来说很不安全——它会把我的背部烧脱皮。HB坐在浴缸里面待了好几个小时。

HB在艾伯森超市里来回逛着，为我买些小玩意儿——一根“吉米·迪恩”牌的巨型香肠。主街上有一家很不寻常的古玩店，里面卖着西部风格的工艺品，还有按英尺卖的带刺铁丝，就像铸铁制成的荆棘一般。店里有一堆动物标本——熊（北极熊和棕熊）、山猫、狼獾、用鹿角做成的吊灯，长耳野兔更是数不胜数。

电影节的气氛相当友善：有艾萨克·朱利恩——帕特形容他是“胖胖的魔力8号球”——还有从伦敦来的哈尼夫·库雷西[1]；正在和特伦斯·戴维斯[2]一起拍新片《邪恶的肉身》的科林·麦凯布，这部电影的背景是纽约的一家性虐恋酒吧。

所有年轻的同性恋电影人来这里都是为了参与一次讨论会，这场会议的主题是破除七〇年代同性恋解放运动的政治正确。托德·海因斯[3]、汤姆·卡林[4]、艾萨克·朱利恩、我自己、赛迪·贝宁都参加了，由鲁比·里奇主持。鲁比把我介绍为“文化偶像”。电影制作人们都畅所欲言，大家都很开心。

坐飞机去纽约，坐在吉姆·贾木许[5]旁边，他一直在抱怨圣丹斯电影节的规模变得太大了——我却很高兴，飞机飞过环绕在盐湖城旁的重雾弥漫的平原，向东穿过覆雪的群山时，他也开心起来。

～

在马克家里待了五天。阳光照不进他位于东62街的公寓，所以即使正午也开着灯。厚重的窗帘和威尼斯百叶窗使得光线更差了。在隆冬你会注意到纽约的阳光有多稀少，我甚至会专门穿过马路，以便走在断断续续的阳光下。

美国正在跌入泥潭之中。乔治·布什结结巴巴地做了国情咨文演讲，马克说他们的未来毫无希望。怪不得鲍里斯·叶利钦会在联合国会场中

---

1 哈尼夫·库雷西（Hanif Kureishi，1954— ），英国剧作家、电影编剧、作家。
2 特伦斯·戴维斯（Terence Davies，1945— ），英国导演、编剧。
3 托德·海因斯（Todd Haynes，1961— ），美国导演、编剧。
4 汤姆·卡林（Tom Kalin，1962— ），美国编剧、导演、制片人。
5 吉姆·贾木许（Jim Jarmusch，1953— ），美国导演、编剧、演员。

微笑。柏林墙的倒下就像拉开了浴缸里的活塞。利率达到了百分之四，没有人会去借一分钱，老旧的重工业快速衰退。所有东西都降了半价，电器、CD、衣服、食品——一份麦当劳套餐才五十九美分，只是英国售价的几分之一。

～

和马尔科姆·利在他位于切尔西酒店的公寓里一起度过了我的五十岁生日。现在，马尔科姆和我的岁数加起来可以抵一个世纪了。我们认识的每一个人非死即疯。帕特里克·斯蒂德也过世了。可怜的同志之友帕特里克——从七〇年代中期我们就失去了联系，我独自拍摄《塞巴斯蒂安》让我们有了隔阂，尽管他说他已经“原谅”了我，但我们却再也无法像当初那样亲近。我最后一次听说有关他的消息，是他在和纽约的一个女模特同居。

阿马迪奥搭车载了一个陌生人，结果被那人打晕，扔到浴缸里，身上浇了汽油，被活活烧死，于是他也加入了死亡与被害者名单。

马尔科姆对■■■■■■■■■■■■■■[1]特别感兴趣；他说他设计了一些有恋足癖倾向的鞋，作为对富人的折磨：“七〇年代时，可以说他基本上把■■■■■■■■■■■■■弄瘸了。”我曾经评论过蒂尔达的一双鞋：“■■■■■■■■■■■■■——这鞋把我的脚趾都磨出血了。”

～

HB和我逛来逛去，最后到了同志书店，收款台前的乔治在那里对我笑。我们总是能见到费伊·达纳韦——早晨在斯特兰德书店附近，她骑在脚踏车上，大叫着“喂，小伙子们”。

～

我们两人都不知道该如何评价美国，我们很高兴来过，也很高兴离开了。距离使友谊得以长久，马尔科姆·利和基思·米洛来访。我想知道

1 原文如此。

如果他们住在英格兰，我还会认识他们吗？为了看连环杀手杰弗里·达默的电视庭审，基思专门装了有线电视。他是个电视迷：上次我见到他的时候，他正在看格雷格·洛加尼斯[1]参加奥运会的比赛——那个长得如雕像般英俊的跳水选手，胸肌与大腿肌肉十分发达。

～

回到英格兰的时候，我已年满五十岁，带回一副眼镜、五张CD、几本书和很多厨房用品——是马克送我的临别礼物。在希思罗机场的海关大厅，一大瓶我最喜欢的洗手液漏得一箱子都是。HB小心地把它倒进洗手间。

2月3日　星期一

和霍华德一起开车去展望小舍，他在长坑拍了两张HB的照片，HB看上去很不情愿——HB想要找蛤蟆，却找不到。三个星期以来，花园看上去没什么变化。收到一个紫色的盒子，里面装了从贝丝·查托苗圃送来的大戟，还有六十多封祝福我生日的信与贺卡，其中一封是贝丝写的。

2月4日　星期二

花了一天时间回信——按照这个速度，我一年需要花两周时间来写信。街上装了新的邮筒，仿佛是在鼓励我继续努力写信。

2月5日　星期三

早早起床，和本地的托利党议员迈克尔·霍华德通电话，讨论同性

1　格雷格·洛加尼斯（Greg Louganis，1960—　），美国著名跳水运动员，1994年公开了自己的同志身份。

恋政策的事。他说的话乱七八糟，让我有点生气——听他发表那些荒谬的言论，很难不让人血压升高：军队属于特殊情况，因为军官有权号令士兵——我可以下令让你去送死，但可别让我色诱你。我很快意识到，在这场辩论中我们占据了优势，他们的论点都摇摇欲坠，非常情绪化且前后矛盾。

如果大兵们那么害怕男同性恋，我们就应该设置一支专门的同性恋部队，待到最凶恶的敌人来临时将其投入战场，让敌人落荒而逃。

～

今天天气又转暖了，阳光勇敢地奋力穿过云层。我在花园里忙了几小时——我的体力只能支持这么久。在前院种了柳穿鱼，鸢尾花发芽了——长了四英寸，刺透了二月的阴霾。

～

吃了药。我很怕这些药，盯了几分钟才强迫自己吞下去。和之前一样，药片卡在我的喉咙里，把我噎到了。每天晚上，瘙痒都会让我醒来一小时。昨晚我睡得很好。

～

三点，一个年轻的日本音乐人来访，没有事先打招呼，他在厨房里哭了。他带给我他的音乐，我们在花园里散步，他拍了照。之后电话一直响个不停。

2月6日　星期四

两张样带，一张被报道了，一张正在上演。

早起接受一个电台采访，然后搭了九点的慢车去查令十字街。火车穿过肯特郡乡村时，我觉得仿佛看到了遍野的美洲野牛。

我换上素净的外套，看着像银行职员似的，和HB步行去弓街，那里拍照的人多过游行的人，警察则更多。现场有几场演讲：艾伦，十九岁，他的演讲是关于二十一岁自愿性行为年龄的；一位女同性恋母亲发表了一场令人感动的演讲；在人群中微笑的吉米·萨默维尔鼓励我之后，我站出来说了几句话；我和HB道别，我们俩决定这次不要被逮捕，因为《自担风险》的交稿日期就要到了。

这场有序、非暴力、轻松诙谐的游行一直延伸到通往查令十字街的小巷中，我们需要在这里停下，因为法律规定游行必须在距离下议院一英里之外进行——萨拉·格雷厄姆、吉米和我手挽着手，举着横幅喊着“同志权益，刻不容缓”。查令十字街入口处，警车鸣着扩音器发出警告说，继续前进会违反国会大厦的会议秩序。

彼得·塔切尔是一个杰出的组织者，没有他，这种类型的示威不可能成功，他告诉那些不想被逮捕的人站到人行道上，不要挡住过道。变装同志假扮的“撒切尔夫人”剪断了一根粉色丝带，告诉我们，她的任务到此为止，现在该由梅杰先生[1]来对付我们了。

警车鸣起喇叭，允许五个人继续向国会大厦前进，递上我们的权益请愿书，但不能带任何旗帜或横幅。

我们大概四十到五十个人继续朝查令十字街走去，然后躺下。我们再次被警告，与此同时摄影师们朝着警察大叫，并推攘着通过他们的防线。我们把横幅裹在身边，仿佛躺在一张巨大的同性恋之床上；我们凝视着天空，萨拉发现头顶的悬铃树上有一个鸟巢，里面有一只不太高兴的鸽子，然后我们就一个个地被逮捕了。一切发生得很突然，仿佛做梦一般，一眨眼就结束了。我发现自己在警车里，目光穿过街道，看到HB正在被一个长相俊美的警察搜身，HB脸上带着微笑，但显得很担心。

我想，自从我学生时代到伦敦来，我已经在脑海中对这一幕演练了很多遍。我二十五岁时经历了1967年法律改革，于是，我生命中的前二十五年都是个罪犯，接下来的二十五年里，则成了二等公民。在这个可耻的社会中，我终于因为勇敢做自己而被逮捕，这个社会对于人性之复杂一无所

1 指接替撒切尔夫人担任英国首相的约翰·梅杰。

知——此时连我的笔都愤怒不已。

我们被载到椭圆体育馆附近的警察局，排队记录个人信息，逮捕我们的警员给我们拍了照——大部分警员都很友好，一些长得还挺好看，但他们面对女性时，明显比面对男性时更自在。

我们被搜了身——我所有的杂物都被签核记录、封存进一个塑料袋。

我们被关进了监牢，门上的黑板上写有我们的名字。我和艾伦关在一起，他在现场做了演讲。和我们一起的还有一个纽卡斯尔来的年轻人。我们讲故事自娱自乐，通过猫眼和对面的女士聊天。对于警察给出的警告以及是否听从这些警告，萨拉给了我们很好的建议。

忽然这一切就结束了，他们把收走的东西都还给了我们，我们被释放回街上。

2月7日　星期五

彻底写完了《自担风险》，和HB在咖啡厅吃吐司炒蛋庆祝。《卫报》登了一张我从警车里向外望去的阴郁照片。这次示威占据了所有的主流新闻媒体与报纸版面。《独立报》对我们的报道很够意思。九点和艾伦·贝克、金杰比茨开车去邓杰内斯。这星期日艾伦将会加入姐妹会，玩21点游戏的时候，金杰比茨戴上了手铐——合法地。

2月8日　星期六

阳光明媚，天气和暖。我在花园里为玫瑰覆上保护膜，最近一直有水管禁用令。

建筑师布赖恩·克拉克开车路过说，大部分反对我的扩建提议的意见都被撤回了，我们应该可以在三月动工。

～

来自桑迪·鲍威尔[1]的简报。桑迪在《晚旗报》颁奖礼上的抗议真是太好了！她穿那件紧身橡胶晚装，摇摆着走上台，以求娱乐大众——“这一整天安妮·拉帕兹都在对我喷杀虫剂”。很快观众都屏住了呼吸，她的抗议令人印象深刻。当雪莉·麦克雷恩[2]发现桑迪的票被人当着她的面撕碎后，特意离开巴博斯·罗瑟米尔那荒谬的派对，过来和桑迪站在一起支持她。

桑迪整个星期都在酒吧玩乐，她说她原本感觉很紧张，但最后一刻，所有不安都消失了。

阿米尔和萨拉告诉我，当时旁边没有保安，他们很随意地就走上了舞台。第二天报刊用欢快的风格报道了这场示威，电视上也播放了，没有删节。

2月9日　星期日

姐妹会坎特伯雷分会将艾伦封为“乳胶姐妹”。

做家务，清理了煤灰。每次我用无烟煤生火时，这些煤灰就会纷纷扬起。上星期五晚上，我和艾伦开车过来，因为大雾，我们差点就停下了。我小的时候，燃煤生的火会产生厚重的黄色浓雾。

2月10日　星期一

阳光出来了，这个清晨十分明亮。

大卫·托马斯在隔壁搅拌混凝土，我在奋力擦洗着地板。

马克·乔丹来做了一个录像采访。我解释给他听我用颜色编码的革命

1　桑迪·鲍威尔（Sandy Powell, 1960— ），英国著名电影服装设计师。

2　雪莉·麦克雷恩（Shirley MacLaine, 1934— ），美国女演员。

理论：红色在录像时显得不好看，因此T夫人[1]获得了成功，苏联的旗帜则走向了终结。今晚我会穿蓝色的衣服。

2月12日　星期三

晚上，满满一屋子人在格拉斯哥电影院看《爱德华二世》。一位长着粗眉毛的奇怪的女士坚持要拍照，竟然得到了许可。

2月13日　星期四

展览开幕了，在艺校做讲座——每个人都很和善，见到我们也很开心，T夫人来格拉斯哥，没有人去见她，所以她被安排参观博物馆，她把所有的东西都和她的壁炉联系起来——“这个挂在壁炉上会很不错”，她把菊花和《向日葵》搞混了——“这是谁画的？”，“好贵的菊花”。她沉浸在自己的世界里，与外界失去了联系。现在她致力于筹办撒切尔研究所，这听起来极其令人沮丧。

开幕式上，一个带着开朗笑容的年轻人坐在画廊中间的椅子上和我调笑，用他的腿贴着我的腿，叫我“德里克叔叔”。

2月14日　星期五

我们一路向南，开到彭里斯时，由于天开始下起雨来，我们离开公路。我们在低悬的云雾之间穿过湖区，回到M6公路，在这条路边，我们找到了一家拥挤的小饭馆，停了下来。

一边阅读《独立报》上的讣告，一边喝着蘑菇汤和英式早餐茶。

1　指撒切尔夫人。

2月18日　星期二

到达柏林泰格尔机场。

在一家很丑的酒店里熬过了过去的几天，那就是萨伏依酒店。这里的古铜色镀金内饰简直就是心理疾病的物化形态。

最近这几场电影节如同审判一样难熬——我必须得叫个暂停才行。一周多的时间里，我都在四处赶路。虽然我已经阻止他们，但采访仍然接连不断——利用我最近的严重感冒和喉咙病痛来暂时躲过一些采访。

下雪了，我们正等着登机。

柏林充满了矛盾，但没有人争论。观众似乎都被告知要喜欢《爱德华二世》，都遵从了“文化”。在英国放映电影时感觉更温馨，观众们都是和我一起变老的人。

太阳出来了，雪被一扫而空，我们和一群吵闹的孩子一起登机。我真的很讨厌跟小孩一起搭飞机，他们应该和吸烟的人一起被驱赶到某些角落。

我让观众们大笑。一个人在电影院里除了笑还能干吗？全都是些心胸狭窄的人和膨胀的公众自我意识。

我坐在飞机上。英国航空播放巴赫的音乐以使乘客平静下来，随着人们用力关上行李柜，音乐声起起伏伏。还要飞一个半小时，隔壁的座位空着，如果我咳嗽或发出噪声，想必座位一直不会有人来坐。

和一群聪明的年轻人以及一个采访者一起吃午饭，谢天谢地，这位采访者不喜欢这部电影。我称赞他：“我不准备为这部电影辩护，您大概是对的。”我想，这话可能会让他很困惑。大多数电影我也不喜欢。

我问这些采访者：“为了求生，你们已经活了多久？”我已经为生存奋斗两年了。曼弗雷德说齐多夫定对他不起作用。我告诉他我活得像是在走钢丝，有如经历了船难。

救生衣上有个用来引起别人注意的哨子。“请仔细阅读救生卡片。”

汤姆·卡林和他的制片人克里斯蒂娜·瓦尚让我不住地微笑。昨天我们坐出租车去无忧宫，走在空落落的花园里，雪花从树的枝丫间飘落，围绕着俗丽的中式亭子飞舞，这仿佛是萨伏依酒店的始祖。

很久以前，弗雷德里克王子拥有一座属于西西里男孩们的亭阁，里面绘制着许多曲线分明的臀部和二头肌。

当代的柏林男孩在汤姆酒吧里安静地坐着，一动不动地盯着播放色情录像的屏幕，就像博物馆的展品——他们连眼睛都不眨，冷若冰霜。

人们把除冰剂喷洒在飞机的两翼上。

一个采访者告诉我他的男朋友死了，他内心深处很讨厌自己的同性恋身份，我说我觉得做同性恋很刺激。

我无法相信他们竟然把一个婴儿放在我的邻座！我不停咳嗽，大声对HB说："今天我的艾滋病症状又出现了。"那一家人惊恐地换了座位。

孩子们在我后面哭喊，还大叫着："飞机起飞了！"我们驶入跑道，咆哮着冲向正午的天空。地上的柏林寒冷而灰暗，飘着细雪。

从云层的缝隙中能看到，东德老旧的田野一片灰白，被冰天雪地包围的小镇街道看上去悲伤且单调。西柏林将富饶留给了自己，在东德那边，最明亮的是犹太教堂翻修后的穹顶。

我在同志书店买了詹姆斯·珀迪[1]的《窄房间》，还看到了埃尔韦·吉贝尔[2]的作品，但我觉得自己的法语不够好，所以没有买。他也是个爱大惊小怪的人吗？或者是我忽略了某些问题？他似乎曾在巴黎被他的医生们摆布，或许这些都是杜撰的？

我们在云端，沐浴在阳光中，飞机非常吵。我很讨厌坐飞机，有点幽闭恐惧症，不喜欢看起来了无生气的航空餐，最后还要费力挣扎才能下飞机。

1　詹姆斯·珀迪（James Purdy，1914—2009），美国作家。
2　埃尔韦·吉贝尔（Hervé Guibert，1955—1991），法国作家、摄影师。

我遇到一位年轻的演员。我们一致同意英国的戏剧已经到了暮年，处处都有临终看护；他已经搬去了柏林。我从来没有和任何英国演员发生过关系——他们魅力不够，根本不值得费力上他们，更别提还要忘记他们。他们扮演激进的角色，过着循规蹈矩的生活。他们身上的活力只能和汤姆酒吧里那些身着皮衣的假人相比。

我们又往前飞了一阵，机舱安静下来。我没吃飞机上的午餐。

能和HB一起回去真是太好了。

2月19日　星期三

在理查德家筹备绘画。

2月20日　星期四

德里克·鲍尔从格里姆斯比打来电话，吵醒了我，他说格雷厄姆·克莱克正在那里等待死亡临近。格雷厄姆重病有两周了。自从他公布自己感染了艾滋病后，在威斯敏斯特医院的门诊部等了很久——他们给了他一些治消化不良的药，把他打发走了。

德里克很恐慌地联系阿拉斯代尔。阿拉斯代尔太穷了，只得向公司要钱付火车票。我感觉自己像一大箱玻璃器皿一样脆弱，轻轻一滑就……

～

天气苦寒，我的双手都在颤抖。迈克尔·克里斯蒂和我在邦德街转悠，从阿斯普雷到范思哲之间的一些商店关门了。“这一定是邦德街上唯一卖水泥的店”——迈克尔看着因为经济危机而落败的店内装潢说道。

迈克尔心情低落，诉说着成为男妓后他在早间节目的工作就没有了。他说这或许可以实现他想要住进苏活区的梦想。

2月21日　星期五

九点，霍华德来到凤凰之屋，我们在清冷而晴朗的上午开车去邓杰内斯。

点火，煮茶，出发去大迪克斯特花园，我们从苗圃买了蜡菊，然后去仙客来学会。在红得像苹果一样的夕阳下沿着邓杰内斯B号公路回家。

我写了二十多封信，电话响了起来：一位《独立报》的记者打来电话——灵媒电视乐团在十年前，也可能是更早以前做的录影带曾登上电视节目《电讯》。我在其中出镜了，使我也成为其中一员，这毫无意义的故事被小报挖了出来。我挂上电话，过不多久，《每日镜报》又打来了。

乔恩·萨维奇来电。他觉得我应该离开邓杰内斯，也许花园会被写成“恶魔崇拜”。我巴不得如此。我需要平和安静，现在记者却追着我问其他人的风流韵事。我查阅了《舞动的暗礁》，又重读了一遍我八〇年代初写的《拍摄灵媒集会》。艾伦的到来解救了我，让我不再专注于这些小报的事情。晚上我待在坎特伯雷。

2月22日　星期六

艾伦开车送我去吉灵厄姆，一个人们说话会吞音的小镇。我站在肮脏的站台上等待去黑衣修士站的火车。

走上凤凰之屋的阶梯，又冷又累。HB在等他的朋友小桃。我们步行去看人类博物馆的“死亡之日”展览，然后回普莱斯托餐厅喝茶。

十一点，格雷厄姆·克莱克去世了。我的相册里有一张他的肖像，拍得很好。

上一次我们见到格雷厄姆是在纽约。他受邀用错视画法在曼哈顿的一家餐厅里画出一片被曝晒的草原。格雷厄姆画了一片美丽的沙漠，伴有仙人掌和短叶丝兰。他最后的笔触落在天空，画了一个小小的旋风，从远处的地平线升起，几乎看不见。这画看上去非常好，他越画越大。疯狂地画了一周后，餐厅彻底变了样：暴风雨云和闪电环绕着暗沉的飓风眼。那是他最好的作品。

身家百万的餐厅老板度假回来时，格雷厄姆刚好画完。他不喜欢这幅画，把格雷厄姆赶了出去，尖叫道："我保证让你再也找不到工作。"

2月23日　星期日

HB和我搭了公交车去卡姆登洛克市场。这地方看上去极其无趣，一个古董摊上播放着《银翼杀手》的配乐，散发着不祥的气息；难闻的廉价油炸味和刮花的老唱片，还有低廉肮脏的艺术装饰品和霉烂的二手衣物——潮湿而令人沮丧。我们走到正在被拆除的花园中心，疏于照料的植物在干旱的冬日渐渐枯死。

2月24日　星期一

天气暖和，无风，阴天，太阳在雾中徘徊。朱利安开车带我们去展望小舍，我们步行去长坑。前几年水面下降严重。荆豆开花了，褪色柳也抽出了芽。前院生长着番红花和雪花莲，我一直给它们浇水，直到上次我把蓄的雨水清空。我买了苹果醋涂在瘙痒的皮肤上——这是丹尼给我的建议，我闻起来就像意大利沙拉。

邓杰内斯空无一人，我播放着雅纳切克 的音乐。HB在藏书室里转来转去。

2月25日　星期二

明明说好了今天是晴天，却完全没有太阳升起的迹象，天灰得就像学校里用的毯子。HB裸着身子吃玉米片，他喜欢冷的感觉，他说他来自斯巴达，他的文身看上去似乎能御寒。

走到海滩，潮水远远退去，东风吹来薄雾，什么都看不到。

HB挪走了几乎一半的堆肥，把它们铺在屋后。种下了我在大迪克斯特花园买的绵杉菊，以及前门外紫色盒子里剩下的蕨类，这是从利宝百货商店买的。矢车菊和虞美人发了芽，鸢尾花的高度已经和手掌的宽度差不多。无风且相当温暖的冬天让大部分植物茁壮成长，有一簇黄色的桂竹香也快开花了。

蜜蜂在寒气中飞到荆豆丛中，金色的花朵撒出了花粉。

卡车来来回回地把海滩上的卵石运去加固核电站。HB说从他出生到现在，世界人口已经翻了一倍，等到核电站能源耗尽的那一天，世界上就不会有任何剩余空间了。

2月26日　星期三

接骨木在长叶子了。我在阅读一本书，名叫《地狱中的马基雅维利》。

据阿拉斯代尔说，格雷厄姆死于带状疱疹。所有这样的死亡都很令人沮丧，地平线迫近，没有方向地漂泊。我的皮肤痒得让我无法集中注意力。现在还只是痛苦的初期，意志里脆弱感可谓十分强烈。

我午餐只吃了一点点。HB说厨房里有老鼠在食物碎屑里跳来跳去，在储存柜里的挂绳上荡秋千——简直是啮齿动物中的运动员。一只海鸥在吞没了核电站的浓雾中鸣叫，似乎在为我这篇日记代笔。

～

想要探访我的好心人给了我持续的压力——每天收到三四封来自陌生人的信，有的说很快就会来访，也有洽谈电影合作、拍照或录音采访的。我开始不回复一些信，因为回复他们，就会引来更多的信件。整日地回信——有时多达三十封，整本的邮票、信封和信纸总是很快就用完。

~

我从容地在花园劳作，将毛地黄从毛毛虫的病害中解救出来，为石环除草，等待雨水的来临——但一直没有下雨。

下午茶时间，一只玳瑁色虎斑猫穿过卵石滩过来。蓝色风信子低低地垂下，将阵阵清香送进屋里。

~

太阳升起来了，HB说这好像夏天五点的清晨，但很快太阳就不见了，他也走了——跌跌撞撞地挎着他的黄色行李袋去纽卡斯尔，新剪的发型令他看上去又显得迷人了。他去了远方，深陷爱情与病痛的我感到又悲伤又愚蠢。

2月27日　星期四

明亮的黎明，非常温暖，微风徐徐。我给全身涂上苹果醋来止痒，这瘙痒的感觉让我在凌晨难受得要死。我觉得这没什么疗效，但仍抱有希望。清理了房子的一侧，弄来些卵石铺到了石环上。

给柳穿鱼浇水，看着番红花在阳光下开花，为长生花浇水。蜜蜂都大批出动了，在荆豆和雪花莲间采集花蜜。

散步到渔船边，再回来吃午饭。珍妮特·托马斯停下车，载我去莱德的商店。她准备在海角的另一边开办一处苗圃。

全天阳光灿烂，天气暖和舒适。我把蓝色风信子放到室外，HB赶上了一点钟开往纽卡斯尔的公车。

天暗下来的时候，一只蓝山雀在鼠尾草丛中捉毛毛虫。

2月28日　星期五

一只鹰俯冲过金雀花丛，追着一只麻雀，最后捉到了。早晨我用HB用巧克力做诱饵的老鼠夹逮到一只老鼠。

用水桶和拖把来振作自己，清空了橱柜，为家具上蜡，除掉蛛网。太阳沉入雾气中，我下定决心：必须对抗这昏昏沉沉的嗜睡症，它让我每天下午都窝在沙发里睡觉。

煤炭送来了，但今天很暖和，我一直开着门让房间通风，炉火很快就熄灭了。

我写东西时，觉得自己正紧贴着隐形的屏障——如果我可以突破这屏障就好了。

～

落日的光辉照进惨白的黄昏里，薄雾吞没了淡粉的卵石滩。

有人敲门，是鲍里斯的朋友："我们可以来看看花园吗？"

落日时分有电话从LA酒廊打来——是一场采访。近六点了，太阳已经完全落下。

两个年轻女人提着录音机从黑暗中出现，我让她们明天再来。

2月29日　星期六

八点半，阳光灿烂。德里克·鲍尔电话问我这周会不会过去，但我在等艾伦和金杰比茨来接我去伦敦——我等他们的时候，蜜蜂在番红花上争斗着，第一株水仙即将开花。我希望过漫无目的的懒散生活，春天除外。

一点到伦敦。花了一下午时间和金杰比茨探索伦敦西区。

三月

3月1日　星期日

和尼基在电话上聊了很久，他很确定我的电话被窃听了——“那是什么声音？”

“只是洗衣机的声音。”

“我觉得听起来不像洗衣机。”

他说伊恩爵士[1]“极为厉害”，并说他应该在马恩岛退休。诺曼·特比特在电台里倡导同性恋法律改革，毫无疑问他接受过伊恩爵士的那些探访。托利党和他们的同性恋盟友在密谋，以求赢得选举。我说我也要把邓杰内斯的房子拍卖掉，然后搬到马恩岛——这绝对会是新闻。

～

我躺在这片荒芜之地的地板上，HB彻底改造了凤凰之屋，他就是家居

1　指伊恩·麦克莱恩。

生活领域的贾尔斯·吉尔伯特·斯科特[1]。

～

尼基来吃午餐，今天天气阴冷。工人们正在挖一条小沟来安装明黄色的塑料煤气管，他们穿着荧光橘色的工作裤——这是整条街上唯一的色彩，其他人都像这天气一样灰暗。

我们在潘记餐厅吃饭，然后在书店附近散步。我们聊了很久的王尔德，对同性恋者来说，他是令人愤怒的偶像——他是势利之人的同伙，他的愚蠢和作品倒不如他的生活有趣。我找到一本初版的《雷丁监狱之歌》，看上去似乎预示着什么。

～

我感觉自己很难集中注意力，心想，如果没有事做，我要怎么活下去，一个时代已经结束，和我相同处境的人们现在如何？开心？压抑？还是感到宽慰？命运给予了这次打击，格雷厄姆逝去，而阿拉斯代尔还活着，但是阿拉斯代尔无论怎样会一直存在，泡在优柔寡断的情绪里。书的末尾没有索引，太多人来敲这扇门。

我拿起《梅杜萨之筏》[2]——死亡之筏——然后放下了。我想我应该拍一部关于一座花园的电影，莫奈的花园，花朵，然后乘船驶离生命。

3月2日　星期一

麻雀在阳台唱歌。逛了几家商店，寻找关于奥斯卡·王尔德的书。

～

正午时分，打了辆车去理查德位于埃德华兹广场的工作室，皮尔斯已

1　贾尔斯·吉尔伯特·斯科特（Giles Gilbert Scott，1880—1960），二十世纪英国著名建筑师、英国皇家建筑学院院士。

2　《梅杜萨之筏》（*The Raft of the Medusa*）是法国浪漫主义画家泰奥多尔·席里柯的著名作品，描绘了法国海军的梅杜萨号沉没后，生还者在求生筏上挣扎的场面。

经在那里摆上了一大张画布，我们量了这张画布的尺寸，并且在上面盖了几本《人民：皇后百货的男妓》，看上去令人印象深刻。又搭了一辆出租车去买东西：威格莫尔街的约翰·贝尔和克罗伊登医疗用品店，几年前，我们在这里买了石膏绷带用来做面具。这里已经变成了一个很大的药店，我们没有找到任何可以用来做拼贴画的东西。威格莫尔街上的二手店都空了，门上封了木条。

贝里克街上的情趣商店里没有任何令人惊喜的东西，这时我才意识到我的眼镜丢了，整个下午的活动都变得十分艰难。

接着去博德和戴维斯颜料店，如今他们的店面变小很多，藏在德鲁里巷后面。五〇年代初期，为了画从诺思伍德阁楼上看到的风景，我曾在这里买过几罐不伦瑞克牌绿色颜料。皮尔斯说，我对所有的后巷都了如指掌。拉塞尔和查普尔画布店因为停电而一片昏暗，只点了几支蜡烛——我回到凤凰之屋的时候，那里也发生了相同的事。

赶回理查德的工作室，迪格比在那儿找到了我的眼镜，然后我们回到寒冷、黑暗的公寓。也许这是西方世界崩溃后的第一波震动。

普莱斯托餐厅的玛丽亚给了我几支蜡烛，我点亮它们，致电伦敦电力局，然后在晚上离开。

～

希思公园潮湿寒冷。遇到一个一头浓密黑色直发的澳大利亚脱衣舞男，他带着一个健身挎包。他放弃了精神病学的学位，他说现在和他一起工作的人更有趣。他有着奇彭代尔舞团成员般的微笑，锻炼得不错的大腿，他说他讨厌酒吧，来这里能很快“得到他想要的东西”。我们谈到艾滋病——他说他从来不冒险行事，上周才测试过，结果是阴性。

3月5日　星期四

和皮尔斯、彼得在南埃德华兹广场画画，我们在这里十分陶醉。我错过了“狂怒！”的样片展示，但是完成了八幅画[1]：《伊丽莎白二世，皇后百货的男妓》——大幅的画作，用了黑色和猩红；《血》——这是一幅猩红的画，下面有个《太阳报》的标题：“玛莎百货馅饼里的艾滋血液阴谋”；《十八》；《堕落男孩的复仇》；《传播瘟疫》；以及《学校里的邪恶之书》，并在它明黄的表面上写了一个字母。

～

我为曼彻斯特的画展写了份声明：

> 这些画是我不定期在大众媒体上发表的一些作品。这是我心中二十世纪八〇年代的样貌，黑暗又令人着迷。许多年来，我都没有一间画室，也忘记了要多画些作品并将其公之于众，我梦见过年轻时的画作，自那之后，我就不怎么享受绘画的过程了，对这项工作的喜爱也丧失殆尽。但这些作品让我重燃年轻时的感受，好像童年那醉人的松脂芬芳，让我充满了朝气蓬勃的激情。我的灵魂导师是戈雅[2]，我看见了，就是当下，我的朋友们迷失了，甜茶杯盏后面的那些新闻头条上，他们在那里死去。哪样的血？哪些书？怎样的复仇？怎样的罪恶？怎样的美德？
>
> 我画这些画的时候，并不抱任何希望，只伴有阵阵狂笑，你们是小丑，我笑的就是你们。在头条新闻背后，眼泪长流。“发现你自己”，他们在学校里如是说，而我找了个糟糕的主题。我的性行为是否安全？以前的《加冕街》[3]里有没有同性恋角色，和我的生活有什么关系？我生活在一个不同的英国，更好的英国，这可不是肥皂剧能编出来的。
>
> 我画这些画的时候，眼睛半闭着，带着体验第二童年所特有的那种傲慢，画得很快。我发现，我从未忘记画布上的技巧，颜料轻松在上面

1　下文仅列出六幅画作，原文如此。

2　指弗朗西斯科·何塞·德·戈雅·卢西恩特斯（Francisco José de Goya y Lucientes，1746—1828），西班牙浪漫主义画家。

3　《加冕街》是英国电视史上播放时间最长、收视率最高的经典肥皂剧。二十世纪六〇年代末，该电视剧试图加入同性恋、毒品、未婚产子等尖锐话题，但因可能会触怒观众而遭搁置。

流淌，这一点都不难。

不用为这个作品流泪。

彼得和皮尔斯在贴《被解雇的同性恋圣诞老人》（胸部很大）。

屋外的山茶花开花了，洋红色的贴梗海棠在围栏里闪着光芒。我们在一家如大理石一样白的餐厅里吃比萨作为午餐，餐厅装饰着毕加索的仿作。

彼得说巴黎人对图像有很强的认知能力。理查德一直从纽约打来扰人的电话，皮尔斯被他弄得很疲惫，而且这里的电话铃声极为难听，简直可以把人逼疯。

HB从切斯特勒街带来两个造型十分新派的垫子，还剃了个圆寸。

～

朱利安·科尔来拉格姆餐厅吃晚饭，我们中途去了他那位来自洛杉矶的年轻朋友的公寓，就在马奇蒙街——那是个金发的冲浪手，在身上打了孔，舌头上穿了一个银色的杠铃状饰品。

留下HB在街上生气，“星期四访客”按了凤凰之屋的门铃，还送来一份死亡威胁，每周如此。HB说：“如果我抓到他，他就死定了。”

3月7日　星期六

和霍华德、HB一起开车去邓杰内斯。彼得在迪尔和我们会合。今天下着雨，天气变得更冷，花园看上去更绿了，所有的笨蛋都跑了出来。我们开到莱伊，敲响尼尔·坦南特的门——他出去了——然后去大迪克斯特花园买植物。一路上HB和彼得在车后座说着英格兰东北方言。

为了《道林·格雷的画像》这部电影迈出了第一步——黑色的画上有跳出画布的金色图形，道林是一个为女性服务的同性恋牛郎，影片的背景设置在现代，巴兹尔将由朱利安·桑兹扮演（他在《裸体午餐》里演绎的深思熟虑的变装皇后形象，是那部电影的精华）。

午夜，一只可怜的老鼠掉进了HB的陷阱中。

3月8日　星期日

HB曾给那只玳瑁色虎斑猫一罐食物，它现在回来了。它刨了前面的花床，但只造成了少许破坏。然后它跑来这里，坐在厨房门前，希望能讨到更多沙丁鱼。

～

花园染上了春色，墨紫色的海甘蓝伸直起身姿，就像中世纪的柱子，还有暗绿色的接骨木、浅蓝的迷迭香花，大蒜和鸢尾竞艳，番红花紫中带黄，雪花莲凋零了。我在虞美人和矢车菊幼苗间撒下白色的剪秋罗和麦仙翁种子，种下我们从大迪克斯特花园买来的绵杉菊。迷你小火车又开始跑了起来，路过房子旁边时鸣起了汽笛。

～

下午，我为长生花浇水，培育这种植物的诀窍就是把自己当作正在融化的冬雪。长生花和石莲花也叫“Jovis barba”——意思是丘比特的胡子。基督诞生的四百年前，提奥弗拉斯图斯[1]曾说过，养心草是永生不死的。

～

我搜索了海滩，带回电线和鱼漂，用来制作一座巨蛇的雕塑。下午晚些时候，太阳出来了，正好赶上犬蔷薇的蓓蕾即将开放。玳瑁色虎斑猫跑回来，在长长的草间扑来跳去。

1　提奥弗拉斯图斯（Theophrastus，约前371—约前287），古希腊哲学家、科学家，先后受教于柏拉图和亚里士多德。

3月9日　星期一

理查德打电话来说新画让他很激动，特别是那幅《真蓝》。

鲁比·里奇来电，想要完成那篇关于“新酷儿电影”的文章，有些人抱怨以男性为主的圣丹斯电影节和《爱德华二世》——有人觉得伊莎贝拉厌恶女性。我说，如果真是那样的话，历史上就不会有邪恶的皇后了。这是我三百九十九岁的合作者，老顽固基特。

今天太阳出来了，番红花在暖融融的天气里舒展身姿，琉璃苣在前门边疯狂生长。云雀在歌唱，当我沿着海滩寻找火石时，抬头望天却看不见它们的踪影。

十点，出租车司机到了，载我们去赶前往伦敦的火车。我感觉头晕目眩了一周，如同喝醉了一般。这让我无法专注于写作，也无法阅读，不禁让我思考自己还能否再拍一部电影——不过我并没有为此太过担忧，画画很令我兴奋，装点花园更是如此。

～

在理查德那儿，最恐怖的事情发生了，由于我们把画布绷得太紧，表面变得起伏不平。霍华德、HB和皮尔斯试图修复，结果画作崩开了一条清晰的裂纹，好像挨了一发步枪子弹。黄昏时分画了《亲爱的圣诞老人，请赠我以时间》。

3月10日　星期二

送我到圣玛丽医院的出租车闻起来很像我祖母的香水。

坐在沃夫赛德门诊部的候诊室时，我的头有些痛，候诊室里安静得如同一座坟墓。没有人读书看报，他们都盯着空气，在座位上别扭地不停换着姿势。我对面坐着一个看上去像马吉·马克的男孩，穿着大号棕色鞋子、牛仔裤、银色夹克，反戴着帽子，他旁边是一位戴着金丝眼镜的老者。宁静的气氛持续着，只听见一声咳嗽。长得像马吉的男孩盯着我看，仿佛想要打破沉默，他的一撮头发穿过帽子，直立起来，像独角兽一般。他把手指含在嘴里，看上去闷闷不乐，当他倾斜脑袋的时候，金色的耳环反射着光。

“下一步计划是什么？”有人问。男孩懒洋洋地坐着，越发深陷进椅子里。几年来，这里贴着的海报数量猛增：“积极的年轻人”“优惠的折扣”“最新诊断”“社会工作”“支持”“为你保密”，特别是那幅叫“协和科研计划”的海报还在挂着。男孩盯着天花板瞧，手抵在脑后的帽子上，对我的注视显得有些不开心。他的眉毛很好看，他在笑着，一个护士坐在他旁边，试图解决他在住院和付费方面的问题。“这里有个名额，”她说，“你有用于转账的银行账号吗？……困在机器里……坚持下去……市政公租房……住宿……每周领取……疾病……医院……倒填日期……每月租期……格拉斯哥……看看会发生什么……”她笑起来。“我们打电话是在浪费时间。”

“他们让我服药来止住痉挛。”他说。

“比起我来，他们能更快解决你的问题。”护士说，这时男孩微笑起来。

钟声嘀嗒，时间已过了正午，像马吉的男孩叹了口气，掏出鞋子里的石子，他的中指上戴着一枚钻石戒指。

接待员敲击电脑键盘的声音打破了宁静。

“优惠的折扣”“火车旅行”“单身而无家可归”“您需要休息一下吗？”，电话响了起来，没有人接听。

房间里更静了，有人小声说“你好”。社工来与马吉男孩面谈，他31号还会来这里。我想要打破他的沉默，更想扒开他的裤子。

马克医生说，为了避免出现“密西西比河谷”症状——也就是一种奇怪的真菌感染，他把我脸上的斑点都烧灼了一遍，然后我就去抽血了。几个男人在输液。

深呼吸一口气，我回到阳光之下。

～

出门将近三小时，去国家剧院看了《天使在美国》。科茨洛厅的座位很不舒服，显得不亲切。整出戏看起来异常陈旧（仿佛还在1985年），像是末日里一群疯子在扎营。观众不停地笑，但并没什么可笑的。这个戏做得最好的一点就是俗气——天使看上去更像圣诞树精灵——我不明白，设置一张拼贴有好莱坞女星海报的床，究竟有何意义。性爱的场面令人不悦。在从圣玛丽医院出来后，这部剧显得有点过于戏剧化。

3月11日　星期三

坐在10路公交车的二层上，前往理查德家，堵在了牛津街，因为又传来了炸弹恐吓，地铁也关闭了。

车上除了我，只有一位乘客，是个穿着红色夹克的短发男孩，长得高大却忧郁。我能感觉到他的眼睛无聊地盯着我的后脑勺。报纸上没什么可读的，满是关于拉蒙特先生的预算的细则，不过是关于零碎资金的争吵。

～

我打算在理查德那儿画《娼妇》和《勇气》，并完成《十八》。画的时候很吵闹。伦敦逐渐逝去，看上去像一个我死去之后的地方，像是一本宣传册，也像电影布景，人们也很怪诞——设计师搞出来的大杂烩，以及一些冗余的东西。多年过去，我已经成长得不再适合这里了，它看上去比以往更加俗丽，不如以前令人满意。我猜那个穿红衣服的男孩是艺术生，他在皇家艺术学院前下了车。

约翰·迪尤·马修斯、萨拉、艾莉森，都来到了工作室。

约翰觉得玛吉·汉布林很可笑——她用姓来称呼自己所有的学生。约翰说他们来他的展览时，他只知道那两位年长的女士姓辛克莱和威尔逊。

萨拉说她希望有一个像汉普特斯德希思公园一样的地方，专供女性猎艳——自从有人发现一位托利党议员在那里把裤子脱到了脚踝之后，便无人再去了。

～

我忙得不得了，时间看来总是不够，日程安排让我手足无措。我那“劈啪作响的咳嗽”——这是HB取的名字——让我没法持续工作。

在希思公园，我给了一个小伙子一只安全套，他将之从肩膀处扔到身后。“我把这当成盐，用于祈福。”[1]稍后我找到了这只安全套，并当作纪念品留了下来，以纪念这段时光。不过，我还是在咳嗽。

～

HB也起晚了，正在桑迪的“奥兰多”血汗工厂工作——他只不过是想来喝杯茶，再来个拥吻，结果却忙着给昆廷·克里斯普制作紧身胸衣，一直做到后半夜。

3月12日 星期二

我站在牛津街的电器商店外等10路公车，店里轰响的乱七八糟的音乐让我头疼，冷雨吹打在我的脸上，一个克里希那教派的男孩坚持要向我售卖启示书——也许他应该拿一本给那位取缔了同性恋祈祷书的虚伪的大主教。

～

一位拾荒的流浪女人带着一只马戏团里的小狗从公交车前经过，她拉着她巨大的家什穿过路缘石。

～

当我卷起裤子不停给腿搔痒的时候，人们都盯着我。随着公车前进，我的日记也渐渐铺陈开来。

---

1 欧洲国家的一种习俗，人们将一撮盐从肩膀处扔到身后，以求摆脱噩运。

～

皮尔斯说："这届议会成员根本赢不了。"我完成了《爱，性，死亡》的最后一笔，然后开始画《传播瘟疫》，看上去像奥托·迪克斯[1]的作品背景。绘画的乐趣难以描述，即便松香会让我头痛，感觉也如电影般狂野——让我惊奇的是这些蓝色反射出的色彩。

～

我们一起去吃午餐，肯看上去像年轻时的大卫·霍克尼，只是大了一号。理查德告诉我们一个奥斯卡·王尔德的故事：有次王尔德和纪德在巴黎一同晚餐，他告诉纪德这个老傻子，那周早些时候，他的前任情人杀了自己的妻子。她死后就像雨中倾颓的玫瑰花丛一样美。

迪基觉得，如果住在纽约的圣雷诺大楼，他会更快乐；虽然基思看上去在那里确实挺开心的，但我们对此仍然不是很确定。他说如果他搬到那里，我们都可以去住——于是我们也都认同了他住在那里会很快乐这一说法。我们谈起这周死于艾滋病的人，还谈起了帕特里克。

～

帕特里克这个消失了的家伙——勾起了令人不悦的回忆。

我第一次遇见他是在国王十字车站，在泽普雷斯剧院——那是一处建在一座老排练厅的舞蹈中心，由罗宾·霍华德[2]建立。罗宾个子很高，由于失去了双腿，只能倚着一根拐棍行走。帕特里克为泽普雷斯剧院的开幕尽过一份力，他本想和经常聚集在那里的年轻舞蹈编导、艺术家合作——帕特里克总是有很多计划，但是一个都没有完成。他为电影着迷，尤其沉迷于烂片，《飞越美人谷》就是他的最爱；他曾经带着泽普雷斯剧院的学生去看这部电影，并且将其定为论文题目。

帕特里克一直活得如同一张白纸，这种空白让他得以保留一种恰到好

1 奥托·迪克斯（Otto Dix，1891—1969），德国画家，新即物主义的代表人物之一。
2 罗宾·霍华德（Robin Howard，1924—1989），英国慈善家、舞蹈赞助人，他在英国推动了现代舞的发展。

处的神秘感。他个子很高，一头长长的棕发，穿着紧身蓝色牛仔裤、牛仔布衬衣和牛仔靴——从来和时尚不沾边。他的思维如剃刀般锐利，还会对自己做出最差的评价——他没有房子，没有工作，也没有钱，总是依附于那些有房有钱有工作的人。他经常会突然发笑，总能接近别人。他搬去了班克塞德——住在我那位于破败仓库顶上的工作室里。

帕特里克很喜欢做些惊世骇俗的事，我们两人曾经一同度过一段疯狂的时光，其中最刺激的莫过于我俩在长达两周的时间里都穿着女装——这是因为当初我俩为了参加安德鲁·罗根的首届“另类世界小姐选美”比赛，去了一家二手商店买了些女士礼服。那里有经典的巴黎世家和迪奥的礼服，只需要花五英镑，而帕特里克身材瘦削，轻松地就钻进了这些裙子里。帕特里克不是什么变装皇后，他并没有夸张的女性化特征，他只是一个穿了裙子的年轻人，我们讨论过激进变装派的那些人，但他们也只是喜欢乔装打扮而已。

我们第一次参加的冒险活动，是去伊丽莎白女王大厅参演彼得·马克斯韦尔·戴维斯的《给疯王的歌》；我们穿着晚装裙，狠狠地搅扰了观众们。我觉得马克斯韦尔应该不是很高兴，但他也没说什么，因为这次演出季开幕式的接待会是在我的工作室举办的。

帕特里克赢得了“另类世界小姐选美”比赛，没化一点妆，全靠穿着其他选手刚脱下的裙装——纯粹是一时兴起的决定，但任何人都想不到竟能做出如此好笑的表演。一年后他在比赛中败给了埃里克，他穿着蓝色牛仔服、牛仔靴，一条巨蟒围在他身上，仿佛时髦的高级时装礼裙——看上去就像《汤姆·琼斯》里刚纵情享乐完的十八世纪乡绅。

帕特里克最爱的就是那些我们在比安奇餐厅一起度过的夜晚，一瓶红酒配一盘奶酪培根意面。比安奇餐厅的价格对我们而言、至少对我来说是有些贵的，但却是苏活区最好的餐厅，总是挤满了去看戏的人，简单而朴实，埃琳莲娜负责经营。比安奇关门后她又转去负责蜗牛餐厅了。帕特里克和我度过了很多充满欢笑的时光；我们常常坐在一个角落里，嘲笑每一个人，包括我们自己，直到话都说完了才走回家，一路上依然笑个不停。

喜欢贵族同性恋是帕特里克的软肋——当时，他们常常在周末组织聚会。最棒的一次，是他们一时兴起为莫斯科大剧院来的苏联舞者举办的狂欢派对，而他们中的大部分人却是直男，这和英国的情况很不一样，弄得他们非常困扰。那次狂欢之所以令人难忘，是因为贵族们以为所有的俄国人都会做这样的事——至少鲁道夫·努列耶夫[1]给了他们这种印象——帕特里克告诉这群从列宁格勒来的疑惑的客人，所有的英国贵族和大部分普通人都会愿意被开后庭；鸡奸是英国的旧习，去上了你的邻居——部分邻居甚至会出于礼貌而加入他们的行列。

帕特里克是个吃软饭的小白脸，靠有钱的男女维生。他就像一颗酸味糖果一样，给他们重复乏味的人生带来了新的滋味。他是一个绝佳的晚餐伙伴，而且总有人为他掏钱。

在纽约的某个夜晚，爱德华·蒙塔古——总是有些美貌的年轻男子找他蹭饭——带帕特里克和一群吃白食的家伙去非常昂贵的四季酒店。他们点了鱼子酱和香槟，不停加单，最后账单高达几千美元。蒙塔古悄悄把几百美元塞给帕特里克。等账单送过来的时候，他把饭钱分摊，把自己的那份钱放在盘子里，随后当着惊恐的食客们的面，把盘子传给帕特里克。大家都屏息等着，帕特里克放上自己的那份钱，和爱德华一同起身离开，只留下剩下的人不停搜刮着自己的口袋。

帕特里克的心思锐如剃刀，他在威尔特郡有着复杂的背景。他那善于狩猎和射击的老妈，因为他不检点的言行，就会把他绑在她那间中世纪小屋里的肉钩上，用马鞭抽打他。这在他们之间建立了一种羁绊，或者可以说是一种奴役式的束缚——在帕特里克心里，无论在什么时候，被母亲鞭笞所带来的兴奋感才是最强烈的——所以他才会喜欢塞巴斯蒂安被欲望之箭折磨的场景。

1　鲁道夫·努列耶夫（Rudolf Nureyev, 1938—1993），前苏联芭蕾舞演员、当代舞蹈家。

帕特里克喜欢被人惯着，我不知道他在纽约是否会戒除这点，但我总是会招待他，小到奶油培根意面，大到去意大利度假。

在我那懂得机械的父亲的帮助下，我们买了一台破旧的奥斯汀40——那种半木质的都铎-伊丽莎白式车型——我们想要自驾去阿姆斯特丹，那里的男孩子都很放荡，然后一路穿越德国和奥地利去威尼斯，也许更远。我们去了渡口，结果在我们的冒险启程之前，车就坏了。我们当初真应该留意这个警示。把车踢踹、猛推、乱撞一气后，终于让它跑了起来，之后的一个月，这就成了我们生活的一部分。

我们在阿姆斯特丹的伦勃朗广场附近订了酒店。1970年，我曾和我的朋友肯一起，跌跌撞撞地在这个广场转悠。当时，他那栗色的头发和灰色的眼珠就像电影明星一样好看。我们住进当初肯住过的房间，他说他在那里被一个名叫威姆的满身血污的屠夫之子“干烂了”——这是他的原话。帕特里克和我打开行李，一头栽到床上睡着了，直到清晨，老板娘猛敲我们的门才醒来。有个小偷摸进我们房间，把我们所有的衣物装进箱子一起偷走了。他把脏袜子和内裤留给了我们。钱、护照和车钥匙都已不见，连我那件漂亮的夹克衫也被偷走了，那件衣服是丝网印刷的，看起来像只豹子，这衣服曾属于五〇年代的某个乐队成员。

接下来的四十八个小时，我们往返于银行和使馆之间，试图弥补损失。等到终于不用排队见那些官员之后，我们就去了跳蚤市场，买了工装裤、T恤和二手鞋。

在道克和科克酒吧，这家历史最悠久的同性恋酒吧里，客人们给我们提供了一处大通铺床位——我们连喝酒的钱也没有。这里的桑拿很好——脱了工装裤，全身赤裸的我们还是有机会的，不过桑拿里想要找人做爱太过容易，让人不那么兴奋。荷兰的桑拿与美国的不同，美国的桑拿里有许多迷彩内饰，好似军营。荷兰的桑拿则铺着白色的瓷砖并且消了毒，几乎像是性病诊所的候诊室一样。我们离开那里的时候，看到了邓肯·格兰特[1]，九十岁高龄的他在餐厅给男孩子们画素描。

我们俩的装扮就像两个接不到活的擦窗工，帕特里克和我离开小镇，沿着高速公路前往威尼斯。不足一小时车就抛锚了，不断冒着烟。就在此时，有人向我们伸出援手，并把我们的车拖到一个小镇。于是我们在那里停留了一天，让当地的修车工有时间找到其他的零件。帕特里克得了淋病——在度假期间得了这样的病，真是一场噩梦，最后你只能去看医生，而他们在治疗你之前，往往会伸手要钱，然后再问一些令人尴尬的问题。治疗方式有时会很痛苦——他们坚持从你阵阵发痛的生殖器上挑一些东西下来做涂片观察，而后他们使用的药物和他们治疗的措施都十分多样。我发现，在这里可以在药店柜台买些四环素类的药品，我觉得这应该是不合法的，但目前还没有人拒绝卖给我。我还记得那药品的名字叫琥珀霉素，我把这药放在洗漱用品袋里，一直带在身边。

翌日，我们继续上路。隔夜，帕特里克的淋病就痊愈了，但“希尔顿”，也就是我们的奥斯汀40汽车只开了十英里，在爬一个非常小的斜坡时，速度就慢了下来，然后干脆在一片蒸汽中停了下来——修车厂忘记给散热器加水了。

开着“希尔顿”，我们的旅途越糟糕，帕特里克就越加嘲笑我们的窘境。我们到了威尼斯，站在拉韦纳市的镶嵌画前，然后继续沿着意大利山脊开向萨莱诺。最后，就在一处三车道高速公路交叉点的中间，“希尔顿”终于扱废了。

最终，“希尔顿”被我们推到汽车渡口，永远地被遗弃在多佛。

我从未和帕特里克上过床，尽管我的很多朋友认为我们一定有些什么猫腻。与我不同，帕特里克对待性生活非常慎重。他会像只猫一样消失，喜欢别人当他是直男，至少也得是双性恋，最后他与纽约的著名模特克丽

1　邓肯·格兰特（Duncan Grant，1885—1978），英国画家、纺织品设计师、陶器师、舞台美术设计师。

茜一起生活。

帕特里克一直计划做这做那，但要他实现任何一个梦想几乎都会禁锢他，就像这篇日记里中的一段文字一样，无法见其全貌。虽然我几年没见过他了，我仍希望他依旧有着梦想。在帕特里克的魅力后藏着一种无法琢磨的忧伤，他如同蛇一般坚不可摧，看上去不太可能会死。也许来世已经为他预留了位置。

～

整夜都痒得难受，偏头痛也困扰着我。我的情况又恶化了，现在觉得自己好像有许多个身体。我整夜翻来覆去，HB也因此没能睡着。

3月13日　星期五

和HB坐在十点的火车上。这么湿冷的一天，HB几乎没穿什么，只穿了一件樱桃红的弗雷德·佩里牌T恤、蓝色牛仔裤和一双黑色的运动鞋，留着寸头，偷眼读着《独立报》，他的黄色行李袋放在身旁的座位上。

～

松香让我感到头疼。HB不再看《独立报》了，转而睡觉。

～

邓杰内斯刮起了大风，但是太阳出来了，等到风停的时候，天气也暖和起来。海甘蓝长出了一英寸——这就是计量春天来临的方式。我在花园里忙着的时候，HB一边把书本按照字母顺序重新排列，一边抱怨着斯特拉文斯基[1]的音乐：“真是可怕的噪音。”最后我们相互妥协，关掉音乐，享受宁静的氛围与幽默的气氛。“真是你的典型做法，”他说，“你播放了可怕的噪音，然后自己反而走出去躲避它。”

1　指伊戈尔·费奥多罗维奇·斯特拉文斯基（Igor Fyodorovich Stravinsky, 1882—1971），生于俄国的伟大古典音乐家、指挥家，二十世纪最具影响力的作曲家之一，代表作有《春之祭》《火鸟》等。

3月14日　星期六

厨房里喷洒了过量的香水，肉色的风信子在香气中耷着头。HB在淋浴，他被我传染了感冒。《春之祭》的乐声在冰冷的三月清晨激励着我们。玳瑁色虎斑猫潜进门来，我给它取了个名字叫老虎莉莉。金杰比茨开车从坎特伯雷送来了一些点心。老虎莉莉蜷缩进一把破椅子上的酒红色垫子里，安静地睡着了。

HB去了长坑，我看着他在远方散步。

在书架里找到了我的老电话簿——这些在记忆中逐渐模糊的面孔现在都在哪里呢？我知道有一些人去世了，我在想，其他人情况又如何？我真是有种病态的好奇心。奥拉夫、丹尼尔、约翰尼·M都去了哪里？哪些人纵欲过度导致健康恶化？约翰尼说起话来好似色情片演员：“干那紧致的屁股。”

我那个拍色情片的朋友艾登认为他自己是九〇年代的斯特赖克[1]。杰夫在曼彻斯特说，学生时代的艾登超害羞的，生活健康又检点。自那以后，他通过出售自己的身体，事业飞黄腾达，刚刚从美国的色情片场回来。

～

搭保罗和金杰比茨的车去坎特伯雷参加同志艺术节。

这里展览着许多性感的照片，一台电视机正窸窸窣窣地播放着《塞巴斯蒂安》。我买了一件德拉·格雷斯的摄影作品，照片里是一个戴着假阳具的女同——萨拉说这件作品引起了不小的骚动。

德拉是个很有趣的人，令观众无比愉悦。德拉说：“让我们举起手来。从未和同性谈过恋爱的人请举手……”（很多人举起手来。）然后她继续讲下去：“想要有同性关系的也举个手。”只剩六只手还举着。要是换在三十年前，很难想象这种事会发生。

1　指杰夫·斯特赖克（Jeff Stryker，1962—　），美国色情电影男演员。

数学专业的学生保罗开车送我们回伦敦。我们和迈克尔会面，然后大家一起去潘记餐厅吃晚餐。保罗对于和陌生人拼桌这件事感到很惊奇。

伦敦从未如此拥堵，通过查令十字街简直和打仗一样，垃圾如潮水一般塞满街头。

3月16日　星期一

我们在意大利餐吧，奥蕾利亚为我做了一杯意式浓缩咖啡。一个眼睛水汪汪的意大利青年穿着一条白色的长围裙正在扫地，他嘴角闪过一抹笑容，为我端上了咖啡。

~

坐在前往希思罗机场的火车上。HB累了，昨夜他一直熬到凌晨，忙着为我洗衣、熨烫、收拾行李。

~

随着春天的到来，铁道旁的树长出了绿叶。

~

报纸刊登了周天娜[1]死于弓形虫病的消息。显然，与弗雷迪·默丘里不同，她奢靡的生活并没有遭到大家的非议，当然这也是对的。她有四个公开的性伴侣。

~

同时，之前在汉普斯特德希思公园里，有位讨厌的议员被警察逮到并警告，对于此事，他声称自己“不是同性恋”。谢天谢地——他曾为第28条款[2]投了赞成票。我很高兴得知，如今就算是半夜跑到一个同性恋出没的

1　周天娜（Tina Chow，1951—1992），国际时装界顶级模特，也是第一位公开宣布患上艾滋病的著名女性，后因艾滋引发的弓形虫并发症而过世。

2　第28条款（Section 28或Clause 28）指英国《1988年地方政府法案》中的相关条款，此条款不允许地方政府“在相应的学校里教授接纳同性恋为一种所谓的家庭关系”的内容。

地区，拉开别的男人的裤链，都不算是同性恋了。

《独立报》对于希思公园的报道相当公正。《泰晤士报》则大惊失色，还引用了《现代自然》里的话。

～

我们刚从三万五千英尺的高空经过了科克。因为我的艾滋病情而导致的烦躁不安，HB用靠枕和毯子建了一道隔离栏来保护自己。

～

这是许多年来，我们第一次没有和马克待在东62街——他的精神状态令他离群索居。有传言说他觉得自己是圣灵，尽管我和他在一起时，他从未这么说过。

～

对方给HB和我订了中央公园旁边的五月花酒店的房间。电梯大得像一间公寓房，不停放着背景音乐——我们脸贴脸跳了一场两步舞，中途门打开时，吓到了等电梯的客人们。电梯成了我们的专属。

3月17日　星期二

又和HB在电梯里跳了舞。HB让酒店送上来熨斗和熨板，以便熨烫他那些细心打包好的衣物。

3月20日　星期五

到达洛杉矶。大雨倾盆。我们被困在马尔蒙庄园很久，无人来电，除了和霍华德·布鲁克纳[1]在山坡相遇的多尼，还有他在街上勾搭到的男友，好像没有人知道我们在这里似的。

1　霍华德·布鲁克纳（Howard Brookner，1954—1989），美国导演、剧作家。

所有的电视频道因商业利益而被牺牲，你一一浏览却没什么值得看的。甚至《洛杉矶时报》也被广告占领，雨依然不停地下着。

这是我第二次来这里——上次我们被困在一栋没有家具的公寓里。

这座庄园有一种古色古香的魅力；一旦明星入住此处，就会死在这里，有人在地下室里保留着几大箱衣物。这里处处都是渴望成名的德国小演员，然而他们在这里什么都不会得到——世界上只有一个玛琳[1]。

~

HB的愉快时光：我们在汉堡摊前遇见了拳击手加里·斯特雷奇。HB与他合了影——他完全不恐同，但也绝非同性恋。准备离开时，他忽然站定，伸展了一下身体，在HB面前伸开手臂鼓出肌肉。HB十分激动，连薯条都吃不下了。

~

《爱德华二世》成为同性恋电影节的开幕影片——观众都是中等收入的中年人，人人都表现得很得体。多尼和他的混混儿朋友们是这里仅有的年轻人。一个小伙子的鼻孔穿了铁环，其他的则穿了裙子——他们抱怨说我影片里的角色太过直男。我人生中最奇怪的会面是在1969年见一个和田纳西·威廉斯[2]一起去上格朗德路参加我派对的人，他记得很清楚。这件事好像过去很久了，如果他说这事没发生过，也许我也会相信的。那时有足够的性、毒品、摇滚，但这些东西再多，也别想让我宿醉。

放映途中，大雨来袭，把派对彻底冲散了——于是我们回到庄园，同行的还有HB的海洋生物学家朋友的女友露丝博士。又吃了一盘烟熏三文鱼——这似乎是马尔蒙庄园的支柱产业。我们在午夜前就上床睡觉了。大部分的晚上我们都在八点左右上床。HB一直维持着伦敦时间来“抵抗时差”，每天早晨四点起床，花很长时间洗澡。

---

1 指玛琳·黛德丽（Marlene Dietrich，1901—1992），德国著名演员、歌手。

2 田纳西·威廉斯（Tennessee Williams，1911—1983），美国著名剧作家，代表作有《欲望号街车》《热铁皮屋顶上的猫》等。

3月21日　星期六

因为奥斯卡颁奖典礼可能会被同性恋权益分子袭击，好莱坞正在严阵以待。

身形娇小的梅洛迪套了一身黑色的睡衣，应付着接受访问，她很迷人，很同志范儿。我感觉自己仿佛会一直被关在贫民窟，同性恋电影里是不会有异性恋者死去的，即便在一部伊丽莎白时代风格的电影里也不会。

史蒂夫·瓦丁顿没有出现——他在忙于拍片而无法现身。朱利安·桑兹没有来，李·德赖斯代尔没有来，连大卫·霍克尼也没有来——我应该打电话给他们吗？还是不了，这只会打乱梅洛迪的行程。

我很讨厌摄影师盯着我脸上由艾滋病引起的参差不齐的斑点看。实际上我的斑点正在好转，马克医生的液氮疗法已经把部分斑点解决掉了。

～

十点。和格斯·范·桑特[1]通了一个小时的电话。听起来，格斯对于他作为社会活动家的激进程度而忧心忡忡——在美国做这种事比在英国要困难很多。

～

雨停了。在多尼带着他的啤酒、穿着印有威廉·巴勒斯的T恤到来前，我们坐了三个小时。多尼身形高瘦而性感，头发像一堆干草，但他看上去似乎出奇地没有安全感，也许这正是洛杉矶的生活方式——多尼来自中西部的一座农场。他拍了两小时的照，太阳出来了。我们的两场电影首映式——一场是在纽约为电影节义演，另一场是在这里——都十分井然有序，而且开幕式有利于佳线电影公司的宣传，他们似乎很开心。其中一则影评（全都是正面的）提到：“该片有种珠宝的高贵感。”

1　格斯·范·桑特（Gus Van Sant，1952—　），美国著名电影导演，代表作有《我自己的爱达荷》《心灵捕手》等。

~

多尼带我们去看了一场同性恋牛仔竞技表演。有意思吗？我不知道——那里的人看上去都玩得很开心，表演看着像B级片里的场景——已经有点走下坡路了。所有摊位都与政治无关，没有书、没有宣传手册、没有人为防治艾滋病募捐，只有擦鞋男孩和卖衣服的，以及这些穿着牛仔靴、戴着史泰森毡帽的瘦削中年男子。矮胖的女同性恋在帐篷里跳队列舞，上岁数的变装皇后们蓄着胡须、脚蹬高跟鞋，像例行公事一样，也与她们一起做作地表演着。

多尼的靴子擦得发亮，他遇到了一个来自柯尔特工作室的“助兴师”——这是个挺不错的年轻男子，他的工作是在拍摄影片或照片前，帮助色情片演员热身。

我们开车去罗尼·科特雷尔的家——他给我们准备了茶，正在给自己染发，头发包裹在散沫花染剂的包装里。

罗尼有一本裸体人像合集，里面都是十九岁的模特，有些人已经因故遇难，还有一些则因为偷取食物而被关了起来。这个地方真够奇怪的，人们之间的关系就像快餐一样，任何性感的男孩都跑去让布鲁斯·韦伯[1]为他们拍照。

听说了一些关于“同性恋行业”聚会的传闻：据说是一群企业主管及正处于失业状态、还未能成功进军色情片行业的“助兴师”。权力结构中的恐同情绪十分奇怪，甚至像加里这样的直男，也会炫耀他们的身体——看上去相当刺激，但说实话确实太过麻烦。每个人都谈论着经济衰退，我不是很确定这句话在美国意味着什么，比起英国，美国的货物全都是半价，每个人占有的物资也更多。比起这些热带花园，展望小舍看上去像个贫民窟。

开车回庄园，车里的音乐开得很大声，吵得我们都沉默不语。

1　布鲁斯·韦伯（Bruce Weber，1946—　），美国时尚摄影大师、电影制片人。

3月22日　星期日

可怜的HB很晚才回来——他还沉浸在伦敦时间，他的生物钟已经乱七八糟，他坐在床上说他“感觉一切都不对劲”。他晚上和多尼一起出去，随着夜色渐晚，多尼也喝得越来越多，行为越发失控。HB本想去“同性恋行业”聚会看看，但最后却在重口味的SM皮衣酒吧穿着开司米羊毛衫度过了这个夜晚——他说，见到斯普林的时候，他松了一大口气。斯普林用摩托车载着HB一路从旧金山回到这里。

～

在马尔蒙庄园等了很长时间的车（我们在这里就跟坐牢一样），带我们去参加英国电影和电视艺术学院的颁奖礼。我不知道到时候如果获奖，除了“谢谢”还能说什么。也许讲笑话并不是个好主意——我从来都不讲笑话。他们寄给我一卷去年颁奖礼的录像带：丹尼尔·戴-刘易斯当时很有魅力——发言简短；肯尼思·布拉纳[1]则是从东京通过卫星转播进行发言，不停表现着他的英式风情，直到主办方切断了信号。

～

HB在雨里散了会儿步，我已经告诉过他，在洛杉矶没人会步行外出。我吞下了药片。多尼说他不得不停止服用齐多夫定和地达诺新，这两种药让他身体不适，不过这也可能是他酗酒导致的恶果。我脸上那些最糟糕的斑点都消失了。

～

这里真的很静，只听得到冰箱发出的嗡嗡声、鸟鸣和远处的犬吠。

～

有加长礼车来接我们去英国电影和电视艺术学院的颁奖礼。我们发现自己和朱迪·福斯特坐在一起，我们都很喜欢她——我快步走去演讲，但

1　肯尼思·布拉纳（Kenneth Branag，1960—　），英国著名导演、演员、制片人。

并没有什么可说的。瓦妮莎·雷德格雷夫[1]从我的老电影里选了一些奇怪的片子来介绍，并不是能获奖的那种，但我还是挺过来了——要是在死前就看到自己的讣文，那可就太奇怪了。我希望我的演讲听起来不算失礼。这个奖项肯定是第一次颁给同性恋电影人。瓦妮莎没有用那个令人沮丧的带字母“g”[2]的字眼，我也没有用——我觉得这事本身就是显而易见的。

被《太阳报》的记者拦住，他说：“我们就是那些你不喜欢的人。”我微笑着继续前进。《泰晤士报》逼着我表态说，那些未出柜的明星都该被披露出来。我说：“也许他们应该被披露，也许不应该。”

～

已经过了六年，HB和我都变得比洛杉矶这座城市加起来还要快乐；车来接我们去机场的时候，我们都感到很高兴。

奖杯重得要命，我一路上都在用力拖着它去机场。我坐在HB旁边，他在一旁写明信片。等他投寄明信片之后，我们就要过边检了。

我们都为这场旅程做好了准备；能够回家真好，把那些“助兴师”们抛在脑后，让他们继续在电影界中挣扎吧。

3月24日　星期二

非常累，回到现实中来，超长礼车已经退回了梦中，大堆的脏衣服堆在地上等着要洗。

大清早，HB在电视上谈论遇到朱迪·福斯特的事，他的女同朋友给他留了三十多条消息。

HB签完约回来——他称签约对象为“大不列颠的艺术议会”。在失业救济发放办公室，他遇到了珊迪的朋友阿尔菲，他隔着拥挤的办公室大

1　瓦妮莎·雷德格雷夫（Vanessa Redgrave，1937—　），英国演员。

2　该词指“gay”，即同性恋。

喊着跟HB打招呼："你是怎么做到的？我刚在电视上看到你和朱迪·福斯特在洛杉矶。"整个办公室的人都转头看他们。"你一定认错人了。"HB说——出门后他告诉了阿尔菲整个过程。

3月26日　星期四

一整天，太阳都在试图穿过云层，开始下雨后，太阳决定放弃抵抗。在花园里种岩蔷薇、石蚕和两株新的鸢尾花时，我感觉背脊寒冷。忙似云雀，勤勉如蜜蜂——我在黄色水仙间看到了一只大黄蜂。HB讨厌水仙，他说它们看上去很俗气。水仙立在卵石间，看上去很不真实，与周遭格格不入；杰基尔太太可能会嘲笑它们，但它们象征着春天的到来，而当店铺里不怎么售卖水仙时，它们就会格外美。

葡萄风信子和卵石很搭，每年的数量都会大规模增长。它们生命力顽强，抵抗了长达数月的咸湿海风，有一些已经开花好几周，另一些则即将盛放。

上周，海甘蓝长高了几寸，原有的深墨紫色叶片间透出了一抹绿，和桂竹香花蕾的颜色一样。昨天大海还不停咆哮，今天则平静得像嵌着乳白色花纹的绿松石。海鸥在和乌鸦拌嘴，渔民们正在维修在风暴中受损的船。亮黄色的蜜蜂背负着荆豆的花粉，被风吹离了自己的航线，在蜂巢周围爬着，等待风停。

～

HB开始把《窄房间》扫描到他的电脑里。《爱德华二世》在纽约首映的那晚，我们遇到了詹姆斯·珀迪，并带他坐着加长礼车去看了电影。他告诉我们伊迪丝·希特维尔很照顾他，格兰兹出版社意欲将"混账东西"之类的词从他的小说里删除的时候，伊迪丝很生气，还与之据理力争。我们觉得，对于我们决定拍摄《窄房间》这件事，他看上去很开心。

3 月 27 日　星期五

北方来的大雨下了整夜，把花园的色彩冲洗到了石头上，清晨时分，石头都发着光。我和杰基尔太太蜷缩在沙发里，看着她用乒乓球拍不停扑着绕着她的小蘖属植物飞的黄蜂。

窗户上湿冷的凝水模糊了视线。所有的春花在上周破茧而出，鸢尾花柔软的绿色和紫娇花衬托了银绿色的蜡菊。石竹鼓胀的花苞像个漂亮的垫子，第一批绽放的花苞要数桂竹香，迷迭香也开了浅蓝色的花，荆豆的插枝上开出浅绿的花蕾，而之前种下的那一拨，则早已开出黄色的花朵——那金黄色如同我的蜜蜂一样。

今天太冷，都无法去花园劳作，但潮汐退去后我还是去海滩捡石头了。尽管天气很冷，风很大，蜜蜂还是在荆豆的花丛间飞舞，没有什么可以阻止它们，现在每一个角落都弥漫着春天的气息。

～

玛乔丽·奥尔索普从格拉斯哥写信来，说她对格拉斯哥展上的某些表达舆论的涂鸦感到厌烦。我打开信的时候，一枚冰雹落了下来。

建筑工人布赖恩来访。新工作室要花费一万五千英镑。我决定还是要做这件事，银行里还有父亲给我的一些钱，应该足以支付这笔费用。

～

中午，我步行前往长坑的土黄色树林，风吹得枝叶窸窣作响，明亮的草绿色苔藓铺在树干上，褪色柳上抽出银色的芽苞。只有一丛樱草——其余的被野兔刨走了，紫罗兰开花了，如星光般的小长春花亦复如是。回家的路上，我碰见了从对面飞来的蜂群。似乎海角的每个人都去看了英国电影和电视艺术学院的颁奖礼，遇到我的时候，他们都停下脚步微笑着打招呼。

雨水又落下了，我蜷缩着，手握我的药草。当我还住在上格朗德路时，工作室附近的小巷名叫“巴黎花园”——自从开始“重建”工程后，那个地方已经消失许久了。我总是记得这个地名，当初我偶然碰到四叶重楼后，可算是解决了一道谜题，“巴黎花园”一定种着这种植物[1]。杰勒德曾说：

> 四叶重楼的果实结出二十天后是绝佳的抗毒药材。它曾被用来对抗炼金术士和女巫，产生奇效，实际上它们只是可以用来催眠，或引起幻觉。

3月29日　星期日

德里克·鲍尔在九点半来接我，我们开车路过坎特伯雷，穿过山丘去海斯，这与平常经过阿什福德的路线不同，却令人愉快。

我们开车到了阿普尔多尔，我买了一把宽宽的耙子，一些新刀具来替换家里那些锈迹斑斑的维多利亚时代的刀具，HB看到这些刀子，就会嫌弃地甩手不干。

回到轻轨咖啡店吃午餐，计划办一场仲夏派对。

～

有两个人等着见我。我的时间很紧张，太多没有预约的人来访，我就像一个容易捕获的猎物一般，被手提袋所压倒。房子里阴冷异常，火炉刚点上，懒洋洋地没什么热气。

拆了一些信——更多人来索要签名照。忙着整理花园。我在除草的当儿，一辆漂亮的捷豹轿车停在花园外，约翰尼·菲利普斯从车里跳了下来，真是又惊又喜。约翰尼非常吸引人：我只能将他描述为一个容光焕发的桑德赫斯特[2]的少尉。他在这里待了一天，德里克在家里给我们做了一

1　四叶重楼的英文名为“Herb Paris”，即“巴黎香草”，因此引起了作者的联想。

2　英国桑德赫斯特皇家军事学院的所在地。

顿丰盛的晚餐，他做了意面，还提供了很多酒。晚上九点半，约翰尼离开了，在这之前我们已经吐槽了好几代伦敦男孩。德里克很讨厌大卫·霍克尼，他觉得霍克尼这种粗鲁的约克郡人都招人烦，他一直觉得约克郡人都很固执封闭。这是他作为一个局外人的观点——他是一个在这里住了四分之一个世纪的南非人。“大卫·霍克尼总是打断别人的谈话，”他说，“如果有人讲了一个笑话，还没等讲到笑点，霍克尼肯定会中途插嘴。”

约翰尼认为菲利普·普罗斯是这些人当中最有趣的，还带有一种天才的虚荣心。我说，我一直很羡慕他搬去格拉斯哥，这点比大卫搬去洛杉矶更令我吃惊。世代交替，约翰尼认为迈克尔·克拉克[1]雄心勃勃却十分盲目，他“狂野”的生活方式也是精心计划过的，虽然是个大个子舞者，才气却少得可怜。

利·鲍厄里[2]很惹人喜爱，诚如所见，如果你穿得傻里傻气，成天在苏活区转悠，那一定可以出名。比如邦德街的大亨史蒂夫·林纳德。有些人已经去世，有些人正在死去。那些虚度的夜晚就这样逝去，一代人的时尚终于变得落伍，也没什么值得一提。

3月30日　星期一

我的皮肤痒了一整夜。时令改变，雨又开始落下。看着电视里在播着选举的新闻，我都不记得自己什么时候上床睡觉的，这么多年来，一直想摆脱托利党的统治，如今已经感到厌烦，虚度的这许多年。如果我们“从来都没有经历过这些好事”，也从不曾赚过那么多钱，为什么他们还是让这个国家走着下坡路呢？大众对他们来说仅处于次要位置。

1　迈克尔·克拉克（Michael Clark，1962—　），苏格兰杰出的舞蹈家和舞蹈指导，2014年获颁大英帝国勋章。

2　利·鲍厄里（Leigh Bowery，1961—1995），澳大利亚表演艺术家和时装设计师，以其华丽、古怪的服装、化妆和表演而闻名。

尽管在后半夜时我曾经瞥到一点点星光，今天早晨还是在下雨，天气又冷风又大。我提起了拖把和水桶，开始春天的扫除。打扫到一半，平装版的《现代自然》寄到我手中，封面印着霍华德拍摄的极好的照片，显得十分悲伤。

过去的这些岁月最终将我带到了展望小舍，这让我觉得十分神秘——也许是因为锡铁屋顶让我想起了四〇年代在皇家空军的尼森小屋[1]里度过的童年，那俭省而遥远的过往；或许是屋子前的花圃——泥土里也有不少混凝土块，就像阿宾顿和基德灵顿的那些早已毁弃的防空洞所用的材料一样；或者是在风中咆哮的炉子；又或者是它的名字中的“希望”。

今天有种寂寞的滋味，半小时过去了，没有一辆车开过，电话也没有响。天气很冷，我把自己裹在灰色毛衣和旧灯芯绒夹克里——这件外套已经被磨得像一面长了苔藓的墙。思绪混乱。今天我没有食欲。

1　尼森小屋（Nissen Hut）是“二战”时期广泛应用于英国军队的一种预制钢结构小型建筑。

阴郁的雨拍打着金属屋顶，隔着雨帘，远处的船显得模糊不清。极小的华盖蛛在台灯下织网，它是如此之细小，我的呼吸都能吹得它来回摇晃。在这里待着，永远也不会独处。

几只老鼠跑到床下，把存放在那儿的古董丝绸纱丽咬出几个小洞。我准备把这几件纱丽带去伦敦，让珊迪将其改成奢侈的衬衫给HB，这些薄纱就像格鲁登男爵[1]搭在那些西西里少年身上的布一样。

春季大扫除慢慢转移到厨房。我用杜拉格利特牌抛光剂擦了刀叉，这种产品是专门用来清洁银器的，但会让手指变黑，黑色的软膏也会掉得到处都是。童年所有那些“原地踏步”的日子，都充满了杜拉格利特晦涩的气味，污渍染在学生联合军制服的皮带扣和纽扣上。有一次急行军，我们沿着波白克岛的峭壁顶迎风而上，天气极为恶劣，身上都会结冰，寒风几乎使人耳聋。

～

我父母的三十周年结婚纪念日到了。三年前的今天，天气和暖，救生船站外的藤叶柳穿鱼开出了花朵，十分绚烂。今天，这些花却已了无踪迹。梅花草、紫竹梅、猴腭草都勇敢面对着寒冷。海甘蓝叶每天都呈现不同的颜色，有的是纯粹的品红色，剩下的则是钴绿色。

> 住在海边看不到土地，唯见沙子和翻腾的卵石。

德安勒特海甘蓝被法国人描述成“几乎不能食用”，但却被成批地运送到多佛的市场。

3月31日　星期二

今早的海浪带有一线光亮，比任何一片云都要白，深色的轮船喷着蒸

1　指威廉·冯·格鲁登（Wilhelm von Gloeden，1856—1931），德国摄影师，裸体摄影先驱。

汽向西，在厚重如鸭绒被的云层下沿着闪亮的天际线向反方向驶去。一整个星期的风雨后，四周笼罩在奇异的宁静中。

电话不停响起，我真的很不想接听，他们对我提出的要求所带来的负担越发沉重，有些是打来询问可否来拍摄的，这种事会花上一天时间，让我脸上多一圈皱纹。

阿拉斯代尔说他感觉格雷厄姆还没彻底离开。这种死后魂魄不灭的想法让我很害怕——你能想象还有什么比这更糟的吗？我死后会永远坐在这里，直到这房子崩塌，变成灰尘笼罩着我？老鼠啃咬紫色的窗帘，蜘蛛结网，将碎烂的天鹅绒织在一起，最终鸟儿们穿过屋顶，在永恒的时光里只剩下最后的一扇玻璃窗。

我清洗了古董纱丽，把它们排成一排，不停飘动。黄色、粉色和祖母绿色。

太阳出来了，蜜蜂也已出动。一位年长的妇人一路从坎特伯雷赶来看一眼花园，随身还带着《现代自然》来求签名。今天是她的生日。

在花园里整理苗圃，沉默的爱德华路过，然后穿过卵石路跑向大海。三月就这样结束了，就像一只发情的野兔一般疯狂。

四月

4月1日　星期三

清冷的一天。今天蜜蜂已经安定下来，我清理了蜂巢——昨晚我放下一块巢板，它们变得很愤怒，一直追着我到屋子里。我脱下防蜂服，只被叮了一个包。

～

HB和霍华德在十一点到来。他们带来了报纸，上面刊登了杰森·多诺万[1]诉讼案的消息——绝对的直男范儿，我们其余人则非常明显。如果杰森能靠这种事情挣到钱，那只能证明这些年里我们一直都在迎难而上。

电视上在播放奥斯卡颁奖礼和"酷儿国度"[2]的示威。朱迪·福斯特——也是一次强制出柜运动的主角——获得了属于她的奥斯卡奖；同时，

1　杰森·多诺万（Jason Donovan，1968—　），澳大利亚演员、歌手。

2　"酷儿国度"（Queer Nation）是1990年在纽约成立的LGBT权益组织。

看了四十五遍杰森主演的音乐剧《约瑟的神奇彩衣》的两名年轻粉丝说："我们不在乎他是不是同性恋，我们爱他。"

～

一路前往大迪克斯特花园，HB在车后座一直挠着我的头。白如星光的银莲花点缀在林间，面朝阳光，樱草也被阳光照得鲜亮。在前往博迪亚姆的路上，我们发现两只黄色的钩粉蝶从车窗外闪过，HB立马下车追在它们后面。

我们在大迪克斯特花园买了薰衣草和迷迭香，然后在一处苗圃的超市买了绿色的绵杉菊。孔雀蛱蝶和荨麻蛱蝶穿梭在石南丛中。在黑斯廷斯的鱼薯餐厅吃午餐，随后去了最后一家位于马德罗纳的苗圃，然后才回家。HB和霍华德散步去长坑，而我则打包行李准备去伦敦。真是美好的一天。

4月2日　星期四

在伦敦。

我们的萨塞克斯公路之行仿佛已是多年之前的事。天开始下雨，我走去银行，穿着我的——也是HB的——粗呢连帽外套来御寒。马克医生的新药似乎对我的皮肤瘙痒有疗效——我昨晚睡得不错，几个月来第一次能好好休息。

在音像店里，有人询问我的身体状况——我答道，这就好像在描述鬼火。抓挠分散了我的注意力——全身从头到脚都痒得要命，让我无法集中精神坐下来读书或看电影，我发现自己的裤管都卷了起来，像海滨漫画卡片上正在蹚水的老爷爷一样。我曾在黑斯廷斯找到一种很棒的卡片，上面印着一个男孩，手里拿着一根巨大的粉色石杖，只穿了条极短的裤子，卡片上写着这样的文字：真是个甜心。我当下就全部买了下来。下午HB和我一起走到希尔家居店买咖啡杯。我们经过一个大声叫嚷的大个子女人，她看着很像迪万[1]。

～

理查德把两间工作室都清理一新，为他画廊的五周年庆典派对做准备。我找了处角落，和汤姆·卡林、克里斯蒂娜·瓦尚还有HB待在一起，HB穿着他的细条纹西服，显得很帅。汤姆带来了他的橡胶裤，克里斯蒂娜则带了她那来自英格兰东北部的女朋友。

诺曼和尼基喜欢歌革和玛各[2]。西蒙·沃特尼[3]的头发往前梳，盖过了眼镜，就像一个罗马君王一样。我们都聊了些什么？选举？没有。艺术？也没有。艾滋病？感谢上帝，更没有。大部分的话题还是围绕着那些过去的丑闻。

正如海伦·“甜瓜”·温莎女士所料，理查德舍弃了《伊丽莎白二世，皇后百货的男妓》。沙龙里没有丑闻可听，也没有哪个男孩的英俊程度能配得上这里的环境，这让汤姆很难过。

我们都出发去了拉格姆餐厅，在那里愉快地吃了晚餐，克里斯蒂娜当众拥吻了她的女伴，令食客们很震惊。这一夜棒极了。

4月3日　星期五

总有些日子以恐慌开始，今天就是如此。一个朋友来电要借一大笔钱。HB大发了一通脾气，我觉得他没做错。

十点接受了《卫报》的采访，一阵反胃。我早知道这次采访不会有笑容，也不会有任何笑话。采访我的人很明显被《自担风险》弄得很不安。

HB被采访者赶了出去——“我不能在有其他人在的情况下进行采

1　指哈里斯·格伦·米尔斯特德（Harris Glenn Milstead，1945—1988），艺名迪万（Divine），美国演员、歌手、变装皇后。

2　在《启示录》中，歌革和玛各（Gog and Magog）是魔鬼撒旦治下的两个国家。

3　西蒙·沃特尼（Simon Watney，1949—　），英国作家、艺术史学家、艾滋病社会活动家。

访”——于是他去厨房待着。他更生气了，准备打包行李去纽卡斯尔。最后她仍坚持我们要单独进行访谈，于是HB在雨中被赶出了门。

在《自担风险》的开头，我这样写道：“那些没有这种经历的人也许认为我描绘的世界距离自己很远。”采访我的人知晓了所有的事实，似乎仍无法理解——一天之内，一个二线演员被一篇杂志小文伤害后所损失的收入，比我拍所有的电影收到的报酬的两倍还要多！

她为那篇愚蠢的《卫报》文章辩解，文章说男同性恋已经穷途末路，她无法理解我们也会有孩子和家庭。我的整个人生都在遭受攻击，然而她对这些事实却没有丝毫兴趣。

只有那些与艾滋病相伴的人才能理解这种糟糕的情绪压力。你要怎么去做“正确的事”？这为那些否定我们爱的权利的人提供了弹药，禁欲就是在纵容他们对我们的抨击。我意识到所有这些问题的背后，她是想让我说出“是的，我的确有过不安全的性行为”，这样他们就可以为我立一块墓碑，就像对待那些困惑的、被警察拘留的人们一样。我差点错误地承认了，好让这场谈话快点结束。我指出，对于安全性行为的认识不过只有五年左右的历史。1986年时，同志出版物上尚未提及安全套以及相关的注意事项。

在采访的最后，我丝毫没有看到对方的理解，也许是我太疯狂了，或者太老了，再无法和那些于二十世纪八〇年代刚刚成年的人沟通。

～

五点钟，保罗·伯斯顿打来电话：“我有件事要警告你。《卫报》的新艺术版面编辑决定发表一篇针对你的文章。”原来这就是为什么我一整个早晨都在忍受烦躁和负面情绪的折磨，《卫报》确实已经将此事提上日程，本来是定在3月15日，现在已经晚了两个多星期，我不知道他说的是不是真的。

4月4日　星期六

我疼得近乎筋疲力尽，我拖着独轮手推车穿过卵石路。我的身体一侧永远痛着，并且依然感到愤怒和沮丧。我和很多朋友一样有妄想症。保罗打来电话，说的话听着像是在回应我之前感觉强烈但却未曾表达的事情。我的弱点是，我无法理解为什么学识渊博而睿智的人可以做任何事，却无法认同这是个扭曲的时代。

～

我用刀和锥子在小块画布上施暴，直到颜料如鲜血般流淌。小小的谋杀案。当这些悲伤的画的作者逝去，热情也将转冷，留下的只有粉尘。我的意识无法集中，就像灰烬一样暗淡。HB说："把话说完，来啊，我赌你也不敢。"

～

我就着一杯冷水吞下了药片，考虑要彻底狂野地叛逆一番。马克医生说他大部分的病人都放弃了治疗并且掩饰着自己的病情。在道德的钢丝上平衡，在偏见的飓风中摇摆，我继续努力向前。

～

一只硕大的黄蜂在寒冷的东风中绕着花园飞行。阳光依然灿烂。

年迈的渔夫面朝黄土，日复一日蹬着车经过这里，他饱经风霜，一如活在十九世纪。他忘记了什么事，掉头往回骑。

～

尼基打电话来说《卫报》的新艺术版面编辑已经炮轰我有一段时间了，但由于他还只是助理编辑，并没有人认真听他的。报社记者们对他这样的态度感到很不满——毕竟还有其他人物值得小报去关注。我整个童年都在读《卫报》，它曾让我感到欣慰，现在当他们面对严肃的问题时，却决意直接抹黑对方，这让我感到无比困惑。我希望这种接连不断的冲击不会削弱我仅剩的一点"健康"。

4月5日　星期日

宁静的晴天，体感温度有点凉，而我却不得不出发去伦敦。若此刻能留在这波光粼粼的海边，我愿拿自己的心来交换。伦敦的天很阴沉，令人厌烦且忧伤——我所有的麻烦事都在这里。

艾伦带着金杰比茨在十一点来接我，他们开车带我去伦敦。我把衣服都放进洗衣机里，然后走路去潘记餐厅吃午餐。

白教堂区挂着一幅约翰·梅杰的巨型海报，海报上的他蓄着希特勒式的胡子。也许右翼漫长黑暗的专制之夜快结束了，这个为了劣质商品而贩卖良心的国家即将醒来。

4月6日　星期一

起床去希思公园，坐在冷风里和老朋友聊天。我没有性生活——亲爱的《卫报》读者们——都是因为这寒冷的天气。我坐在树墩上，仰望弯月，想着这些记者有多恐怖，为了赚取已经贬值的英镑，他们会拿我的不幸来牟利。

4月8日　星期三

我们所有人都去当代艺术学院看康尼的电影。《旋涡之北》很有腔调。

回家路上顺便看了伦勃朗的画展——全都是关于不安的疯子的仰视绘画。伦勃朗在画里融入了很多奇装，仿佛他正试图逃离无趣的清教徒式的黑白时尚。

4月9日　星期四

搭火车去邓杰内斯的途中读《卫报》的文章。他们登了一张很恐怖的照片，把我的头嫁接到米开朗基罗的“大卫”的身体上。与其假装是严肃的大幅报纸，《卫报》应该把自己降格为一份八卦小报。公开自己的艾滋病情并努力存活，比在五〇年代承认自己的性取向要难得多。这份报纸浪费了一次做正事的机会。为什么人们都那么消极？记者们回避的眼睛几乎要喷射出恐惧——这次采访很下作。

我并不想让他们喜欢我——逃离他们统一的秩序确实让我松了一大口气。

花园因盛开的花朵而夺目：白色的水仙、桂竹香、风信子、葡萄风信子、绵枣儿和明黄色的糖芥，我的荆豆插枝也发芽了，接骨木也长出了翠绿的叶子。

我在派洛酒馆晒着太阳，吃了小银鱼，听着远方传来的炮火声。

4月12日　星期日

乌云忽然闯入天际，遮盖了晨曦。我简要地整理着花园，种上一些旱金莲和红蜀葵。

十点钟时，天气越发阴沉寒冷。我穿上外套步行去海边。

德里克把星期日的报纸留在台阶上，报纸图片内的城市街道上散落着摩天大楼的玻璃。

天空慢慢变成了栗色，救生船在透着阳光的雾中起航了。我写着信，HB则在清理厨房，把花园里的粪堆清走，又重新砌了石环。然后我们出门去派洛酒馆吃午餐，坐在阳光照耀的室外。

～

全身发冷，还很痛，不时伴着头疼。

～

萨拉、金杰比茨和HB在讨论是否会通过和某人上床来强制他出柜。HB说如果可以扳倒保守党，他愿意和杰森·多诺万、克里夫·理查德甚至诺曼·特比特上床，但余生则需要接受心理治疗。

～

在派洛酒馆吃炸鳐鱼和薯条，HB把我驮在背上背回了家。

下雨了。四点钟，德里克过来了，我们所有人，还有他的猫，一起出发去伦敦。

4月14日　星期二

整天都在理查德的工作室画画，比昨天要更有成效——昨天总是被访客打断。

画了一幅全白的画，取名为《杰森，死亡，威胁，吻》。颜料里的松香让我晕眩，总是会引起严重的头痛。有时我希望我的身体可以消失，平息下来，不再有各种疼痛。HB让我坚持下去。

在一块新画布上放上有洛克·赫德森[1]新闻的报纸，然后霍华德开车送我回家。

马尔科姆·萨瑟兰打电话来，问我秋天要不要去国民剧院指导一出戏。让蒂尔达演哈姆雷特？

4月15日　星期三

石墙运动组织发来了乞求信，迈克尔·卡什曼主席声称他改变了我们

1　洛克·赫德森（Rock Hudson，1925—1985），美国电影演员。1985年，他因患艾滋病亡故，成为第一位因艾滋病并发症而死亡的名人。

的生活——天方夜谭。我想改变一切，包括我的生活；我坐在这里等着，坐以待毙。HB和我一起在冷雨中在10路公交车站等了半小时——他的感冒很严重。

我们在海德公园角站掉头，浑身湿冷，只有植物才会享受这种湿冷。莫奈画了他的花园，我画了疾病的荒野，我的悲伤主题，这可不是爵士乐。

4月16日　星期四

霍华德和HB开车送我去展望小舍。我们停在法弗沙姆的苗圃前，买了岩蔷薇和长生花，然后回到这里。

想象一下我有多惊喜吧，建筑工程已经开始了！混凝土地基已铺好，一大堆石头堆在工地。布赖恩干活相当仔细，这样一切都会井井有条——地基刚刚好贴着草丛里的野玫瑰，我希望它们不会被这个大工程影响到。我们出发去了莱伊的书店，然后又去了乌迪摩尔附近的苗圃。

我买了一个绝好的喷水壶——很适合杰基尔太太——又买了一些植物，然后回家。HB摘了一些荆豆来给他的复活节彩蛋染色。荆豆像金子一样明亮，和这天气一样寒冷。

4月17日　星期五

极冷的东风吹来，天空就像一块灰色的法兰绒，植物看上去都很暗淡，上周被风烧灼得灰头土脸，尤其是大蒜叶以及那一批白水仙，它们始终不开花。

每年四月都这样刮风，花园被吹得东倒西歪，但很快就会恢复。很多植物都开始播种：薰衣草、欧当归、茴香和花菱草、海甘蓝、毛蕊、毛地黄、犬蔷薇、葡萄风信子、桂竹香、耧斗菜、缬草、海滨香豌豆、琉璃苣。我把保护棚从海甘蓝上拿下，因为这些棚子阻碍了海甘蓝的生长，然后又种上了岩蔷薇和装饰用的洋蓟，随后立刻被风逼回了屋里，蜷缩着读杰基尔[1]的《园丁圣经》，大声放着柴可夫斯基的一首三重奏。

4月18日　星期六

黑刺李开出了白色的花，看上去就像丝丝细雪。黎明破晓时分走在通往海滩的小径上，到处开着蓝白色的虎眼万年青。海边停着的船旁，只有两株植物挣扎着求生。

忙着挖卵石修建河堤，以便为建造新房间做准备。今天虽然是节日，却出奇地安静——除了一些渔夫在船上忙碌，沙滩上一个人都没有，只有铺天盖地的空旷。只听得到云雀的歌声，在灰色的浓雾下，听起来像迷路了一般，伴着我的脚踩在卵石上发出的嗒嗒声，我折返回家。

十点，太阳出来了，重新把春天带回大地。我挑出了荆豆花环里枯萎的枝杈，然后补种了新的进去。现在花环已经完整了。今年的第一株万寿菊开出了炽烈的红橙色花朵。茴香在金雀丛中播了种——瓢虫像血点一样停在花上。一只硕大的白色蝴蝶正啜饮着铬黄色糖芥的花蜜，与一只大黄蜂争夺着空间。

午餐：面包、奶酪和一个苹果。下午一点，一只孔雀蛱蝶追着菜粉蝶。和布赖恩、希拉一起散步到林子里，回来的路上偶遇一片紫罗兰花海。

复活节　星期日

天空阴霾，但却很暖和。和德里克开车沿着海岸寻找家用二手杂货集

1　指格特鲁德·杰基尔（Gertrude Jekyll，1843—1932），英国园艺学家、园林设计师，对创立、发展和普及花境有深远影响。

市，一直没有找到，直到回来的路上，我们在快乐渔夫餐厅的后面发现了一处。乔安娜摆了一个摊卖野花，她给了我一些薰衣草和缬草。

我们开着德里克的旧雪铁龙回家，带上了星期日的报纸，在滨海区调戏了一些男孩。德里克哼着《天气闷热》。

一点钟的时候，救生船驶离岸边，云层聚集，天下起了雨。金杰比茨从坎特伯雷过来，在花园里劳作，把挖掘地基时挪出来的大堆石头挪开。

德里克邀请我们去吃晚餐，他做了鲽鱼。

4月20日　星期一

天气阴冷。送金杰比茨回坎特伯雷。德里克来访。在我们即将离开邓杰内斯时，一株白垩色的鸢尾在前门开放，随后开车一路驶向伦敦，那里天气和暖，阳光明媚。

在潘记餐厅吃午餐，然后去逛考文特花园广场——人很多——又去贝尔托饼屋喝下午茶。买了格特鲁德·杰基尔的《花园里的色彩》。

4月21日　星期二

搭10路车去理查德那里。这是我在工作室画画的最后一周，因为所有的作品下周都将被送去曼彻斯特。我需要十幅画办展，已经画了十七幅，够选了。

HB去了纽卡斯尔。德里克建议我们开车去法国。

～

对弗雷迪·默丘里来说，这是一场糟糕的关注艾滋病音乐会——毛茸茸的摇滚老怪笨拙地横穿过大舞台，身上的肉从二十岁青年穿的衣服里溢出，利兹·泰勒是唯一对那些大叫着“滚下去”的观众做出直截了当的回应的。

～

我出发去了希思公园，那里的人群年龄更大了，大多数都到了领取养老金的年龄。已经到了可以只穿衬衫的季节，很是凉爽。

深呼吸一口气，准备接受大众对《自担风险》的攻击——一定不会有什么善意的报道的——我可以感觉到，这种感觉已经持续十五分钟以上了。

4月22日　星期三

《独立报》也参与到声讨弗雷迪·默丘里的行列中，说他没有仔细审视这种传染病的历史。

～

晚上我带萨拉去汉普斯特德，为她正在制作的一档广播节目采访正在猎艳的男孩们。对她来说，他们都很迷人，除了其中一个戴着皮帽、满脸皱纹的中年男人。我们十二点的时候到了家。

4月23日　星期四

完成了即将在曼彻斯特展览的画作。霍华德来拍了照，我们一起去了南爱德华广场的花园，在那里我们找到了有着极为精致的黑紫色花朵的天竺葵。

理查德谈起霍华德对于颜色的品味——浅绿色开襟羊毛衫下套着栗色羊毛衫——就像广场的颜色一样。

HB去玩了。我告诉他，他是那种即使发现了宇宙的秘密，也会自己悄悄保密不告诉旁人的人。他告诉我，他就是这样的人，而且他已经发现了宇宙的秘密。

五点钟，皮尔斯跑上楼说大卫·霍克尼正在工作室外的路上走着。我靠着窗户大声叫他。他看上去很惊讶，爬上楼来。他以为我住在这里。

他刚和他的年轻朋友伊恩一起去了西夫韦超市，他们俩来这儿是要在考文特花园广场筹备一出新的歌剧。大卫看上去很瘦弱，时间似乎让他整个人缩了水，他的听觉障碍让他的背弓了起来，仿佛在谢幕鞠躬一般。他话不多，只谈了他耳聋的话题——他说已经习惯了生活在寂静里，只是有些想念音乐。

他说："这十年来我不常到伦敦，这里似乎非常远，我从不出门，只和两只狗住在花园里。"他看上去坦然接受了自己的不幸福。他离开后，我感到自己又活了过来，状态很好。

～

晚上尼基·德·容打电话来，我们去普莱斯托餐厅吃了晚餐。由于理查德以一种邪恶的方式沉迷于血统与就业的话题，我们聊了很多关于皇室的内容，还有海伦·温莎的就业事宜。

尼基认为没有一部英语戏剧值得重新被搬上舞台，美国的也不行。他觉得我应该多了解一下马克斯·弗里施[1]。也许我应该写自己的戏。尼基是唯一一个暗暗关心我的朋友。

4月24日　星期五

这周我觉得自己很脆弱，注意力变得越发难以集中。我告诉HB我可能无法继续工作了，于是他提出要照顾我。

4月25日　星期六

在邓杰内斯，扩建房间的门已经修好了。天气很冷，风很大。我感觉

1　马克斯·弗里施（Max Frisch，1911—1991），瑞士建筑师、剧作家和小说家，"二战"后德语文学代表人物。

很不好。

4 月 26 日　星期日

HB和德里克九点出发去伦敦，我则待在这里。风在房子周围呼啸整晚，下了点小雨。

我写信，并画了风景画，却越发担忧起无法集中注意力的问题。

屋外，花园被大风吹得前后摇摆，看上去每分每秒都在被摧残。白色的聚合草开在了前门，勿忘我和琉璃苣也开了，绵枣儿则盛况不再，被一大簇春叶吞没了。

4 月 27 日　星期一

风呼啸了整晚，不过黎明时分太阳还是现出了苍白的光芒。我坐着吃早餐，看着一只鹡鸰在海甘蓝上跳上跳下。背痛难耐，我可以感觉到肌肉一阵痉挛。绕着展望小舍走了三圈，决定最好还是继续与这些不适为伴活下去。有那么一瞬似乎可以忘记这些病痛，接着它们又会再次袭来。

九点，太阳从云絮层叠的天空里跳了出来，海浪就像一层银色的薄片，明亮极了，渔夫的小屋在这光亮映衬下成了一道黑色的剪影。

十二点零四分到达伦敦，然后开始睡觉。HB在我的梦里反复出现。“看我给你准备了什么。”他一边说，一边展示自己的肌肉。

4 月 28 日　星期二

脑子里感觉有点晕眩，我坐在圣玛丽医院——来的路上下了大雨，HB的粗呢子大衣被雨水浸湿了。和马克医生讨论气味。诊所要搬去圣巴托洛缪医院了——所以如果我的健康允许，我应该不会再来了。

收到从美国发来的邀约，他们要出版《舞动的暗礁》。

～

雨水打在爱德华广场的窗户上。理查德把麦当娜的画卖给了安迪·贝尔，来庆祝他的生日。好消息是我还有五百英镑在银行里，没有什么工作可做，收税的人突然出现，我的头一直不停地痛。至少今天早晨的那些画看上去还不错。

十二点，一个电视调研员打电话来说弗朗西斯·培根去世了，我能不能就此发表些评论？

弗朗西斯说他“对什么都不乐观”。他还说他无法理解为何抽象派画家的配色如此单调——自然而然，如果你要画抽象画，你唯一的优势就只有颜色，看看罗斯科[1]所用的可怕暗红色吧。理查德说培根有次从口袋里拿出面镜子，盯着自己咕哝：“太不开心了，太不开心了。”

～

五点，我启程回家，和HB在国家美术馆碰面，去看新展出的霍尔拜因的作品，展厅里只有两位上了年纪的女士着迷地看着托着松鼠的女人衣服上的笔触细节；画上的女人看起来很严肃，似乎描摹她的肖像让她有点不舒服。

～

在希普利书店停留片刻，给《自担风险》签名——今天早晨送来的，卖出了五本。

4月30日　星期四

晚上睡得不太好，我梦见在满是难民的莫斯科地铁站里和HB走散了。

1　指马克·罗斯科（Marks Rothko，1903—1970），拉脱维亚裔美籍画家，其作品被认为是抽象主义的典范。

他也做了噩梦，梦见了经常出现的海妖。HB说“看我给你准备了什么”的时候，那东西看起来像肉质丰满的耶路撒冷洋蓟，我们今早拿它来当早餐吃，还有一大碗脆玉米片，用小杯酸奶泡开。

今天又很冷，但爱德华广场到处都是紫丁香和紫藤，装点在老房屋周围，闻起来很美味。我在理查德那里待了一小会，然后留下他自己愁容满面地算着账单。“真是浪费精力。”他说。皮尔斯生了炉火来御寒，火炉轰轰作响。在广场上我注意到一株粉色的樱树，花朵掉落在新修剪的草坪上，围成了一个完美的圆。

HB去科学图书馆了，而我在潘记餐厅吃了鸭肉和米饭，然后慢悠悠地去了国家美术馆。里贝拉的《哀歌》里死去的耶稣和德加的画里扶着椅背的美妙少女都让我短暂驻足。

五月

5月1日　星期五

HB在纽卡斯尔，我在邓杰内斯。天气很冷，但太阳出来了。扩建的房间已经开始封顶，可以看得出大概的轮廓了，这里将来会是一间很明亮、晒得到阳光的房间。

下午克莱门特·弗洛伊德[1]带着一个超棒的蛋糕来看我。我恐怕真的是一个烹饪白痴，从来没有下过厨，也不想做饭，是的虽然我曾经走过满是烤焦面包的阴影的山谷，我发现自己很难做好一顿像样的餐点，厨房则会变得一团糟。

克莱门特告诉我应该怎样煮好一枚鸡蛋，他似乎心怀希望，认为我有能力跟着他的指导来做。他让我感到心情愉快，比过去几周里的任何时候

1　克莱门特·弗洛伊德（Clement Freud，1924—2009），英国作家、广播名人、政治家，著名心理学家西格蒙德·弗洛伊德的孙子。

都开心。我真是想不明白他为什么只能在这里待一个小时。我是最没用的主人，甚至连茶都是他泡的！

5月3日　星期日

温暖的天气又回来了。太阳照得我的后颈暖融融的，没有一丝风。花园被桂竹香点亮，蜜蜂在其间飞来飞去。后花园的风景令人愉悦，尽管鸢尾花看起来少了些——也许我应该将之移植。其他的花看上去比任何时候都新鲜，许多植物也已长成。接骨木已经齐腰高，犬蔷薇也长得更高了，迷迭香开出了蓝色的花，藤叶柳穿鱼也是如此，海甘蓝上全都是花骨朵儿，厨房边的两节荠也长得十分高大。

我打开蜂房，蜜蜂开始搭建蜂巢——不过因为底部坍塌，蜂巢变得有些轻微扭曲。蝴蝶又飞回来了，一只孔雀蛱蝶整个下午都绕着房子转，一只小灰蝶在荆棘花里晒日光浴。蜥蜴也爬到花盆上晒太阳。

读了贺拉斯的《颂歌》。

5月4日　星期一

今天早晨感觉好了很多，头也不怎么痛了！皮疹还在——我吃了一大堆大蒜，看是不是可以止痒，我到底能吃多少大蒜啊？HB对大蒜过敏，就像吸血鬼一样，看到大蒜就颤抖。

桂竹香闻起来很美味，香味随着日出时分的阳光一起溢满房间。我洗了床单，晾在外面晒干。

～

一个年轻女孩骑着白色自行车从戴姆彻奇过来。一对奇怪的夫妻停下脚步，捡了一些石头丢进塑料袋里，男人笑起来，他的笑声真的很难听——就像电锯声，连云雀都被吓得不再鸣叫。

今年看到的第一只燕子盘旋在半空。白垩色的海甘蓝花开了，虎眼万年青也是如此；缬草结出花苞。

德里克开车送我去车站，六点十五分到达伦敦。

5月5日　星期二

皮尔斯和理查德打乱了我今天的预约，我只能在工作室重新排日程。在等待的时候，我处理了一堆特别疯狂的来信：一个长得还挺好看的男孩写了封情书给我母亲；另一个则为他的两个儿子来索要爱情信物；有人从监狱给我发了一封很长的信；还有人则写信来抱怨了一通鸡奸；有写信来要画的、要签名的；还有人要我设计一款蛋盅。我是不是应该把这些信都扔掉？

昨晚在汉普斯特德遇到一个年轻人，手里紧紧抓着我的书。他当时坐在树下。他的男朋友被诊断患上了艾滋病，自杀未遂，后来住进了医院。他名叫多里安，来自威尔士。

今早采访我的人也有过类似的情况。据他说，在得艾滋病之后，他花了两年时间把自己隔绝起来，看男同性恋出版社的那些无聊至极的小说。

四点钟的时候，我和理查德·乔布森[1]一起做了一期电视访谈。我们在林肯律师学院[2]里散步，他悲叹道，再也没有人能像狄更斯那样描写伦敦了。我们浏览着古老的厅堂，共度了美好的一小时。随后，我们去了普莱斯托餐厅，店员们都身着盛装——玛丽亚甚至抹上了口红！

HB从纽卡斯尔回来了。他从洛克给我带了些被海水冲刷圆润的玻璃块，还说，我作为一个视觉艺术家，对身边的事物实在是缺乏了解——他之所以这么说，是因为我没注意到他在一个月之前刺的海星图案刺青。

1　理查德·乔布森（Richard Jobson, 1960—　），苏格兰电影制作人、导演、编剧。

2　尊贵的林肯律师学院（The Honourable Society of Lincoln’s Inn）简称林肯律师学院，是伦敦的四所律师学院之一。

5月6日　星期三

米歇尔给贝尔托饼屋重新刷了漆——这还是欧战胜利纪念日[1]以来的第一次——同时还修好了那座钟。这钟一整个冬天都卡在了九点四十五分。

十一点半时，我在这儿接受采访，HB则忙着收拾屋子——作为对我的特殊奖励，他允许我轻抚他的脖子，不过没抚摸几下他就说“够了”。

他穿着亮绿色的裤子和红色短袜去了健身房，还抱怨我昨天借了他的外套参加电视节目，把衣服熏得满是烟味。他今早嗅来嗅去，断言说我的衣服很臭，然后把它们都扔进了洗衣机。我现在正穿着那件在衣柜里挂了多年的西装。我用嫉妒的眼神盯着HB的衣服，但他不许我偷穿——我在电视节目里穿了他的衣服，结果HB的朋友们问他：“哦，所以你穿的是德里克的外套吗？”我喜欢毛式中山装，以及一些比较实用、永不过时的东西，例如蓝色的衬衫和西裤。我穿新衣服时总是感觉不舒服，如果衣服是HB的，则另当别论。

我步行前往特拉法加广场的邮局，在那里等了又等。回来的路上在一些书店逛了逛，买了一本关于圣母[2]和波德莱尔的信件的书。

在布什大楼[3]接受了一次相当冷淡的访谈。一如往常，他们又搬出一位恐同的女士来采访我。她以为艾滋病毒已经把我的性欲消磨殆尽。

我和HB穿过考文特花园广场走回家，他中途在一家喧闹的小餐馆买了个汉堡。

和尼基一起出发去巴比肯艺术中心。很遗憾，《很遗憾她是个妓女》这部剧显得性冷淡且土气。喜剧部分还不错，但其他的内容感觉缺失了很多东西。这部戏令人很不愉快，并且在最后几分钟彻底垮掉。我很庆幸在看戏之前只和尼基吃了片生菜叶，花了十八英镑，喝了一瓶寡淡无味的劣质

1　5月8日是庆祝“二战”中欧洲战场盟军胜利的纪念日。

2　指波德莱尔的情人玛丽·多布朗。

3　伦敦的一座建筑，2012年前曾作为英国广播公司（BBC）国际频道的总部。

白葡萄酒。内德·谢林[1]和一个澳大利亚肌肉男坐在在观众席里，面带笑容，嘴咧得跟那个猛男的肱二头肌一样宽。

幕间休息的时候，有个男人穿过正厅后排的观众席走过来对我说："诊疗我的艾滋病的医生说让我避免日晒，不过你看起来晒得挺不错。"

在花园里待上一天之后，我就被晒黑了，整个冬天都是这样。人们以为我一直在度假呢。或许的确如此，我只能依靠他人的这种关注而活着。

5月7日　星期四

这病究竟是假想的还是真实的？是不是已经从以前的假想变成了现实？

在水石书店的朗读会中结束了这一天，我给两百位观众朗读了《自担风险》。

5月8日　星期五

和霍华德、HB一同前往邓杰内斯。HB对毒物入了迷，在M20高速路上，他一直在讲述毒物理论和有毒性的宠物，比如一种有毒牙的蜥蜴和箭毒蛙。

我们在一处草药苗圃停留了一阵，买了棵绒毛天竺葵。又在一家旧货商店里找到了一幅圣徒画像，她的眼睛望向天堂。

我们到达邓杰内斯的时候，工人们正冒着大风给屋子扩建的部分加盖屋顶。HB和霍华德跑去看珍妮特和她的紫色兰花。我种下了一株紫脉酸模、一株亮蓝色的聚合草和天竺葵。

我们驾车缓缓而归，我在车后座上睡着了。

1　内德·谢林（Ned Sherrin，1931—2007），英国广播播音员、作家、舞台剧导演。

5月12日　星期二

我们把作品挂起来布展，马克·乔丹则给这些作品录制视频，并采访人们的意见。玛吉·克拉克[1]来了，她把新出生的婴儿夹在胳膊下面，像一袋商品似的。

下午，我们走过一栋废弃的的大仓库。这里曾用于生产橡胶手套，现在却成了个幽会胜地，用过的安全套堆叠起来深可及膝。我在寻找幽会的角落，HB则想抢救些废弃的家具来装点展望小舍。

晚上在角屋影院[2]放映了《爱德华二世》，电影结束后有一场问答活动。在曼彻斯特，谁都不喜欢角屋影院，这家影院似乎能招来所有人的批评。

1　玛吉·克拉克（Margi Clarke，1954—　），英国女演员和电台主持人。

2　角屋影院（Cornerhouse）是曼彻斯特的一家电影艺术和当代视觉艺术中心。

5月13日　星期三

和霍华德一起回到那栋废弃仓库。在其中一间被烧毁的房间里，他拍了整整一组裸照。

在回去的路上，HB坚持要去看看铁路桥下的男厕所，当初艾伦·图灵[1]就是在那儿被捕的。图灵是他的偶像。

5月14日　星期四

“你喜欢宠物店男孩吗？”——为了探明对方的性取向，一个巴黎男孩对另一个巴黎男孩如是说。

作为成立十周年庆典的部分活动，宠物店男孩来到了曼彻斯特，在庄园夜总会演出。尼尔也来看表演，我们和皮尔斯在走廊里聊了起来。皮尔斯每晚都能勾引到不同的女孩。直男们处处都有艳遇，同性朋友们就没那么好运了。

宠物店男孩的宠儿西塞罗是个壮实的意大利裔苏格兰小伙，他也过来捧场。克里斯说，每次自己上台表演时，西塞罗的下半身就会有生理反应。我观察了他一阵，没看到什么东西。庄园夜总会热得像地狱，亮眼的灯光秀使人看不清背景上的电子屏。并且，和往常一样，想要通过安保人员几乎是不可能的——尽管迈克尔已经给了我们所有不同类型的通行证。

尼尔身穿灰色的套装，克里斯则戴了一顶软趴趴的老爷帽。人群几乎陷入晕厥，大声喝彩。音量高得快要淹没一切。大家都玩得很尽兴，除了迈克尔——他刚把车停在紧急出口，就找不到钥匙了。汽车协会的人闻讯赶来处理，迈克尔用几张签名专辑贿赂了他们。

1　艾伦·图灵（Alan Turing，1912—1954），英国数学家、逻辑学家，被称为计算机之父、人工智能之父，因同性恋身份而遭受化学阉割，最终服毒自杀。

5月15日　星期五

曼彻斯特美术馆这座具有维多利亚风格的宫殿上竖起了一面巨大的旗帜，上面写着：酷儿——德里克·贾曼。这在世界上的公民同志骄傲大游行里绝对是第一次。这座美术馆现在看起来美极了——多亏了我们上个月绘制的大型画作、一些之前在格拉斯哥展出的小型风景画和黑色系绘画。印刷精美的目录和明信片是杰夫设计的。他身穿由薇薇恩·韦斯特伍德[1]设计的衬衫，上面划了具有伊丽莎白时代风格的长嵌缝[2]作为装饰。

展出在六点钟宣告开始，艺术爱好者们鱼贯而入——到六点十五分的时候，这地方就满了。

～

林恩、理查德、尼基和肯都从伦敦过来了。肯说他爱极了这场展出。尼基身穿亮色马甲，头上裹着围巾——看起来好像是个彭赞斯的海盗[3]。马修·帕里斯[4]在给《自担风险》写的书评中说我是因为喜欢男人才会感染艾滋病的，这让尼基很不高兴。他的书评倒是充满溢美之词，虽然他在结尾部分说我完全疯了——这种话在朋友之间算不上禁忌。我们离开之后去吃了顿泰国菜。我和前任市长、她的顾问和市议会领袖同席而坐。我建议他们给艾伦·图灵被捕时所在的厕所加上一块蓝色牌匾[5]。其中一个人说道，出于经济上的原因，他们曾关掉了所有的旧厕所，但是图灵所在的那个公厕每次都会被强行重新启用。

他们都来到这里最好的一家同志夜店跳舞。曼彻斯特有一处很棒的红灯区，那里有“纽约纽约”（NY NY）这样的酒吧——这家店的招牌是由

1　薇薇恩·韦斯特伍德（Vivienne Westwood，1941—　），英国服装设计大师。

2　长嵌缝是英国伊丽莎白时代常见的一种装饰性设计，在服装上开口以露出异色里衬。

3　出自由阿瑟·苏利文作曲、W. S. 吉尔伯特作词的两幕歌剧。

4　马修·帕里斯（Matthew Parris，1949—　），英国政治作家、电台主播、主持人。

5　在英国，蓝色牌匾是一种放置在公共场合的永久性标记，用于纪念该地点与历史名人或重大事件之间的联系。

粉色霓虹灯和一个娇气十足的自由女神像组成的。酒吧里有一些异装癖店员，还有一个男孩，他看起来好像刚从网球场出来似的。

不论我去哪里，都有人走上前来说“你好，德里克”——这里的气氛的确更加友好。今晚快要结束时，我已经累坏了，但非常开心。

5月16日　星期六

我们慢慢开车穿过英格兰，途经科茨沃尔德，越过那些白垩质高地。我们转弯去了一处苗圃——这里不怎么样——在回主路的路上被一阵恶臭吞没了。HB说：“我能闻到死亡的气味。”他说得没错，我们面前就有一辆大卡车满载着四脚朝天的死羊。我们奇迹般地成功超车，几分钟后就遭遇堵车，在闷热的天气下堵了足有三十分钟。那辆大卡车在我们的上风向，中间只隔了六辆车，警察的直升机围着车祸现场不断盘旋。

在西德克特庄园逗留了一阵——国民托管组织[1]彻底把这里毁了，里面满是昂贵而无趣的植物，还有一间卖百花香[2]的商店，用我父亲的话说，闻起来好像是“妓女的卧室”。国民托管组织总是把他们名下的房屋打扮得过于花枝招展，就好像被过度清理的油画一样。西德克特庄园也不例外，被装饰得过火了。幸运的是，在HB的领导下，我们从出口处倒退着走了进去，省了二十英镑的门票钱。

在皮尔丹酒吧吃了晚饭，酒吧招牌是骷髅头和交叉骨的图案，有些恐怖。我们慢悠悠地开车游荡，足足用了十二个小时，到达目的地的时候天已经黑了。每个房间的床都已铺好。霍华德已经筋疲力尽，瘫倒在床上。

1　国民托管组织（National Trust）是英国保护名胜古迹的私人组织。
2　百花香（pot-pourri）是把多种晾干的花朵或树叶混合起来放在碗中的一种熏香。

5月17日　星期日

和林恩一起开车去莱伊，半路接上了尼尔和他的朋友汤姆，带他们去了大迪克斯特花园。这里的花园如田园诗般宁静而闲适，夏日的草地上遍布毛茛和野兰花，燕子绕着老旧的木屋飞行，在谷仓里筑巢。

回莱伊的路上，我们经过一栋房子，陡峭的房顶上栖着各种鸽子，至少有三百只，我们从未见过这样的景象。我们在尼尔的花园里种下了茛苕和豆蔻。林恩和我找到了一张破旧的地毯，我们拿着它到客厅去给HB一个惊喜——他激动不已。

我买了一株茉莉，用来装点新扩建的屋子。窗户的玻璃即将完工，内部也快要涂上墙灰了。

过去的一周，每天都沐浴着阳光，花园里的万物都焕发着生机：带有蜂蜜香味的海甘蓝、鸢尾花、带有一抹桃红色的桂竹香、粉色映衬的海石竹、圣心百合、橙黄色的花菱草。我自己的豆蔻巨大无比，拉维纪草也是如此。纤长的紫色、白色观赏葱在微微的海风中摇曳。

金杰比茨用漂流木做了两只花盆，被晒得如熟虾一样红。

一个奇怪的波茨坦小伙子突然到来——尽管我在无数次的电话中说不想让他来这里，他还是要求在这里过夜！这种极具侵略性的举动可真少见！要是换成我母亲，肯定会说他没教养。也许在德国，隐私这种东西早已不复存在，先后被希特勒和埃里希·昂纳克[1]狠狠摧残了两次。他应该知道我生病了才对。

我给他泡了杯茶然后让他坐出租车回莱伊。

今天过得很不错。

1　埃里希·昂纳克（Erich Honecker，1912—1994），德意志民主共和国的最后一任领导人。

5月18日　星期一

上帝是个无神论者。

5月19日　星期二

毒辣的阳光照射下来。我们把正在扩建的屋子漆成了黑色。布赖恩拿来一些用于屋顶上的尖顶饰物，这正是我曾向他咨询过的一个细节。

理查森家的孙子寄来了一封信——理查森就是在1900年建起这座小屋的人。不知道这房子刚建好的时候是否也充满尿味和煮熟的卷心菜味。他说理查森爷爷是个讨厌的老头，总是一副生气的样子。这地方大部分的小屋都是他另一个祖父杰里·贝茨建造的。他寄给我一张照片，记录了1905年这座花园刚建成时的样子。

下午四点，我晕倒了，随后便上床睡觉，因阳光太足而颤抖不止。一夜不得安宁。

5月20日　星期三

我闭门不出，因剧烈咳嗽而筋疲力尽。塔里克·阿里[1]给我寄来了一份优秀的剧本，作者是特里·伊格尔顿[2]，该剧作是关于维特根斯坦[3]的。

我的蜜蜂差点就成群结队地飞出来了，但它们随后就改变主意，飞回了蜂房。

九点钟就寝。

1　塔里克·阿里（Tariq Ali，1943—　），巴基斯坦裔英国作家、历史学家、电影制作人。

2　特里·伊格尔顿（Terry Eagleton，1943—　），英国文学理论家、文化评论家、马克思主义研究者。

3　路德维希·维特根斯坦（Ludwig Wittgenstein，1889—1951），二十世纪最有影响力的哲学家之一，奥地利裔，后入英国籍。

5月21日　星期四

我在六点半时起床泡了一杯茶。随后立刻去吃饭，现在连吃玉米片和吐司面包都很费劲；咳嗽，生了口疮。

蜜蜂成群结队地飞着，很壮观：它们在距离蜂房几码远的金雀花丛中落下——这些蜜蜂一下午都在兴奋地飞舞，有五只飞进了卧室。正在给窗户装玻璃的加里曾养过五窝蜜蜂，去年冬天弄丢了两窝。他开上他的卡车，把许多蜜蜂装进一只纸板箱打包好，带回了家。

5月22日　星期五

我发现，日记的长短能够反映我的健康程度。

～

打开蜂房，换掉一只已经弯曲变形的蜂巢，尽管已经飞走了上千只蜜蜂，这蜂房仍然显得十分拥挤。克莱门特·弗洛伊德打电话来，并把他的文章用电报传给我。他给了我一份食谱，是旧巴黎市场风格的法式洋葱汤。

克莱门特·弗洛伊德为德里克准备的菜

一道特别的洋葱汤

这汤名为“soup à l’ivrogne”——醉鬼之汤。这道汤当年曾在巴黎大堂——即未经开发商改建的菜市场——的咖啡馆里供准备回家的酒客们食用。两人份。

把一大头洋葱切成薄片，在两盎司的黄油里炸至软化变色。往平底锅里倒半瓶最上等的气泡葡萄酒或者最次等的香槟——类似那种在飞往布鲁塞尔的飞机公务舱里发放的小瓶装香槟。加热后把这些材料倒进法式砂锅里，在上面铺满卡芒贝尔干酪丝，撒上烘烤过的的白面包屑。把锅放进四级火力[1]的烤箱中，当表层烤得酥脆时，把顶上的奶酪拿开并切成两半，把汤汁倒进汤碗，在上面放上烤好的奶酪。

与克莱门特的文章一起到的还有一封信，信里提到了“蒙格夫人的脚指甲”——是一种盛在大锅里的苹果冰沙，里面有果仁和碎果核。那么多年来，我在自传的每一卷里都记述过这个。写信的人还以为这种冰沙叫“蒙格夫人的丈夫的脚指甲”——她丈夫是个在霍德尔村做零工的锅炉工。他问道：“你还记得四点钟的小面包吗？”那还用说，四点钟应该叫小面包时刻才对。

5月23日　星期六

昨晚，我的体温骤然升到102华氏度[2]，今早我卧床不起，听着HB工作时弄出的噪声。一切都是如此的宁静平和，鲜艳的花朵在风中舞动。花菱草映出一抹抹亮黄与鲜红。第一批蓝色的矢车菊开花了，密刺蔷薇也是如此。紫色和白色的观赏葱舒展着长茎随风摇摆，大黄蜂环绕着它们飞来飞去，活像老奶奶的羊毛球。带有蜂蜜香气的海甘蓝上看上去好像至少贴上了一百个铜币，优红蛱蝶、孔雀蛱蝶和巨大而多毛的虎蛾毛虫在两节荠丛中酣睡。

HB和他温柔的朋友加里坐着小火车去海斯购物。HB回来了，管我叫“爱挠痒痒的法西斯”——我最喜欢别人挠我的头皮，永远都对此意犹未尽。HB把厨房里所有的东西都清了出去，用糖皂[3]擦洗各个角落，准备给墙刷上油漆。

早早就寝。

1　四级火力（mark four）在煤气炉烤箱中为180摄氏度，在电烤箱中为200摄氏度。

2　约合38.9摄氏度。

3　一种流行于英联邦国家的清洁剂，呈粉末状时颇像蔗糖，因此得名。

5月24日　星期日

因为咳嗽和发烧出汗，我几乎整夜无眠。但说好的暴风雨还是没来。

日出前半小时，天边刚泛起晨光的时候，海滩上的小石头看起来像是泛着鬼火的骨头，如同灰色装饰画[1]一样，用灰色勾勒出灌木，用黑色绘制出金雀花，用色彩把宁静的光辉重新汇聚在一起。

我打电话给“波西米亚”的六位同志，德里克接听了。我让他给我弄点漱口水，口腔正剧烈疼痛着，体温又升到了100华氏度[2]。我让HB给我带个巧克力雪糕，但吃起来却令我疼痛不已。

我们短暂地争吵了一下是否要给一位记者打电话。“你答应过的。”他说道。HB对于承诺这种事非常认真。不过，就算是为了在我的灵床上放录音机，这些记者们都会心甘情愿地排队。

～

我的第一株犬蔷薇在午饭时开花了，几小时后，花朵已经铺满了苗圃。

～

阿拉斯代尔来家里喝茶。他本来已经穷得一文不名，但格雷厄姆的家人把格雷厄姆所有的衣服都送给了他——他正显摆着身上最时髦的CK内裤，还搭配了相应的袜子。在他动身前往“波西米亚”之前，我们吃了点东西。下周二他就要骑上摩托车当邮递员了。

～

我沉迷于维特根斯坦的传记里。早早就寝。

1　灰色装饰画（grisaille）是一种纯以灰色绘制图画的艺术形式。

2　约合37.8摄氏度。

5月25日　星期一

太阳十分明亮，让我的眼睛很难受，蝴蝶很喜欢这样的阳光，大黄蜂和捷蜥蜴也是如此。HB和加里去散步了。他俩有着自己的一套密语，好像小猫在叫似的。“波西米亚”的那帮人来了，他们在海滩上玩，天气极其炎热。理查德给我打电话，对我表示关心——他说曼彻斯特的画展受到了好评，可能还卖出了一幅画。

布赖恩来了，他对“轰炸机”哈里斯[1]的纪念碑表示担忧，皇家空军就不能挑个抽象些的主意吗？比如一架轰炸机的机组人员也可以。当然，德累斯顿大轰炸就是一场灾难。但是，亲自参与行动的机组人员也应该被记录在案。以前，战斗机司令部的人上门找我父亲的时候，可不是为了让他出演不列颠空战的电影，那时，爸爸总是显得矮人一头，规规矩矩地一声也不吭。公众心中的英雄应该是比金山机场[2]的小伙子们才对。我有一张父亲和哈里斯的“毕业合影”。我认为，他们对战争的贡献也应该被公开记录下来。

5月26日　星期二

建筑工布赖恩很高兴能清除掉房屋扩建部分的屋顶上的阿泰克斯涂料——我称这种装饰为脓包病。我的口腔十分疼痛，所以没吃早餐。

在出租车和火车上坐了很久，终于来到圣巴托洛缪医院。这里的房间整洁美观，马克医生的房间有阳光射进来。每个人都自得其乐。我们两点钟到达这里，由于药房工作效率太低，一直等到五点钟才能走。马克要我停止工作——至少我是这么理解的。我嘴里的疼痛是因为艾滋病毒引起的

1　指第一代从男爵阿瑟·哈里斯爵士（Arthur Harris），英国皇家空军“轰炸机致胜论”的倡导者，在“二战”期间主张对德国平民进行无差别轰炸。

2　比金山机场（Biggin Hill）：“二战”中的不列颠空战期间，英国空军以此处为基地，抗击德国空军。

恶性牙龈炎。X光检测足足做了三次才成功，结果显示我胸腔内部有感染。X光部门的员工可真是百里挑一啊——有个“接待员”严重驼背，头顶和秃鹰一样寸草不生，身穿破旧的西装，是个胡子拉碴、饱经风霜的酒鬼；还有一对老夫妻，身穿冬装，在电话铃声的喧闹中显得又安静又迷糊；一个乖戾的老太太，名叫弗洛伦丝，头戴包头软帽，在办公桌后面坐立不安；这些老头、老太太们让我十分着迷，在风烛残年中，他们带着行将就木的价值观与寒酸的财力，试图在穷困中维持一份优雅，这令我难过。我把他们想象成1939年刚参军的小伙子，以及小伙子们活力四射的女朋友、妻子们，他们曾怀着心中的希望努力过活——你看，希望是会骗人的。

HB今天过得很开心。他挽着我的手，说我就是他的职责所在。

5月27日　星期三

今天一整天都病恹恹的。

5月28日　星期四

我咳嗽了一整夜，害得可怜的HB一直没能睡着。最后，在四点钟的时候，他起床去找夜间营业的药剂师开了一些止咳药。

今天早上他很暴躁，不管我做什么都会惹他生气。一旦睡眠不好，他就会咆哮：“别去招惹睡着的狗，自找麻烦。”

尽管口腔疼痛正在好转，我的体温仍然高于99华氏度[1]。

1　约合37.2摄氏度。

5月29日　星期五

今天见到了马克医生，他说我是个斯多葛学派[1]的人，这话让我很高兴。我的肺部有点肿胀，准备明天再去看医生，看看是不是卡氏肺孢子虫肺炎或是肺结核正在作祟。我的口腔已经不那么疼痛，同时我也在通过发汗渐渐恢复正常。

这周，我感觉有道阴影从我的前路上掠过。

5月30日　星期六

肯说他见到了我的老朋友多多。“他块头可真大。”

“跟基思·米洛一样？”我问道。

“不，比他大多了。”他准备要参加律师资格考试了。肯说，当初多多的父亲罗宾·丹尼听说他儿子十八岁时在和我交往的时候，被吓得够呛。

多多的父亲以前常跳舞，于是多多带他去了地下铁舞厅——那可是伦敦有史以来最狂野的同性恋酒吧。多多想向他父亲展示他是如何尽情享乐的。不过他父亲没能理解他的想法。

多多现在住在切恩路[2]，所以说，一切都还不算太差。

～

谈了很久关于维特根斯坦的话题，如何才能让关于他的影像带给人共鸣呢？影像总不能用来阐述说明吧，拍一部“关于”某个主题的电影毫无意义，还不如花钱在电视上给《逻辑哲学论》[3]做个广告呢，一了百了。就

1　斯多葛学派（Stoic）是塞浦路斯岛人芝诺（Zeno）于公元前300年左右在雅典创立的学派，早期主张宿命论和禁欲主义。

2　切恩路（Cheyne Walk）紧邻泰晤士河，属于条件较好的街区。

3　《逻辑哲学论》是维特根斯坦的一部论著，被认为是二十世纪最重要的哲学著作之一。

个人而言，我本无意接触这本书，但其令人费解的知识密度，特别是那些不可言传的内容深深地吸引了我。

维特根斯坦说，英国没有好电影，以后也不会有，而我们正在开启这一先河。如果把他塑造成一个西方人的英雄会怎么样？当然，维特根斯坦恨死了布卢姆斯伯里派[1]以及那些人俗套的文化假面，而我一想到这点就开心。

～

肯去奈罗街和石墙组织的那些小宝贝吃午餐去了。其中一个小宝贝说："要是允许你们加入，别人也会来打扰我们的。"商店不对外开放算作违法，但是人心不开放却没事，真遗憾。

这些小宝贝都烂醉如泥，在各处叽喳乱叫。傍晚时分，他们在楼顶花园里醉得东倒西歪，还打算通过天窗下楼。这时，一架直升机正在拍摄外景，试图捕捉二十世纪末的城市样貌。飞机在他们头顶盘旋，他们觉得那是《太阳报》的。飞机把他们吹得东倒西歪，叫喊连连。看来，《太阳报》也能干些好事。"他们倒成了一片，"肯说道，"你要是看到了，肯定会笑死。"

～

回到医院，马克医生说我的精神比以前要好些了。我们聊了聊关于维特根斯坦的电影。

在普莱斯托餐厅吃了午饭，卡拉聊起了布鲁纳夫人：布鲁纳夫人在这家餐厅工作了好多年，总是咒骂顾客，穿着矫形鞋嘎吱嘎吱地走，活像个上了岁数、弯腰驼背的复活节岛雕像。她时常敲击手指，透过双光眼镜盯着地板，用一种显然极其不耐烦的态度等待顾客点单。她那铁灰色的蜂箱式发型和她肩上垂着的开襟羊毛衫一样，都有很久的历史了。后来布鲁

1　布卢姆斯伯里派（Bloomsbury Set）是1904至"二战"期间活跃于伦敦布卢姆斯伯里地区的文人团体，代表人物有弗吉尼亚·伍尔夫、约翰·凯恩斯等。

纳夫人拿到了她的P2签证[1]，第二天就消失不见了，这么多年来再没出现过。她没有道别，连明信片也不寄一张。

～

我拿到了《逻辑哲学论》。每个人都觉得我拿着这本书的样子显得很厉害，就像一个拿着赞美诗集的牧师。

～

HB轻轻打字，编辑着《窄房间》。我们在考虑把这里改成一间工作室，用灯光赋予其美感。

～

我好多了。

5月31日　星期日

夜里我咳嗽的症状彻底好了。一整夜都在做同一个梦，梦里我在写一本关于色彩的书[2]，算不上科学也没有学术性，只是让光谱上的颜色自由地流淌。或许是《逻辑哲学论》为我解锁了这项能力。

～

大卫・刘易斯在十点半的时候来找我，随后我们开车去邓杰内斯，路上谈起了他最近正在拍的《同志安全性爱指南》——主演是朱利安年纪轻轻的美国男朋友艾登・肖和曾出演《天使的对话》的菲利普・威廉森。

邓杰内斯已经花团锦簇，虞美人铺就出一场盛大的舞会，园子里还有缬草、大束丁香味的石竹花。最近下的大雨让所有植物都长了几英寸，大多数都开了花，例如墨蓝色的耧斗菜和拉维纪草，新长出的一批白色和灰粉色的观赏葱。桂竹香已经过季，但是毛地黄正在高歌猛进地生长，亮黄

1　P2签证是美国政府给艺术及娱乐从业人员签发的临时性工作签证。
2　也许是贾曼写作《色》(*Chroma*)一书的灵感来源。

的金雀花隐露出紫色，成千上万。真是灿烂夺目。

和艾琳去轻轨咖啡店吃过午餐后，我们一起开车前往大迪克斯特花园。

英格兰自然署在后花园种满了臭气熏天的还阳参。我第一次在新建好的浴室里泡了个澡，扩建的部分已经快要完工了，明天要给大窗户上装玻璃，还要给屋子通上电。

六月

6月1日　星期一

在一场灰暗而多露水的大雾中，黎明到来了。蒙蒙细雨飘了一夜，灰色的雾把花园洗得色彩分明。虞美人低垂着头，毛蕊花上的毛毛虫又回来了，身上是鲜亮的黄绿间着黑色，金属蓝色的天幕蛾栖在玫瑰上，而那些温顺的虎蛾毛虫如今已经长得身材巨大。

～

吃完午饭之后，装玻璃的工人来了。随后我们开车去莱伊，买了一张灯芯绒面的沙发椅。周四的时候屋子就会通电，布赖恩说他在这周末之前就能收工走人。

～

园子里，花朵已经万紫千红，黄海罂粟开了花，还有成百上千的秧苗生长在路边。去年秋天撒下的种子长成了今日的样貌。

6月2日　星期二

伦敦。《天使的对话》这部电影的工作人员给我寄来了一张七百英镑的支票。这部片子给我挣的钱比其他电影都要多。我走去油漆店，碰见爱玛·弗洛伊德快步走过，她正在去美发店的路上。她的客厅也漆成了淡淡的黄色。

6月3日　星期三

在医院时，马克医生很开心。

HB和我在伦敦细细寻找地板、油漆和其他日用品，我们此行非常失败。天气又闷又热。

我见到了理查德，他开心得像只小兔子——曼彻斯特的画展让他卖出了四幅画。

HB工作很辛苦，一整天都在忙着编辑《窄房间》。

九点钟入眠。

6月4日　星期四

在贝尔托饼屋和卡萝莉喝了薄荷茶。卡萝莉给我描述了那场横扫旧金山海湾的大火：一小缕烟尘最终变成了人间炼狱。当时她坐在阳台上，抓住了许多从着火的房子飘过来的灰烬，仿佛在暮光中飞翔的蝙蝠——有俄罗斯地图的碎块、人们的账簿、名著的碎片。如今我们在静谧的夜色中，看着桥上闪烁的光亮，这场灾难显得多么遥不可及啊。

她在赫尔和伍尔沃汉普顿过得不错。她说，伦敦的空气比洛杉矶的还要差。在老派的典雅环境中，拥挤的车海却在咆哮着。

卡萝莉兴奋起来时，脸上就会显现温和的线条，洋溢着微笑，这就是友谊的光辉。我感觉好多了，充盈着力量与意志。我在街上歪歪扭扭地走着，虽然喘不过气，却很开心。卡萝莉推荐我看看亥姆霍兹[1]的书，以便了解颜色相关的知识，但没有一家书店听说过这个作者，艺术品店更是对他一无所知。不过我找到了维特根斯坦关于颜色的论述，以及牛顿的《光学》。

～

我坐在老康普顿街上阿马尔菲餐馆靠窗的座位，听着悲伤的那不勒斯音乐，细雨飘落在地上，还未形成积水。上了年纪的侍者看上去比平时更感伤，他给我上了一些小甜点、蒜油，还有意式杏仁饼。

坐在对面的男士挡住了我的去路，我只好侧身绕过他。我觉得他好像在生侍者的气，因为他们不小心把他的朗姆酒蛋糕送到了我的桌上。

一个英俊得令人神魂颠倒的小伙子站在街角大笑着，他身穿牛仔裤和黑色T恤衫，一头乌黑的头发，显露出青春的活力。他的存在使我感到自己病弱的身体又萎缩了不少。

HB认为老康普顿街是伦敦最差的街巷，仅次于卡纳比街。不过我还是很喜欢这里的。苏活区虽然总是变化多端，但毕竟还是个有韧性的地方，如果有店面倒闭，第一批肯定是观光购物店。我在卡米萨杂货铺买了圣酒[2]和普拉托意式饼干。我下定决心，即便是需要花费不菲才能恢复体力，也要让自己重振食欲。人怎么能被肺炎击败呢?

去超市的路上碰见了桑迪和她的朋友阿尔菲。阿尔菲留着一把神气的小胡子。

～

HB打着字，头也不抬就说道：“你腿上一定痒痒的。”

我问道：“你怎么知道的？”他说，他的听力如同神一般精准。HB喜

1 指赫尔曼·冯·亥姆霍兹（Hermann von Helmholtz，1821—1894），德国物理学家、生理学家，进一步发展了英国科学家托马斯·扬的三色视觉理论。

2 圣酒（vino santo）是一种意大利甜点酒。

欢别人亲吻他的后颈。他的笔记本电脑键盘在午后的静谧中啪嗒响着。

雷·蒙克[1]写的那本关于维特根斯坦的书快要读完了。

～

晚上，我和约翰·梅伯里一起去歌德学院。看了一场由辛西娅·比茨导演、蒂尔达·斯文顿出演的电影，名叫《派对》，看上去很不错。西蒙·特纳这个人古怪得恰到好处，他在那里弹了钢琴。戴夫·柯蒂斯、彼得·沃伦、戴安娜·玛弗沃琳都来了。

我们在达奎斯餐厅结束了这一晚，一起谈论关于肯·拉塞尔的趣事，而蒂尔达在思考着扮演查泰莱夫人的事。

6月5日　星期五

晚些时候，我和霍华德一起开车去邓杰内斯。一路上，我们不断错过该拐弯的地方，最后不得不从坎特伯雷沿着直街横穿肯特郡。尽管我们的花园已经在潮湿的环境中繁花似锦，但房子后面还是有个旧椅子没收拾，看上去好像被冰冻住了似的。屋子里乱七八糟，小物件堆得到处都是，所有东西上都积了石膏粉尘。HB正在粉刷厨房，而我们准备要外出，去哪里好呢？

保罗是波特兰海角灯塔的管理员，他带来了许多照片，照片述说了这个海角以及许多其他的故事。他曾祖母和曾祖父在斯宾克普拍的照片也在其中。他的祖父以前是个老捕鼠员，他建了这些房子、管理当地邮局，还捐了许多钱来帮助渔夫们渡过难关。

午饭时分，我们动身去斯塔夫克罗路。霍华德花了两个半小时寻找苗

1　雷·蒙克（Ray Monk，1957—　），英国哲学家、作家。1991年因《维特根斯坦传：天才之为责任》获得达夫·库珀奖。

圃，回来的时候带回了一大盒植物。我在车上睡着了，醒来时发现扭伤了脖子。大家继续开车前往黑斯廷斯吃饭。黑斯廷斯在细雨中显得有种颓废的吸引力，房屋的百叶窗都拉上了，就连游戏厅也是空的，只剩几个闷闷不乐的外国学生在闲逛。这里的旧货商店没什么东西，我们六点钟就启程回家了。HB在静静地工作，把新房间整理干净。房间里播放的第一首歌是约翰·亚当斯的，HB很喜欢他的歌，在这音乐的陪伴下，他给房间刷漆一直到深夜。

6月6日　星期六

雨下了一整夜，HB在蜂房里找到了两窝满是泥污的蜜蜂。我们打电话给加里，他来了之后，把蜜蜂装进一只继箱里，然后打开了蜂房。里面装满了蜂蜜，尽管已经飞走了三窝，里面的蜂群还是满满当当。我把几个蜂后的巢室清理干净，就在这时，一只蜜蜂小公主在我们面前孵化了。她看起来线条流畅，像支箭一样笔直；我们把她留在蜂房里，HB拿起蜂蜡，加上松脂和肥皂之后，配制出一剂家具抛光油。

加里建议我们买一只新继箱，这样就可以给蜜蜂更大的空间。于是，通过那条迷雾笼罩、蜿蜒曲折的小路，我们去了摩尔沙姆。在那里，一位逗趣的养蜂人给了我们一些必需的零件。我们沿着山坡经由艾希登走到海斯，在那里买了两把大椅子，准备摆在屋子的西厢房。

西蒙·沃特尼到访。HB做了意大利面和邓杰内斯式蔬菜沙拉。西蒙说，他现在对待人生就如同用一把铁锹对付玉簪花一样；他找了一份新工作，并准备让他在卡姆登的公寓脱离特伦斯·希金斯基金会[1]的管控，并在

1　特伦斯·希金斯基金会（Terrence Higgins Trust）是英国的一家慈善组织，致力于提供艾滋病以及性健康相关的医疗服务。

那里安家。艾滋病的毁灭性打击让每个人都精神幻灭、几乎放弃挣扎——但是他和我一样，都在年轻人的身上发现了不凡的力量：例如克里斯·伍兹、凯斯·奥尔康，还有爱德华·金。

～

徒步登上长坑，那里的诺丁汉捕蝇草开出了粉色和像粉笔一样白的花朵。我还找到了一只栎黄枯叶蛾的幼虫，并把它放在一只蘑菇上，带回去供HB查验。

～

午饭时分，太阳拨开了云彩，窥视着大地。随后的一整天一直阳光明媚。关于蜜蜂的烦心事还在继续，我发现了两只死去的小蜂后和几小群外来工蜂。我把它们的尸体挪开，安放了新的继箱。

～

三点钟时，戴安娜·玛弗沃琳和她的朋友们来了，他们为花园绘制图画、拍摄照片。

这个夜晚在关于戴安娜王妃和她不幸婚姻的流言中画下了句点。这消息已经在报纸上掀起了一轮怀疑论的狂潮。戴安娜·玛弗沃琳认为德洛尔先生[1]和科尔总理[2]正对皇室暗中使坏，而鲁珀特·默多克[3]在一旁暗施援手，煽风点火。和其他澳大利亚人一样，默多克肯定痛恨英国皇室。她说，她一点都不喜欢皇室，但是这对夫妇作为两个人而言，却让她感到同情。查尔斯王子在直觉上被迫保持一个刚强的国王形象，而他的弟弟却可以过得十分招摇。戴安娜似乎在历经磨难后已经变得成熟，如今却依然稳坐在冷酷的社交圈悬崖顶端。而在此时此地，我们都无忧无虑。

---

1 雅克·德洛尔（Jacques Delors, 1925— ），法国政治家、经济学家，曾连任三届欧洲委员会主席。

2 赫尔穆特·科尔（Helmut Kohl, 1930—2017），德国政治家，于1982至1990年间出任西德总理。德国统一后继续担任总理至1998年。

3 鲁珀特·默多克（Rupert Murdoch, 1931— ），美国报业大亨。

6月7日　星期日

雾角在浓雾中鸣响了一整夜，湿气给蜘蛛网挂上了露水，在花园里闪着光。太阳升起后，雾气的白光中洋溢着斑斓的虹彩。前一小时，能见度只不过几码而已，不过，雾气很快就散去了，只给花园留下了无数钻石般的小水滴。虞美人的花朵和它们多毛的叶子仿佛挂上了串串珍珠。七点钟时，一朵被雨水洗净的淡紫色虞美人开了。

我在前门处坐着，任清风带着丁香味的石竹花香气吹拂着我，真是田园牧歌般的生活：et in Arcadia ego[1]。我太爱这个地方了，上帝啊，再多给我一年生命吧。

～

我已经准备好用于切割的框架，并做好了花园的下一步建设规划。我的胃部正在缓和，咳嗽症状也消失了。但是阳光太暴烈了——只要晒上十分钟，齐多夫定的副作用就会让我极其烦躁，所以我尽量戴着帽子。

～

1　拉丁语，意为“即便在世外桃源，我也存在”，通常认为“我”指的是死亡。

旋动着的雾气又降临了。于是我转而进屋清扫地板，用HB做的蜂蜡油给家具抛光。

～

比利十点钟来到家里，带来了几罐内层油漆，看上去好像是亨氏的番茄汤。比利忙着工作的时候，HB给工作台涂上木蛀虫杀剂——对此我有点担心，毕竟这种东西毒性很强，但工作台已经布满了小孔。蜜蜂们已经安定下来了，带回了好几种花粉，有深黄色的、中等黄色的，以及近乎于白色的。绿色的花粉已经消失不见了，这种花粉一定来自于海甘蓝。

～

彼得·费林翰和他的朋友，铸造厂工人史蒂芬顺道来家做客。彼得最近在和迪基交往。迪基请他看了一场演出，还买了他那座卡车的雕塑——彼得正准备给他雕一座巨型的拉达汽车。他获得了法国政府提供的奖学金，去年基本都在巴黎待着，我很想他。他准备搬到威尔士了，在那里，他会住进一辆房车，还得照看一条他在一处田野里发现的圆鼻巨蜥，足有五英尺长。HB想把这条蜥蜴带到邓杰内斯来。我可不太喜欢这种大蜥蜴，它们嘴里有毒，牙齿像碎玻璃一样锋利无比。

除了聊艺术，彼得拥有一颗极具冒险精神的心。他聊起迪基具有英国特色的品味——他昨天买了一幅邓肯·格兰特[1]的画，去年十二月买了一幅斯蒂尔[2]的画，他还有几幅西克特[3]晚期的作品。

彼得的母亲是印度人，他继承了一双深色的笑眼和甘地式的镇静，他喜欢助人为乐，总是带礼物来——通常是他母亲做的辣泡菜。彼得这种人，一旦有了钱就会做出几笔糟糕的投资。他看到我们房子的西厢时十分兴奋。他和史蒂芬在那里足足待了一小时，随后便启程回家。

---

1 邓肯·格兰特（Duncan Grant, 1885—1978），英国画家。
2 指菲利普·威尔逊·斯蒂尔（Philip Wilson Steer, 1860—1942），英国印象派画家。
3 指沃尔特·西克特（Walter Sickert, 1860—1942），英国画家，生于德国慕尼黑，幼年时举家搬到英国。

6月8日　星期一

在雾角的鸣响中，晨光降临，太阳升起之前我就起床给植物浇水。我打开后门，一群小小的黄色飞蛾突然飞起。蛾子的数量之多甚至惊动了栖在屋顶上的那些迷途的赛鸽。很快，太阳便将晨雾驱散一空。

～

皇室婚姻的新闻成了最重要的话题，难道所有人都牵挂着他们的事情吗？报刊投诉委员会[1]开始扯上神学，说这是“对灵魂的侵犯”。灵魂，我还以为灵魂是个难以捉摸、隐藏极深的东西，根本就不存在呢。坎特伯雷大主教，这位极具魅力的权威人士现身说法，抱怨这件事对孩子们产生的影响。我倒是在想，他的影响又是怎样的呢，一个圆脸的矮胖子、一位宗教界的比利·邦特[2]、戴着卢勒克斯[3]材质的主教法冠的校园恶霸、一个信仰之海中的救生员。至于信仰，我想，信仰会让人停止思考。

～

雾气铺天盖地而来，雾角的声音持续到中午，随着一阵炽烈的阳光，雾角声停了下来。

～

我给前院除了草，把鸢尾花移植到屋外，剪下来一些鼠尾草。比利把后窗刷成亮黄色。等他走了之后，寂静淹没了我。

我看着菜粉蝶在洋红色的缬草中飞舞。又有一朵虞美人开了。露出比微红要深的淡紫色，淡紫色这个词该怎么说？是mauve还是morve呢？我更喜欢morve。这是十九世纪的写法，如今正在渐渐消逝。虞美人的花瓣在眨眼间就会掉落。它们那仿佛积了尘的色彩有些阴郁、有些恍惚。比起

1　英国报刊行业于1991年成立的行业自律机构，是英国报刊行业的新闻仲裁和监察机构。

2　比利·邦特（Billy Bunter）是英国作家查尔斯·汉密尔顿创作的虚构人物，是个贪婪、肥胖、懒惰、自负的学生。

3　卢勒克斯（Lurex）是一种包含金属丝，具有金属色泽的织物，其上常饰有金银等装饰。

它们的近亲所带有的鲜红色，以及花菱草的滑稽样貌，都能形成鲜明的反差。最柔美纤弱的要属黄海罂粟，跟那些可以制成毒品的罂粟相比，它们要更加脆弱。

紫色的直觉，鸦片，紫色的时光。让·科克托[1]就生于那个令人陶醉的紫色年代，费尔森[2]的玉制鸦片烟枪，高高耸立在卡普里岛的悬崖上的提比略别墅，吸了鸦片之后，从那里看去——航行在海里的船都离得好远啊。我吸过六次鸦片，那种刺鼻的气味有如无声的甜蜜，是存在于梦里的险境。

～

太阳在海面上映出耀眼却无力的橙色。很安静。

6月9日　星期二

迷途的赛鸽已经侵入了我的家。每当门开着的时候，它就在屋子里拉屎，随后因惊吓而冲出窗外。它已经在这里停留了三天之久。对于鸽子而言，邓杰内斯是个危险的地方。它们到这里来之后早已筋疲力尽，最后都会葬身鹰腹或是狐口。比利说，他曾把一只鸽子寄回给它的主人，足足花了他二十三英镑，而鸟的主人甚至没寄回一张明信片以表示感谢。我想不出有什么人会比爱鸽人士更古怪，不过，我对多数东西倒是都能产生喜爱之情——甚至会喜欢彼得的圆鼻巨蜥。鸽子可真蠢——我把这只鸽子赶走了，它却围着屋子转了几圈，又飞回到了我的脚边。

～

我把旱金莲移植到屋外，修剪了绵杉菊。九点之前又种了一丛鸢尾

1　让·科克托（Jean Cocteau, 1889—1963），法国作家、诗人、剧作家、电影导演。

2　法国实业家、诗人费尔森与情人切萨里尼曾隐居于卡普里岛，费尔森修建了一栋别墅，并以柏拉图著作中的“少年之爱”一词来为这一别墅命名，以纪念他与切萨里尼的同性恋情。别墅中设有地下鸦片室。而少年之爱别墅的东南偏东数百米处，正是古罗马皇帝提比略在卡普里岛的别墅遗址，据传提比略同样热爱少年。

花。太阳升起，雾气散去，一切顺利。

～

和塔里克·阿里聊了很久关于维特根斯坦的话题：舍弃他在剑桥的背景；舍弃他的叙事——除了维特根斯坦直面镜头讲述自己的人生——舍弃摩尔[1]和凯恩斯[2]；保留罗素九十岁高龄且满怀激进政治思想的形象；把朵拉放进三〇年代的时代背景，充满希望，热爱自由；把帕特森刻画成一个深爱着维特根斯坦和他的摩托车的形象；把故事的整体保持在维特根斯坦空荡荡的房间里，自言自语着那些晦涩的哲学理论，无法被人理解，只能去感受；极致的苦修，将其呈现在视觉中的时候，必须能够反映出他的成就——不要让任何客体喧宾夺主。

霍华德、HB和我的侄女凯特都来了。凯特带了个巨大的水果蛋糕。我们泡了些茶、游览了花园的边界——芒柄花属植物开花了，看上去像是一朵粉色玫瑰伴着几片黏黏的灰色树叶。我们都抓了些绵杉菊上栖居的蜥蜴。它们的皮肤棕绿相间，有些有斑点，有些则肚皮是红色的，它们似乎不怎么在意被人玩弄于股掌之间。

～

我们开车去了阿普尔多尔，找到了许多金属容器、旧桶和一个锈迹斑斑的铁钟，铁钟里面可以种茉莉花。还找到了一把很重的锄头，上面的木柄必须得除虫之后才能用。HB买了Salvia guaranita——这是一种鼠尾草，上面有铃铛般的小花，有着夜空般的色彩。

密云不雨的天气让我们都昏昏欲睡。

～

霍华德、HB和凯特去林子里了，留我一人听着雅纳切克的小提琴协奏

1　指乔治·爱德华·摩尔（George Edward Moore, 1873—1958），英国哲学家，与伯特兰·罗素、维特根斯坦、戈特洛布·弗雷格等同为分析哲学的首创者。

2　指约翰·梅纳德·凯恩斯（John Maynard Keynes，1883—1946），英国经济学家。凯恩斯对维特根斯坦十分敬仰，曾称其为“神”。凯恩斯的经济学理念与维特根斯坦的晚期哲学理念均是在1933年左右于剑桥大学提出的。

曲。我们下午过得很开心，唯一的遗憾就是那场淹没了莱德的暴风雨并未降临到这里，因此，花园依然干旱透顶。

6月10日　星期三

HB正在挑选他的弗雷德·佩里牌的衣服。我问他到底有多少件这个品牌的衣服，他说："已经够多了。"我曾偷偷数过，居然有四十三件！今天他穿的是件可爱的绿衣服，搭配红色的袜子。HB准备去纽卡斯尔和"海豚"弗雷迪一起游泳，他说："没准弗雷迪会把我拉进水底溺死呢。"

～

我收到一封信，开头写道："这个消息可能会令你感到震惊"——是房主寄来的，他们要收三千三百英镑来整修房屋。我用愤怒的言辞写了封回信，因为这里很多的租客是付不起这笔钱的。我估计，这些公寓很快就会被放在市场上招租，而一群有钱却无趣的邻居马上就会住进来。你可能会想，这些房主应该会把这笔修缮费分摊在前几年的住户身上，但他们才不。这些人早就把房屋管理员开除了，把他的公寓卖了出去，任由这建筑土崩瓦解。十年中这栋楼都无人照管，而我们要么乖乖付账，要么就得流落街头。

～

步行前往伊恩·希普利书店。为了准备我那本关于丑角的书，我买了些关于颜色的著作。伦敦真是处处充满了令人不快的意外，连过个马路都会被人拦下，要求让我写篇文章。救命啊，明天我就要回邓杰内斯，赶快远离这一切。

～

今天空气新鲜、阳光明媚。我很开心，正在去圣巴托洛缪医院的路上。

候诊室真让人难熬——我讨厌这种人们相互咳嗽、吐沫飞溅的情形。

护士们正在聊着她们的制服，也许可以用粉色的？艳粉色？粉色的睡衣还有三〇年代的睡衣式样？我对她们说："你们为什么不设计自己的制服呢？用星际迷航里的制服式样配上南丁格尔的风格。再办一场'最佳原创着装护士'的比赛。"她们觉得院方可能不会同意。

马克医生准备用他的液氮枪对我脸上的软疣发起最后的攻势——这样就可以把我打扮一番，以备为企鹅出版社拍摄宣传照。他说："我必须再把你看紧点。"他说，氢化可的松片提供了我身体所需能量的25%。[1]看来，我身上应该挂一张卡片，上面写着："我正在接受类固醇药物治疗，治疗绝不能停。"

医生用一只和铅笔一样细的新冷冻器给我脸上的疣做了一次大面积清理。离开时我感觉好像被狠狠蜇了一顿。

药房门口的队伍排得热火朝天，我等了将近一个小时，最后还是放弃了，改为去查特豪斯见罗伯特·梅德利。他的臀部手术很成功，不过还是得拄着拐杖、深深弯着腰。他对那本颜色小书很感兴趣，还提起了克吕泰涅斯特拉[2]为阿伽门农放下的红色地毯，那真是傲慢的行径。

我们吃了个美味的甜瓜，还聊起了他新的画作，是一幅查特豪斯的教士的肖像。"所有的事情都变得紧张起来，我姐姐现在住进了老人院，所以我也没法去约克郡了。"

~

朱利安顺路到访——他去拜访他年轻的加拿大朋友杰米，刚刚回来。杰米年方二十三岁，身上本该柔软的地方好像钢铁般坚硬。朱利安说，他和杰米身为大学教授的父亲聊了更多话题。这次去旧金山，他逛足了酒吧，身心放松，只想回家。随着时间的流逝，美国的大环境变得越发自私自利——真是一团糟，人们的见解都大同小异，教他们一点常识或许就能

1 氢化可的松是一种糖皮质激素，不能给身体提供能量。原文如此，疑为作者记述错误。

2 希腊神话中的人物克吕泰涅斯特拉（Clytemnestra）是阿伽门农的妻子，她设计杀死了阿伽门农和预言家卡珊德拉，后又被自己的儿子所杀。

解决大部分的问题。

6月12日　星期五

我早早起来饱餐了一顿水果和蔬菜，是从贝里克街市场的一位可爱的金发姑娘那里买来的。

托尼·皮克 真是个极好的谈话伙伴，我们坐着他的雪铁龙汽车，一路慢速前往邓杰内斯。换作HB的话，他就会说，托尼一路上都在听我“喋喋不休”。

比利已经给另一面屋墙刷好了油漆。

我们刚到家十分钟，马克·布斯就到了，我们聊了聊那本新书的事情。

在轻轨咖啡店吃了炸鱼薯条。随后，我就独自一人，听着风声在屋外明亮的阳光中轰鸣。

～

太阳在莱德教堂的塔楼后落下了，映出粉紫相间的光辉，在逐渐变成靛蓝色的云彩中，满月向着夜色深处扬帆起航。

我用高保真音箱听着约翰·亚当斯的《小风琴》合唱交响曲，朗读着贺拉斯的《颂歌集》。我的声音越发洪亮，直到诗句也和满月一样，向着闪烁着虹光的旋律扬帆起航。

即便桅杆在狂风中哭号，
我也不会匍匐在地上祈祷，
我不会和上苍讨饶：
“我的货物来自泰尔[1]和塞浦路斯，

1　泰尔（Tyre）是位于黎巴嫩的港口城市。

莫让它们成了贪婪大海的财宝！”
我才穿过爱琴海的风暴，
小艇是我安全的依靠，
万千的气象与双子座，让我的船儿快快飘摇。

6月13日　星期六

清晨五点半便已醒来。花了两小时移植鸢尾花，并种下那株精致小巧的藤本蔷薇，这是我从玛德罗娜苗圃买来的。这朵蔷薇看起来好像被修剪过，它的颜色、香气和外形都与众不同。

健忘症一直纠缠着我。我找不到我的剃须刀了——以前我可从没这样过——后来我打开《可怕的对称性》[1]的CD唱片盒之后，却发现里面是空的。我搜遍整个屋子也没找到。我给身在纽卡斯尔的HB打电话，看看他是不是知道我把光盘放在哪里了。他怎么会知道的？听从他的建议后，我在现在正在播放的那张唱片的盒子里找到了这张光盘。

和艾伦·贝克一起去莱伊，我们本想在书店里找维吉尔的《牧歌集》，却找到了《愚人颂》[2]，是弗里欧书社出版的，我以前一直觉得这个版本不怎么样。但是如今已时过境迁了，现在看看伊丽莎白·弗林克[3]在贺拉斯的《颂歌集》里的那些不恰当的图解，想必也是无妨的。

我十七岁时用石膏和木头雕了一座巨大的傀儡人雕像，我的美术老师罗宾·诺斯科将其命名为“弗林克式的作品”。从此以后，任何东西，只要是太大或者太宏伟，都会被他称作“弗林克式”——“德里克，我看，

---

1 《可怕的对称性》（*Fearful Symmetry*）是约翰·亚当斯的古典乐作品。

2 《愚人颂》（*In Praise of the Folly*）为尼德兰（今荷兰、比利时、卢森堡地区）思想家、神学家伊拉斯谟的作品。

3 伊丽莎白·弗林克（Elizabeth Frink，1930—1993），英国雕塑家、版画画家。

你又搞弗林克的那套把戏了。”我去的那所艺术学校，本质上是一座带有老旧金属焦炭炉的小木屋，总是覆盖着制陶工人留下的脏兮兮的黏土。那里有一批不怎么齐整的藏书，还有很棒的明信片藏品，罗宾把这些东西保留至今。

从十三岁到十七岁，我每天都会画画，有时是在业余时间完成的——花朵、自画像，还有其他虚构的图画。有一张是描绘排队等公交车的场景，我妈妈很喜欢这张。

一天下午，我画了些斑点派[1]风格的作品，足足用了四十张画布，因此我被狠狠地责罚了一顿。罗宾说，一整个学期的画布定额都被我用光了。我试着只用肉粉色的油彩临摹鲁本斯的《西佛里奥斯教皇画像》，结果用了好几张画布和大量的粉色颜料。在我的记忆中，这些画的样子依旧十分惊人。

后印象派画家占据了我的童年记忆，特别是梵高和高更两人，他们的经历告诉我，你得活出艺术家的样子才行：被放逐，用小高脚杯痛饮灰绿色的苦艾酒。而对于我这样的多塞特学童而言，现实与理想是截然不同的：我们的现实生活包括参观博克莱礼拜堂、观看纳什[2]的《巨石阵的灵感》的复制品、去考文垂大教堂、观赏更多的弗林克式雕塑。真理啊，真理首先就是所有我们制造的东西——比如带有草木灰釉的朴素锅子。曾有这么个阶段，我的画风比较像鲁奥[3]，如彩绘玻璃般抽象，现在谁还会记得他呢？还曾有一个阶段，我经历过立体主义的画风，带有布拉克[4]晚期的静物画风格。我曾在保罗·克利[5]的文字中迷失了自我，十三岁时读过《修道

1 斑点派（Tachiste）亦称斑点主义或滴色主义，于二十世纪四〇至五〇年代兴起于法国的艺术流派。

2 指保罗·纳什（Paul Nash, 1889—1946），英国超现实主义画家、战争题材画家。

3 指乔治·亨利·鲁奥（Georges Henri Rouault, 1871—1958），法国画家，作品有野兽派和表现主义的风格。

4 指乔治·布拉克（Georges Braque, 1882—1963），法国画家，与毕加索一同发起了立体主义绘画运动。

5 保罗·克利（Paul Klee, 1879—1940），德裔瑞士艺术家，画风具有超现实主义、立体主义和表现主义风格。

院与壁炉》，十六岁时读过德拉克罗瓦[1]的《日记》。那时，松节油的香气在我身上挥散不去，好像是昂贵的法国香水一样——其他的男孩子都笑话我。

我曾凭借绘画获得过不少奖励：有关于梵高、印象派的书籍，还有菲顿出版社的法国中世纪画册，那是我用第一次卖画挣的钱买的。我很喜欢阿维尼翁的《圣母怜子像》，特别喜欢那半透明的深绿与天蓝。以前，我们会用“乔治亚油彩”，有时也用专业画家用的颜料，虽然这样的颜料会让我们囊中羞涩。我们会在旧板材、碎木片上作画，但我们不用画布，毕竟画布太贵了。

画家所需的全部设备如下：有画架，我的姨妈佩格斯曾送给我一个旧画室式画架，有画板夹、细长的炭笔、吹管，有闻起来像梨子硬糖的定色剂，这玩意儿闻起来让人晕乎乎的，还有调色盘——我从没用过这东西，但是我有过一个盾形的调色盘。我父亲总是唠叨我，说我挤牙膏的时候老是从软管的上方下手，而我在画画的时候也像这样弄得一团糟。我老是慌慌张张的，亚麻籽油和松节油总会在果酱罐子里凝结，忘记清洗的画笔总是凝固成一团。罗宾试过让我改掉这些粗心的坏毛病。我可不是画匠，我的颜料是自己试验出来的。颜料固化后像白垩粉，我会用这些颜料在纸板箱上作画。我画过一些自画像，还有些玻璃杯的写生，看上去细致入微、清亮如银。

我们当年在壁球室举行了夏季画展。有一面墙上挂着我的二十幅画，画框是我在沃特福德的旧货店淘来的，因此，我的画作也受到了这些画框尺寸的限制。在那家店里，我还买了一幅米勒[2]的《收获土豆》的蚀刻版画，花了三先令六便士。我们当初没有研究那些早期的绘画大师，因为他们与我们之间隔阂太深，那时的我们属于现代派。我们拼命学那些新世纪

1　指欧仁·德拉克罗瓦（Eugène Delacroix，1798—1863），法国著名浪漫主义画家。

2　指让－弗朗索瓦·米勒（Jean-François Millet, 1814—1875），法国画家，因其对乡村与农民的刻画而闻名。

的新流派，却未能真正理解它们：拼贴画、超现实主义、立体主义、辐射主义、滴色主义。这些不同的主义主宰了五〇年代的画派，如今都已化为明信片上的图片，整齐地躺在抽屉里。我会成为什么样的主义呢？

～

花园被虞美人和矢车菊的色彩点亮，扩建的屋子已经大功告成了。我搬进了屋子里，读着贺拉斯的诗。艾伦是个古典主义者，什么都懂。过往的古典人文教育已经在撒切尔夫人麾下的大区长官[1]们手下毁于一旦，我俩对此痛惜不已。真希望我小时候的拉丁语课上能教贺拉斯的诗，而不是恺撒的《高卢战记》。

6月14日 星期日

阳光、迷雾和露水构筑了这个乳白色的晨曦，映射出了彩虹。

我五点钟就起床了，忙着种鸢尾花和芸香。我每天只干一点活以保存体力。不过，我之所以早起，是因为可的松的药效。总算有个让人喜欢的副作用了。

泡了个澡，静静地把毛巾和窗帘洗净，煮了麦片粥，榨了些新鲜橙汁，泡了可口的阿萨姆红茶。咖啡会让我胃部痉挛，我已经不喝了。

～

一只亮绿色的蜥蜴爬进了屋，一停一顿地横越过屋子的地板。

～

德里克来了，带着周日的报纸和胡椒粒。他说西厢房看上去很温馨，他很喜欢。的确如此，如今，访客们甚至不用在沙发或地板上落座，只消来这里一看，就能感受到屋子在欢迎他们的到来。

～

1　大区长官（Gauleiter）是纳粹德国时期各大区纳粹党的最高领导者，直接对希特勒负责。

又有一株虞美人开花了，洋红的色泽仿佛一位西班牙的舞者。这些虞美人的花期转瞬即逝，有些花早上盛开，中午花瓣就开始掉落。这些高株虞美人只会在这里盛开一周。海风轻拂，它们也翩翩起舞。

～

尼基和肯带上一大盒饼干来家里喝茶。尼基在阳光下躺在蜂房旁，花园的景色令他十分兴奋——我答应送给他一包“希望花园”的种子。

～

他们都去沙滩了，我在考虑要不要晚上去伦敦一趟。我的胸口有点疼，也许不该去——真的很热，太热了。

一天的工作结束了，现在是六点钟，温暖的西风裹挟着孤寂的情绪，卷动着赭色的草坪。鹰在厨房门边飞着，我的笔似乎不打算在这页纸上写什么东西了，没什么事，又一天过去了。

～

尼基和肯从鹅卵石小路那边回来。尼基戴着一顶看上去傻傻的帽子，肯则穿着一条短裤和T恤衫，从远处看，他好像一个网球明星。

尼基大汗淋漓，他脱掉了衬衫，但还是戴着那顶“蛤蟆先生”的帽子。我们开车离开展望小舍。每隔片刻，肯说话的时候就会带一句“你怎么看？”，简直像钟表一样准时——他已经抽了两根烟了。正当我们在海角的尽头准备上大路的时候，车后面传来一声巨响，原来是我们的车胎瘪了。尼基说：“该死，我们应该给汽车协会的人打电话。”

“什么？给他们打电话做什么，不就是换个车胎吗？”

尼基搞定了千斤顶，他问道：“你怎么看，是这样吗？”

我用脚把螺栓踢了下来，尼基对此很担心。我们随机应变，花了一个半小时来修车，车子的情况时好时坏，但还是不够好。我们把新的轮子安上了。尼基指导我说：“拧紧螺栓。”随后我们便出发了。三个同性恋和一个瘪掉的车胎。“你怎么看？”肯如是说。

～

回去的时候平安无事，只是有几个地方比较堵车。尼基又开始抱怨天气热，我说，他简直就像个《冰岛新闻报》的戏剧评论员，什么东西对他来说都热。他脱掉了衣服，当我们超过其他车的时候，车喇叭响个不停。尼基说，肯吓得蹦了起来喊道："噢噢！"然后就提心吊胆地坐在车座的角落里。

肯岔开了话题，聊起了他和一个澳大利亚人共度的狂野之夜，而他的男友安东尼在家气呼呼地等他。等肯到家吃早饭的时候，还给他煮了咖啡。"他还想怎样？难不成还要我玩到半夜，然后停下来回家？"

随后，我走路去了希思公园，除了一轮满月当空和树木上散发的木材香气以外，什么也没有。太阳升起时，刮起了一阵极小的微风。四点钟的时候，我走着回到了家。伦敦的街道空无一人，看上去好像是德·基里科[1]绘制的形而上风格的画作，这是属于周一清晨的谜。

6 月 15 日　星期一

马克医生对我脸上软疣的治疗似乎已经见效了。现在我的脸上布满小疤痕，好像撒了些胡椒一样。星期四我要再去做一次这个手术。我最烦这些疣子了，在光线不好的时候，我看上去像是长了痤疮一样。"虚荣心可是会要人命的。"每当我要去给自己照相的时候，HB都如是说。我为企鹅出版社的广告出镜之后，他们要送我一整套"企鹅经典文学丛书"。我把这些书送给医院，他们就帮我除掉脸上这些斑点。

～

天气极其闷热，比利在刷漆。我做了细意大利面。

～

1　指乔治·德·基里科（Giorgio de Chirico, 1888—1978），意大利艺术家、作家。

和安东尼・鲁特[1]促膝长谈。《窄房间》这本书差不多使他信服了，他同意了，HB应该出演“染色工”这个角色。

～

我找遍了屋里所有半空的油漆罐，只为了找到粉色的漆。旧的浴室是粉色的，马上要改建成藏书室了。我想，粉色的藏书室肯定挺有新意的。我找到了许多不同颜色的漆，但都已经变干，毫无用处。以后要记住，这种快要空掉的油漆罐就不必留下了。

6月16日　星期二

一股强劲的东风带来了阳光，风吹得花朵在涌动的气流中头晕目眩。红、黄、蓝的花瓣在七月到来之前就会全部谢落。阳光与干旱充盈着整个六月，花园正当其时。我穿着褪色、磨损的园丁服，拿着喷壶在花园里走来走去。衣服久经洗涤，已经显出了蓝色与赭色。风刮得越发强劲，吹掉了花朵，吹落了晾衣绳。

浪花在海边破碎，咸涩的水雾像裹紧一切的面纱，飞越过海角——植物要是总经受这样的环境，那可不好。康乃馨已经毁了。天竺葵的叶子成了青铜色，我的拉维纪草像比萨斜塔一样歪斜，风却仍然刮个不停，让我在飘摇中入眠，睡了个午觉——在下午睡着可不是什么好兆头。

6月17日　星期三

我夜里时睡时醒；早上醒来时，窗户上都沾上了海盐，看上去好像结了霜。

昨夜，展望小舍周围大风刮来的盐粉快要把我的花园烤焦了。叶子非

1　安东尼・鲁特（Anthony Root, 1954—　），英国电视制片人。

常干，已经变黑，虞美人的茎干也已萎蔫，低下了头，拉维纪草蔫了，接骨木倒向一边，其他的植物都已扑倒在地。醋花的花朵也闭合了。蜜蜂躲在自己的家里，风太大，它们飞不动。

～

塔里克·阿里在中午的时候到了，我们去莱德酒吧吃了午饭。他读了《现代自然》，知道我曾去过巴基斯坦之后，他很吃惊。他的家人在那迪亚古尔斯有一所房子，小时候，塔里克曾在那里度过一段田园牧歌般的假期。他说，印度西北边境的普什图男子基本都是同性恋，也许他们这一套是从亚历山大那里学来的。塔里克说，他记得小时候妈妈曾警告他小心普什图人，因为他们可能会来绑架英俊的年轻男子。

塔里克说，他许多身在苏联的朋友现在都麻烦缠身。这些人说："至少你们知道谁是你的对手。"在那里，一切都处于灰色地带，谁也不知道彼此的底细。塔里克说他不喜欢格林纳威[1]的电影，八〇年代的风格太浓重了，喜欢这种电影的观众会全身心地支持这些他们根本不理解的东西，当然，前提是这电影里真的有值得理解的内容。他讲起当初和伯特兰·罗素见面的事情，那是在基坎·克努玛的招待会上，哈罗德·威尔逊[2]夸张地想和罗素握手，而罗素也夸张地把手放在背后。"我才不会和一个公开支持美国干涉越南的人握手呢。"

塔里克啊，我很确定，他有无数的故事可以讲。

我们聊了聊维特根斯坦，随后把他送去了火车站。他真是太有趣了，心态又乐观，即便是囊中羞涩，也勇于尝试。我很喜欢这一点。他一直赤足，从不穿鞋，留着一把浓密的大胡子。六〇年代的时候，媒体把他描述成怪物，现在看来，他与怪物根本就是两码事。

---

1 指彼得·格林纳威（Peter Greenaway, 1942— ），英国电影导演、剧作家、艺术家。

2 指詹姆斯·哈罗德·威尔逊（James Harold Wilson, 1916—1995），英国政治家，曾两次担任首相。

6月18日　星期四

五点半就起床了，坐七点四十五分的火车去伦敦。因为我要在九点前上路，所以往返车票足足花了二十一英镑，通常只要十英镑就够了。算上出租车的费用，这次伦敦之旅要花上六十英镑，是HB往返纽卡斯尔价格的三倍。

火车出故障了，通勤的旅客们身穿廉价的衣服，气得热血沸腾——他们不少人都没有座位，必须一路站着。英国铁路公司的人一开始还含糊其词，后来便放弃这套说辞，宣布我们还得在这里被困二十五分钟。

我在查令十字路碰见了HB，他是来帮我拿包的。我们经过书店，走回了凤凰之屋。

我在唱片交易店里和他们交换了许多CD，随后便去科内里森艺术用品店里索要了一份颜料清单。我遇见了高文，他是一位年轻的苏格兰摄影师，有一双充满野性的眼睛。他对店里成罐的颜料啧啧称奇，例如茜素红和永固绿。

～

两点钟，我离开了圣巴托洛缪医院，马克医生又给我开了一疗程的抗生素，还用液氮把我的脸收拾了一番，感觉好像被火烧了一样。我做了X光，看上去“好转了”。但我依然身体不适。HB非常可爱，说他想我了。六点半时，他陪我走去查令十字路。一个半小时后，他把我带到了阿什福德。太阳快要落山时，我回到了展望小舍——风依旧在吹，花园的植物快要被热气烤黑了，一滴雨也没有。

6月20日　星期六

薇薇恩·韦斯特伍德接受了大英帝国勋章，真是个蠢娘子。这个时节简直处处是蠢事：这位极具朋克精神的朋友决定接受他们那象征着背叛的勋章，一边坐在他们那空虚浅薄的沙龙里，一边扼杀创意，简直就像我碗柜里的木蛀虫——我明天就要喷杀虫剂。我也想装个一人高的杀虫灯，点亮那品蓝色的灯光，灭掉这侵蚀衣物的蠹虫，把她的同类也算上。

～

HB回来了，提着沉甸甸的乳胶漆。他不太高兴，因为公车意外地在坎贝停了下来，他不得不从那里一路走回家。

HB给浴室刷漆。风刮了一夜，清晨时终于渐渐平息。

6 月 21 日　星期日

今天来的客人太多了。花园的植物似乎已重振精神，我也开始在里面劳作。HB辛辛苦苦把厨房漆成了那不勒斯黄，为了犒赏他，我给他做了周日烤肉[1]。随后，我们开车去了草莓采摘园。

6 月 22 日　星期一

安雅打电话说她已经从普雷斯顿出发。HB忙着擦擦洗洗，还把从乐购超市买来的东西藏了起来。而我忙着打理花园。

HB接了一通电话，来到屋外跟我说这是一通皇室来电，戴安娜王妃要和安雅一起来做客。不知道这座房子能不能容下她和两名全副武装的保镖过夜。这倒也不算太扯，所以我并未怀疑他说的话。“正好你把房子打扫干净了，不是吗？”

正当我忙不迭地跑去接电话的时候，HB问道：“我的天哪，我们该怎么称呼她才好？”我说：“称她为夫人。”我拿起电话时才发现，电话那头

1　周日烤肉是英国的一种传统主菜，包含烤肉、烤土豆、约克郡布丁、蔬菜等配菜，因通常在周日食用而得名。

竟然是企鹅出版社的宣传人员。HB一下子就乐疯了，尖声大笑。接下来的时间里，他一直在嘲笑我："德里克啊，亏你还主张共和政治呢。还叫'夫人'呢。"

"谁叫我的家教好呢，"我说道，"再说了，不管我主张如何，总不该没礼貌啊。"

后来，安雅来了，带来了一大堆她自己花园里种的新鲜蔬菜和各种植物——我已经多年没见过她了，她看上去好像我的妹妹。

~

HB走进屋里，为他的恶作剧而傻笑着。随后，他吻遍了我的后颈。

~

安雅讲了讲约翰在温莎的嘉德骑士授勋仪式。那里有深蓝色的地毯，人们把玩着自己的领结，当时有些老家伙系不上领结，女王不得不出手相助。哈罗德·威尔逊病得很重，当时他深深地弯着腰——玛丽·威尔逊[1]一直忙着照顾他。午餐时，安雅坐在查尔斯王子和爱丁堡公爵[2]中间。戴安娜王妃坐在桌子对面。他们在餐桌上聊东聊西。安雅说，戴安娜可真了不起，因为当天早上，那本关于戴安娜的书刚刚出版，而她的脸上根本没有流露出一丝阴影。据安雅说，皇室成员们什么都没吃。午餐结束了，他们懒懒地走去礼拜堂参加仪式，而即将被授勋成为骑士的人在前方引路。

~

我们做了一份非常棒的沙拉，随后在海滩上散步。安雅送了一株装在小盆里的野草莓，我们把它种在了屋后。花园的植物已经从上周的狂风中恢复过来了，大量的虞美人和矢车菊都在盛放。

~

三点半的时候，安雅走了。接下来的时间里，HB一直在和朋友们嘲笑我，都是因为他那愚蠢的"戴安娜王妃"的笑话。

---

1 玛丽·威尔逊（Mary Wilson，1916— ），英国诗人，哈罗德·威尔逊的妻子。

2 即伊丽莎白女王的丈夫菲利普亲王。

～

彼得·罗根打电话来告诉我们，亲爱的薇拉·拉塞尔去世了。薇拉将长久地活在人们的记忆中。她所接受的演艺训练是她出演角色的资本。在我们记忆中，她还是那个戴着哥萨克帽和戒指的样子。她固执任性、粗鲁无比。在一次晚宴上，薇拉看见理查德和大卫·霍克尼坐在一起，她看了理查德一眼，说道："看来座位安排错了。"接着，她就把自己的姓名牌和理查德调换了过来。薇拉好像一个预言家一样主宰了大卫的人生，要不是因为大卫给她打了电话，他都不一定能拿得起画笔。薇拉的人生中并没有男人参与，所以她转而欺负男同性恋。薇拉有些令人窒息的过去，这使她博得了"同人女"[1]这个不雅的名号。这么称呼她可能有点不合适，不过，可以称她为"同志囮子"（fag baiter），她就像一个俄国斗牛士，总是围着你转来转去。对于旁观者而言，她的存在自然非常有趣，但若是亲自体会一下她的生活，就会感觉大有不同。有一次她在罗伯特的派对上，可能误以为自己是全场唯一的双性恋，于是断言道："我觉得你们同性恋都是残次品。"薇拉的性格直来直去，很可爱，也很真诚。大家都喜欢她，我们也都珍视她这种性子。她很勇敢，谁也吓不倒她。我估计，她甚至敢对希特勒说他有口臭。薇拉生于俄国，如果她的家人当初没有移民的话，她今天应该已经成了一位伟大的艺术部部长。

薇拉走进一个房间时所造成的震撼是肉眼可见的，就连躲角落里交谈的人们都会压着嗓子说话。她纵然不在，也会有存在感。艺术家之间的谈话少不了她。伦敦的艺术圈里，薇拉的逸事无人不知。

薇拉为人极其大气，人人都爱她。我们都不会忘记她。只有上帝才知道她能在天堂干出些什么。但估计上帝在最近的四十八个小时里面应该已经和她进行了几场坦率的谈话——现在的薇拉大概正在对着圣徒们慷慨陈词呢。

1　原文为"fag hag"，指喜欢与男同性恋为伴的女性。

6 月 23 日　星期二

夜里有些失眠，醒来时头很疼，还有点发烧。尽管已经吃了抗生素和一大堆药来预防这些症状，我的胸腔还是很疼，呼吸也很困难。

我设法种下了所有剩下的鸢尾花，并撒下了第一批矢车菊的种子。

HB出去散步，他走得很远，还发现了一只毛毛虫，但是这一天最让人惊喜的还是那只灰背隼，这是一种小而优雅的鹰，很稀有。它在我们头顶几英尺的空中盘旋，毫无惧色，抓了些蜥蜴和老鼠。这只隼今天大部分时间里都在房子附近觅食。

～

伯明翰有一位不幸得病的小伙子把艾滋病毒传染给了好几个年轻的姑娘，包括《太阳报》在内的多家媒体都以头条报道了此事。电台和报纸的工作人员们都想要我对此事做出评价，我拒绝了。我心里很清楚，在此时此刻我究竟同情谁。不过是一些小报记者搞出来的政治迫害，这场阴谋的背后就是那些疯疯癫癫的工党议员——克莱尔·肖特[1]说，应该把这个小伙子的名字公布出来，这时候怎么不考虑保密原则了？这些话既缺乏智慧，也无法抚慰人心。

6 月 24 日　星期三

HB和我一起登上了去阿什福德的火车，在查令十字路碰见了肯·巴特勒。肯和我改道去牛津找特里·伊格尔顿。特里正在写《维特根斯坦》的电影剧本。

塔里克用一场盛宴款待了我们，有龙虾、用香料调味的鱼，还有一盘

1　克莱尔·肖特（Clare Short, 1946—　），英国工党政治家，于 1983 至 2010 年间任伯明翰莱迪伍德的议员。

具有异域情调的水果。这顿饭是塔里克的一位毛里求斯朋友做的，他是一家小餐厅的老板。

特里·伊格尔顿唱了首歌，塔里克则充满活力、言笑晏晏。我们讨论了一下怎么修改剧本才能不让我们超出预算，特里似乎挺高兴的，用幽默的话语表达了自己的忧虑。但是除此之外，我们一致认为，《维特根斯坦》这部电影的前景可能会非常堪忧。

我们三点钟回到了伦敦。我和肯在贝尔托饼屋吃了蛋糕，随后去了趟科内里森艺术用品店，买了些亮色的颜料——茜素红已经卖完了，但我发现了一种炫目的永固绿，非常罕见。

我感觉自己处于平衡中——一整天，生命的力量都涌回来了。我差点忘了艾滋病这回事，想必别人也曾经历过这种事？但是那无数的药片却时刻提醒着我，我心里有种强烈的欲望，想要停用这些药丸，以此来否认它们那怪异的神力。没有这些药，想必我也能活下来。

～

我在花园种了些植物，明年六月就会长出来。

～

理查德和我一起去国王十字路看迈克尔·克拉克新出品的芭蕾舞。剧院大堂非常宏伟，大部分观众既年轻又迷人。这出芭蕾舞仿佛得到了天才的点化，最后结尾的独舞不输于我所见过的任何表演。但是整体而言，这场演出给我一种距离感，让我不太明白。其背景音乐，特别是一开始的部分，感觉很随意。而且斯特拉文斯基的《春之祭》使得后面的性手枪乐队（Sex Pistols）的音乐黯淡无光。利·鲍厄里设计的服装具有少许幽默感。但其中的一些舞蹈姿势，例如其中最棒的“出生”段落，还是会让人意识到这些舞台造型都太呆滞。迈克尔的手指和脚趾都似乎要突破视野的极限了，他仿佛是在戴着枷锁表演——他在用曲折的动作穿过舞台的时候，双手常常是放在一起的。我真想帮他进行一次飞跃——这部作品的叙述显得很沉重，好像掺了淀粉一样。

～

回去的路上，理查德和我在小果阿外卖店吃了一份咖喱。我们对面坐着一位极其英俊的印度男子，他脸上一直挂着微笑。他也去看了这场芭蕾。

6月25日　星期四

花了一整天时间为企鹅出版社的“经典图书系列”拍照。艳阳高照，花园里的植物看起来还是像一堆甘草根一样黑。现在我手上有一张新的CD，里面都是大提琴奏鸣曲。日落时分，我就洗漱睡觉了。

6月27日　星期六

艾伦一大早就带着些小伙子来到家里，带上我去伦敦参加同志骄傲大游行。我五点钟就醒了，起来在花园里闲逛。

～

我们在国家剧院停了车，走去泰晤士河的岸堤。游行人数之多是我前所未见的，警察比以前少了。尼基说，他们看上去没有以往那么高兴，可能是因为游行人数足足超过了四万。有哨声响起，但几乎没有呐喊声，唱歌的就更少了：就连“梅杰，梅杰，梅杰，滚蛋，滚蛋，滚蛋”这样的口号，大家都喊得三心二意。一群女同性恋还在高唱着：“女人就应该和女人一起高潮。”年复一年，大游行的政治气息都会更单薄，变得越发像一场庆祝大会。在游行中蹲下歇息的老年左派人士和激进分子，离老远就能一眼认出他们，因为只有他们才高声欢呼。我们从海德公园走出来时，队伍分开了，一半的人去了伦敦南城的市场摊位和派对，其他的人则去吃午餐。天气太过闷热，于是我戴着那顶旧草帽来防晒，加入了吃午饭的人群。我们准备离开公园时，碰到了二十个几乎全裸的女地铁轨道清理工，她们身穿小小的白色底裤，跟着同一个节拍跳起了舞，动作一半像舞蹈，一半像体操，在海德公园里挥洒着淋漓的汗水。在那里，我们还碰见一群上身赤裸的女同性恋，看上去非常骄傲，也非常快乐。

～

午餐时分，保罗·考普森说，在邓杰内斯的渔人小屋地区，那里的年轻人的生活充满了狂野的同性之爱。他说："你街坊四邻中的同性恋数量超乎你的想象。"

～

金杰比茨和我步行穿过考文特花园广场。我花光身上的钱，买下了一件古董丝质土耳其长袍，长袍上有许多种颜色。我安慰自己说，长袍至少能用来当成那本颜色小书的封面。

～

艾伦在九点半的时候来到我的公寓，我们开车回邓杰内斯，午夜时分到了家。小伙子们在车后座上蜷身睡着了。艾伦说，这次游行取得了极大的成功。

6月28日　星期日

今天比昨天还热，一丝风都没有。布赖恩和希拉来到家里，把我带去了草莓园。草莓季还没开始，就已经快要结束了，比起上周，这周的草莓要小得多，但也比之前甜很多。我们此前几乎已习以为常，认为不应季的草莓通常口感硬，味道苦涩，都是还没成熟就被采摘下来了。美国产的水果都这样，徒有其表，水果外面打上石蜡，但味道几乎难以下咽。

布赖恩帮我运回了一些泥土，我的鼠尾草挂满亮眼的蓝色花朵，希拉很喜欢。

天气太热，令人难以在花园劳作，于是我在客厅的阴凉处写作，还用HB自制的蜂蜡抛光油给家具抛光，那松节油的香气十分怡人。下午有不少客人来参观花园，不过那时我在午睡，错过了。睡觉的时候，我还放了梅西昂[1]的音乐来威慑那些不速之客。随后，我去花园里浇了点水。

6月29日　星期一

五点半——大海映衬着如鲑鱼肉般呈粉橙色的太阳，天空是红色的[2]，预示着接下来可能有坏天气，巨大的蓝黑色云层高挂在天上，丝丝的光明从中透射而出。周遭的地貌因迷雾而显得温婉，渔人小屋在远处露出轮廓，赭色的草地一直延伸到那里。

～

我在花园里一直劳作到八点，随后便进屋了，因为阳光实在太强。我种下了两棵安雅带来的牛舌草，以及两丛佛甲草。意大利蜡菊和蓝蓟已经取代了虞美人和矢车菊，因此，花园也重新焕发了生机。闲逛的时候，我发现了一株纯白色的牛舌草，这可是前所未见的。于是，我在植株上套了个小袋，以便收集种子，随后，我在它的旁边种下了一棵犬蔷薇——我从去年秋天留下的蔷薇果实里收集到了一些种子，如今已经种下不少了。

～

我正在把一系列关于《维特根斯坦》的改动用传真发出去的时候，小小（杰拉德·因坎德拉[3]）走进了屋。我已经六年没见过他了，说不定快有七年了。他一点都没变。我们立刻开始聊起当年没聊完的话题，甚至不需要问问彼此的近况。朱利安开车载他来到这里的时候车速太快了，他俩看上去都有点受惊。他们在家里待了两个小时，我们便从后门出去，沿着海滩散步，杰拉德非要吃螃蟹，于是我们在鲍勃·塔特那里买了三个大螃蟹。

1　指奥利维耶·梅西昂（Olivier Messiaen, 1908—1992），法国作曲家、风琴演奏家、鸟类学家。

2　英国人习惯认为清晨的红色天空预示着坏天气，因此原文称这样的天空为“对牧羊人的警告”（shepherd’s warning）。

3　杰拉德·因坎德拉（Gerald Incandela），英国演员，曾出演贾曼的电影《塞巴斯蒂安》。

他们的吃相太差了，所以我们就在外面坐着吃。苍蝇们也顺便美餐了一顿。

已经记不起我们都聊了些什么，我们没有聊起那些过去的起起伏伏。

～

我和杰拉德是在1973年认识的，当时我和肯·拉塞尔去罗马给他的《卡冈都亚》设计布景，那是在卡洛·格里马尔迪的钢筋混凝土宫殿里上演的，就在罗马EUR区[1]的边缘。我们那天在罗马混乱纠缠的交通中来了一趟极其可怕的一日游。在我下榻的房间的隔壁，帕索里尼正在给他的《一千零一夜》做最后的润饰。

我当时带着我的朋友帕特里克·斯蒂德一起，他深深地喜欢着圣塞巴斯蒂安[2]，准备在这里做些研究，根据他和他在奥姆莱托大教堂显灵的事迹写个剧本。

结果，我受到了严重的感染，发了高烧，被迫在因吉尔泰拉旅馆卧床养病。长时间卧床不起之后，肯就紧紧地盯着我，把我关在了格里马尔迪宫，所有的活计都是帕特里克代劳的。

最后，肯的电影失败了，这家罗马的古老的大酒店也把我们赶了出去，我们只好住进出租屋，这时我意识到，我可以自由地出去玩了。

帕特里克认识了一个送给他几盎司大麻的男人，他回来的时候，在药物的麻醉之下，仿佛坠入了爱河。他把我带到梵蒂冈城附近的一个小公寓里去见他刚认识的这位朋友。杰拉德当时正盘着腿和一位美丽的少女坐在床边，这姑娘有一头长长的乌黑鬈发，他俩都穿着白色衣服，腰部以下的衣服都脱掉了。

我迷上了杰拉德，并邀请他回伦敦，这样的事在我和帕特里克的交往中曾不止一次发生过，我又取代了他的位置。杰拉德同意了，放弃了他在

1 EUR区是意大利首都罗马的一个地区。EUR是Esposizione Universale di Roma的大写字母简称，意为罗马万国博览会。

2 圣塞巴斯蒂安（Saint Sebstian, 256—288），古罗马的禁卫军队长，被皇帝戴克里先下令射死后未死，又被皇帝下令乱棒打死，被天主教尊为圣人。

意大利电影圈子的外围工作，转而寻求一种不同的生活。

我把他带到英国，给他买了一台相机，这还是他拥有的第一台。我把他介绍给美国收藏家山姆·瓦格斯塔夫——就是他成就了罗伯特·梅普尔索普，把他带到了纽约并给予他资助。

因为《卡拉瓦乔》这本书上的金字的缘故，我们散伙了。杰拉德干扰了尼古斯·斯坦戈斯[1]，后来还抨击我。他还真分不清事情的轻重缓急。

我曾经多次站在杰拉德人生的十字路口上，仿佛感受到一个孩童被剪断脐带、脱离母体的时刻。也许这场艺术上的争端正表达了他的看法："我已经独立了，不再依附于你。"

个性带来的压力使我们分开了，也使我和帕特里克·斯蒂德分离了——他们都是我的好朋友。帕特里克和我争吵还是事出有因的，但杰拉德没有任何借口，他只是因为虚荣罢了。

帕特里克临终前的几小时是和杰拉德一起度过的，告别会在距离纽约两小时路程的一家火葬场举办，只有杰拉德在会上哀悼他的离去。为了等焚尸炉有空档，杰拉德和帕特里克生前的巴西籍男友一起等了三个小时，那人完全不会说英语。杰拉德拿上了十二朵红玫瑰，但当时根本没有葬仪，全部仪式就是一连串尸体排着队进炉子。如今帕特里克已经逝去，所有的争执都在新泽西化为灰烬，这都是我听别人转述的。

在这一切的背后，真相就是帕特里克爱着杰拉德，杰拉德爱着我，而在没有我的情况下，他们俩最终走到了一起。他们到底是为了我的钱，还是为了我的下半身？

1　尼古斯·斯坦戈斯（Nikos Stangos, 1932—　），希腊作家。

七月

7月2日　星期四

夜间起了一阵狂风，潮湿的灰云低低地垂在海角上空。气流如同溪水一般席卷了赭色的草地，剩下的那些深红色的虞美人随着风上下摇摆。金雀花已经复苏了，呈现出深绿色，一丛丛翠绿的鼠尾草上缀着颜色极淡的灰绿花朵。花园里还有些牛舌草、矢车菊和黄海罂粟。蜡菊在风中摆动，看上去好像在激流中飘摇的海藻。菊苣上开出了第一批亮蓝色的花朵，旁边，毛地黄最后一批铃铛似的花朵在风中摇曳。有一只机灵的小鸟，身上呈灰色和粉色，翅膀是黑的，黑色的条纹横贯双眼。它为了躲避托马斯而蹦来蹦去，托马斯是只上了岁数的黑猫，正在一丛猫薄荷前面静坐沉思。

～

我很早就起床了，为了不吵醒金杰比茨，我在屋里蹑手蹑脚地走动，结果不小心把吐司面包烤煳了，触发了烟雾警报器。

～

这个国家的人整体上都不善于讲述自己的性生活，我觉得这很可悲。在我写日记的同时，维特根斯坦那几乎空无一物的传记让我备受煎熬。那贫民区的环境犹如一束雏菊编成的花环，我想，这么多花朵里，他究竟采了哪一枝，是梅纳德·凯恩斯？还是安东尼·布朗特[1]？真希望能有个境外势力让我为其做间谍——我真是生错了年代，可惜。再说了，有谁会对梅杰先生的肮脏秘密感兴趣呢？比如他那肮脏的床单？我只同情间谍们，毕竟在那腐朽的帝国社交界里，间谍工作已经算是最诚实坦率的职业了。真遗憾，斯大林本应该彻底摧毁人们的希望才对，这样，驱使他们前进的动力与爱国情怀都会变得岌岌可危。

～

比起那些借揭露他间谍身份而牟利的人，安东尼·布朗特要聪明得多，也更有魅力。他们竟然还有话语权，真是历史的悲哀。那些人才应该被禁言。

7月3日　星期五

大雨倾盆而下。金杰比茨和我在皮洛特吃了顿饭。那里很热，有着刺鼻的烟味，那里的人非常粗野，而且都很胖。

～

一个神经错乱的制片人给我打了电话，他正在制作一档关于莎士比亚的节目。他找不到愿意聊聊这个话题的演员。

“伊恩爵士怎么样？”

“噢，他最近出远门了，再说，他的级别太高了。”

“哦，你可不要去找迈克尔·卡什曼啊。”

1　安东尼·布朗特（Anthony Blunt，1907—1983），英国艺术史学家，曾作为苏联间谍潜伏在英国。

“不会的。”

感谢上帝，演员们都没受过什么教育，要不然他们早就不演戏，去搞些原创作品了。有些学院派人士怀疑莎士比亚是同性恋。应该说，他肯定不是同性恋，在他那个年代，同性恋这个词还没发明呢。如果他真是，那应该叫“酷儿”。莎士比亚应该更可能是“酷儿”，和我们多数人一样。

学术界批判莎士比亚的十四行诗，说这些十四行诗在那时已经“习以为俗”，学者们用的都是二十世纪的老派术语。他们或许身处文学教授的高位，但在人生的考试里，还没达到及格线。的确，这些十四行诗和肖像画、寓言画一样，都成了习以为俗的艺术形式，但你看布龙齐诺[1]的画作，没人会特意指出那画布上的小男孩在现实中并不存在。十四行诗亦复如是：莎士比亚没必要和男的发生关系才能写出那些舞台上男性演员之间的火花。似乎只有通过性行为，我们才得以确定或否认自己的性取向。但这与此无关——同性恋也可以独身禁欲。

～

我想不出你为什么会觉得《爱德华二世》是一出同性恋剧目，并且认为同性恋的倾向藏在幕后。我决定要强调一下这个问题。说起莎士比亚的剧目，同性恋这话题真不必提——罗密欧和朱丽叶在那时候都是由男人扮演的，本质上都是同性戏剧。这些学者都该回去好好翻翻书——人类文明本身就有着奇怪的性向，特别是文艺复兴时期的文明，与我们二十世纪不同，那时的艺术家很多都终身不婚。可以说，从那位与男孩同眠的洛伦佐[2]雇费奇诺[3]去翻译柏拉图的作品时，万事就已开始变化。新柏拉图主义是对生命的宣言，而非死亡之物。从那时开始，基督教一神论的独裁统治就宣告结束了。在洛伦佐的时代之后，犯了鸡奸罪的男孩不会再像十五世纪

1　布龙齐诺（Bronzino，1503—1572），意大利佛罗伦萨的风格主义画家。

2　指洛伦佐·德·美第奇（Lorenzo de' Medici，1449—1492），意大利政治家，佛罗伦斯共和国的实际统治者，文艺复兴时期艺术赞助人。

3　指马尔西利奥·费奇诺（Marsilio Ficino，1433—1499），意大利文艺复兴时期的哲学家、神学家，以翻译和注释柏拉图著作而闻名。

三〇年代那样受火刑了。

达·芬奇曾被审判过[1]，米开朗基罗写过苦情的十四行诗[2]，波提切利[3]在萨伏那洛拉[4]、罗索、蓬托尔莫[5]、切利尼[6]，还有卡拉瓦乔的影响之下，成了个狂热的宗教分子，所有的重要艺术家，如莎士比亚、马洛、培根，都是如此。我怀疑剩下的艺术家也这样。若是否认他们的性向，不仅是对这些艺术家的背叛，更是对人类文明本身的背叛。

这些不肯面对摄影机讨论莎士比亚的演员都是叛徒。他们肯定会去斯特拉特福[7]露营，对埃文河畔的吟游诗人[8]狠狠抽上一耳光。我心想，如果伊丽莎白一世开始分发爵士勋位，莎士比亚肯定会手持要饭的碗在她的大门口等候，而马洛则会退而远之。

～

我很早就上床睡觉了，咳嗽还在隐隐发作，也许是因为下雨的缘故。咳嗽倒不会影响我睡觉，但我凌晨四点半就醒来了，一直躺在床上，至少跑去小便两次。在走廊里还摔倒了。艾伦九点钟就会来，他要开车带我们去莱伊。

7月4日　星期六

已经十一点钟了，艾伦还是没来。金杰比茨说："再等一个小时就

1　达·芬奇曾因鸡奸罪与三位年轻男子在佛罗伦萨被审判，后被无罪释放。

2　米开朗基罗曾给男性友人写过大量浪漫的十四行诗与牧歌。

3　指桑德罗·波提切利（Sandro Botticelli，1445—1510），文艺复兴早期的意大利画家。

4　指吉罗拉莫·萨伏那洛拉 (Girolamo Savonarola，1452—1498)，多明我会修士，佛罗伦萨宗教改革家。1494 年到 1498 年间担任佛罗伦萨的精神和世俗领袖，建立了佛罗伦萨宗教共和国，并将各种清规戒律定为法律。

5　蓬托尔莫（Pontormo，1494—1557），意大利佛罗伦萨艺术学校的风格主义画家和肖像画家。

6　指本韦努托·切利尼（Benvenuto Cellini，1500—1571），意大利文艺复兴时期的画家、雕塑家、战士和音乐家。

7　莎士比亚的故乡。

8　莎士比亚的别称。

行。”他显然低估了情况的严重性。

～

一本杂志从门缝里塞进来了，是《克里斯托弗街》[1]，里面载有伊恩·“叫我塞雷娜”·麦克莱恩爵士的访谈，在访谈中，对于我说戏剧已完全脱离大众的观点，他表示肯定。

> 哎，我也举不出例子，英国人都不肯出柜，就是这样。等等，等等……德里克·贾曼……也许他就是个例子！（我加的叹号。）德里克·贾曼，只有一些身处社会边缘的人会出柜，但我们没有同性恋政治家，也没有同性恋演员。

从国家剧院的观点来看，霍克尼和我们多数人都是这种立场。几乎所有我认识的同性恋都在六〇年代末出柜了。伊恩·麦克莱恩是在1988年公开出柜的。看来我们这些成千上万游行抗争的男女都是边缘人物。上天保佑我们，显然只有政治家和演员才身处社会的“中心”。

> **您刚才提到了德里克·贾曼……**
>
> 是的。
>
> **据我所知，当初您接受女王授予的爵士勋位时，贾曼曾批评过您，他说您不应该接受一个恐同政府授予的荣誉称号。**
>
> 他不会是因为嫉妒，对吧？我可没这么说！（笑）
>
> 好吧。
>
> 他肯定不是因为嫉妒。德里克无论如何也不会赞成接受爵位，其实我自己也不是很确定该不该接受。但是，如果你活在现实世界中，如果

---

1 《克里斯托弗街》是1976至1995年间发行于纽约的一份关注同性恋群体话题的杂志。

想要改变国家的法度，我想还是应该接受爵位，这样一切都会对你敞开大门，甚至连敲门都不用，门会自己打开。

爵位可以赋予你影响力，你想把自己的观点传播到哪里，哪里就会有人倾听。上街游行当然也是好办法。

“如果你活在现实世界中”这句话是关键。我想，当初我反应如此激烈是正确的。显然，我认识的人都没活在现实世界里。英国戏剧界的形象就这样跃然纸上，缺乏民主，同时也畏惧着我们这些人。我想，伊恩和他那帮人从不把活人当艺术家，只对死去的艺术家顶礼膜拜。这样，他们才会把我这个已经从事了二十年写作、设计、导演工作的世界级大导演当作“边缘人物”。

以前，只有异性恋世界的人把我们当作边缘人物。如今，这位“英格兰男同性恋的领军人物”居然也把我们当成边缘人物，真是令人悲哀。或许伊恩只是把同性恋的身份当作伪装，心里却是个钢铁直男。

～

艾伦带着朋友来了，随后我们出发去莱伊参加E.F.本森学社纪念日。艾伦身穿一件印着紫色洋蔷薇的T恤衫，我们其他人的穿着就比他要体面多了。本森学社设在红十字会的建筑里，就在拉德克利夫·霍尔的房子对面。方圆几英里以内的男同性恋都在这间茶室里聚齐了。于是，在星期六的莱伊高街上，出现了一个临时的同性恋酒吧，里面满是像我这样的老年人，还有些剪了头的小伙子，脖子上的汗毛也剃光了，看上去好像海豹。

这里的食物非常好，特别是那些供应给同性朋友们的蛋糕，以及一些自制的柠檬水。这里居然还有一个帅气的黑人男孩，可能这在莱伊是前所未见的。

小伙子们大嚼着美餐，在花园的派对里扮演自己的母亲。艾伦爬到了山上，去拜访本森的坟墓，而我和金杰比茨去逛书店，我在书店里找到了一本罗斯金[1]写的《现代画家》，是用摩洛哥皮革装订的，漂亮极了。在另一家书店里，我们还没跨过门槛，老板就对我们说："E. F. 本森的书在那边。"随后，他就继续做自己的事，而我们俩试图找些关于颜色的书籍。

最后，我对老板说："我其实一点也不喜欢E. F. 本森。"话音刚落，现场就安静了下来。我觉得自己可能有点粗鲁，于是便解释说我刚才正和那些本森粉丝团的创始人在一起，那些粉丝都尖叫个不停。

"叫他们来这里，叫他们来这里。"

过了一会儿，这位书店老板在铺着鹅卵石的街上等到了我们，他拿着一枝用来祭奠本森坟墓的黄玫瑰，对我们说道："你带他们来书店了吗？你带他们来书店了吗？"我们去买东西，没买到奶酪，没买到茶叶，也没买到《白鲸》。莱伊是个文化遗产古镇，在这里购物只怕和在迪士尼乐园买东西一样难。四点钟的时候，艾伦开车带我们回到了展望小舍，金杰比茨和我都累瘫了。我们十点钟上床睡觉。

7月8日　星期三

夜间一阵奇痒袭来，情况十分严重，感觉好像浑身爬满了虫子。

～

在明亮的阳光照射下，门口的菊苣开花了。亮蓝色的花朵好像是孩童制作的剪纸，只开放一天便凋谢。

挤了些新鲜的葡萄柚当早餐。从档案馆借了些原始手稿。

我开始写颜色小书里红色的章节，收拾行李准备去伦敦。

～

从阿什福德开始了一场漫长而疲惫的旅程。邓杰内斯亮闪闪的天空被

1　指约翰·罗斯金（John Ruskin，1819—1900），英国维多利亚时期的艺术评论家，也是英国艺术与工艺美术运动的发起人之一。

伦敦的污染物所吞噬。伦敦一整天都在下小雨。

～

HB见到我之后很开心，但在卡姆登的公车上发生的事情让他不高兴。当时，一个醉汉想要上车，但司机拒绝让他上车。司机把自己锁在驾驶舱，还把引擎熄了火。醉汉变得越来越粗鲁，他一开始骂“混账婊子”，后来就成了“混账基佬”，就在这时，HB这个勇者的耐心消耗殆尽了，他站了起来，吼道：“我就是你说的‘混账基佬’，你他妈要是不下车，我就把你的狗脑袋踢进脖子里去。”

那个醉汉退缩了，公车启动，HB也坐了下来。这时，坐在他旁边的女士很不快地看了他一眼。尽管车里很满，她还是选择和其他乘客一起站着。他孤单地在那里坐着，没人愿意坐在他旁边。HB说，这让他心情极差。一个所谓公平的社会里的幻象罢了，不过如此。

英国城市里的人都很愚蠢，卡姆登的那些笨蛋尤甚。他们乐于呆坐着，热火朝天地埋怨着，却不知道在回家路上受到别人帮助的时候，应该向其点头致谢。

～

我最讨厌别人拧我的乳头，但在HB看来，我的乳头好像绿灯一样，他可以随意袭击。他快把我逼疯了，还说这样做能让他心情安定下来，于是他就肆意玩弄。他觉得，当我对他说“小心点”的时候，他就有权抓我的乳头。

7月9日　星期四

我半夜把HB叫了起来，因为我梦见了上帝。

“他对你说什么了吗？”

“说了。”

“说的什么？”

“哦，他说，他已经把你赐给了我，他说：‘HB就是你的佳配良偶。’”

～

我逛了不少书店，想找些关于色彩的书。在普莱斯托餐厅吃了顿丰盛的午餐，那里正播放着理查德·乔布森在餐厅里录制的视频片段——声音仿佛在空气中流淌。这是英国航空越洋影像杂志的一部分，他们的生意最近好转了。

在等着药房准备我的药时，我们去查特豪斯广场见罗伯特。罗伯特对本·布里顿[1]很感兴趣。他陪罗伯特参加了他在格德斯绿地的第一次弦乐四重奏表演。表演结束后，本对他“出柜”了，对他坦白说他极度热爱年轻小伙子。据罗伯特说，本可能从未和任何男孩发生过性关系，但男孩子就是他的心头所爱。罗伯特说，皮尔斯以做爱为消遣。

罗伯特说，本这个人非常不好接触。诗人奥登曾对他说教，让他在性生活方面检点一些，结果他就和奥登绝交了。别人的评价会很容易冒犯到本，他如果不能听取别人的意见，就永远不能成为一个成熟的艺术家。本的反应让奥登很难过，他们再也没能和好。

HB向罗伯特展示他的文身。罗伯特说：“你这个傻孩子，这样一来，警察永远都能认出你了。”

7月10日　星期五

在贝里克街市场的尽头遇见了丹尼·马格特，买了些水果，最后在同志村喝了茶。《首都同志》杂志里有一篇不错的短文章，是关于活在现实世界以及社会边缘的[2]。“边缘”这个词应当理解为“边缘戏剧界”，那才是

1　指本杰明·布里顿。
2　呼应前文提到的伊恩·麦克莱恩的采访。

唯一一个严肃认真的所在。我花了三十年的时间，被异性恋的批评家和电影界人士降格到“不现实的世界”；现如今，轮到同性恋人士把我们这些人“边缘化”了。

丹尼和我一直聊到了七点，随后我们去潘记餐厅吃了晚饭。他已经完成了那部关于文身的电影，准备送到汉堡展映。似乎每一代同性恋电影人都会拍一部关于文身的电影。文身这主题简直就是个惯犯，用普林尼的话说，这些整洁的靛蓝染料残留物，让英国人看起来颇有埃塞俄比亚风格。

身上有文身的HB动身去了纽卡斯尔。

7月11日　星期六

七点钟起床了。在意大利餐吧喝了咖啡，奥蕾莉亚做的咖啡在伦敦首屈一指。

几乎所有报纸的首页上都登载着大卫·霍克尼在皇家艺术学院接受博士学位的照片，他看上去很开心。

十一点半的时候，我到了理查德位于10号的家。一路上我都在读曼利奥·布鲁萨廷写的《色彩史》，因此路上的时间过得很快。我和皮尔斯张起了三张画布进行创作，其中一张画的内容是《每日镜报》的头条新闻，即一个男子在感染艾滋病后，又传染了多位女性的事情，我们还在里面加入了一张《跷家的老爹》[1]里的结婚照。另外两张则是大型风景画。画的过程中，我戴上了厨房里用的乳胶手套来保护我的手。画出的内容惊人地直接——皮尔斯负责把颜料混合起来，而我负责把颜料大把大把地甩上去。

在那家意大利餐馆吃了午饭，然后打了辆出租车去了泰特现代美术馆。我很喜欢阿尼什·卡普尔的作品，还花了一小时的时间欣赏理查

1 《跷家的老爹》是一部上映于1992年的美国喜剧电影。

德·汉密尔顿[1]的特展。理查德·萨蒙本来对这些展品持怀疑态度，现在却彻底改变了看法。他觉得那个模拟医院的小装置非常不错——那是个带电视的医院病床，电视里放着撒切尔夫人播送的党派政治广播。

我们在看展览的时候，金杰比茨被一个帅气而健壮的小伙子吸引了。那个小伙子身穿蓝色牛仔裤，把双手放在后裤兜里，十分招摇地扯动着自己的屁股。这着实干扰了我们看展，我们后脑勺上又没长眼睛，只好时不时回头看他。

在雕塑馆的时候，这小子消失不见了。我们走过霍克尼的那些灰色调的展品时，让我感觉好像是《一个更大的水花》[2]之类的画被调亮了似的。理查德说，那些丙烯酸颜料的质量越来越差了。在看了汉密尔顿如外科手术般的精准笔触之后，这些画看上去画得格外随意。

乔治·格罗斯[3]的《小山羊皮》画得真好。我用的深红色自守性太强，其他色彩无法侵入其中。那个米洛的作品也不错。本世纪早期的那些大胆的试验，如今似乎都已耗竭了，不过，这里还是有一张不错的佩姬·阿什克罗夫特[4]的画像，是西克特在威尼斯用粉色和绿色颜料绘制的。

回家之后，上床休息。

～

我在希思公园和一个魅力十足的小伙子聊了很久，主要关于《同志时代》上对我的《自担风险》一书的评论。他说，这份书评是持批判态度的，还引用了“银制鼻烟盒”这个比喻：“德里克·贾曼把自己的性事藏进银制鼻烟盒里，自己时时细嗅。”不管这说法是真是假，这句话还是引人深思。

“正面形象”这个概念诞生于二十世纪七〇年代的同性恋解放运动

1　理查德·汉密尔顿（Richard Hamilton, 1922—2011），英国画家、拼贴艺术家，被称为英国“波普艺术之父”。

2　《一个更大的水花》（*A Bigger Splash*）是大卫·霍克尼的画作。

3　乔治·格罗斯（George Grosz, 1893—1959），德国艺术家，后移居美国。

4　佩姬·阿什克罗夫特（Peggy Ashcroft, 1907—1991），英国女演员。

中。《同志时代》就是在那时在布莱顿创刊的。我不知该怎么形容布莱顿这个地方，也许可以说这里的形象带有一种健忘症的气息，是同性恋人士之城。然而那里并无任何同性恋，总是充斥着暴力与性交易——就好像那里的人没别的工作似的。《同志时代》一直在找我的麻烦——他们的行为颇具戏剧性。他们的“正面形象影评人”史蒂芬·伯恩曾给我的电影写过一篇很不体面的影评。所谓的“正面形象”不过是个幻象罢了，和商业广告别无二致，根本不能称之为艺术。

所有的进步，都是由我们当中那些努力与日常生活里的问题抗争的人推动的。生活可不会像《音乐之声》里的剧情那么美好。就好像登山一样，肯定会流点汗，还不一定能登顶。真正伟大的同性恋艺术家是要面对“负面形象”的，因此，帕索里尼和热内才能永垂不朽，而《同志时代》之流将流落到一个被广告填满虚假的希望与幻象的世界里，被人遗忘。像《索多玛120天》这样的电影是一剂必要的解药，对于帕索里尼，你甚至无法称其为“同性恋”。这个词本身就是个假象，在七〇年代，这个词只不过是用来把人凝聚在一起罢了。与这个词一起出现的还有“同性恋社群”，在当时，这个概念能让我们聚集在一起，后来却变成了夜店与服装的营销手段。今年的“同志骄傲大游行”不过是一群人吹着口哨闲散地漫步罢了——吹口哨多简单，又不用喊口号，也不用思考，却能开心好一阵子。这个阳光普照的下午让我很开心，但我们的确需要这样的思考，以及怒火。

我并没把我的性取向当成营销的资本——我是想改变这现状的。对于我认识的艺术家们来说，“同志”（gay）这个词本身就有问题，它根本不足以来描述我们。如果我们用“困难”（difficult）这个词代替“同志”，那就会出现《困难人士新闻》这样的报刊了。感谢上帝，还有“酷儿”（queer）这个词——《首都酷儿》《酷儿时报》。

撒切尔夫人在八〇年代统治我们的时候，即便是在那些尚未加入同性恋社群的人当中，一种“同性恋生活方式”也初见雏形——那种人就是

“鸡尾酒同志”，他们即便在周末都会西装革履、衣冠楚楚。他们这些人心胸狭窄，十分富有，“剧院骑士”预示了他们的出现。这群人痛恨艺术家，甚至比那些主张“正面形象”的人士还要严重，而我对他们的感受也是彼此彼此。对他们而言，我们这些为生存空间而战的人就是社会边缘的成员，也没有活在所谓充满银行、剧院、周末的现实世界中。除了这些内容，《同志时代》还额外侮辱了我们一点：阶级差异。

设立一个夺人眼球的焦点，就是一种背叛，因为艺术即便是在混凝土地堡中也能自如地表现自我。如果艺术就是单纯关于艺术，那这对我们的“社群”而言会更好。以帕索里尼而言，以我个人而言，称我们为“同性恋艺术家”是既愚蠢又狭隘的。也许有一天我们都能消灭掉边界与等级划分。这样，借着良好的理由，我就永远不是同性恋，我也许会有点怪异，而且一定会很难搞。《同志时代》背叛了我们，在他们身处的穷街陋巷之外，这些人未曾描绘出一点空间。

激昂的对话持续了整夜。我好希望能下雨。雨水能让人集中精神。蓝天不过是幻象，背后藏着无尽的黑暗。

7月13日　星期一

买了些关于罗素和维特根斯坦的书。在贝尔托饼屋看了《独立报》。在讣告栏里见到了阿尔伯特·皮埃尔伯恩特的名字，他是最后的一批绞刑师之一。他的家族世代当行刑人，他亲手结果了至少五百人的性命，是个“诚实、体面、认真负责的人”。阿尔伯特自己承认说，他的工作没带来任何好处，没能避免那些肮脏的勾当，他只不过是个复仇的工具罢了。1905年，阿尔伯特出生于约克郡的克拉普顿[1]，在绍斯波特去世。他登在报纸上的照片很好看，这样的照片只有在约克郡才能拍出来。

1　原文为克拉普顿（Clapton），但实际上阿尔伯特·皮埃尔伯恩特生于约克郡的克莱顿（Clayton）。

～

两点钟的时候，朱利安带我去了邓杰内斯。

我们遭遇了堵车。阿什福德周围的路况更差了。现在的返程火车票已经超过了二十英镑。托利党的盲点之一就是不善于管理公共事务。火车运营现在是由"市场的力量"控制的。欧洲大陆的火车运营补贴足足是我们的五倍。对金融市场不设限制，这件事的好坏不好判定，但对交通行业一视同仁也可以吗？要是有人辩称，人们还可以选择开车，那可就太蠢了。这简直不是开车的自由，而是堵车的自由。你开着车在路上颠簸，前往伦敦——这个全世界唯一一个没有民政管理部门的城市，很遗憾，也没有市长，没有肯·利文斯通[1]。大家都逃避责任，电台里正播送着交通堵塞的消息，拉蒙特先生，这个长得像只肮脏的獾的家伙，满怀着诚挚与智慧，用统计数据说，"交通堵塞正在减轻"，"这项数据下降了"，"这项数据上升了"，"这个百分比"，"现在我们又失去了这部分消息"，"指数滑落了"。在这个不负责任的政府的领导下，犯罪率高涨，本身就已千疮百孔的公共部门已经彻底崩溃。

在市场力量的影响下，所有的物价都不低：食物、电器、汽车、地产，等等。这些东西在英国的价格比我去过的任何地方都要贵。唯一一个得到政府补助的就是皇宫里的垃圾。温莎皇室正反映出我们社会的样子：享有特权、令人不悦、忙上一天却能挣到足足一年的报酬，每个人都蠢极了，彼此甚至连相认也做不到，至少弗吉[2]善于给别人口交，被曝光出来的照片也是赤裸的。

戴安娜王妃和她的保镖有一腿，结果他被安保部队杀了。他们开车撞死了他，又是一出交通事故。

～

1 指肯尼思·利文斯通（Kenneth Livingstone, 1945— ），英国政治家。1981 年至 1986 年任大伦敦地区议会领袖，2000 年设立伦敦市市长后，就任市长至 2008 年。

2 指萨拉·弗格森（Sarah Ferguson，1959— ），约克公爵夫人，安德鲁王子的前妻。

我就这样站着，慢慢死去。

～

不幸的保罗和我们在一起——他是英国建筑工人考古学领域的顶尖专家。上周，他给一个鱼贩子洗了个澡，朱利安插嘴道：“他把他身上的鳞片都洗掉了。”由于车胎爆了，朱利安勉强把车开到了服务站，我们困在了那里。我们孤独无依，等着皇家汽车协会的人赶来，一种紧张感占据了这辆瘸腿的汽车。保罗开始想象自己正在泡澡。我们一边读着朱利安关于兰波的那本书的手稿，一边看一个十五岁的小伙子给货车装上柴油机。朱利安说：“天哪，他可真帅。”

什么事也没发生，“也许……也许”，也许他已经忘了我们。“我们去那家小厨餐厅好了，这样我们就可以坐着，边喝咖啡边抽烟。”小厨餐厅里做饭的照例还是那个满脸粉刺的油炸师傅。这里的早饭和汉堡还不错。店里的装修是深红色的，而提供的食物则多为肉食，这可真是健康的绿色食品。我们在想，如果我们吃人会是什么样。我提议，屠夫应当展示出那些被做成顶级肉排的人的照片。这可能会影响食欲，还会让一家人在吃烤肉的时候选择自己想要的性别。保罗在想着把一个马其顿牧羊人烤来吃掉。朱利安这个人比较挑食，他只会吃皇室成员。我的天哪，人为了打发时间，真是什么都做得出来。

～

皇家汽车协会的人终于来了，现在是四点钟。

我们开着那辆坏掉的卡车前往罗彻斯特，趁着换车胎的工夫，我们找到了一家二手书店。保罗找到了一本关于罗马历史的书，而我找到了两本关于霍勒斯·沃波尔[1]的书。我们走回车里的时候，朱利安说道：“安全套和棺材有什么区别？二者都是用来装尸体的，安全套里的是生命降临前的尸体，棺材里的尸体则源自生命的逝去。”

1　霍勒斯·沃波尔（Horace Walpole, 1717—1797），英国作家，哥特小说的首创者。

听保罗说，恺撒常做的水上运动就是穿着盔甲在麦德威河里游泳。现在是五点钟，我们上路了。

朱利安说："现在我敢确定我曾经来过罗彻斯特了。"城市南部的风景从我们车窗外闪过，一排排冷峻的别墅伴着整齐的环岛路口与街灯，有些灯还亮着。这个下午令人感觉灰暗阴郁，没有一丝风。

～

和西蒙·沃特尼在电话里聊了很久。由于版面不足，《同志时代》把他负责的艾滋病专栏砍掉了，这件事让他很生气，那当然了，只有这个专栏万万不能砍。他说，要是《同志时代》换别人来写这个专栏，他还能理解。我说："你应该看看他们为《自担风险》写的书评。他们直接说这本书就是个耻辱，而我就是个不知悔改的中产阶级，显然这就是我的问题所在。"

我不太清楚我得怎么做才能成为工薪阶级，难道我要上了特蕾莎修女？我绞尽脑汁，想找出个人往低处走的例子。而从工薪阶级升格成中产这件事，大家倒是能接受，而且还备受钦佩。

朱利安说："他们痛恨你的中产阶级身份，因为这种身份给了你可以批判别人的特权，这很不公平；从工薪阶级向上爬升，必须遵循相应的规则。"

我或许真的身处社会的边缘，但《同志时代》的人应该是处在智慧的边缘。

7月14日　星期二

夜间吹起一股凄冷的狂风。我的胃崩溃了，我裹着肮脏的床单，在走廊里蹒跚而过。

我起床洗漱。一边挣扎着把早餐吞下肚，一边看着稀稀落落的雨水给窗户蒙上雾气。除了蜡菊还在风中飘摇，其他夏日的花朵都已逝去。似乎炙热的六月之风当初给花园蒙上层层海盐，已经把这些花都烤炙殆尽，不过现在园子里还有些剪秋罗、亮蓝色的菊苣，以及粉色的海石竹。

霍华德打电话说，皇家园艺协会的人从没听说过白色的毒蛇牛舌草，他们很激动。因此，这种拉丁文名为Arvensis Sooleyii的植物也许能吸引不少人的注意。

～

HB从纽卡斯尔打电话来告诉我，人们看到《同志时代》里那篇文章之后有多震惊，特别是里面暗示我正通过艾滋病来建立自己的事业。要是公开艾滋病身份还能取得事业的成功，那不知道有多少人会尝试这么做。要是有人能邀请艾滋病患者留下他们的名字和地址，就可以驳斥《同志时代》的观点了。这种观点彻底扭曲了这篇文章。我都不敢想，要是我开了这一先河，会造成怎样的结果。我看，就算这不会要了我的命，也会毁了我的事业。谁还会肯为我的电影投保呢？我想，《同志时代》的人并不知道，电影导演必须得体检才能获得电影投资。他们根本不懂那种走在街上，被成千上万好奇的眼光盯着的感觉。他们无法理解那种不安全感——HB得走在我身边，确保下一个碰到的人不会走上前祝福我。

～

我一整天都病恹恹的。真希望我吐出来的呕吐物能够洒在《同志时代》上，不然，冲进马桶里就太浪费了。那些在七〇年代还能从我们身上赚几个小钱的人，有太多已经被社会常规变成了脑残，现在他们已经被社会常规所埋葬。

7月15日　星期三

凌晨四点钟的时候，月亮好像死掉了，一动也不动，仿佛被印在了相纸上。灰暗的晨光伴着雾角的呜响穿过浓雾。我五点钟起床，阳光已经让云层退去了。

～

有位女士摘了花园边角的花，我和她吵了一架，怒气几乎把我喷壶里的水都烧干了。夏日的天气会把人推向暴力的边缘。最后我决定请她来花园里看看。她走的时候都快哭了。

7月16日　星期四

我的胃部十分难受，这让我感到筋疲力尽、头昏脑涨。我连写完这句话都有点力不从心。我翻看了我的《爆炸》的副本，也许这样我就能找到写出关于红色的章节的方法。

～

收到几封影迷的来信，其中两封是画家写来的，这让我很高兴。把同性恋人士的画作放在公众场合展出总是有好处的——一个正在北方读艺术学校的小伙子说，曼彻斯特的画展已经为我们开拓了空间。在七〇年代，起到相同作用的不是《受害者》[1]，也不是《血腥星期天》[2]，而是《塞巴斯蒂安》这部电影，尽管有些步履蹒跚，但与《情歌恋曲》[3]一脉相承。这部公开描绘同性情色的电影让年轻的电影人有了更大的创作空间，如果我毕生只有这点成就，那也足够了。

我从走廊蹒跚而过，用深红和铬绿色的颜料画了一幅小画，名叫《即便在世外桃源，死亡亦长存》（*Et in Arcadia Ego*）。

～

卡萝尔·迈尔斯打电话邀请我下个月6号去布宜诺斯艾利斯。我想我应该去不了。我的胃部难受，上飞机是不可能的了。我连穿过走廊都费劲，要是我排三十秒的队，恐怕就会大便失禁，把屎撒在飞机过道和其他乘客身上。去他妈的。

1　第一部直接出现“同性恋”（homosexual）一词的英语电影，在同志影史上有重要地位。
2　英国导演约翰·施莱辛格执导的电影。
3　法国导演让·热内于1950年拍摄的短片。

～

三个小伙子来了，他们是英格兰自然署的人。我带他们在花园里游览了一圈。他们说，棕尾蛾的侵袭已经损害了黑刺李树。这些人致力于保护邓杰内斯免受核电站、深水港、挖土机、偷花贼的侵扰。但他们对付不了那些开沙漠越野车的家伙。

～

用画笔迅捷地轻扫几下，我把我的沮丧情绪发泄在了三张油画上，同时，我也克服了我画风景时遇到的问题。

7月23日　星期四

我起得很晚——十点钟才起床。HB已经去了健身房。在贝尔托饼屋吃了早餐。在报纸上读到一篇文章，里面写到帕特农神庙变黑的样子。在博尔德书店买了卢克莱修[1]和伯克利主教的书，以及几本关于颜色的论著，然后，HB陪着我一起走到了10路公交车站。

～

这一天剩下的时间里，我在理查德家中接受各种采访。首先是一部日本纪录片，然后是两部第四台出品的关于莎士比亚和米开朗基罗的纪录片——这些人是谁啊?

据我观察，人类文明的本质就是同性恋，这个观点不难证明。随着人们变得宽容并开始接纳性这件事，艺术也会随之蓬勃发展。

柏拉图本身代表着同性恋关系以及智慧传承的设想，人们挽着手臂，把这些东西从一代人传到另一代人。

阿尔昆[2]这个曾经为查理曼大帝重组学院的人，也曾给年轻男子写

1　指提图斯·卢克莱修·卡鲁斯（Titus Lucretius Carus，约前99年—前55年），罗马共和国末期的诗人和哲学家。

2　指约克郡的阿尔昆（Alcuin of York，735—804），英国学者、诗人、牧师，曾为查理曼大帝效力。

过情诗。阿尔昆也是一个关键人物。在古罗马时期，同性婚姻是很常见的事情。

费奇诺为美第奇家族的科西莫翻译柏拉图的著作时，并非一直忙着枯燥的学术活动。他还画了一份图稿，向一神教的亚里士多德式基督教世界宣传异教的神灵，每一个神都用不少图片来讲解。

文艺复兴时期，伽倪墨得斯[1]的形象见证了同性之爱的存在。米开朗基罗曾送给他的托马索[2]一张伽倪墨得斯的画像。莱昂纳多·达·芬奇以及后来的牛顿，都是在同性之爱的床榻上建立了现代科学。

米开朗基罗的艺术创作反映出了他内心的煎熬——仿佛奴隶正在挣脱巨石的压迫。但是他们和那些在基督教的国度中抗争的新柏拉图学者一样，从未能成功。《亚当的诞生》这幅伟大的希腊式爱情图画就在西斯廷大教堂的中心位置，亚当在被创造出来的时候，并没被打上异性恋的烙印。在这幅画里，亚当无精打采地躺着，他的手指被年老的“上帝”所触碰，带有性的意味。教会依然不愿向这位同性恋艺术家妥协。艺术史学家的看法依然是错的，他们认为米开朗基罗的生活并未影响他的作品。只有从未创作过画作或是雕塑的人才会说米开朗基罗的那些十四行诗不是写给托马索的。这场绝美的胜利压垮了这位饱受折磨的艺术家。米开朗基罗的创作就是把戴着枷锁的艺术献给他的赞助人心中的上帝。

托马索着迷于身体之美，他若是还活着，一定很乐意走在几近全裸的健壮小伙们的身边，参加同志骄傲大游行。这些大师的作品无法用过去的眼光来衡量，只能用现今的观点来看。任何研究米开朗基罗或是莎士比亚的人都不能忽视这一点。文明本身就是具有同性恋性质的。对于那些对此视而不见的人，莎士比亚写了一首十四行诗来回答他们:

1 伽倪墨得斯（Ganymedes）是希腊神话中特洛伊国王特罗斯的儿子，也是个美少年。众神之王宙斯十分喜爱他，并将他带到天上，成了诸神的侍酒以及宙斯的情人。

2 指托马索·卡瓦列里 (Tommaso dei Cavalieri，1509—1587)，据传为米开朗基罗的同性情人，也是米开朗基罗一生中唯一的肖像作品的主人翁。

若我把你的美貌写进诗里，
未来有谁会相信这是真的？
……
若我把你的美目写成文字，
再将你所有的优雅一一数清，
总有一天，后人会说："这个诗人撒谎……"[1]

坐出租车回家。早早上床睡觉。

7月25日　星期六

早早地开始新的一天，在意大利餐吧喝了咖啡。一个报童拦住了我，问我邓杰内斯核电站最近怎么样。又是闷热的一天。

我出去购物，然后回来写日记。我昏昏欲睡，仿佛昨夜没睡觉，去了希思公园似的。在那里，卫道士们又对冬青灌木丛进行了一次大屠杀。如今，市政的人恨不得把这些树丛拿去烧掉，因为人们可以在它们的枝叶下做爱。

～

萨拉在十二点半时来了，我把那首我珍爱的十四行诗《我绝不承认两颗真心的结合会有任何障碍》[2]从书上撕下来，紧紧地抓在手里。萨拉则带上了一段王尔德的作品。这样，我们让过往的同性恋人士也得到了充分的话语权。

我们步行前往皮卡迪利广场，看见拥挤的人群中混杂着几百个示威人

1　引自莎士比亚十四行诗第17首。
2　莎士比亚十四行诗第116首。

士。爱神厄洛斯的雕像被黑色的临时围墙挡住了，考虑到他是彩虹之子，这还真有点悲哀。示威者吹哨击鼓，有节奏地喊道："我们在这里，我们是同性恋，你们最好习惯这一切。"彼得·塔切尔拿着扩音器，以他一贯的组织天赋维持着这场活动。示威者看上去都脾气很好，若是没有彼得，这场示威肯定会分崩离析。

艾萨克·朱利恩说，他已经很久没这么开心过了。几乎所有人都有此感。

我读起了我带的十四行诗，过程很顺利，其实我是用扩音器把这首诗吼了出来。人群里有包容姐妹会的成员，还有两个高挑的小伙子，身上穿着完美无缺的女装，头戴女式阔边帽——其中一人穿着黑色短裙，裙角处写着"安全性爱的荡妇"（safe sex sluts），看上去非常时髦，只要一碰见他们，金杰比茨就过去让他抚摸自己的屁股。帕特·阿罗史密斯[1]、吉米·萨默维尔，还有一大群朋友都在，还有朱利安·科尔和大卫·赫斯特。我们在厄洛斯雕像旁待了一个小时，做了演讲，要求终结歧视。帕特·阿罗史密斯激昂且愤怒地说，她是女同性恋，并且痛恨这个字眼。这话让她博得了一阵喝彩。我想，这展现了所有相关人士的良好幽默感。

我们转移到了唐宁街，坐在了路上。在那里有更多的人演讲。有一位愤怒的示威者说，大家应该谈谈斯潘纳行动[2]的事情。大家为她让出了一个演讲台，但她没有上台。最愤怒的那些示威者，都在人潮的最前排和埃米尔一同前进。我觉得埃米尔非常性感，充满激情。萨拉把我们的平权请愿书递交给了唐宁街10号里的人。

随后我们便退场了，变装皇后布列塔妮娅领着我们走，她把《1967年刑法》挂在了她的三叉戟上。在维多利亚大道上走到一半时，本打算在维

---

1 帕特·阿罗史密斯（Pat Arrowsmith，1930— ），英国女作家，是和平主义者和同性恋，也是核裁军运动的发起人之一。

2 斯潘纳行动（Operation Spanner）：由于一群同性恋男子参与自愿的性虐行为而被定为袭击伤人罪，英国警方于 1987 年在曼彻斯特展开的行动。

多利亚女王纪念碑那里开办的活动被警方提前终止了。我们身上只装备着棒冰，四点钟的时候就离开了，天气很热。

我想，同性恋政治已经到来了。

～

安迪·贝尔的演唱会真令人开心，我们都排着队跳起了舞。为了向以异性恋为主体的观众释放一个潜意识的信息，他为我和他的双亲唱了一首《彩虹之上》。中场休息的时候，有一个非常帅的影迷过来找我。我们仅仅握手一秒钟后，就被人潮挤得分开了。奥德翁戏院简直就是人间炼狱，但由于演唱会用天鹅饰品、长筒雨靴、羽毛围巾装点得热闹非凡，并没有人在意戏院的恶劣环境。安迪非常善于让自己的歌曲结束得恰到好处，他给了一个小伙子一只安全套，还说起了汉普斯特德希思公园。晚些时候，我去了那里。

7月26日　星期日

《观察家报》上登了一张我们的照片，很有趣。照片是透过畸变镜头拍摄的，我们看上去一副气呼呼的样子。萨拉戴着一副护目镜，她的脸出现在照片的边角处。我发现《观察家报》称我们为“同性恋示威者”。和以前不同的是，这次他们没有提及我们的不满情绪。《独立报》上的报道要好一些，彼得写了一篇叙事清晰的文章。一如往常，我们又被异性恋倾向的媒体扔在了一边。他们这些庸俗的家伙对大卫·梅勒[1]的爱情生活产生了兴趣，于是把我们的新闻排挤了出去。在我看来，他完全不是什么性感偶像，“狂怒！”示威游行里的那些小帅哥才像样——一个深陷激进分子情网中的电影导演。

～

1　大卫·梅勒（David Mellor，1949—　），英国政治家。

皮尔斯在一点钟接上了我和迪格比前往邓杰内斯。我们带着一个小桃送我的小冰箱，还有几袋食物。我们走的时候，两只大型白蝶绕着阳台的植物翩翩起舞——查令十字街居然有蝴蝶，这里可是伦敦混凝土森林的中心。

我们在湿地旁的小厨餐厅停了下来，建筑旁边有一大片杂草丛生的荒地，里面长满了野蓟，还有成百上千的白蝴蝶，它们在紫色的花丛中觅食，还有孔雀蛱蝶、彩蝶、棕蝶。炎热的天气和雨水让杂草都生机勃发，招来了无数的蝴蝶，我记忆中从未见过如此之多。

田野已经收割完毕。我敢肯定，在我小时候还住在柯里马利特的时候，收获的时间比现在要晚四周。也许他们这里一年收获两次。迪格比说，现在连花园水管里都没水，更别提灌溉农田了，连水库都会干涸的。

我在前门种下了我的天竺葵，随后，太阳落山的时候，便去睡觉了。

7月27日　星期一

感觉身体不太舒服。开始写作关于灰色的章节。

供水恢复了，外面的道路也被掀了起来。自来水管道很破旧，锈迹斑斑。于是，我们的水也呈现泥巴一样的深棕色。他们说这水很安全，但这还是很令人担心。白色的浴盆看上去已经成了棕黑色，放出来的洗澡水令人望而却步。烧开的水和大吉岭红茶颜色几乎相同。曾几何时，我们都可以喝自来水，现在大家都喝不起瓶装水了。储物架上的维希和巴多瓦矿泉水都喝完了，现在我们有圣约尔矿泉水。我想，买矿泉水的时候应该先试喝才对。超市里有无数从遥远的高地运来的泉水。我对皮尔斯说，这水很安全，他反驳道："他们去年也是这么告诉那些德文郡的家伙的，后来他们的头发都变绿了。"只消喝上一杯德文郡的水，脑子就会受到损害。福克斯通和大区自来水公司竭尽所能地告诉我们要节约用水，他们最怕自己无水可卖——正因为他们老旧的水管导致大量的水资源渗漏，在过去的两年里，我们被禁止用水管给花园浇水。

～

太阳出来了，海水变成了我记忆里那极蓝的色彩。我几乎能看见多佛海角的白崖。

我的邻居叫萨曼莎，是海角这边最年轻的屋主。她带来了些铁，用于铸造一座非常壮观的雕像。我们准备把雕像放在屋后面。

7月28日　星期二

清晨天气很好，很明亮，凉爽得沁人心脾。我在花园里一直劳作到九点钟，彼时，阳光已经变得过于强烈。花园里的白蝴蝶更多了。据我观察，在一株牛舌草上栖息着足足十二只蝴蝶，它们还在蓟草上争夺领地。外面的工人们正在修理排水管道，水停了。

四点钟时，克里斯托弗·劳埃德带了几个年轻的帮手过来了，还做了些笔记。万事万物看上去都被太阳烤干了——锈迹斑驳，呈现棕色和暗淡的灰绿色。海水依然是明亮的深蓝色。

7月29日　星期三

水停了，仿佛生命也终止了。工人们来之前，我只能接到一杯水，只够泡杯茶的。花园边上的植物受到了极大的伤害，不过白色毒蛇牛舌草似乎幸免于难。但我在土堆上种的黄海罂粟就没那么幸运了，它们已经被碾成了碎片。修管道的工人们很友好，他们不打开收音机的时候，也很安静。

～

接受了一些关于花园的问询，然后寄出了一打信件，远达新西兰、巴西。等电影上映了以后，又会发生什么？

我走去海滩，带回来一个很大的浮标，呈六边形，锈迹斑驳，好像钻石一样。我把它埋在了花园里，修剪了一下园子里的枝叶，随后便去继续写关于灰色的章节。

午餐时分，一个愚蠢的教师把车开进了花园，只差几英尺就会碾到我的白牛舌草。还有四辆车同她一起，车里全是孩子，他们在这里四处乱窜。

邓杰内斯的奇怪之处就在于此，人们仿佛根本不懂基本的礼貌：我们没有装篱笆，所以他们就可以大摇大摆地横穿我们的花园。这些人经常忘记要在正确的马路一侧开车。他们还乱摘野花，据我的邻居珍妮特说，野花已经快要消失了。

老人们的举止最可恶。他们真应该向自己的儿孙学习。他们平日里就乱摘花草，等到花朵被摘完了，他们就会把植物连根挖起，要是植物也被偷完了，他们就开始偷鹅卵石，最后还不忘回来把自己的垃圾扔在此处。对待英国具有科学价值的特殊地点（SSSI）[1]尚且如此，这个星球其他的地方就更无希望可言了。最后，孩子们会在恶化的大自然中被晒死、饿死。

让这位一头银发的老师开车，她就变成了个野蛮人。要是我能随心所欲地安排，我会禁止任何人在海角这里开车。骑自行车去吧，史密斯老师。他们离开的时候，我想对他们大喊："在废气中呛死吧！救救地球！"但我想还是不这么做为好。我看得出她是个好人，就像我母亲的某位好友一样，而我变得好像一个警察。说不定这还是件好事——这样，警察就不必逮捕自愿发生性关系的同性恋了，去年他们在这项事务上花了两万五千英镑。他们可以转而逮捕关押两万五千个乱扔烟盒和饮料罐的家伙。

在道路的尽头，一个电影剧组正在拍摄那些老房子。他们至少把五十辆轿车和货车停在了鹅卵石铺就的路沿上。可怜的路边野花啊。

～

1　英国设置的一种自然环境保护区（Site of Special Scientific Interest），简称 SSSI。

现在他们都走了，老师、工人、电影剧组、游客都不见了。我孤身一人，唯有一千只白蝴蝶伴在身边。

7月31日　星期五

去莱德购物。我在这里已经待了将近一周，食物都快吃完了。我准备好画布，给花园浇上水。花园还能挺住。天气预报说有暴风雨。在斯宾克普那里，人们正在重修旗语信号塔。

四点钟的时候，西尔维娅的乌鸦突然落在了我花园里的一根杆子上。我找出一小块奶酪来喂它——它很害羞，只敢斜着眼看我，叼走了我的奶酪，然后飞出几英尺才开始吃。

晚些时候，乌鸦先生回来了，这次它的胆子大多了。乌鸦开始藏匿晾衣绳上的夹子，还叼走了包糖果用的银色锡箔纸。

我给HB打了电话，告诉他这些新鲜事。他正和小桃、尼基一起去看萨德勒威尔斯剧院上演的《音乐之声》。尼基称这次演出“烂到不行，所以一定要看”。

八月

8月1日　星期六

七点钟醒来了，今天天气闷热。到九点的时候，花园里已经热得不能待了，虽然昨夜的海雾给花园镀上了几滴露水，空气还是令人无法呼吸。现在，即便是白蝴蝶也只能懒洋洋地在牛舌草间穿行。

乌鸦先生四处乱跳，看上去满怀希望，它可比猫和狗要好玩多了，也更加好看。

艾萨克和托弗同朱利安一起来了。我们谈起了同性恋相关的话题。艾萨克对彼得·塔切尔的“狂怒！”示威行动称赞有加，他说这此活动安排得很好，几乎就像是电影了。

艾萨克正在写一部关于罗杰·凯斯门特[1]的剧本，但我们都觉得这剧本

1　罗杰·凯斯门特（Roger Casement，1864—1916），爱尔兰民族主义者，曾任英国外交官，是复活节起义的领导者。

不太可能拍成电影。沃克泰托公司对如今灾难性的局面做了总结：如果你手里有成功的项目，即便是费用增加，会计们也会想方设法帮你付钱。现在，电影的花费可达两千万英镑，除了理查德·艾登博罗爵士[1]以外，没人知道怎么才能在英国实现这一事业。英国电影业和美国存在竞争关系，好莱坞如果出手援助，则不符合他们的利益。只要有一部电影票房不佳，公司就会破产。

我对艾萨克说，我已经不在乎这些事情了，在英国，只有傻子才会拍电影，头脑正常的人懒得做这种事。

8月2日　星期日

用七页的篇幅写完了关于灰色的章节——头痛的症状又出现了，我很乐意给这一章节画上句点。

《独立报》上登载了很多愚蠢且孤陋寡闻的人写的信件，内容是关于“同性恋”这个字眼，以及彼得·塔切尔那篇经深思熟虑后写出的文章。我读完之后，就在沙发上睡着了。

我在碎石滩上圈出第二块地，准备在上面种上荆豆。

天气温暖，有些闷。清冷的微风也无法让天气焕然一新。天空变得越加灰暗，天气也酷热难当。

8月3日　星期一

本应来到的雨水与我们擦身而过，九点的时候，灼热的阳光已经倾泻而下。周围的景物都变成了白骨一般的颜色。干枯的植物仿佛长在沙漠里，在风中窸窣作响。我给四个花坛浇水，但头痛最终让我停止了劳

1　理查德·艾登博罗（Richard Attenborough，1923—2014），英国演员、电影人、企业家、政治家。

作。我想，我应该动身去趟伦敦，让医生检查一下。在强光中，头痛格外剧烈。

HB和霍华德来了。霍华德身穿透明宇航服的照片引发了无数的笑声。他没想到《世纪杂志》竟会将照片放在封面上——霍华德说，他们的艺术部门十分保守。

我们种下了一株俄罗斯长春花，这花的颜色在所有花朵中最蓝。我们还给花园浇水，并检查了新种下的那一圈荆豆，还拍了更多的照片。由于我依然头痛，HB打电话给马克医生，他让我明天两点去找他。

8月4日　星期二

在意大利餐吧吃了早餐，灼人的太阳早早便已升起。外面的人行道上有一个奇怪的家伙，他一边摇摇晃晃地走着，一边抽自己的嘴巴，长得像巨怪一样。白天的老康普顿街比以往更诡异了。HB说，这条街上满是带着寻呼机和手机的男妓，八点的时候，这里看上去还挺安静的。

十点钟，我徒步走去书店，买了一本谢弗勒尔关于颜色的原版书。格雷厄姆也在书店里，他看上去忧心忡忡，他周四要拜访邓杰内斯。有一本书的书名为《维多利亚时代的花束》，我们在想，这里面会不会有些隐含的十九世纪的变态内容。我在沃特金斯书店买了本斯坦纳的著作，在这个书店里，我一路和别人交涉，才最终走到了收款台。我的眼睛看东西有些模糊，这让我有点忧心。

我以前曾梦想过去参观阿兰布拉宫，但这个梦想已经不那么强烈。我想，我应该承受不了那里的高温和日晒。这次我突然返回伦敦已经造成了不少混乱——今天下午大卫·赫斯特要来邓杰内斯，我一直没能找到他的电话号码。

和洛兰打电话聊了很久关于获取《窄房间》版权的事情。第一年版权费要一千英镑，我让她开始着手处理这件事，这样我们就可以开始制作这部电影了，同时，我感觉我眼睛的视野正在缩小。

～

马克医生往我的眼睛里滴了颠茄剂，于是，我离开医院的时候，视野里都闪着白光。HB陪着我一起来的，他不得不扶着我过马路。下周一，我准备给我的脑子做一次透视。同时，马克医生还测试了一下我的跟腱反射，并检查我眼睛里有没有巨细胞病毒——并没有。他检查了我腿上的一处印记，结果不是卡波西肉瘤。这件事让我们俩都笑了，一件事搞定了，还有两件要处理。他伸出胳膊，在我的视野边缘摇晃手指，他似乎还挺满意。随后，他用液氮处理了一下我脸上的疣子。

回到了凤凰之屋，大卫·赫斯特说，展望小舍看上去好像一座小教堂，旁边蒸汽弥漫，仿佛在给房子蒸桑拿。我们去比茹剧院看了一部马克·纳什拍的电影，同去的人有吉米·萨默维尔和他的朋友“亮眼睛”、艾萨克·朱利恩、彻丽·史密斯、保罗·伯斯顿，好一大帮人。

这部电影叙事准确，带有精神分析的风格，同时，如马克所说，很压抑。大卫说，这部电影未免过于准确了。HB觉得这电影很奇怪。

8月5日　星期三

我给《独立报》写了封信，表达对彼得·塔切尔的支持，同时，我还告诉《粉红报》的人，让他们也这么做。“狂怒！”的示威活动枉受了不少批评，不过，任何涉足雷区的人都会被当成靶子。

我向一位来自爱丁堡的通讯记者指出，他能够在十六岁的年纪就出柜，多亏了同性恋解放阵线的那些吵闹的集会，同时，他能待在《独立报》这样的平台里，也是多亏了那些出席“狂怒！”抗议集会的人们。

～

尼基来了，我们一起吃了午饭。没什么新的消息，只有些流言罢了。

8月7日　星期五

七点钟我就醒了，播放了林恩送给我的梅西昂的交响曲，清理了我的信件。给花园浇了水，期待着暴风雨的到来。

～

霍华德和我开车去了黑斯廷斯。八月的花园看上去都一样，色彩极其浓烈。草坪已经变成棕色，零散的花坛上满是参差不齐、干枯的铅灰色玫瑰、绣球花、大丽花，以及各种花哨的花坛植物。七月快结束的时候，我的花园已经没什么风景了，但这些花园都还艳丽无比。

黑斯廷斯和这些花园如出一辙。游人们都身处于亮眼的绿色与粉红当中。一位矮小的老太太的妆容好像狒狒，她推着一辆装满洋娃娃的婴儿车，沿着主购物街漫步着。

在书店里，霍华德买了一本关于植物疾病的大部头著作，却没能在里面找到迷迭香顶梢枯死病的条目。在家的后门处，第二棵植物死掉了，这是我养得最久的植物之一。

我买了一本左拉的《巴黎》，然后我们就找了个地方坐着喝茶、吃农家馅饼。外面有人正在办一场极盛大的葬礼。参加葬礼的人中，有很多剪了头发的小伙子，身穿肥大的西服。他们所有人，包括一个成年男子，都在左耳上戴着一个金色的渔夫耳环。灵车经过时，他们一行人站在人行道上抽泣。

我们走去利蒂希娅家，发现她刚和迈克尔看完展览回来。她家露台上的花园看上去充满野性，里面满是壮观的黑莓灌木，上面结着硕大而甜美的黑莓。她的儿子阿贾克斯抓住了一只水螈，还给我们展示了一只被猫抓死的无脚蜥。我们离开利蒂希娅家，开车去了贝克斯希尔。这个地方完全是古怪而梦幻的黑斯廷斯的对立面。利蒂希娅炫耀着她那一头翠绿色的莫西干发型。在这里，和她相同年纪的女士们会把头发染成如同早衰的灰色，再把头发弄成海边老年人的那种西洋玫瑰样式。街上没有基佬。

霍华德在寻找欧宝水果冰激凌，这玩意儿可不好找。当我们准备离开贝克斯希尔的时候，我们在一处郊野别墅迷了路，一直在开车转圈子，直到最后，我们找到了一条通往巴特尔的乡间小路，从这时起，我们就仿佛是在愈加美丽的森林中开车兜圈子。在巴特尔游玩结束后，我们上了一处私人车道，车道的主人从他的车库里怒视着我们。我们再次出发，从佩特乐弗前往坎贝尔。在那里，我们爬出车子，沿着海滩游玩。不管去哪里，我们都能见到红头发的男孩子。

回到展望小舍后，我们一起看费伊·戈德温和马维斯·尼科尔森的节目。马维斯严肃得恰到好处；费伊得了癌症，她看上去既坚不可摧，又弱不禁风。她拍的照片都精彩绝伦，她对风景的执着让它们完全摆脱了“传统”的感觉。若是万事万物都是继承来的，那这些东西都会像衣柜里的旧衣服一样，散发着樟脑球的异味。

我们期盼着的暴风雨一直没来，于是，我们走去“波西米亚”和德里克一起美餐一顿。德里克开了一瓶香槟，相比之下，我带的勃艮第葡萄酒显得逊色了些。

德里克说，他曾经在海德公园见过一位身着灰色百褶裙的美丽女士在众目睽睽之下给一个戴面具的暴露狂打飞机。他们十分投入，以至于没注意到有一位刚从哈罗德百货购物归来的女士走了过来。她吓坏了，大声喊叫了起来。那个男的赶忙跑了。同时，这位正在“慰藉”这个男人的女士也喊叫了起来。两个女人最后开始安慰彼此。

下雨了。

8月8日　星期六

霍华德和我种完了第二个圈子里的植物。德里克在送别了一位女教师和她那四处游荡的小猎犬后，来到了我这里，他很兴奋。这个女教师的狗杀死了德里克那只可爱的猫“宝贝”。我们钻进他那辆雪铁龙轿车里，说："去新罗姆尼。"

德里克问道："去那里做什么？那里多无聊啊。"

天气很热，还雾蒙蒙的。德里克心里还在想着他的花园，他说，那些绣球花已经长得像开普敦的房子那么大了。霍华德说，这些植物需要浇水，不然它们就麻烦大了。

～

现在是上午十一点钟，德里克已经打定主意，一心想去波特姆斯，那是福克斯顿每两个月举行一次的迪斯科活动。上次德里克去那里的时候，又喝醉了。那天晚上是直男之夜，他一不小心，勾引了那些直男——他们都很吃惊，并没怎么反抗。

在海斯的一家炸鱼薯条店，我们一直在等裹面包屑烹制的鲽鱼，这家店里的顾客的年龄加起来都要有十万岁了。这里的鳕鱼肉质好像化石一样，德里克想看一部贝蒂·戴维斯[1]的电影，还想睡午觉。

我们在市场里转悠的时候，大而温暖的雨滴从天而降。德里克想要蜷缩起来，看言情小说。

回家之后，霍华德和我修剪了蜡菊，这些植物已经在风雨中倒下了，一位路过的摄影师想要拍一张我们劳作的照片，接着，一位来自锡辛赫斯特的年轻园丁问我们，能否让他和他的朋友在这里四处看看。

～

太阳开始落山了，在莱德参加迷乱舞会的人们开始在海角附近漫步。天光变成了金色的迷雾。千里光草的黄色花朵在一股微风中沙沙作响。在万物之上，太阳在灰色的背景下变成了一只柔粉色的圆盘，灰背隼从电报线上飞走了。蜻蜓和疾速飞行的蛱蝶，在我眼中仿佛飞蚊症一般，呈黑色，好像有许多箭矢飞过碎石滩。霍华德忙着修剪植物、给园子浇水，直到他该动身去伦敦为止。我坐在这里，为我右眼的健康担忧不已。我的视

1 贝蒂·戴维斯（Bette Davis，1908—1989），美国女演员，曾两度荣获奥斯卡最佳女主角奖。

野边缘似乎已经开始缩小。

我静静地思考，如果我的眼睛瞎了，该怎么办。

8月9日　星期日

海风滞涩，天空多云。修剪了缬草，把一株琉璃苣移植到了后院的花坛里。我扫了地，擦洗了地板，随后便开始看书，为撰写关于绿色的章节做准备。

两个莱斯特的学生来参观花园，其中一个对我坦白说，他曾经在十八岁时看过一出我参加的电视节目，随后便给我寄了一封情书。这小伙子很有魅力，面带大大的微笑。他正在和他基督教福音派的父母闹矛盾。

感觉很奇怪，我的视力仿佛脱离了我的肉体。我感到左眼的视力明显下降了，有一片灰色的区域总是去而复返。我的视域就好像一片鬼火。

8月10日　星期一

贝尔托饼屋遇到了点麻烦——有一根熔断的保险丝把冰箱点着了，米歇尔的店差点被烧成平地。今早她身穿引人注目的红黑色衣服，在我的眼中显得模糊。她说，在店里工作的“南斯拉夫小伙子”，其实来自阿尔巴尼亚，他称她为“戏剧夫人”（Madame Drama）。这种当过兵的小伙子做工是最棒的，他们从希思罗机场很容易就入境了，像他们这样的，每周大约有四百人来到英国。

～

十点十分，我坐在圣巴托洛缪医院拥挤的走廊里，等着做CT检查。我坐在那里读着《独立报》，拿着日记。许多古怪的老头在喝着黄色的液体，闻起来好像茴香。有些人坐在轮椅上，腰深深地弯着。医院的员工们真是和平日里一样既聪明又高效。我还是有点担心失去视力这件事，那样的话我就不得不进军新闻业了。或许我也应该制作一档林恩·巴伯那样的节目，采访我想见的人。我在超声检查候诊区等着，有一对年轻人来了，这里的人变得越来越少。

我穿着HB的Polo衫，这里的员工也穿着类似的衣服。过了好久也没人跟我说话，说不定他们以为我是个护士。

我的思绪被死亡这个话题占据了，这些想法仿佛跳起了死亡的探戈。好吧，上次出现这样动摇我思想基础的事情，还是两年前。邪恶的双眼。我不敢想象变瞎了会怎么样。也许这就是多年前，翁贝托·狄雷利在罗马给我看手相时所解读出的凶兆。我在想，如果我变瞎了，还能否作画，为什么不能呢？皮尔斯拍的照片可以成为小报的头条新闻，我可以写些评论，这并不太难。

我的生命已经远离了这缓慢移动的队列。

一个护士把他的头发用橡皮筋绑在脑后。毛玻璃后面的荧光灯管射出可怕的光线，灰色的天花板瓷砖好像石灰华，还有带着灰色斑点的漆布，没有窗户，白色的墙面和假木料制作的前台上面有些划痕。通知布告贴得到处都是："需要复苏术，拨打222""打碎玻璃""请勿饮食""灯亮时请勿进入"。这里有一株吊兰、一株常春藤、一个电扇，虽然不通风，但昨天老天好心地下了雨，天气凉爽了些。十点半的时候，我的笔没墨了。

～

脑部透视：我躺在白色塑料拱圈下面，被绑在床上。机器嗡嗡作响，哆、来、咪，带着旋律，令人沉思，好像乔治·克拉姆[1]的持续低音。他们给我注射了放射性碘，又一次把我送进了机器里——我胳膊的上部寒冷如冰。

回家的路上，偶然遇见了史蒂芬·皮克尔斯，他说："全英格兰的柜子都在颤抖，你都快把西蒙·卡洛变成直男了。"在牛津街，人们走过我的

1　乔治·克拉姆（George Crumb，1929—　），美国先锋派作曲家。

身旁，随后就消失不见。

~

我坐在凤凰之屋里，因为阳光强烈，百叶窗已经拉上。洗衣机在轰隆作响，冰箱正在解冻，这表明HB从纽卡斯尔回来了，不过他现在出了门。

~

萨拉来了，还带了《粉红报》的一封信，表示拥护“狂怒！”运动。霍华德带着《自担风险》的平装本封面来了。马克医生打电话说，脑部透视的结果看上去没什么问题。

~

我决定要闭着眼创作一幅油画，看看我的情况如何。有皮尔斯帮忙，这事应该还是有希望的。

~

收到了一份去迪纳尔电影节的请柬。今年我已经拒绝了布宜诺斯艾利斯、耶路撒冷以及其他电影节的邀约。得了艾滋病的一大问题就是出门时总感觉有风险。我从来都算不上爱冒险的人，现在我总是待在家里，至少还能完成工作。尽管大家都不愿承认，但由于电影都大同小异，影评人和观众的品味相同，导致现在的电影节都没什么区别。

~

我的某位通信人说，《现代自然》里缺少与电影相关的信息，这让他感觉很奇怪。我看不出写一写视觉媒介能给人以什么样的启蒙：谁会想看一篇关于梵高的分析文章？我从没读过电影理论，也没买过电影书籍，除非我对某人感兴趣。我的书架里有两层都是关于帕索里尼、穆尔瑙[1]、科克托、爱森斯坦和布努埃尔的书——他们的自传都写得很好。塔可夫斯基对宗教的狂热使他看上去无聊且浮夸，但他的电影，例如《潜行者》，都是我的最爱。赫尔佐格的言论令人生厌，但他的《玻璃之心》却很不错。法

1　指F.W.穆尔瑙（F. W. Murnau，1888—1931），德国电影导演，代表作有《诺斯费拉图》《日出》等。

斯宾德是个恶棍——我的一位朋友趁他在找外景地的时候，把他锁进了一座空房子，扔掉钥匙，然后离他而去。电影的声誉和这些人的书一样空洞无力。若是没有特殊目的，谁会喜欢一部电影佳作或是某种电影类别呢？反正我不会。我不知道什么电影类别，我算不算一种类别？生活永远比赛璐珞胶卷更重要，声誉的保质期和苯胺染料一样短。和文艺复兴时期的假面和盛会一样，我们都会被遗忘，而多数人或事被遗忘，其实都是好事。

或许在考古中发掘的碎片能够使其他人相信，乍看之下，并不能捕捉事物的全貌。

8月11日　星期二

这一天始于穿反衣服。塔妮娅在贝尔托饼屋说我的衣服不仅前后穿反了，里外也穿反了。趁着当时那里基本没人，我把衣服脱掉，然后重新套上。接下来，一个从我面前经过的自行车骑手吓到了我。他骑车带起的风差点把我的头发吹分开来，而我竟没看见他。

马克医生认为他在我视网膜的后面检测到了损伤，并给我滴了一种刺激的眼药水。趁着药水生效的时候，护士用液氮把我脸上的增生物都去掉了。感觉很痛，看上去还挺夸张的——好像巫婆的大坩埚——在液氮烧灼出白色的小洞时，纱布上冒出了烟。

又是眼睛，感受到了一股可怕的光，令人炫目。我不断地被放进一些机器里。“向左看，向上看，向下看，向右看。”里面的灯光令人目盲，但这还不是最惨的，现在我已经被诊断为巨细胞病毒携带者，他们正在拍摄这些病毒的样子。当你盯着一个红色闪光点和绿色闪光点时，一阵令人炫目的闪光射进你的眼睛里，接着出现一个类似绿色月亮的影像，随后整个世界就变成了品红色。我眼睛的图像看上去好像远方某颗行星的彩色照片。医生说：“好像个比萨，我们在医院里经常用烹饪界的术语解释问题。”

回到诊疗室，马克医生给了我两个选择，要么住进医院，要么每天来医院两次，一共待两小时——我选择待在家里。

一个年轻的南非医生来检查我所受到的损伤。尽管眼睛出血已经止住了，症状可能会有所缓解，但这次我还不能恢复视力。我有可能会变成瞎子。了解情况之后，我感到轻松了一些，不确定的感觉是最糟的。我想，为了面对今天的状况，我已经在过去的六年里演练了无数遍。

我走在回家的路上，心里想着“伟大的奥兰多”杰克[1]是如何应对失明，并成为一个伟大的小丑的。我周围都是满满的善意。

看得出来，HB为我感到难过，从很多方面来讲，这对他而言都更糟。我让他保证，无论如何都不要放弃他健身教练的工作。

坐在有四个人的桌子上，却发现右边的人完全消失了，真奇怪。今晚就发生了这样的怪事。

彼得从威尔士来到了这里，他正在学威尔士语，霍华德也是。

8月12日　星期三

我的视力在夜间又恶化了一些。现在我正和HB一起坐在圣巴托洛缪医院里，等着他们给我输液，用的药物是更昔洛韦。

HB说要把他的血输给我。他说他的血能杀灭一切，而且这么做还很浪漫。

输血很顺利，正在进行中，我看到血液进入管子里，然后又流进了我的手臂。

我伸出手，试了试是否一切正常。我的右眼已经失去了三分之一到一半的视力。这种感觉很奇怪，好像有个影子伴在身边。HB在我身边同行，

1　指杰克·伯基特（Jack Birkett，1934—2010），英国舞蹈家、演员、歌唱家，被称为“奥兰多”或“伟大的奥兰多”，出演过贾曼的电影《庆典》和《暴风雨》。

时隐时现。我还是能看见他的脸和手的，但中间的部分全都是空白。我视域的中间带已经消失了。护士说，这种情况会稳定下来的，据她所说：“我见过通过吃药稳定病情长达一年或数年的人。”

我做出了决定，要趁我还有时间，还能分辨色彩的时候拍摄《维特根斯坦》。那孩子可以对着摄影机讲述他的故事。要黑色的窗帘。学生们可不可以扮成罗马人？我们能不能建一间房，把里面刷上不同颜色的油漆？

我一直没有从其他角度想过这件事的后果，虽然总会有些其他的病症会要了我的命，但是想象失明的情景和真的失明是两码事。HB比平时更有爱意了，如果我无法再看见他的样貌，我还是能快乐得起来的。唯一让我紧张的事情就是早上剃胡子。我无法忍受别人碰我的脸，我的皮肤很容易受刺激，即便是我给自己剃胡子的时候，都会屏住呼吸。

～

我们坐24路公交车去了议会广场，然后步行穿过威斯敏斯特公学，沿着空无一人的街道继续走到“安妮女王的脚凳”，然后走去泰特现代美术馆，我们在那里见到了霍华德和萨拉。我与他们分开，去逛了逛汉密尔顿的展出，然后去看菲利普·加斯顿[1]的画作，我一直很喜欢他的作品。画廊里明亮的白墙和川流不息的人群让我有点晕。

一直以来，我都能排着队看下一幅画，现在我的视野里却有了一块空白——不是一片黑暗，而是白色的空白，让我很难“看”东西。人们会在我视野里突然出现，我觉得我可能无意中碰到了他们。我预演了一下和别人发生冲突的情景，我会说：“我今天瞎了。”

在卡珀尔的雕塑前，人们围着那两块巨大的克莱因蓝石头，而围栏却很矮，我差点就出了第一场事故，几乎就跨过去了——还好HB及时拉住了我。两个雕塑都很令人享受。诺曼不喜欢这些雕塑，我不同意他的观点，我完全可以开心地接受这两个雕塑。

1　菲利普·加斯顿（Philip Guston，1913—1980），纽约学派的美国画家、版画家。

～

我们步行去了兰登世纪出版社，霍华德在那里和他们的艺术部门会面。随后我们去了文森特广场的园艺大厅。我在那里买了一打雪花莲——这些植物越早种下越好，因为它们的球茎很容易枯死。

回家。HB从楼上看到史蒂芬·沃丁顿[1]在街上走着，于是便喊他上来做客。他看上去很好。他讲了些随意的故事，让我们很开心。尽管奈杰尔·特里[2]和他签了一份五年的合同，他现在并没有在工作。

～

回到圣巴托洛缪医院，这里的背景音乐很安静。加里护士使出吃奶的劲才找到了我右胳膊里的一根血管。在第三次尝试之后，终于见到了血。史蒂芬说，如果有根针插进他的胳膊里，他肯定会晕倒。这种事情得习惯才行，虽然我现在还是得在抽血时闭上眼。来医院的路上，我一直在想着《废墟》以及其他盎格鲁-撒克逊诗歌，命运是最强大的，命运，命中注定。我把自己交付给命运，即便是失明的命运。

输液很疼，鼓起了一个大包，针拔出来了，感觉好像一阵电流穿过我的胳膊。

～

我离开医院时，外面大雨倾盆。我站在入口处，一位老太太被困在了暴雨中。我叫了一辆出租车，问她是否需要带她一程。她说："你能带我去霍尔本地铁站吗？"在半路上，她哭了出来。她来自爱丁堡，她的儿子正在病房里。这孩子得了脑膜炎，双腿已经瘫痪了。她流着泪，我却无能为力。虽然她坐在我旁边，我却看不见她，只能听到抽泣的声音。

～

回家后，HB，我的真爱，给我买了一件黄绿色的丝质衬衫。不管发生

1 史蒂芬·沃丁顿(Steven Waddington，1968—)，英国男演员，在贾曼的电影《爱德华二世》中饰演了爱德华二世。

2 奈杰尔·特里(Nigel Terry，1945—2015)，英国舞台剧及电影演员。

什么，我至少看起来好看，因为他的时尚品味无懈可击。

～

电视上播的《出来》这个节目很不错，西蒙·沃特尼讨论医疗保险的优先级，而彼得·塔切尔闯进了一场威斯敏斯特大教堂的礼拜日弥撒活动，这一小段让我想起了《伊凡雷帝》。他拿着扩音器，对那些基督教刽子手们大声呼喊，同时管风琴响了起来，想要把他赶出去，一个邪恶的牧师和圆脸男孩攻击了他，他们先是推搡，然后又多次用拳头打他。这场集会的其他人则紧紧盯着祭坛，或者是冲彼得吐口水。

HB说我气得发狂了。我一直认为，与其把政客送上法庭，这些牧师才应该被审判。宗教中再也没有任何价值，只有心胸狭隘的仇恨。这些福音派基督徒空洞的面孔正说明了这一点。

8月13日　星期四

我九点钟就到了病房。现在我正坐在候诊室，电视的声音有些嘈杂，一个年轻女子正不停换台，那些频道的信号都很差。

～

讨论了一下关于输液用针的事情。我旁边的女孩脖子里插着一根管。大卫护士来给我输液的时候，看见我正在写东西，便说："你不会又要写一本书吧，第一本我都没看。"

四分之三的艾滋病防治机构都不给男同性恋提供安全性生活指南：一百六十九个机构不针对此问题提出警告，十四个区域的人们认为当地没有同性恋社群。"你可以试试X区，那里有个讲座室。"

希望我眼睛的情况已经稳定。马克医生说，我很久以前就已经受到感染了。

～

输液结束了，霍华德和HB来到了医院，我们开车去邓杰内斯。伯克利主教说：“若是你看不见椅子，那椅子就不存在。”

～

下雨了，我回复了一些信件，其中包括一封影迷的来信，那是一个来自西澳大利亚的小伙子，他在信里附上了一张自己的照片，很帅。

～

霍华德和我迎着狂风天，在花园种下了桂竹香。HB抓到了些蠼螋，把它们喂给了猪笼草，随后他就在西厢房睡着了。我打包了所有关于颜色的书籍，随后就开车回去了。

我想，我必须向失明的命运妥协了，要做的事情太多，如果贝多芬能在失去听力的情况下写出《第九交响曲》，那我也能在失去视力的情况下拍出一部电影。世上还有音乐会、书籍、绘画，这些东西都用不着眼睛。我盘算着，学习盲文需要多久。

～

我曾在亲爱的庞奇小姐的请求下，在圣诞假期时去皇家全国盲人研究所工作过。她每天早早就骑着哈雷摩托车来到那里，以便监督我们时刻保持警醒。她的工作是园艺师，所以每到一月份的时候，她就有空了。她身高六英尺五英寸[1]，爱穿皮衣，是我认识的第一个已出柜的女同性恋。那时的我还是一个糊涂的十八岁处男，因为自己的性取向而恐惧不已，是她给了我巨大的信心。那时如果庞奇小姐对我说“上车，我带你去兜风”，那就是最让我开心的事情了。

那时，我需要打开成千上万的装着捐款的信封，有时，一个破旧不堪的小包里面会装满老旧的白色五英镑钞票，有时会有孩子从圣诞布丁里省下三便士的硬币寄给我们。

庞奇小姐有时会让我们加快速度：“快点，快点！德里克！”她身上的能量比我们所有人加起来都多，而且她还有一辆心爱的摩托车给她带来额

1 约合196.6厘米。

外的能量。她看上去好像伊迪丝·琵雅芙[1]，总是以一种轻佻的方式戴着一顶针织贝雷帽。之后数年，去那里工作的“女孩们”也被庞奇小姐使唤来使唤去。

在黑暗的冬至时节，皇家全国盲人研究所是个很迷人的地方。那里的图书馆的书都是由学会盲文的退休人士手打出来的。他们每人负责一本书的一个章节，很快，一本书就被转写成了盲文。

8月14日　星期五

夜里开始头疼。HB在我睡觉的时候爬下了床。

我的视域又缩小了，我看到黑影在靠近。在走去意大利餐吧喝咖啡的时候，我感觉很难过，喝完咖啡，又打起了精神。

我在公车站注意到一个盲人。

～

加里护士正在给医生打电话，他要检查一下我的眼睛。

我想，犹豫不决才是最伤人的，这种心态是一种再正常不过的直觉，这让我感觉好像已经逃离了那些不幸的事。医院里很安静，几乎一点声音也没有，我是怎么写出这些的？我感觉胃部下坠，还很挫败。这间废旧的昏暗房间里点着无罩灯，我的心里亮如明镜，但身体却正在分崩离析。

～

他们用红色的石头给我做了次测验：先把石头放在离我一只手臂的距离，然后缓缓拉近——什么时候能看见红色从黑暗中冒出来？那位年轻的爱尔兰医生彼得说，巨细胞病毒感染并没怎么恶化。我们聊起了维特根斯坦；他说，维特根斯坦在爱尔兰住的小屋位于一处峡湾，完全就是世界的尽头。

～

1　伊迪丝·琵雅芙（Édith Piaf，1915—1963），法国最著名、最受爱戴的女歌手之一。

安德鲁斯病房的护工们放声大笑。他们给我做了些吐司面包，然后又去暗室做了进一步的测试。我今早的视力感觉好像是“喝醉了”。

～

到了英国广播公司，图兰在那里录了一期节目，周一早晨播出。彼得·塔切尔侵入大教堂的事迹令他印象深刻，西蒙·沃特尼对女性之间传播艾滋病的言论也带给他相同的感受。

广播大楼入口处的地毯是品蓝色的，桌上有些亮蓝和黄色的小册子。我注意到，画家以自己的方式描绘简单事物，其他人往往对此视而不见：例如梵高画的椅子上的烟斗，莫奈的粉红玫瑰玻璃。

～

我走去牛津街那家我常去的银行，随后就回到圣巴托洛缪医院输液。

8月15日　星期六

我胃部的下坠感消失了。我过马路的时候很紧张，感觉好像有震荡波穿过我的视野，撞向了我。万事万物似乎都已经稳定下来。我头疼得天旋地转。看得出，我的朋友们都很吃惊。

塔妮娅在吃早餐时对我表示同情，我假装对如今的情况并不在乎。

我给人们打电话，因为我知道，很快就会有谣言声称我已经瞎了。HB问我，我想要谁出席我的葬礼——都怪我提起了这个话题。我说：“所有人，还有包容姐妹会的人。”多年后的某一天，我希望HB能和我葬在一起，命运无期。HB让我答应他，如果我先行一步，一定要给他留好记号，这样他就可以跟上我。要是我不在那里怎么办？我可能会坚持自己的民主权利，放弃来生。

HB已经学会怎么静脉注射了，他正准备给我输液。这至少要花上一个小时。

8月16日　星期日

HB坐在我旁边，读着报纸。海蒂跟我解释安装植入物的可能性，这样我就可以治疗自己了。很安静，这里只有三个病人，药液在渐渐流逝。我开始写绿色和棕色的章节，然后陪HB走去国家美术馆。我们只在那里待了一分钟，因为实在太挤了，而且参观者们在后退时，身影在我的视野里若隐若现，这让我觉得不安全，还有点晕船的感觉。

我注意到，所有十六、十七世纪的画作上的绿色都暗淡了，铜绿色变成了铜棕色，让这些画看上去很沉闷。相比之下，印象派的画就要明亮一些。我们准备离开的时候，我说："颜色这东西，是个二十世纪的发明。"唯有被其他秉性无常的色彩抛弃的青金石蓝还在向我们述说着往日的光辉。

在荷兰，伦勃朗的调色盘上，棕色才是主宰。所有的画都好像在肮脏的清漆里浸泡过似的。

萨拉带来了一本书，书的内容是关于性事方面的异议。随后，她和HB一起去参加"外星人电影之夜"。HB不怎么高兴，因为我今早在床上叫他"鸡毛掸子头"。他用手抹了许多发胶在头上，他现在的头发硬如刺猬，能把梳子折断。

～

七点时，我拖着疼痛的身体回到医院，自从周一以来，我的视力一直在恶化，不过现在已经稳定下来了。

8月17日　星期一

更昔洛韦的副作用有：心神不宁（真有维多利亚时代的风格）、喉咙痛、流鼻血、头疼、头晕、腹痛、便秘、痢疾、肌肉颤搐、咳嗽、瘙痒、荨麻疹、失禁，以及在几个病人身上出现的血液浓度异常的症状。

输液本已开始，但我的手轻轻一动，就让输液停止了。

我在水石书店被一个年轻人拦下来，他不停地问我在哪里买书，并记了下来。我买了弗朗西斯·培根的散文和关于莱登莎草纸的书，我准备将其用在我那本关于色彩的书的开头。

HB来到了医院，刘易斯和他的朋友让我们在电视间玩得很开心。刘易斯坐在轮椅里，他的头发乱七八糟，大嚼着一包饼干，他那慢吞吞而又从容不迫的样子好像一只螳螂。由于受到脑损伤，他说话很有激情，但却显得有些不连贯。

修建病房产生的噪声和为此砍掉的树让刘易斯抱怨不已。关于伦敦灯塔艾滋病中心，他说："你要是去那里，真是再小心都不为过。在那里，你根本分不出谁是访客，谁是病人，谁是员工。根本看不出那里的员工有什么特点，除了他们都喜欢皮鞭，简直和萨迪·梅西酒吧一模一样——那是一家位于男女同性恋中心的性虐俱乐部。"

～

我正在加班工作，以补足视觉的缺失。这正好解释了我为何如此疲劳。眨眼，眯眼。

～

救命。

8月18日　星期二

HB在厨房里，头发更油腻了，我想闯进厨房，他不许我侵入他的领地。他把厨房称作他的"办公室"，他守护着那些待洗的锅碗瓢盆，就跟我守护自己的报纸一样。他担心自己这周末去纽卡斯尔会对我造成不便。我坚持说，我肯定能自己去医院的。身体上的事情，我应该能搞定。

～

HB从眼科诊室回来了，那里的票据都被搞得乱七八糟。HB说："这里好像罗马尼亚。”只有两盏六十瓦的灯，屋里十分灰暗，令人压抑。

眼科诊所玩具盒里的洋娃娃看上去很脏。马克医生耸耸肩说，那些孩子从来不看这些娃娃。

HB正在与医院的电话作斗争，电话线设计得太短了，人们必须得跪在地上才能使用它。

～

汤米·纳特[1]的名字出现在讣告栏，是HB发现的。汤米一直很让人开心，而且很帅。当HB第一次来伦敦，我们俩第一次约会的时候，汤米走进餐馆，和我们打了招呼。他穿着那身完美无缺的萨维尔街[2]西装，并喜欢上了HB。HB攒了些钱，从他那里买了一件昂贵的衬衫，还一直梦想着能买一套西装。有一天，汤米花三万英镑买了艾尔顿·约翰[3]穿过的衬衫，并把衬衫取回店里。汤米把店面关上，带HB出去喝茶，他们沿着萨维尔街走着，汤米指着君皇仕西装店说：“阿拉法特的西服就是在那里定制的。”

～

和马克医生谈了很久，其间他切除了我的疖子。HB说：“好恶心！”

马克说：“我很享受这种事情。”他认为我应该把眼光放长远些，应该看未来几年，而不是几个月。马克医生还建议我参加眼科专家米格德尔医生的口服更昔洛韦测试项目。这种药物是经由肝脏吸收的，他们至今无法让人口服这种药。他们把药物制成微粒，以便骗过消化系统。尽管现在这个试验还没有出结果，但是我想这件事也不会有什么风险，毕竟他们会仔细监视我的状态。我觉得应该发扬冒险精神，把这些疗法当成碰碰车、音乐、强光、减速坡之类的平常事物。

约瑟夫医生认为，我眼睛的感染已经停下来了。亮光在我的眼睛里留

---

1 汤米·纳特（Tommy Nutter，1943—1992），英国知名时装裁缝，深受当时的音乐界和国际社交界青睐。

2 位于伦敦西区的街道，高级定制西装店的聚集地。

3 艾尔顿·约翰（Elton John，1947— ），英国摇滚乐歌手、作曲家、钢琴家，著名LGBT权益活动家。

下了血管的残影。

我想，这就是每个视觉艺术家最糟糕的噩梦，但这毕竟只是场噩梦而已。又有什么关系？我会记住蓝天的颜色，也能吃下如梦如幻的奶酪。

～

我八点钟从圣巴托洛缪医院回来的时候，克里斯蒂娜・瓦尚和汤姆・卡林两人也在家里。我们讨论了很久同性恋形婚的话题。那些移民局调查信息的人可能会在凌晨三点时突然出现在你家里，询问："你爱人的牙刷是什么颜色的？"如果你和其他种族的人结婚了，那问题就更严重，他们就会乱翻你的相册和脏床单。只有在教会里，婚姻的权利才是神圣的。在这里如此，在其他地方也是如此，不同的价值观都适用。

我们往东边走，在回家的路上经过意大利餐吧，在那里和克里斯・伍兹碰面。他在电视上露脸的时候，被一位愤怒的母亲认出来了，原来克里斯是她儿子的情人，那孩子还只是个青少年。于是这位母亲写信给那个电视台、警察，还有议员。克里斯说，他在电视圈的工作算是完了。我想，伍迪・艾伦和他继女的性丑闻曝光之后，他的电影事业是否也处于同样的境地。

8月19日　星期三

我问护士，能不能找个空房间让我坐在里面，因为电视间里挤满了病人，还有很多访客在抽烟，而那台模糊不清的电视正逐渐崩溃。

～

我决定拍一部电影，叫作《蓝》。里面不用图像，因为图像会阻碍人的想象力，还必须要有叙事情节，图像会为了展现魅力而窒息。没有图像，就只剩下虚空中那令人爱慕的朴素。我在医院门口和詹姆斯分别的时候，他问道，你不会改变想法了吧？我答应他，不会。

～

输液输液。输液标尺从100开始往下降，到36的时候几乎过了一个小时。我今晚累坏了，没办法回到我那狂野的HB身边，他爱我，我爱他。

～

一个年轻人，虚弱得好像刚从贝尔根-贝尔森集中营里放出来似的，身穿淡绿色的病号服，赤着脚从走廊里经过，他很安静，还在咳嗽着。

窗外的中央供暖管道传来一声巨响。

化学物质让我脸上的皮肤感觉灼热，疖子使我的肛门刺痛，我昏花的眼睛看不见经过的行人。

8月20日　星期四

九点钟的时候，我到了医院。我坐在安德鲁斯病房里，观察着生命的流逝。缺少希望才会使人抑郁。艾滋病终归是赢家，你刚想忘掉它，它就冷不丁袭击你一下。从后脑勺来一枪要比这简单得多，只不过有一瞬间的恐惧，还没来得及去医院挂号，你的人生就结束了。得了这样的病，想要去死，只怕要花上比“二战”更长的时间才行，这样结束生命，就像欧坦大教堂里受诅咒者拱门浮雕所描述的一样痛苦。

～

我把撰写颜色专著时需要参考的资料都摆了出来——从亚里士多德到维特根斯坦，从莱登莎草纸到《知觉之门》。所有关于颜色的书都有一个问题，那就是它们读起来都像是购物清单，歌德的那些没有科学价值的著作读起来比谢弗勒尔的作品要好；维特根斯坦那些简明扼要的陈述不适合让人随意阅读，更需要仔细分析。

～

克里斯蒂娜·瓦尚和史蒂夫·克拉克-霍尔来了，《窄房间》的电影项目让他俩十分激动。克里斯蒂娜认为，我们应当把这部电影的时代背景设定在五〇年代，这样，我们就可以把麦卡锡参议员和其他冷战主义者的发言从收音机里放出来，就能赋予电影一定的维度。至于选角，我们知道请不起这些演员，但有梦想总是值得的：请德克・博加德[1]演乌尔里克博士，马特・狄龙、费伊・唐娜薇，还有HB。

～

肯从塞维利亚和阿兰布拉旅游回来了，他说，阿兰布拉宫是他见过最美的建筑。可怜的理查德一整天都忙着打电话、发传真，他只在午餐和晚餐时出现，随后就回去继续和经济衰退作斗争了。艺术市场之于理查德，就如同巨龙之于圣乔治[2]。

肯和我忙着写路德维希・维特根斯坦这个疯子的剧本。我们已经描绘出了他的人生，随后只需要加入他的人生哲学和爱情，就差不多完工了。

HB跑去看《异形3》的首映。他算是成功逃脱一劫，因为我吃的药已经把我变成了风洞，如果把我放的屁当成瓦斯，那能源危机的问题就可以解决了。

8月21日　星期五

HB今早去了纽卡斯尔。我本来还很高兴，心想，如果HB觉得我真的无法自理，他就不会离我而去。这是他信任我能够独立生活的表现。希望到生命终结之前，都是如此。等到死去的那天，我大概就在这间屋子里躺着，还输着液。我想，我已经把自己托付给逐渐逼近的死亡。希望我能满心喜悦地拥抱死神。在这次巨细胞感染之前，我心里还以为自己能免于一死，耸耸肩便能骗过死神，现在我才知道这不可能。

HB和我深爱着对方，直到我俩的生命终结。

～

1　德克・博加德（Dirk Bogarde，1921—1999），英国著名演员，代表作有《仆人》《魂断威尼斯》等。
2　圣乔治（St. George）是基督教圣人，常在艺术作品中以屠龙勇士的形象出现。

肯和我一起专心忙着准备《维特根斯坦》的剧本。我们准备把剧本重写一遍，这样就可以加入更多信息。能不能让约翰·梅辛杰套上天使般色彩的运动衫呢？能不能让乔迪扮演年轻时的维特根斯坦，并把故事讲出来呢？让我们向过去的自己告别吧。

弗吉又一次出现在公众面前，样子好像超市出售的待烤火鸡。HB觉得，皇室成员们是故意泄密的，这样他们就可以夺走孩子的抚养权。一位发言人，身穿既像广播员、又像侍女的深红色衣服，留着土气的发型，说道："我们不能允许这些孩子被外国人带大，他们可是皇室成员！"他们对这个快乐的皇室家庭真是观察得细致入微，他们可都是混血杂种。

皇室丑闻让我们看到，一个社会为了逃避现实能跑多远。皇室家庭和普通的家庭一样，即便带有神秘色彩，过的也不过是家庭生活而已。

～

我的中性粒细胞的数量下降了，白细胞正在遭受更昔洛韦的攻击。

我给自己做了晚饭，早早就上床睡觉了。

8月22日　星期六

我一整天都忙着写关于绿色的章节。

由于我的细胞数量正急剧下降，马克医生让我停止服用齐多夫定，他说这药会让我容易感染。这周，德里克的朋友去世了。他现在孤零零一个人，声音听上去很沮丧。

8月23日　星期日

"HB？我找不到我的……裤子、袜子、书、眼镜、牙刷，我都放哪儿了？"

长久的沉默之后，他说："我知道在哪里。"

“哦？在哪里？”

“在你屁股底下，上次你就放在那里了。”

我这周什么都没丢，只弄丢了他。我很想念HB在屋里来回走动的窸窣声，噼里啪啦的打字声，还有那台老旧洗衣机运行时的嘎吱声，洗衣机总是会把厨房地板弄得满是肥皂水，还有，我也想念他办公椅磕碰的声音，每当他在壁橱里寻找那四十三件不同颜色的弗雷德·佩里牌衣服时，就会这样。当我偷穿他的衣服时，若是他不在这里抗议“你把我的‘造型’偷走了”，那还有什么意思。关于他的“造型”，HB抱有一种非常迷信的态度。

HB总是忙来忙去。他会帮我熨衣服，在他到来之前，我的衣服还从没见过熨斗；他会打开窗子，让查令十字街的噪声涌进屋里；他会吸尘，之前我不曾拥有过吸尘器；我抱膝坐在椅子上，看他推着吸尘器从我身边呼啸而过。他做饭、洗碗，还会用一种特别的柠檬味洁厕灵清洗卫生间。

HB每天六点就起床去健身房见他的跆拳道教练。HB最喜欢的消遣就是去健身房：“看看我为你把自己练得多健美，你这个长毛怪。”当我醒来的时候，他已经为我放好了洗澡水。他会给我打肥皂，一边给我的脚搔痒，一边吃麦片。“挠我的脚，挠我的脚，卷我的头发。”因为药物的副作用和荒废的生活，我浑身痒。能让他帮我挠，几乎是唯一一件让我暂时忘记自己病痛的事。

HB经常一边咆哮一边给税务人员报税。我连加法都不会算，还经常忘记数字。我发现这些税务人员都一副冷酷无情的样子，毫不宽容别人的过错。HB则特别擅长对付数字，他能把《自然》杂志从头读到尾——他经常突然消失，跑去图书馆读书，以跟进科学界的最新进展。上周，有人开发出一种比空气还轻的固体，奇迹真是永无止境。二十二岁的时候，HB正处于计算机事业的顶峰，但他选择退休，搬来和我一起住。六年过去了，我和HB疯狂地相爱着。HB为人极为忠诚，他学跆拳道是为了保护我，他对我无时不刻的关心让我开心，也让我保持着生机。

HB正在留长发，他说，不会有人对他感兴趣了。毫无疑问，他这是在装惨。塔妮娅觉得他英俊无比，面容令人一见难忘。我也这么想。HB永远不会相信这些话。他很谦虚，很节俭，以卫理公会信徒般的正直人格来安排自己的生活——他父亲就是个俗家传教士，母亲则是教堂的管风琴师。他遗传了母亲的眼睛，那眼睛美得令人难以置信——瞳孔是绿色的，睫毛如同蜘蛛毛一样浓密。

HB有文身，按照他的说法，这是个古老的英伦传统。我从没注意看他的文身，他文了花朵和蜜蜂，还有蜥蜴、海马和一条鱼；说到传统，他还真是对的。尽管我喜欢有文身的小伙子，我却忘了他还有些什么文身。

HB和我相遇的情形极为浪漫。我在泰恩赛德电影院的前排座位上第一次见到他，随后给他打电话祝他新年快乐，后来他就背上行囊，来到了伦敦，就像迪克·惠廷顿[1]一样。最终，他决定留在这里。

从我见到他的那一刻开始，我就知道，我会和他生活在一起。当我死后，我希望有朝一日他能够和我葬在一起。或许世上真的应该有天堂和地狱，这样我们在死后就能重新相爱。如今我五十岁，他二十七岁，我们都是彼此遇到的此生第一个真爱。有时，我们会慢人一步，但等待总是值得的。

～

输液快要结束了，标尺读数已经从100降到了25。

8月24日　星期一

霍华德顺路到访，还带来了邓杰内斯的邮件。在去圣巴托洛缪医院的路上，我们路过几家书店，聊了聊棕绿色的花朵。我认识一个穿着芥黄色外套的人，他说这件衣服是从一家日本店铺买的，当时，衣服的商品描述

1　指理查德·惠廷顿（Richard Whittington，约1354—1423），中世纪晚期的英国商人、政治家，四次担任伦敦市市长。

上说外套是绿色的。

～

卖巧克力的小推车来了，今天我不能吃巧克力。我们去了福伊尔书店，这次没买关于颜色的书，买了些关于眼睛的书。今早，我对自己的血细胞计数结果视而不见。

～

海蒂给我演示如何配制药剂。“我可不太擅长调制这些东西。”我说完这话，她就装好了输液泵。我问：“这个东西的工作原理是什么？”她说：“和你的内脏一样。”

～

我很努力地写书，非常辛苦，结果竟然睡着了，纸和笔都放在床边——我现在还能睡着吗？我能在黑暗中写出清晰的字迹，凌晨四点的时候会文思泉涌，不过等到早晨重读这些内容时就会发现，这些观点并没有那么深邃。在深夜的黑暗中，这些想法在头脑中闪现，没有其他事物与之相抗衡，就像标本瓶里唯一的一朵花，孤芳自赏。

～

昨夜有飓风经过，和安德鲁飓风很像。听说安德鲁飓风会在今天以每小时一百五十英里的速度袭击佛罗里达州。

～

一位失明的医院员工拄着白色手杖经过，她微笑着。

～

我一下午都忙着和肯一起修改《维特根斯坦》。他把剧本带来了，其语言机智幽默，内容颇有教益。随后，我们去咖啡店吃肯最爱的食物——鼠尾草肝和烤苹果奶酥。

回到凤凰之屋后，我开始读一本关于普林尼的书，这书是我花了四十英镑在福伊尔书店买的——看了这本书，就省得我读全本的《博物志》。接着，我就开始写关于棕色的章节。

～

七点钟时在瓢泼大雨中回到了圣巴托洛缪医院，输了液，然后回去看了《花园》。第四频道很贴心地把广告放在一起播放，因为一部只有音乐和画面的电影很容易就会被广告打断——每个广告都比我的电影耗资更高。《花园》这部电影先是漫游着，最后才开始讲述受难。《独立报》称这部电影很混乱，但这种混乱有其必然性，电影的路径已经在海报中说明了："世上有很多条路，也有很多终点。"犹大的自杀、派洛特和五旬节的场景、托马斯的加冕和最后的分离，都如基督教王国的钟声一样清朗。电影评论家们从未受过视觉艺术的训练，他们是写作者，透过英国文学的迷雾来发出自己的声明。但在影像中是没有文字的，我不觉得舍弃冗长的文字叙述是一种退步。这部电影里有诗歌，有一种诗意的叙事。我一直在想，五十年后，这部电影看起来会是什么样呢？如果有来生，我希望能在某个角落里，靠在老朋友的肩膀上看这部电影。

8月25日　星期二

在贝尔托饼屋和一个小伙子聊了很久，他当时正在读雷·蒙克写的关于维特根斯坦的书。随后，我就去了医院和马克医生见面，他对我的"进展"感到很满意。他说，由于视网膜受损，我眼睛时常感受到白色闪光是正常的。当眼球缩回其原来的尺寸时，视网膜可能会脱落——这就可能有问题了。

和两个小伙子聊天，其中一个刚刚被诊断为癌症——他贴在我耳边告诉我的——另一个则有一点肺结核。一个男人坐在高高的轮椅上，从旁边经过，那轮椅好像小孩子的安全椅。

～

肯说，有一位年轻的建筑师永远地留在了伦敦灯塔艾滋病中心。那一周的周末，他的朋友们给他办了一场派对，他还能挺住。六十个朋友聚在一起，用轮椅把他推进艾滋病中心。他看了他们一眼，说“我太累了”，随后就上楼，死了。

昨晚，在医院的电视间里，我们还聊起了灯塔中心。有个人说，他有个朋友就住在那里，奄奄一息，想要抽根烟。那里的员工说：“这里是无烟区，但是如果你愿意的话，可以给你来一瓶香槟。”不管社会有多么需要这种私人慈善机构，灯塔中心的存在都是对我们和国民健康保险系统的侮辱。如果慈善使部分人得以逃避责任，那慈善就没有道德意义可言。

～

开始写关于古代色彩的章节。“阴影就是色彩中的王后。”随后一整天都有条不紊地工作，直到收拾好我的笔记。我在兹威莫书店遇见一个年轻的澳大利亚男子，他帮我整理了几本书。

～

读到了普林尼描写罗马的奢华的部分。我很喜欢卢顿德斯的故事，他是克劳迪乌斯的奴隶。这人非常有钱，他有个纯银的赛马雕像，重达两百磅。每顿饭上十二道配菜，每道菜重达一百五十磅。普林尼很好奇，这是一场怎样的盛宴，又需要多少奴隶才能将其准备好呢？

～

我发现自己正对着商店橱窗看鞋。我本想进去买一双，但最终制止了自己。现在穿的鞋已经足够把我送到生命的终点了。

8月26日　星期三

今早，塔妮娅和米歇尔都很慌张，她们俩明天要去爱丁堡展演《女佣》，塔妮娅的朋友大卫开车送我回到了医院。

我收到的邮件变得越来越奇怪了。有个田纳西州纳什维尔市的男孩写信向我要照片，他在信里写道：“我敢打赌，你肯定从没收到过来自田纳西州的信。”在HB的建议下，我回信说，我当然收到过田纳西的来信了，猫王[1]以前和我会定期通信。从捷克斯洛伐克或是波兰的来信里有很多都是索要照片的，上周就收到一个。这种对我的追求还真奇怪。

有两个很可爱的男子似乎总是知道我什么时候去英国广播公司录节目。他们洗出了我的一些老照片，照片上的我看上去像个意大利的孩子。我只好给他们的照片签上名。

我把所有的邮件都堆在一起，一封信也没回复。现在的我，要么是在写些通讯稿，要么就是在写书和拍电影。我在这里孤身一人，我肯定不能等到HB晚上回来，让他帮我回复信件。我从没请过秘书，尽管以前我的书和剧本都是HB打出来的。

～

三点钟的时候，马克医生打电话来，说我非常幸运，可以去参加那个口服药剂的试验。这消息让我如释重负，因为明天我就要做个手术，在身上植入一个永久的输液装置，让我在余生中变成个“仿生人”。这事情也让他宽心了，因为没有这手术，我就会丧失自理能力——如果那样的话，我就得买个特制的冰箱来贮存药剂，每天花上一小时来给自己插上管子。旅行就更不可能了——你敢想象有人会带着冰箱过海关吗？

～

我给自己放了一个小时的假，步行去玛莎百货，看看那里有没有黄色T恤衫（那里没有）。随后，我去了皇家艺术学院，诺曼正在那里和一位牛津大学的教授讨论古玩展的事情，我的胳膊里夹着普林尼的书，所以我很高兴能遇见他。随后，踏着轻快的步伐，我去了沃丁顿家，他给了我一本巴里·弗拉纳根[2]的作品目录。回家的路上，我途经国家美术馆，看到了海特亨·托特·信·扬斯[3]的《耶稣诞生夜》，这幅画非常迷人。

1　猫王埃尔维斯·普雷斯利在田纳西州的孟菲斯长大。

2　巴里·弗拉纳根（Barry Flanagan，1941—2009），威尔士雕塑家，以其青铜野兔及其他动物的雕塑而闻名。

3　海特亨·托特·信·扬斯（Geertgen tot Sint Jans，约1465—约1495），文艺复兴时期尼德兰艺术家。

~

七点钟时回到医院。

肯过来了，我们一起研究《维特根斯坦》。我们已经把剧本完成一半了，在想剩下一半的内容该怎么写时，我们遇到了困难。

我收到了一大堆从曼彻斯特寄来的复印件，那是上次画展的评论册。有人说好，有人说不好，但所有评论都充满激情。

已经连续两周了，我每天都早上来医院，晚上才离开。我真的很累，满心期望能摆脱这些针头和药液。

三点钟的时候，HB来了，启动了他的系统：吸尘器和洗衣机、电脑和打印机、熨斗和微波炉。

HB准备回去的时候，用了几个小时来安排事情。蜜兽[1]这种生物依照习惯而活，总会在自己的地盘上转来转去，重新树立自己的权威。当一只蜜兽做完以上行为之后，就会慢慢冷静下来，它易咆哮的天性也会得以消减，随后，这种生物就会很开心，直至其开始下一步行动，例如前往邓杰内斯。随后，它就会重复以上行为。我能想象HB在一间屋子里待上四天的样子，他最喜欢这样了。

~

塞尔维亚人把萨拉热窝那座伟大的图书馆烧了，那里贮藏着波斯尼亚的档案库——那可是人们不惜献出生命才拯救出来的手稿。德国罗斯托克的新纳粹分子把一家难民住的旅社给烧了——即便在这里也能感受到悲伤的气氛。索马里的战争正如火如荼，整个国家的人民都在挨饿。世界如此之小，如今仿佛就像我们的后院起了火，而我有生之年没机会见到的千禧年却好像一座凯旋门一样，纪念着人类空洞的胜利。赢家也会成为输家，而在这自私的社会中活着的我们，将会面临有史以来最大的损失。

---

1 蜜兽（Hinney Beast）即HB这个昵称的由来，hinney是英国方言中honey的变体。

8 月 27 日　星期四

我去了圣玛丽医院，让眼科专家米格德尔先生诊断一下我的眼睛。这地方和上次一样，但来了些新员工，这里的人我一个也不认识。今天早上不用再做手术了，我真的是如释重负。我必须想办法哄HB开心，他这两周过得太辛苦了。我自己倒是能对付这些困难，毕竟我知道自己的健康情况，而他则不同，他需要时刻准备应对意外情况，而且只要事情和我有关，他的良心就会逼迫他关心、照顾我。这对我俩来说，都像是走钢丝一样，我绝不能把这当成理所当然的事情。

～

我对面的小个子陌生人非常苦恼，因为他必须去苏塞克斯，“我看不了书啊，我要瞎了。”过了一小会儿，他拿起一份报纸，试着读了一点，就将其扔回了桌子上。

我的滴眼液让我眼睛疼痛，让我没法看书，于是，现在的我正在颠茄剂的朦胧迷雾中写下这段文字。

那个小个子陌生人的脸色已经变得十分悲惨，他长得很像让・科克托，只不过缺了他那份精致的傲慢气质。这屋里满是在暗处眯着眼的人，他们的病情各不相同，有的几乎不能走动，每张脸上都写着愤怒与压抑，还有糟糕的绝望感。强者的死亡最令人扼腕，因为他们会从高高在上的位置跌到地上。

那个好像让・科克托的男子摘下眼镜，用一种无法形容的恶毒眼神扫视周围。他穿着黑色不系带皮鞋、蓝色袜子、黑色西裤、费尔岛毛衣、人字织呢外套。他头顶墙上的海报上有着无数的问号，HIV（艾滋病毒）？AIDS（艾滋病）？AIDS？HIV？你究竟是感染了HIV还是AIDS？是AIDS？是ARC（艾滋病相关综合征）？还是HIV？

在这里等着太难熬了，我想要出去，我想要忘记。

眼科专家的照相设备产生的光线非常强——他说我的视网膜恢复得

不错。拍照的过程中，一开始我看到的全是白光，接着，颜色逐渐分解，变成天蓝色，随着拍照的进行，闪光变成橙色，我看到的颜色变成粉色。这件事就是一场折磨，但是却能稳定我的视力水平，比得上一天吃十二片药。HB是个电脑爱好者和键盘之王，一定是因为我和他的紧密联系，才让我运气这么好，使得电脑选择我参加这次药物试验。

离开圣玛丽医院时，我冲“让·科克托”笑了笑，他也报以一个甜蜜的微笑。

～

HB和我步行前往国家美术馆。HB在想事情，当我在寻找普林尼、维特根斯坦、培根的书时，他花了很长时间眺望窗外。我读的书全是关于色彩的。比起伦敦的其他书店，在狄龙书店找书是最容易的。由于眼药水的作用，我的视线模糊不清，不得已之下，我只好让店员助理帮我把《博物志》的索引念出来，这样才能找出我要的那一册书。

随后，我便出门找黄色T恤，终于在考文特花园广场找到一件降价至五英镑的T恤衫，这下放心了。

8月28日　星期五

我每天吃六次更昔洛韦，每次两片，吃饭时服用。

HB说他认出了一个在健身房里认识的小伙子，他以前是个健身教练，如今却一副瘦骨嶙峋的样子。看来，他将要在余生中与艾滋病诊所为伴了。

～

HB头上抹了太多发胶，他看上去简直像是覆了一层油。他说，如果他去海里游泳，连海鸽和海豹都会被毒死。

～

午餐时，诺曼说弗朗西斯·培根在临终时，把所有的钱都留给了他选中的男朋友约翰，而不是选中他的何塞。诺曼从皇家艺术学院给我买了一条印着克雷吉・艾奇逊[1]画像的领带。他说，他觉得东德的那种争夺财产的行为很没品位，即便是有人把财产拱手奉上，他也不会要。

他女儿的近况让他激动不已，她才十七个月大，已经能用两种语言数数、嘟囔些字眼。

8月29日　星期六

大卫・刘易斯开车带我回邓杰内斯。

上周一，《花园》播出后，有很多人给我写信，信件堆成了山。多数人都表示肯定，只有一封信辱骂了我。这封信的作者是受到《独立报》的影响，经由“狂怒！”组织寄给我的。信里说，我拍的电影就是传播自我仇恨思想的性虐片。如果我真的恨自己的话，为什么我居然没发现这一点呢？这些老派“同志”寄给我的信越多，我就越对新派同性恋感到高兴。

萨拉说，她在苏活区的瓦莱丽咖啡店坐着，旁边坐着两个年轻男子，一副商务人士的样子。这两人十分恶毒地咒骂坐在餐厅另一边的两个漂亮男孩。萨拉忍无可忍，说道：“你们能不能把这种恐同的态度带到别处去？”那两个男子很生气，说他们自己也是同性恋。等他俩走后，那两个男孩邀请她坐过去。这样的小事告诉我们，性取向相同，也不代表我们就属于同一个群体。要不然，当初的示威活动应该会有更多人参加，我们也会改变一些事情。拖后腿的不是我们，我们做了很多事情——出书、写诗、做电台、上电视——那些主张社会同化的人才是真正的敌人。

这些信还给我带来了其他令人震惊的消息：其中一封信里说，普罗富莫事件[2]里的史蒂芬・沃德以前在我的母校上学，他因为一场枕头大战而被

1　克雷吉・艾奇逊（Craigie Aitchison，1926—2009），苏格兰画家。

2　普罗富莫事件（Profumo Affair）是一件发生于1963年的英国政治丑闻，该丑闻以事件主角——时任陆军大臣的约翰・普罗富莫命名。斯蒂芬・沃德为当时伦敦著名的整骨医生，他在克莱芙顿（Cliveden）举行派对，事件的主角普罗富莫和基勒就是在那里认识的。

开除——那个和他打枕头仗的男孩曾患过脑溢血，结果第二天就死了。这封信还说，德克·博加德的终身伴侣也曾在那里上过学，那是个非常迷人的小伙子，举止很得体。

约翰·森宝利[1]写信来说，他下周六会过来讨论王尔德雕像的事情。我倒是希望他能搞些抽象点的东西，没必要再给伦敦的街道上增添任何加大码的维多利亚时代人物了。

我忙了一整晚，终于回复了所有的四十多封信，甚至可能更多。

诺曼说，休·卡森是那种典型的英国人，每一封信都会回复。我也基本是这种类型。

当初，薇拉·拉塞尔曾三次写信给这位皇家艺术学院的院长说，诺曼根本没资格当书记，她是这么写的：“你知道吗，休，咱们认识那么久了。”后来卡森把诺曼叫到他的办公室说：“我又收到一封这样的信，你草拟一封回信吧。”

8月30日　星期日

午夜时分，我做了个噩梦，清晨时就起床了。狂风怒号了一整夜，外面的东西被风吹得哗啦啦地响，吵得我一直没睡着。现在是七点钟，我独自一人在写日记。尽管风已经把花园里的植物吹得东倒西歪，云层中间还是出现了一道缝隙。

～

现在是八点钟，风依然在房子四周呼啸，但是天空已经变成蓝色，流云之中透出一丝阳光，我偏头痛的症状也像暴风一样，逐渐平静。

～

1　约翰·森宝利（John Sainsbury，1940—　），英国政商人士，他于1992年至1997年间任英国第二大连锁超市森宝利的主席。

艾伦和朋友一起来了，他们做了一顿丰盛的意大利面当午餐。我们沿着无人的海滩散步，收集了一些多孔的石头和浮木。艾伦走之后不久，桑迪和阿尔菲来了。我们在德梅特里奥餐厅吃了午饭，随后在海滩上发现了一个巨大的金属圈，阿尔菲把这个圈子滚回了前院，就像西西福斯[1]一样。我们喝了杯浓浓的阿萨姆茶，从新房间里看最后的余晖。桑迪从她的书架上发现了一本书，带了过来，那是拍摄《卡拉瓦乔》时借的书。这是我人生中少有的时刻，居然有人把借走的书还了回来。

花园还在承受狂风的打击。我把阳畦整理一新，把一个盆子埋在后院，旁边是黄花九轮草、观赏葱、雪花莲和迷迭香。

1 西西福斯（Sisyphus）是古希腊神话中的邪恶国王，他死后的惩罚是将一块巨岩推上山顶。每当快要滚到山顶的时候，巨石都会重新滚落到山脚下，他必须反复将石头推向山顶，永无止歇。

九月

9月2日　星期三

HB打电话来说，那边有无数的人来电询问我的健康情况，电话铃声一直响到深夜。他把这些人称为“电话树状图中的上流人士”。他说，多数人都觉得我活不过两周了。

～

当彼得·罗根打电话给我时，我就知道出问题了——他告诉我，卡尔在两天前于纽约自杀了。我一点也不吃惊，我早就想过卡尔会这么做。

～

许久前的一天晚上，在马里奥·杜布斯基位于拱门区的家里，我第一次见到了卡尔。当时他正坐在厨房的桌子上，身上穿着摩洛哥式的吉拉巴长袍。他极其英俊，栗色的头发，灰色的眼睛，笑起来像天使，那神秘的笑容就像古代雕像上的微笑一样。他看上去好像波提切利画的年轻战神。

那天晚上他刚到伦敦，我于是提出要带他逛逛伦敦的景点。我们趁着夜色出发，很晚才抵达他住的酒店，酒店位于兰开斯特大门。那家酒店看上去很阴森，我便邀请他回到我在利物浦路的住处。于是，他在伦敦的第一晚就与我睡了。

卡尔一副紧张的样子，很聪明。他来伦敦接受培训，以备将来成为汽车协会的建筑师。不久后，他就放弃了这项事业，转去了平版及套色印刷工人工会。他的画算不上成功之作，最好的作品是去摩洛哥旅行时创作的水彩画，但这些画也显得僵硬而拘谨。不过这也没关系，毕竟卡尔有一笔小财富，他是凯洛格[1]家的人。当他的祖母在菲尼克斯市去世的时候，这份财产也会增加。

英国和英国人让他着迷，卡尔的财富使他得以进入更加波西米亚化的贵族圈子。他也乐于结交艺术家，虽然他们的关系算不上亲密。

他的一生都追随着疯狂的七〇年代。他住在沙夫茨伯里剧院楼上的一套公寓里，离大英博物馆很近。屋子里装饰着阿拉伯的废旧地毯和帘子，还有些从摩洛哥和印度带来的小玩意儿。他的卧室贴着很多剪下来的足球明星海报，还有很多从《形体》杂志上剪下的裸男照片。他的床从来不收拾，上面总是有不明体液，墙上还粘着润滑剂。

卡尔是那种甘居幕后的人，他会把自己的丰功伟绩记在一块黑板上，仿佛在玩飞镖游戏。他收藏着最大规模的色情杂志。他似乎只有在被别人干的时候才开心。后来他不再看戏、听音乐会，经常抛下朋友去酒吧，在那里穿上黑色皮衣，消失在黑暗中。

1970年时，我和他一起去威尼斯度假。圣马可教堂的一位牧师中断了他的祈祷，邀请卡尔去圣赛诺罗疯人院吃午饭，他一边为楼下的精神病人祈祷，一边将卡尔抱到了床上。

奥登应该为他写《浪荡子的历程》才对——其实，他俩曾经见过

---

1 凯洛格，又称家乐氏（Kellogg's），全球知名谷物早餐和零食制造商。

几次。

威尼斯的那家疯人院预示了之后发生的事情。他由于焦虑而崩溃了好几次，我曾经不幸需要在伦敦照顾他。我很爱他，但他不稳定的精神状况吓到了我。他会突然变成五岁小孩的样子，掀桌子，把书和花瓶扔得满屋都是，还叫嚷着要从窗户跳出去。他变得紧张不安，喋喋不休地说话，含混不清、精神错乱，每句话都会以空洞的笑声来结尾。他在凌晨四点吃午餐，中午时上床就寝，一小时后就醒来。也许卡尔是因为喜欢服用迷幻药并享受那五彩缤纷的幻觉才发疯的吧。尽管如此，我还是爱着他，但必须与他保持距离，他总是威胁要跳楼。

两年前我在纽约见到卡尔的时候，他看上去比以前更加心烦意乱了——是因为他发现自己得了艾滋病。他倒是不担心这件事，毕竟他经常从酒吧和公园里收集用过的安全套，然后将它们吃掉。在绝望的情绪之下，他把这件事透露给我。频繁的性事让他变得麻木。卡尔对爱情的渴望永无止境。他生命中的每一刻都在吸纳文化，以便更好地支撑自己的不安全感，或是方便自己寻欢作乐。

他遇见一个沉默胆小的希腊建筑师，这人引诱卡尔离开了身边的朋友，还经常趁假期出去炫耀卡尔的美貌。卡尔的生活越发贫困。他在霍博肯市过着倦怠而贫穷的生活，被人遗忘。不仅住所一片狼藉，他这次还失去了所有朋友，行为举止也变得令人难以捉摸。

彼得最近写信告诉我，他已经用尽了所有力气来对付卡尔的疯狂举动。他最后一次发神经的行为被希思罗机场的移民官阻止了。他当时拥抱了希思罗机场的移民官，还气喘吁吁地说："感谢上帝！英格兰！"他最终被送回了美国。

卡尔的那个建筑师把他从我们身边偷走，如今还想要抢走卡尔的画作——那些强烈而带有迷幻色彩的水彩画。卡尔活着的时候，他本可以轻易付钱买的。

如今卡尔即将被人遗忘，所有的约定、激情与美好全都消失不见，成千上万陷入爱河中的人不会记得这个笑起来如同天使的布法罗男孩。他的骨灰存放在布朗普顿圣堂的骨灰瓮里，和其他死者一起，等待着被扔进加德满都的湖里。即便是吸毒过度、英年早逝，他依然是当初的那个旅者。

～

回到凤凰之屋，萨拉和HB正拥抱着彼此。“我们得到允许了，我们准备要孩子了。”萨拉还有很多没和我们分享的信息。随后，我们走去考文特花园广场，看了看我电影里要用的乐器——一个铬制的七弦竖琴。买了裤子，最后在汤锅餐厅吃了小牛肝配培根。对于因为度假而无法在教堂示威行动中被“钉上十字架”这件事，萨拉感到很不开心。我在邓杰内斯给她买了装饰着血滴般红宝石的荆冠。看上去很时尚——也许她在坐公车回家的路上就会戴上。

～

HB收拾行李，准备去纽卡斯尔。我早早便上了床。药物使我昏昏欲睡，还让我的皮肤十分瘙痒，一分钟都不能让我安生。我开始卷起裤腿，挠起自己的腿。今天早上我把裤子穿反了，只好在前往阿什福德的出租车上换裤子。

9月3日　星期四

肯和我在万隆咖啡馆会面，过程很顺利。人人都希望塔里克·阿里这样热心的人能够出任制片人：他很有天分，也很精明。在需要组织事务的时候，他就像一个优秀的政治家一样；他善于营造正面舆论，还能慧眼识珠。那部关于斯宾诺莎的电影拍得很不错。我觉得，他和我一样，也意识到这里的万事万物永远都不会改变。

～

关于把王尔德的题材拍成电影的事情，我们讨论了很久——背景设在巴黎，在他晚年时住的房间里，一家咖啡厅，在桥上。

9月5日　星期六

七点半时，大卫从凤凰之屋接上我，刚过九点，我们就到了邓杰内斯。我们清理了房间，把当时被风暴吹倒的杆子插在花园里，随后开始给日本方面的人写那本关于电影剧照的书。

十一点半的时候，约翰·森宝利开着一辆崭新的宝马运动跑车来到我家，他看上去很开心，也很放松。他在阿什福德开了一家新的森宝利超市，今天带来了一大只烟熏三文鱼，我们把这条鱼当午饭了。

关于王尔德纪念雕像的事情，我们讨论了很久。约翰很支持这件事，不过他认为最好还是在歌剧院挂个牌匾。他倒是不反对设立一个委员会——我建议理查德当主席，还推荐了一系列人物参加。我们不能要求当下的政治组织参加此次活动，因为王尔德如果活着，一定会鄙视他们这些人的，这个项目也会因此染上噩运。所以，我们能不能找到其他支持此项目的机构？瓦妮莎·雷德格雷夫、特里·伊格尔顿、林迪·达弗林、西蒙·沃特尼、玛丽娜·华纳、杰里米·艾萨克斯、诺曼·罗森塔尔、雅克·朗[1]，也许能让玛丽·罗宾逊[2]来给雕像揭幕——至少这能确保大卫·梅勒不会站上舞台。

我能看出来，不管我们怎么做，这件事都会很难办。因为王尔德所代表的政治意义和艺术意义都一样大。我把这个想法告诉别人的时候，他们都会变得十分热心。

约翰走去寒潭，随后就出发去普莱斯顿。大卫去坎特伯雷拜访朋友了。针对那些由于《花园》的播出而寄来的信，我写了四十张卡片回复给他们。九点钟上床。

1　雅克·朗（Jack Lang，1939—　），法国政治家，曾任法国文化部长和教育部长。

2　玛丽·罗宾逊（Mary Robinson，1944—　），爱尔兰共和国第7任总统及联合国人权事务高级专员。

9月7日　星期一

在第四频道开会，很成功。他们准备推进《窄房间》电影项目。

HB开始教授健身房课程。他说，课程里的每个教练都在干私活：显然他们收到的一百英镑失业救济金和房屋补贴并不够用。他们都担心被发现，但是并无其他选择。

9月9日　星期三

我写作的时候，HB会挠我的头。我头疼得很厉害。马路对面的马琪俱乐部通宵的吵闹声让HB很生气。

～

八点四十五分到达贝尔托饼屋。米歇尔正在收拾楼上的房间——有一大堆蛋糕，每个人都很开心。《女佣》大获成功。

肯和我在贝尔托饼屋花了两个小时理清《维特根斯坦》的内容。随后，我们和负责服装与布景的两人见面，她俩都叫安妮。接着，我们去参观了位于滑铁卢的工作室，相当整洁。

～

在圣巴托洛缪医院做了个检查。我的视网膜正在脱落，里面有一片黑色漂浮物。我注意到，如果我戴上眼镜，视野的边缘区域就会被切断，而我也会感觉正常些。由于头痛，我检查了一下血压，看上去很正常。我已经任由那些疖子自生自灭了。今天又是高产的一天。

～

我打电话给林恩·西摩，她说她很乐意扮演莉迪亚·洛波科娃[1]。她说，弗雷德·阿什顿以前很害怕去凯恩斯家，因为那里没有酒喝。莉迪

1　莉迪亚·洛波科娃（Lydia Lopokova，1892—1981），著名芭蕾舞演员，梅纳德·凯恩斯的妻子。

亚·洛波科娃当初每周都会被艾伦带去图书馆。他说，她以前经常不穿衣服在花园里干活，只戴顶帽子。在那个只工作三天的星期中间，他说："真可惜我不能给梅纳德·凯恩斯打电话，他肯定能解决这问题。"

~

HB遇见了他的朋友安东，他在南非待了两年，回来时发现自己的通讯簿里有十四个人已经死了。HB当时不知道安东离开了伦敦，还以为他也死了——刚见到他的时候，HB还以为见了鬼。

HB很担心他的朋友也在逐个死去。他觉得，只有他会孤零零地留在人世。他还说，如果他要是处于昏迷状态，被放进生命维持机里，他希望这个机器永远开着。与此同时，我给自己挠痒痒的时候睡着了。

9月10日　星期四

眼科诊所几乎都空了，出现了一个穿着皮衣的男子，他正生气地大声嚼着口香糖。有个美貌的男孩穿着黑色晨衣，坐在轮椅里。他的头发都掉光了，好像个和尚。他没注意身边的环境，脸上挂着幸福的微笑，望着天花板。我已经滴了眼药水，所以在我眼里病房一片模糊。

他要咖啡喝。"要加几块糖？"

"请加两块。"他还有点饿，护士给了他一块饼干。

一位身材高大的男士出现了，他面带微笑，留着大胡子，身穿白衬衫和灰裤子，把那个"小和尚"推走了。他走得很慢。原来，男孩穿的不是晨衣，而是件冬天穿的厚大衣。透过玻璃门，我可以看见他们两个人。"小和尚"的输液管挂在他的胳膊上，晃来晃去。他的朋友搬来一把椅子，把他的脚挪上去，他已经几乎不能发声了。他还想要饼干，但我不太能听清他说的话。

~

他们要给我额外拍几张检查的照片，这样我就可以把巨细胞病毒画出来了。

~

我先去拉塞尔家，然后去理查德家要一些观赏葱来种在花园里。参加了一场电视访谈，聊了聊同性恋艺术，然后回到大卫的剪辑室，开始准备电影《蓝》。眼睛里的黑色漂浮物飞来飞去，让我头晕眼花。我感觉自己仿佛在走钢丝，一不小心就会掉下去。不同的事情一同向我涌来，《维特根斯坦》、颜色小书、《蓝》、《窄房间》、写给日本方的书，以及我自己下滑的状态。昨晚，我告诉詹姆斯，如果他想要我参与制作《蓝》，那他必须准备好应对挑战。他看上去并不太担心。

~

我拍了张照，照片里的我病恹恹的，正在慢慢地、小心翼翼地吃饼干。我的视觉变得十分模糊，不得不先停止写作。

~

药物试验的册子是蓝色的，里面还没有填写内容。我打电话给圣巴托洛缪医院，这样他们就能把我的名字录入系统里，参加验血、拍摄那些令人目盲的照片。我的左眼里出现了白色的线状物，我的右眼恢复得很好。我一生都不必按照固定的方式去活着，但如今一切都变了。我无法想象在这里排队、接受问卷调查的感觉。

角落里的一个女孩说道："克鲁塞德组织[1]准备给我个微波炉，但你刚拿到微波炉，他们就想把它要回去。"

她的朋友也支持她。她说："他觉得我看上去没事，所以就真的没事，但是我感觉糟透了。已经这样八年了，没有这些肯定会更容易些。"

这里还有一家西班牙人，他们带着一个翻译。我让他们插了队。那个女孩已经出去了，走之前说："我要出去挣一百英镑，我需要钱买衣服。"这就是艾滋病"存在"的样子。

---

1 克鲁塞德（Crusaid）是英国的一家慈善组织，致力于帮助贫困及边缘人群。

另一个人问：“我有六百五十英镑的拨款，这够买什么的？”

9月12日　星期六

邓杰内斯。包容姐妹会都来到这里参加我成为圣徒的纪念日，足有六十人之多。我们搭起圣坛，上边装饰着一只巨大的泰迪熊，一个生日蛋糕，还有一个泡澡时用的小鸭子。西蒙·塞巴斯蒂安看上去很不错，鼻子上穿着一只银色鼻环，看上去像是达利[1]那上翘的小胡子。他们送给我一个很漂亮的雕塑，是用葡萄牙的沙丁鱼罐头做的，雕塑清楚地描绘了奈德·凯利[2]的样子。阳光明媚，比起去年的这个时候，天气要暖和多了。他们赞扬完我的善行之后，又夸起了我美丽的鼻子——一切都很动人。我知道，这样的事情不必太认真，但是我的情绪变得非常敏感。这是怎样的奇迹啊？我想，最好的事情莫过于我们都还在这里。仪式结束后，我们走去海边，那些勇敢的人都蹚进了海浪里。姐妹们聊起了示威活动，以及寻找其他圣徒的事情。来自澳大利亚的埃塞尔修女告诉他们要继续行动，但他们无法做出决定。他们都去艾伦家吃午饭了。

～

深蓝色的天空上，幽灵般的云向海面飘去。月光把海角变成了明亮的灰色，即使才四点钟，也如同白昼一般。我凌晨醒来，心想，黎明即将到来了。

9月13日　星期日

花园已经种上了适合冬天生长的植物，尽管兔子正在大吃我的植物，

1　指萨尔瓦多·达利（Salvator Dali，1904—1989），西班牙超现实主义绘画大师。
2　奈德·凯利（Ned Kelly，1855—1880），澳大利亚逃犯，黑帮头目、杀人犯。

枝叶还是已经修剪完毕。我的那圈荆豆已经被上个月的风给吹干了，插在土里的枝条似乎都没有了生机，于是我换了新的。花菱草又开花了，四季开放的金盏花也开了。我把蜂蜜从蜂窝里取出来，再把蜂巢放回盒子里。这是一项黏乎乎的工作，我几星期前就想要做，但那时的风太大了。

这个时节，我必须每周在这里待上两天，以完成展望小舍的各种维护保养工作。除草、种下观赏葱、查看蜜蜂，以及昨天发生的那种事情都把我的日程填满了，非常忙。

～

根据巨细胞病毒的样子，我画了两幅画，它们看上去好像我视网膜那脏乱的照片。

～

这里的周日很随意，和秋日的天气一样变化多端。邓杰内斯又一次显得空虚寂寥。现在，不列颠塔妮娅酒店的厕所里没有修女换衣服了，看上去忧心忡忡的游客也消失了，我沿着海滩走着，捡些棍子来搭建金字塔形的防护架，这真是个漫长的夏季。

9月14日　星期一

我在想，我那变窄的视野会不会在电影中体现出来。在贝尔托饼屋聊了些关于电影投资的事情。如今我们有了二十万英镑的预算，而且，英国电影协会想要我们拍一部标准故事长片——十天的拍摄期，每天七分钟。这究竟算是对我们的剥削还是恩赐呢？我们还没找到布景和灯光装置。

彼得·格林纳威得到一笔钱来制作一部关于但丁的电影。我想，为了回报他，但丁会把他囚禁在地狱更深的一层里。

～

一种强烈的疲劳、压抑感突然出现。在讨论戏服的会议上，桑迪来晚了，我则晕倒了，狠狠地撞在了卫生间的门上。HB找了些冰块，做了个冰袋，我用冰袋来缓解头痛，在开会的时候睡着了。

想要坚持下去，可这在心理层面上很困难，有时候甚至会起反作用。肯说，他的祖母曾给每家人打电话说“过来”，他们都去了，他祖母就说“再见”，然后就断气了。我觉得我还好，不过难免会有些压抑。

我必须时刻警醒自己，不要对别人太苛刻，HB比天使还要好，他给我做了一顿很棒的晚餐，我却吃不下，他只好难过地把食物清理掉了。自从他开始吃杏仁蛋白软糖，心情就变好了。杏仁蛋白软糖对HB来说就是镇定剂。

9月15日　星期二

我今天要开心得多。

～

和第四频道以及英国电影协会的人见了个面，《维特根斯坦》被反复提及。本·吉布森讲了半个小时，说实话，我不太明白他要什么——他一直在用电影腔来说话，反复提及电影类型、戈达尔、拉康。这就像是在用马克思的腔调——那种晦涩的知性主义——来定义某种事物，却不能掌握其含义，所以会导致语言上的模糊不清。

～

十分钟后，扬说，在看完《如果》之后，他被那种黑白/彩色多种镜头的应用给震惊了。这部电影提供的理论让评论界为之疯狂。后来，他遇见了那部电影的摄影师，摄影师说，当时他们资金不足，彩色胶片也用完了，所以才出此下策。我觉得，如果一个电影人不出于实用的考量，是不可能拍出好电影的。本提起了《雌雄莫辨》这部电影：“灯光和摄影都不错，但却因为吹毛求疵而毁了整部作品。”

我说：“蒂尔达的妆容把她的表演降成了普通水平——跟电视剧《一模一样的人》差不多。”

六点钟时结束了工作，扬说他会给我们找些勋伯格的钢琴片段来当作背景音乐，我更加高兴了。

9月16日　星期三

九点半时，我到巴西利斯克公司赴约，但办公室里一个人也没有，真是懒散。十分钟后，詹姆斯来了，心情不错，我已经变成了怪兽。詹姆斯说，他也不知道英国电影协会是怎么回事，所有事情都要拖到最后一分钟来解决。按照本的想法，延期拍摄电影是个典型的愚蠢安排——那可就太糟糕了，我们会失去演员和技术人员。这种失当的管理是怎么回事？怪不得制片人总是神经兮兮，而电影导演却总是很平静。

～

利率的变化将会让我们全部失业——都怪东德。曼弗雷德说，还不如让柏林墙留着，真是无情啊！他们只有烟花表演和粉色弗洛伊德音乐会——难怪纳粹的万字旗又出现了，就算是希特勒和纳粹分子来操办表演，也比他们做得好。自由放任的资本主义会毁了我们，我们不需要意识形态，但我们需要五年计划。

～

HB和我步行去圣詹姆斯公园喂鸭子。HB说：“别担心，我会照顾你的。”我们看着椋鸟在黄昏的光线中绕圈飞行。HB问：“你眼睛里的那些漂浮物是不是就像这样？”随着时间流逝，HB看起来越发性感。

9月17日　星期四

今早的报纸上登了希特勒尸体的照片，尸体被斯大林掩埋、挖掘好几次，他就喜欢对着尸体幸灾乐祸。

9月18日　星期五

秋日，美丽的蓝色迷雾在树间飘着，细雨滴答落下。

～

克劳利医生打电话说，研究显示，与其用更昔洛韦治疗巨细胞病毒感染，输液是更好的选择。我决定继续口服药片。

～

我在街上见到一个小伙子，他高举着双手。“带着艾滋病活着，不如说是带着艾滋病死去。”

～

切尔滕纳姆的研究人员正在对罗曼诺夫家族的遗骨做DNA分析。

～

肯和我正在选角——其实真正值得在意的是，你能不能和这些人好好相处。肯把萨拉·拉德克利夫和理查德形容为“八〇年代的人”。

“为什么这么说？”

“他们必须填补所有空虚的时光，用医学术语来说，就是空虚恐惧症，这样，他们的生活内容就会越变越多，直到最后他们像气球一样爆炸。”

在青绿咖啡厅和卡尔·约翰逊喝了杯很棒的茶，他用生动的语言讲述了他的童年。

9月19日　星期六

HB说我是只爱吃蓝纹奶酪[1]的老鼠。我从贝里克街市场买到了过期的奶酪，他闻出了异样，把奶酪扔进了垃圾管道。

1　蓝纹奶酪是一种半柔软状奶酪，质感疏松，易融化，带有蓝霉，口味略微浓重。

9月20日　星期日

九点时霍华德和HB一起到了，HB似乎要得感冒——因为他文身处的皮肤仿佛要立起来，所以他能感觉到。我们在无比明亮的阳光下开车去展望小舍，趁天气还没变之前，沐浴在仅剩不多的温暖天气里。燕子低空飞过花园，在马鞭草、大丛的旱金莲和花菱草之间，优红蛱蝶和小红蛱蝶飞舞着。

午夜时分回到伦敦。

9月21日　星期一

真是个令人开心的早上，戏服的设计启发了我的电影叙事。我只希望能一直如此，我们拍电影的时候可不希望有人拉长脸。

开会的时候，几张照片从我的日记里掉出来，落到了地板上。那是霍华德给HB拍的搞怪照片，他正要拿一把大剪刀剪掉自己的命根子。

今天没什么新鲜事。“HB，我今天该写些什么？”

“你要知道，有些已经被你忘记的事情还是值得被记住的。”

～

肯问了些问题：

你最美妙的一次性爱经历是什么？

我觉得发生的地点并不重要，在床上的感觉应该比在树上好。

对于和别人一起住，你的看法如何？

这样做会进入别人的生活中。我想不出有什么人是我不愿意与之同居的。我肯定和其他人一样乐意。我曾经独自居住过很多年。

这很难吗？

尽管在同居的时候，我也会在自己身边筑起防护墙，但这并不难。我不会四处游玩，更不会带陌生男子回家——毕竟家里已经有三个人了，他、我，还有艾滋病。我怕如果我死了，会让HB失望。

如果不在这里住，你会去哪里？

无法设想。东西德的统一把柏林毁了，罗马太排外，巴黎容不下拥有我这样心灵的人——那里是彼得·格林纳威的地盘。自从战争结束以后，巴黎就容纳着世上最烂的人。除了在酒吧里，巴黎没有同性恋。

～

配着棕酱吃了午餐。桑迪带着颜料来了。我们的前期制作过于顺利，以至于现在我们只能无所事事地干坐着。桑迪回去拿布料了。

9月22日　星期二

今天早上黑蒙蒙的，灰色的雷雨云挂在天上，有人正把金属桶装的啤酒沿着坡道滚进贝尔托饼屋隔壁的酒吧里，发出雷鸣般的声音。连羊角面包都显得沉重了些。在这里工作了四十年的安娜算了算她究竟做过多少杯咖啡，随后，我们一起把药片吞下肚。

我在稀稀落落的雨水中走回家。外面天色很暗，我眼睛昏花，看不清东西，几乎无法写作。学生们又回到了圣马丁艺术学校，那里的窗户清洗一新，透出了灯光。今天的报纸上几乎没登什么新闻，只有些彼此矛盾的建议。讣告栏里也没什么有意思的新闻，不过，有一个年轻人看上去应该是死于服药过量，而不是艾滋病。我读着这些文章，尽管如今的报纸已经比以前要开放得多，但讣告栏依然是高档人士独有的俱乐部。

～

桑迪问我这些病房里一共有多少女人。通常来说有一个，她们多数是在色情行业里工作的吸毒者——这是我通过偶然听到的闲聊得出的结论。

所有人都在抱怨光照不足，就好像十二月提前取代了九月一样。

在科内利森工艺材料店遇见的小伙子说他的关节痛，那就意味着要下大暴雨了。

肯打电话来，他感冒了。我去买了更多的书。所有的书店都没有《论必然性》，好书书店、福伊尔书店、水石书店，都没有，小手册书店有吗？没有——我已经在雨中浪费了一个小时了。我在想，这些书店的人们能不能理解我有多着急。站在福伊尔书店里，感觉好像身处《禁闭》[1]当中，简直就是现实世界中的萨特版地狱。

无可救药的书店。在绝望中，我放弃了这个任务，开始研究伊夫·克莱因[2]。

~

今天万物静止，空气流通不畅，令人绝望。

~

继续寻找我要的书，一无所获。最终我放弃了，决定看看路边的小帅哥，随后打了辆出租车去万隆咖啡馆，戴着我那顶引人发笑的亮红色帽子。

~

皮尔斯把我的画作放在理查德家展出，他又卖出去一幅。我现在没多少钱，虽然有一笔小财富，但由于理查德的财务情况十分不稳定，这笔钱还处于冻结中。

~

那行将就木的洗衣机让HB十分苦恼，他站在厨房里，竖着耳朵试图捕捉洗衣机运行的迹象，但什么也没有，只有洗衣机的水滴在地板上。他不肯让我插手——这就是北方人的自尊心。他坐在那里写东西，但一页都不肯让我看，他说我会剽窃他的想法。我写的任何东西，HB都会读，他还会说这句或者那句值得被引用。我并不知道生活和日记里的内容会不会交织在一起，或是与交点平行。

1　指萨特的戏剧《禁闭》（*Huis clos*）。

2　伊夫·克莱因（Yves Klein，1928—1962），法国艺术家，极简主义和波普艺术的先驱，“国际克莱因蓝”的缔造者。

～

在万隆咖啡馆聊了很久关于《维特根斯坦》的事情，还聊了我想要引入一个火星人角色的主意。

～

蒂尔达和鲁比·里奇来吃午饭，我们去了那家由一位邋遢的希腊人开的咖啡馆，店里的装饰是浅绿色的。我们聊了聊用东正教牧师换掉苏联党委书记的想法。蒂尔达说，在复活节的时候，红场里正对着列宁墓的地方插了一面旗子，上面写着“基督已经复活”。

在牛津的布莱克威尔书店找到了一本《论必然性》。大雨倾盆而下，出租车的速度慢得像蜗牛，就在此时，我的眼中流出了泪水。

～

因为我偷瞟路边的小帅哥，HB管我叫“不忠的蠢猪”——他现在正在厨房修洗衣机。我读起了《文化与价值》。

～

HB说，我之所以总是失眠，是因为经常午睡。他坐在那里打字。“长毛怪，你是不打算睡觉了吗？”

“不。”

9月23日　星期三

在书店里，我发现一本讲幽默的书，大致写于1804年——这本书无法让今天的我发笑。我拿起我给火星人买的竖琴，乘出租车去万隆咖啡馆，这一天开始了。我们开车经过肯特镇的时候，我不禁想，尽管比起三十年前要更加沉闷无聊，伦敦已经有了很大改进。1964年的时候，我就是坐着这路公交车前往斯莱德的。虽然VCL工厂入口外的公交站依然在原来的地方，外面的风景却与从前不同。我很确定，狄龙的书店已经取代了那家咖啡厅。在外面，一个男孩正在泼洒着白色颜料，他的头发上和鼻子下面也沾染了一些，看上去好像卓别林的小胡子。沿街看到的男孩们似乎都常去健身房，真是一条满是肌肉的街道。像我们这样的人，哪敢穿上李维斯501的牛仔裤呢？现在的年轻人都很传统，看上去并不让人意外——这些臀部紧翘的小伙子正在模仿着那并不存在的五〇年代。

那家入殓师的店面依然还在威尔士王子街的角落里。死亡是导致破产的最后的商品，尸体防腐是为了能够永久保存，但如今没人会那么容易腐烂，吃了那么多经过防腐剂处理的食物，我们已经处于半防腐状态，这都是拜森宝利超市所赐。

> 如果有人只不过是领先于时代，那么时代终有一天会赶上他——我们最大的愚蠢行为或许是极为睿智的——我可以想象有人会认为“福南和梅森”[1]这样的名字相得益彰。
>
> 维特根斯坦

人人都有版权问题，给哲学申请版权——那肯定是不可能的。路德维希·维特根斯坦的理论应当能证明这种情况，在这段文字里，他的理论之间并无联系，也不会重现。

火星人。肯用传真把火星人的那段文字发给了我，我进行了改写。

～

今天的阳光如冬天般稀薄。我视觉的前沿使我头疼，我的胃部疼痛如绞，眼睛觉得钝痛，我的脖子由于皮疹而瘙痒，这是生病以来第一次这样。

我开心吗？是的。由于洗衣机在黑暗的厨房里奄奄一息，HB总是拉长着脸对待我。

---

1 “Fortnum & Mason”是英国伦敦皮卡迪利街上的一家著名食品商店和百货公司，销售高级食品和其他奢侈品。

～

托尼来这里吃午餐。我签下关于颜色的那本书的合同，又聊了聊遗嘱的事情。

～

今天一早，事情就成了一团乱麻，HB这个完美主义者找不到霍华德拍的照片，因为在两天前的会议上，照片从日记里掉了出来，我已经把它们放在了“安全的地方”。我一整天都在想，究竟把照片放在哪里了，但脑子里仍然是一片空白。我的健忘症让我越来越不开心，会让我有些恐慌。

～

有一对吵闹的年轻人占了我在贝尔托饼屋里的专座，外面的雨水细密如雾气。我去了银行——钱又少了——随后，怀着沉重的心情，前往圣玛丽医院做眼科检查，拍那种刺眼的照片。灰暗的天色反映出我不快的心情，今早我留给HB清洗的肮脏床单也是如此。

～

令人感到刺痛的滴液已经进了眼睛里，输液的刻度表有个缺陷——即便是用那只健康的眼睛去看，也记不住上面的字母，这是方便谁呢？这是我的幻觉。护士问道，如果她直接用我的名字称呼我，我介不介意。这问题让人困惑，但显然曾经有人抱怨过这个问题。

艾滋病病房里贴了一张新的海报：谋杀。6月2日，星期二的时候，你见到过他吗？

我仍然感觉，胃部底端仿佛脱落了似的。

“33974。”医生喊道。页面上的线条开始模糊，我也已经词穷。

～

不开心。在等待。我被困在这活死人墓里。还有一张新的海报：新药将艾滋病的死亡率降低一半。

无意中听到远处有人聊起T型细胞，就像是与命运来一场约会，这里一次，那里又来一次。浴缸里的水快要干了，那两条无精打采的金鱼也几乎一动不动。他们难道忘记这两条鱼的存在了吗？幸亏今天是阴天，否则阳光会让我睁不开眼，我的瞳孔会扩张，在下午茶时间[1]之前，视觉会一直很模糊。

我注意到这里有一张巨型海报：*大声说出来，男性强奸*。下面还有一张：*我们如今生活的方式*。我旁边的人说，他眼睛的病情恶化得很快，他还有严重的关节炎。已经十一点钟了，还在等待时间慢慢流逝。我好累，椅子上叠着的一大堆旧衣服倒下了。我低落的心情是拜药剂的副作用所赐吗？我的斗志越发低落，放弃，屈服。现在的我正在盲写。这里进展得太慢，我肯定去不了拉塞尔家或是理查德的工作室了。在空虚中打哈欠。

~

去拉塞尔家拿灯泡。在意大利餐吧和理查德吃了午饭。理查德对那些画作抱以很大希望。

~

两点钟时到了圣巴托洛缪医院。今早我在诊所遇见的那个友好且快乐的男子正在这里输血。我们聊了聊精神上的问题，他说，身陷忧郁会让你成为自己的敌人。我的眼睛后部感觉有钝痛，看不见面前的东西，远处的也看不见。这种化学药剂导致的情绪低落让我很担心，也有其他人受此折磨。还有另一种令人快乐的药，需要多吃一片。我拒绝了。情绪很糟，我的眉毛也在扭动。

~

我的书送到了病房——全套的“企鹅经典文学丛书”。

血，针，更多的血。

药房的工作效率一贯很低，今天更低了。我坐在那里等了一个小时，73号才变成74号，趁诊断结果还没出来，赶紧拿上你的药吧。

真是等了很久，很久。

1　下午五点钟左右。

9月25日　星期四

昨晚，我经历了有生以来最严重的偏头痛，最后不得不吞下六片止疼药才好。今早的我步履蹒跚，我的眼睛也无法转动，再也不能看报纸了。

今天早上，HB就像泰莱公司生产的饮料一样甜，但他的朋友加里哭着说要过来借宿，这让他很难过。HB开玩笑说，他要是拿不到三个优秀，他就要杀掉任何拿到三个优秀的人。HB今早十分开心，这让我那双昏花的老眼感到十分受用。

～

我有一种潜藏的恐慌感。我打电话给医生，他说偏头痛的确会让人无法阅读。一场细微而湿润的小雨正在落下，由于滴眼液的效果，汽车的灯会在我的眼里映成光晕。出租车在颠簸，我在车里歪歪扭扭地写着字，这些路和纽约的街道一样凹凸不平，在我小的时候，这些路可不会像现在这样被放任不管。私家的住宅和店面都变得漂亮整洁，而公共设施却日渐破败——都是些他们称作基础设施的东西。荒弃的人行道，路面坑坑洼洼，失明的行人需要加倍小心，否则可能会被绊倒，摔到澳大利亚去。也许是由于高负荷的交通导致的。

为了成就约翰·梅杰，他们昨夜牺牲了梅勒先生，干得漂亮，小报记者们！一个接一个地搞掉他们吧。

～

我们在处理版权问题——《逻辑哲学论》那边允许我们拍摄，那《论必然性》呢？有人送来了一段录像，是凯恩斯和罗素的。他们俩都带着爱德华七世时代的那种缓慢而清晰的讲话方式，用语非常规范，一个词往往能拆成两个来读。凯恩斯的戏服一定要用淡紫色。罗素的银发和浓密的黑睫毛让塔里克发笑。

成功躲掉了所有摄影师的要求，决定起用霍华德。我希望能像邮票上的女王一样，与现实隔离开来。

～

艾伦开车送我去邓杰内斯。他说，我们都曾期望欧洲立法保护同性恋权益，但如今希望已经彻底破灭了。这么多年里，欧洲只对我们经历的两件不公正的事做出了改革。我们倒是可以预测托利党人对同性恋人士的迫害会更加严重。上次在大教堂的示威行动中，在场的警察当中就有反恐特警。艾伦很确定他们都已经改换了身份证号码——他们到那里可是为了对付流血事件的。

对于梅勒先生褒扬约翰·史密斯这件事，艾伦并不感到遗憾。这次工党似乎已经选了最具竞争力的议员来组成影子内阁，史密斯先生非常能言善辩。

9月26日　星期六

燕子绕着屋子低飞，我眼中的黑色漂浮物似乎在眼前的景色中低低地游着。

约翰·亚当斯的《伤口包扎者》让我眼泪汪汪。在与艾滋病进行这场不公平的斗争时，当某人被打败之后，立刻就会有人来营救他。

今早，我的美国飞行员朋友卡里从他的空军营地里写信给我。他和他的朋友布鲁斯准备去爱尔兰，他正享受着美好的青春年华。上周我写信给他，谈起维特根斯坦，他在基地图书馆里找不到维特根斯坦的作品，但他买了一本关于克里姆特[1]的书，无意中看见了那张玛格丽特穿着白裙的画。

三位年轻的园艺师来访——他们来自荷兰，在来展望小舍的路上顺便去了大迪克斯特花园。他们在这里待了一个多小时，门口比较正式的花园和后面比较随意的园子，都让他们颇为赞赏。

1　指古斯塔夫·克里姆特（Gustav Klimt，1862—1918），奥地利象征主义画家，创办了维也纳分离派。

花园从未像现在这样美过，大量的花朵四处绽放，植物都很整齐洁净，植物组成的圈子也界线分明，雨水将所有植被灌溉得绿油油的，很健康。不准使用水管浇水的禁令并没有对那些尚未长成的植物产生影响，它们全都播种了：缬草、虞美人、矢车菊、川续断、锦葵，连大蓟草也是如此，不过它们长出多少，蛞蝓就吃掉多少。

我又播放了《伤口包扎者》，这次没流泪。围着屋子飞行的燕子，比我眼睛里的漂浮物还要多。

9 月 27 日　星期日

清晨，我看见第一批知更鸟快速飞过厨房窗外的植物，随后飞上了杆子，它们一刻也不停下。

云层已经把阳光带走了，尽管天气暖和，还是起了一阵微风。海滩上有海草，空气中飘着海盐的咸味。那条我用来当作散步终点标志的旧船已经不见，有人把它搬走了。

十点钟的时候，知更鸟还在这里陪着我。它们似乎打算留在这里。我在花园的前院劳作，还沿着海滩散步，收集石子。三位令人不悦的男士在这里钓鱼，他们冲我喊："你就是那个拍色情电影的家伙。"

我穿过卵石滩和他们对峙。"我正在拍的电影是关于一位哲学家的。"这句话他们没懂，我觉得那个不停纠缠我的男人，识的字都串不成几个有意义的问题。他们都是中年人，非常丑陋，真可惜，英吉利海峡里没有鲨鱼。结束了与他们的纠纷，回去继续我的园艺工作。在这里住了六年，这是我第一次遇到不愉快的经历。

～

偏头痛。我种下了长生花，那是HB从麦当劳里"营救"出来的，当时它们已经要死了，缺水，一半的叶子是黑的。麦当劳还真是擅长照看植物。

～

太阳被云遮住了，在接下来的两小时里，我忙着绘制新的画作。用黑色金属箔创作的作品有：《不祥》《致命》《巨细胞病毒》，比起日记里的内容，这些画会引发更广阔的思考——我能不能画一些非常露骨的色情画，让人们甚至不敢将其挂在墙上？我等下再试试，算是海滩上那几个白痴向我发出的挑战。

9月28日　星期一

太阳升起来，阳光缓和而完美，已经是连续第三天了。极其美丽的一天。天气适合穿T恤。

我的知更鸟还留在园子里。我从清晨开始就忙着打扫屋子，一直忙到克里斯托弗开着那辆可爱的破旧出租车来到家里。早上时，我眼睛的情况似乎有所恶化。我忍了五六个小时，到中午的时候，已经习惯了。现在想要找笔或是书就更难了，所有东西都放错了位置。我想，偏头痛是否是由头晕或是飞蚊症引起的。尽管我不想让这本日记成为疾病大全，但日记已经不由自主地向这个方向靠拢。

克里斯托弗已经放弃了移民意大利的打算，并谈起要搬到这里。我们在轻轨咖啡店吃了午餐，随后采了些野蘑菇。我们聊了聊《窄房间》，然后便经由大迪克斯特花园回到了家。

HB由于练习跆拳道，浑身都是瘀青。

9月30日　星期三

我今早工作的时候很清醒，几乎像是健康的状态。我爬上向北行驶的134路公交车。电影的选角、招工、设计等工作都已完成。摄影师詹姆斯·韦兰很不错，能让人放心。

～

当你老了的时候，会感到父亲的声音在对着你耳语，这感觉真奇怪。塔里克说，他也有过同样的经历。我发现自己说话好像兰斯。

十月

10月1日　星期四

今天，警察和法务工作人员都被打上了耻辱的标记——埃里克·本特利[1]要被特赦了，死亡的腐败气息在垂死巨人的身上爬行。

我有一位加入了共济会的朋友，他因为超速被抓。上诉时，他们告诉他，警察将不会出席法庭，后来他就在肯特郡被释放了。而埃里克·本特利则没那么幸运。如果谁想要杀人，那他应该先加入共济会才对。HB说，在经过一系列的冤狱、阶级仇恨，以及英国人对任何形式的公共服务的冷漠之后，警察已经名声扫地了。这些身穿警服的人小时候还会和邻居的孩子在操场上一起打闹，长大了却可以随心所欲地逮捕、陷害他人。除非有人命令他们守规矩，不然他们才不会照办。

《独立报》打电话警告我，说那些小报——这次是《每日快报》——

1　埃里克·本特利（Eric Bentley，1916—　），生于英国的美籍评论员、剧作家、编辑、翻译。

正在试图重新开办那期关于吉内西斯·P-奥里奇的可悲而失实的报道。根据我的线人提供的消息，警方正打算以身体打孔和刺青的罪名起诉吉内西斯和宝拉。真的！这世界要变成什么样子？这期报道本可以去调查虐待儿童的事件，但他们选择对吉内西斯进行一次残暴的媒体审判，他不得不离开这个国家以求保护自己的女儿们，警方已经扣押了他的文件和作品，他还失去了自己的房子。我联系了乔恩·萨维奇和大卫·刘易斯。在这一事件中，我们都无能为力，没有足够的时间或资源去上诉，不过我觉得特赦组织可能会接手这个案子。吉内西斯是世上最负责的父亲，他的孩子们是世上最幸福的。这期节目的主要负责人应当被仔细盘问。有这么一段时间，我充当了灵媒电视乐团的发言人。我给第四频道打了电话，他们回复道："你表现得太卑微，发言也太短了。"这发言的长度已经够《每日镜报》将其登载，并派两个记者来邓杰内斯采访我了。

～

我和卡萝尔·迈尔斯在阿尔及利亚咖啡店见面。《爱德华二世》在迪纳尔电影节上获奖了。

在波士顿商店买了过滤器和纸张，乘出租车去了万隆咖啡馆。又是一个安静而阳光明媚的上午。

10月1日，只用穿一件长袖衬衫。阳光强烈的时候我会感到头晕，眼睛的情况也开始恶化。我内心有个声音觉得眼病会持续恶化，这个声音说，我这辈子已经看得够多了。

～

我们给《窄房间》写了一份概要，全都是关于杀人和搞破坏的内容，我把这份文件用传真发给身在纽约的克里斯蒂娜。

肯和我一起前往一家摄影设备店，准备买一台新的相机——我得买一台用来寻找近景和外景拍摄地。随后我们在车站外的摊位上看到了一片由丝绸衬衫组成的彩虹。我回家的时候，抱了一大堆关于维特根斯坦的书，还有我买的乐器。

肯说起了我对戏剧不感兴趣这件事。席德街就在国家大剧院旁边，肯想要吊我的胃口，说道："我们要不要和你的朋友一起吃饭？"

"什么朋友？"剧院里那肮脏而渺小的文化，好像人们在当铺门口排成长队，想要获取些好处。同性恋出版社将其视为一种背叛，他们说道："长着托利党的身子，工党的头。"*左半边的头脑，右半边的胃*。我觉得自己被这个社会孤立了。即便只是把一张纸点燃，看着火焰燃烧，我也很开心。

10月2日　星期五

在意大利餐吧早早地吃了早餐。

肯和我一起步行去工作室参加排练。肯说："我希望你能把我写进日记里，写些夸我的话。"

为什么我会觉得被孤立？我在体制之外创建了属于自己的空间。我真的为此感到开心吗？是的。在这些体制中，我只见到些散漫的异性恋马屁精和甘心默默接受现状的同性恋。年轻的时候，除了那些拒绝在这样的世界中留下记号，以及那些被遗忘的人以外，我几乎找不到一个能让我敬仰的对象。在这个垂死的社会中，万事万物都是一种妥协。

那些异性恋马屁精需要繁殖后代，所以他们不会做冒险之举——他们是为了维护未来。我曾经有过要孩子的打算吗？没有，从没有过这种想法。

～

三点半时，克里斯托弗开着那辆老旧的出租车来了，带上我去邓杰内斯。他觉得《窄房间》这部电影应该有一部分在工作室里拍摄，剩下的则在外景中完成。我们开车经过湿地寻找外景地，但他觉得这里不怎么样。克里斯托弗说，肯·拉塞尔曾经以伯恩茅斯为外景地来拍摄洛杉矶的情节。洛杉矶一直和伯恩茅斯很像——如果你把地平线拉近一些，像我一样努力而痛苦地工作，你也能创造出这种幻觉。只有田野里的灌木篱墙才会让人发现那里不是洛杉矶。

～

邓杰内斯现在安静得像只小老鼠。我在这里孤身一人。HB在纽卡斯尔。

10月3日　星期六

夜间的雨下得很大，天明时光线微弱，天色灰暗，突然就变冷了。邓杰内斯很安静，显得有些荒凉，只听见云层上方传来飞机的轰鸣，还有海边的海鸥叫声。我的左眼上方隐隐作痛，但等我泡了个澡、早餐吃了吐司面包和甜甜的葡萄柚之后，疼痛消退了。我加固了用来保护荆豆不被兔子吃掉的金字塔状防护栏。为什么兔子那么喜欢吃这些带穗的幼苗呢？现在发芽的植物不多，只有些旱金莲和花菱草而已。蓝绿色的海白菜快要长叶子了，原本是深红色的蔷薇果，如今的颜色比之前还要红。

～

沿着海滩散步时，我找到一些金属链，可以用来固定屋顶上的长生花。四处的景色很荒凉：一大堆铁路枕木铺成一条通道，供船下水。但灰雾笼罩着水面，看不见船。

～

理查德打电话来。他现在正处于个人危机和财务危机中，只顾着管理他的现金流，想和他聊聊王尔德纪念雕像的事宜简直太难了。按理说，一小时的时间里可以寄出十七封信，但已经过去几周了，他还只是念叨着要联系歌剧院的杰里米·艾萨克斯，并未付诸行动。

艺术品交易市场对拖延成性的人来说简直是天堂。人人都能给理查德提供好建议，但他的结局还是会像泰坦尼克号一样，在华丽的交响乐伴奏下沉没——这就是《浪荡子的历程》里对拍卖会的真实写照。他仿佛活在过去，那时的破产只被视为个人的失败。如果我是他，我会从损失中尽量回收自己的利益，同时要仔细考虑每一件小事。但现在已经太晚了，即便是青少年也知道要卖掉博伊斯的画，来给家里的墙面腾出空间。看来，理查德注定要在他那爱德华广场的豪宅里龟缩不出了。

理查德的雄心壮志最终只会让那些帮助他的人感到无助，而他却在对着财务指标发火，还把自己的怒火转移到别人的身上。这就是一种折磨。理查德具有一种类似男孩气的巨大魅力，还非常时尚，但是约翰·梅杰已经搞了破坏。世上的每个人都在一边承受损失，一边大谈复原，现金流好像寒霜一样惨淡，再聪明的人也会绝望。

理查德的情况和保罗类似。保罗和他的朋友马里奥一起，难过地按响了我家的门铃，马里奥现在已经失业，并无找工作的打算。保罗正想方设法利用朋友们的非法收入来付房租。我没能答应他借一千英镑的请求，因为我没这么多钱。我的每一分钱都拿去帮助理查德了，而保罗和我们一样，都过着入不敷出的生活。

～

为了亲爱的生命，理查德牢牢握住油画生意，而我为了亲爱的生命，则牢牢握住生命本身。我愿意活着，不想死，因为我对当下的现实太好奇了。

～

这样的衰退就像饥荒一样，从没在我们的身上发生过——乐购超市里有着充足的食物，物质的丰富超过了人们的欲望。若是货架空了，收款机那悦耳的声音也停了，会怎么样？HB说，我总买些奢侈的食物，而他只花一半的价格就能买到同等数量的卡路里。那位疲惫的女士把所有的食品都塞进电子机器里，仿佛是在填鸭，哔哔哔。

～

旱金莲的叶子在微风中摇摆，钻石般的水滴在上面闪光。一阵狂风会把这些小钻石吹掉吗？水沟里传来汩汩的流水声。邮递员带来的信件太多了。西蒙·特纳打电话来说，他明天不能登门造访了，他把自己的驾驶证落在了法国。下周日，他要去根特参加“蓝”主题音乐会，我又错过了。我的天使竖琴将不会被奏响，不过我希望能看见这架竖琴在纳比尔的“星际轮椅”演出上亮相。

～

上周，我找到了一张斯德哥尔摩的文化专员寄来的卡片，这卡片当时塞在我的木质门缝里。今早，当我站在门前的时候，一只大海鸥飞过来把这张卡片叼走了。

～

雨依然在下。肯打来电话。他昨晚出去猎艳不是很顺利——他喜欢的那个男孩对他说：“把手放开，我不喜欢你这种类型的。”

“谁是谁喜欢的类型啊？你觉得安东尼是我喜欢的类型吗？蒂尔达是约翰·伯恩[1]喜欢的类型吗？HB是你喜欢的类型吗？”

“你举的例子都有年龄差异，得举两个年轻男人做例子才有比较的意义。”

～

今天天色灰暗沉闷，雨水不断。我几乎要下决心去伦敦寻求别人的陪伴了，这里一个人都没有。

我有一种感觉，仿佛自己与世间的一切都脱离了。我想，这是由于当前飘忽不定的情况所致。以前我还可以忽视这种感觉，现在却不可能做到了。我一天都在颓废着，无所事事。根据肯的观察，《窄房间》将会成为一部伟大的电影，即便是这个消息，也没能让我激动——毕竟在开拍之前，还要熬过不少冬日。我能熬过那些漫长的日子吗？冬天的早晨，天还是黑的。

我今天吃的东西没味道，还让我不舒服，有点尿血。昨天下午我睡着

1　约翰·伯恩（John Byrne，1940— ），苏格兰剧作家、艺术家，蒂尔达当时的伴侣，比她大二十岁。

了，《窄房间》的剧本落在了地板上。我跌跌撞撞地在房子里走动，仿佛地板上有些隐形的障碍。

～

整个国家都倾颓了，在金融风暴[1]里彻底迷失。一切都分崩瓦解：道路、工业、健康保险、教育、外交政策，以及天佑的英镑。我感觉，大家对复苏的诉求十分空洞，这场滑坡的后果是永久的。惊慌的银行家们试图把心有不甘的选民们拉进货币同盟，他们只能看到欧共体时常会干涉薯片事务，或是糟蹋奶酪生产等问题。至于那些无形的货币的命运，那些只需按下按钮便能通行全世界的货币，对他们来说，只不过是个遥不可及的话题。有谁能让大家重振对欧洲汇率机制和英镑汇率的信心呢？资本做不到这一点，如果英镑汇率下降，那么物价和失业人数都会上涨。每天都会增加一千个失业的人。勇气、才智，处处都没用——看看那可怕的后现代主义风格的乐高乐园吧，因为缺乏社会价值而被抛弃。至于那些属于现代的严肃乌托邦主义，弗里斯[2]、柯布西耶[3]，他们会怎么样呢？即便是海沃德美术馆也比这要好。

～

夜晚即将到来，雨还在下。

10月4日　星期日

狂野的东风在夜里刮起来了。我在黎明前醒来，翻身的时候，左眼上方有烧灼般的疼痛感。我把枕头叠在一起，但即便如此，也没什么效果。我起床，在卫生间就着冷水吞下止疼药。疼痛无法转移，于是我在新房间

1　1992年索罗斯狙击英镑，对英格兰银行造成极大的打击，致使英镑大幅贬值，英国最终退出欧洲货币体系。

2　指纳塔莉·德·弗里斯（Nathalie de Vries，1965— ），荷兰建筑师、城市规划专家。

3　指勒·柯布西耶（Le Corbusier，1887—1965），法国建筑师、室内设计师、雕塑家，也是二十世纪最重要的建筑师之一。

里坐着度过这夜晚，时不时地打瞌睡。清晨时泡了澡，喝了杯茶，暂时让疼痛退去。

~

窗户已经被糊上一层海盐，如同下了霜，狂风激起了海水。海滩上一个人也没有，渔船在卵石岸边牢牢地停靠着。雾蒙蒙的空中透出一丝阳光。

~

我有点担心自己可能状态不好——明天电影就要开拍了。HB担心我会忽视那些症状。这当然不会像弓形虫脑部感染复发那样严重，我应该严肃对待吗？我记得，我以前曾经对我的朋友杰克·温特斯说，不必担心头痛的问题。九个月后，他死于无法用手术治疗的脑瘤。

~

电视上播出了些可怕的镜头，是关于法兰克福一家歌剧院门口的瘾君子的。场景看上去好像国家大剧院附近的纸板屋棚户区：瘾君子、用黄铁充当的黄金、超额利润、犯罪行为、压脉器，还有沾满血的头发、流动厨房门外长长的队伍、沾血的针头与艾滋病。

~

我从窗户里看见一艘巨大的集装箱货轮经过，好像迷雾中的阴影。狂风将我的悲伤和蜘蛛网一起吹走了。现在太阳已经出来，过了一会儿，艾伦开车带我回伦敦。

~

周日的报纸上报道了英国的现状，我们迷失在了欧洲货币单位的领地上。可能这个国家一向如此，但迷失和失败可不是一回事，我很确定，英国在全世界范围内算是适合居住的地方，但是这样的情况真的会长久吗？以前经济学一直都是为特定利益而量身打造的，这就是托利党的无耻行为，但现在的经济学已经彻底改变了。当世界上其他国家都在构建一个未来世界时，我们则在以地产为主导的经济蓬勃发展时期买来卖去——这就是撒切尔夫人的幻觉。这样的经济发展实质上是恶性通货膨胀。当房价上升两倍乃至三倍时，房主们就会相互勾结，自以为自己有钱了。现在他们却不得不睡大街，蓬勃发展成了一场泡影，只剩催收房贷的公司来敲门。

～

有一篇文章说道，价值七百英镑的名牌服装销售额预示着巴恩斯利市的财运情况。这些衣服可能是在意大利设计，在印度制造，然后卖到英国来的。我想，巴恩斯利市的人若是不买这些昂贵的衣服，还有什么事做？

10月5日　星期一

HB昨晚回家晚了，害得他那位年轻的朋友加里在家哭泣。就在我们睡觉时，一架飞机撞上了阿姆斯特丹的一幢大楼。这架飞机基本上是空的，但楼里却有两百人[1]在睡梦中被活活油煎了。我经常会设想这种灾难的发生，比如当飞机从高空掠过城市的时候。

～

七点半的时候到了意大利餐吧，留HB在家里泡澡，他挺高兴的。我临走时和他吻别。

“就只给我一个吻吗？”他问道，“有很多人抢着想要我的爱呢。”

～

我拿起铬制七弦竖琴，打了辆出租车前往工作室。我们经过滑铁卢大桥时，正值破晓时分，清冷而阳光明媚的一天即将开始。

在席德街工作室拍摄《维特根斯坦》

在十二天内用二十万英镑将哲学思想转化为电影，简直是个不可能完

1　1992年10月4日的阿姆斯特丹空难造成的实际死亡人数为四十三人，其中地面死亡三十九人。

成的任务。哲学本身就是电影的对立面，在电影中，语言只是个配角。

比起智者的高丘，维特根斯坦更信服愚者的绿谷。我第一个做出的决定就是按照他的话设置一个天外来客的角色：绿先生。路德维希·维特根斯坦生活的年代里，人们对火星人这个话题很痴迷。我长大的时候，每天都能在动画中见到火星人的形象，他们总是绿色的——绿色的小人。

我的任务就是拍一部具有哲学性的电影，而不是一部关于哲学的电影。考虑到这一点，电影预算低倒是件好事。特里·伊格尔顿的剧本为这部电影打下了最重要的基础，在整个拍摄过程中都是如此。电影的背景自然是在三〇年代的剑桥，同时，其背景的构想是完全偏保守主义的。我觉得不能用真实的外景场地，不然，这电影看上去就会像是麦钱特艾沃里制片公司[1]的作品的廉价翻版。这就等于背叛了我“少即是多”的电影风格，转而投入了传统电影的怀抱。重新定义电影将和重新定义语言一样，都需要一次跳跃——就这部电影而言，背景都换成了黑色幕布，这是对叙事手段的挑战，但并未抛弃叙事。

～

当初，在开始着手写剧本的前一天，我在电视上看了一部纪录片，剧本和纪录片秉承着同样的思路。事实上，这部纪录片的结构和我们的剧本非常相似，里面有很多拍摄冰蚀高原的镜头。以前由于资金匮乏，在不情愿的情况下，我们在《卡拉瓦乔》里运用了黑色幕布背景，结果由于红衣主教们的服装都是深红色的，效果好得出奇。泰特现代美术馆里有一幅米洛的作品，上面以原始的形状和色彩作为背景。黑色有其本身的优雅，能创造出不受限制的空间，但若是进行创作，必须引入其他色彩。

我亲自挑选服装，这样维特根斯坦看上去就像一个身份不明的瘦小男子，从一部社会现实主义的电影中走出来，在一个艳丽夺目的英格兰世界

1 麦钱特艾沃里制片公司（Merchant Ivory Productions）由监制伊斯梅尔·麦钱特（Ismail Merchant）和导演詹姆斯·艾沃里（James Ivory）创办于 1961 年，出品过《看得见风景的房间》《告别有情天》等电影。

中漫游。凯恩斯的角色身穿淡紫色服装，罗素穿着红色的学位袍，奥托琳和赫迈恩的服装则带有各种色彩。很快，我们就发现，制作戏服的店家已经无力完成我们的要求，于是我们自己来制作服装，我决定让他们尽可能不要在戏里换衣服——蒂尔达在整部戏里都穿着同一件衣服，戴着同一顶帽子：又省了些经费，低预算再一次使我们获得了美感。

将服装的预算降低后，接下来要解决的是道具，我们把道具的问题无情地消灭了。有过这么一段时间，我们需要一个布景——奥托琳的第一场戏，她躺在紫黄相间的床上，一棵猪笼草将她衬托得十分优雅。霍华德和我用了大半个早上的工夫才说服一位猪笼草专家同意把猪笼草出让给我们，这位专家长着一头鲜亮的红发，住在米尔希尔。每株植物都会带给人感情上的眷恋，这一株植物已经生长了二十五年，花了我们二十五英镑，在最终把猪笼草挖出来之前，我几乎已经不指望得到这株植物了。

解决了配色、布景、道具的问题，我意识到我们没有足够的资金购买电影配乐，于是我邀请我的朋友扬·莱瑟姆-凯尼格来扮演保罗[1]。保罗是路德维希·维特根斯坦的哥哥，拉威尔[2]曾在他的委托之下创作单手演奏的钢琴协奏曲。我抛弃了之前西蒙和我一起在《卡拉瓦乔》和《爱德华二世》中创设的多层次配乐法。

夏末时分，我们一直在万隆咖啡馆忙着准备这部电影，后来，工作转移到了席德街的工作室，就在滑铁卢火车站转角处。步行去那里很容易。我每天早上六点钟就起床，去意大利餐吧，等奥蕾莉亚打开录像机和榨汁机之后，我就开门进去吃早饭，喝卡布奇诺、橙汁，吃奶酪面包卷。

我身穿蓝色罩衫和一件五十年代的沉重外套，头戴一顶深红色的中式帽子。在创作那本颜色小书的过程中，我开始痴迷于色彩和服装，总是穿

1 指保罗·维特根斯坦（Paul Wittgenstein, 1887—1961），奥地利钢琴演奏家，路德维希·维特根斯坦的哥哥。保罗在“一战”中失去右臂，故委托拉威尔为其创作单手演奏的钢琴协奏曲。

2 指约瑟夫·莫里斯·拉威尔（Joseph Maurice Ravel，1875—1937），法国作曲家、钢琴家、指挥家。

着玛莎百货里卖的系列T恤衫。我意识到，除了袜子、裤子、鞋以外，二十年来我很少买其他类型的服饰。约翰·伯恩穿着他那件优雅的花呢西装，蒂尔达则穿着山本耀司设计的衣服，相比之下，我看上去就像个邋遢鬼。

～

席德街的工作室是一个制作音乐影片的地方，建筑外观像是鞋盒。以前的老制作团队都在这里：莫拉格负责化妆，她把HB变成了一个会让少年们梦寐以求的偶像，一天下午，莫拉格把自己化成了弗里达·卡洛[1]；桑迪负责服装；安妮负责布景；詹姆斯·韦兰负责摄像。

在阳光灿烂的清冷早晨，当我走过空荡荡的街道时，我知道，等八点钟我们准备好开工后，他们会用微笑来迎接我。仿佛是为了赶进度而粗制滥造的影片——白天拍摄大师们，晚间拍摄特写镜头。拍到第二周的时候，我们每晚都会工作到七点之后。有这么两三天，我们工作到九点以后，后来则工作到十点，最后一晚我们一直忙到午夜。

我虽然筋疲力尽，却有一种意志支撑着我一直坚持到最后。有这么两天，我以为我撑不到工作完成的时候了，我只能和诊所的人商量不去看病，让别人替我取药。

～

《维特根斯坦》究竟是天赐的礼物还是一次我任由其发生的可怕压榨行为？我是不是不应该让这些视频片段组成一部电影？午夜时分，当我们收拾好东西准备走的时候，我身边人们的眼睛里都透露着疲惫。他们开心吗？

10月17日　星期六

完成了两周的拍摄工作后，我简直精神错乱了。经过考文特花园广场时，我盯着空荡荡的店铺。穿过广场时，我心想自己会不会碰到爱尔兰共

1　弗里达·卡洛（Frida Khalo，1907—1954），墨西哥画家，以其自画像和肖像画闻名。

和军[1]安放的炸弹。苏塞克斯酒吧[2]已经用板子隔起来了，前面摆了一张桌子，人们献的花都摆在上面。炸弹多在夜间引爆，其中一枚炸弹就放在圣吉尔斯教堂旁边，我抄近道的时候会经过那条巷子——爆炸发生的时候，那些公寓楼都跟着颤抖。HB当时第一个到场，后来警察把他赶走了。回家路上，我遇见了一个极其粗鲁的警察，并和他发生了口角，他们这帮人站在那里，什么忙也帮不上，但只要有路人问问题，他们就变得凶神恶煞。

～

八点钟的时候，我和史蒂夫·法勒在普雷斯托餐厅见面了。天气很冷，还下着雨。我们谈起英国电影协会，他们总是靠利用别人的善意和好心才能拍出电影。其实，这样看来，《维特根斯坦》也是靠着剥削别人的善心才得以完成的——他们已经将我逼入绝境，提高了拍摄的风险，却没给他们相应的报酬。巴奇说，后期制作的款项不足，如果是制作一部五十分钟的电视节目，这笔资金完全足够支撑所有事项顺利运行，但是制作一部时长七十二分钟的35毫米焦距电影则完全不同。英国电影协会必须补足资金才行——我们已经为他们创造奇迹了，他们必须认可我们的努力，提供足够的资金让我们完成电影。

10月18日　星期日

独自度过一个不安的夜晚——HB去了纽卡斯尔，所以，在我辗转难眠之时，他无法帮我平静下来。

七点之前就醒了，随后带上一份《周日独立报》出门去了意大利餐吧，报纸首页上登了一篇社论：《梅杰先生的时间不多了》。如果诚如《太阳报》所说，梅杰先生一定会下台，没人会比我更高兴了。所有诚实

1　爱尔兰共和军（Irish Republican Army）是曾为爱尔兰独立，后为爱尔兰统一事业斗争的组织。

2　1992年10月12日，爱尔兰共和军在考文特花园广场的苏塞克斯酒吧安放了炸弹，造成五人受伤，其中一人因伤重去世。

的英国人都会在下周日出门游行对矿工们表示支持。英国的统治阶级如今已行将就木，他们声称这个国家没救了，准备弃船逃生——带上他们的流动资产远走高飞。外面空旷的街道被第一缕冬季的寒风占据了，阳光在照耀着。

～

十点钟时霍华德来了，他昨晚穿着梅纳德·凯恩斯的紫色西服上蹿下跳。他说诺丁汉矿工们在1984年时的背叛之举是不可原谅的，他们独自将工会毁于一旦。

我们在这阳光普照的城市漫游，街道上几乎没有什么生命迹象。

～

HB打电话给我，祝贺我完成了拍摄。我觉得英国电影协会是借着我朋友们的辛勤劳作才搞定了这部电影，而他们却一无所获：霍华德领到了两天的工资，共计五百英镑，但他每天都在片场；约翰制作了所有的戏服，只为了得到一幅油画；而我用二十万英镑的成本，将特里·伊格尔顿那非常传统的剧本转化为八十分钟的电影，只得到了一万英镑——我的经验和才智一如既往地处于资金流动的最底端。做得最多的人反而报酬最少：一镜到底的德里克。要是能再多一个星期，我们能挣到些什么呢？我内心的期待值并不高，但这部作品一定是英国所有赶工拍成的电影中最优雅的一部。

我很高兴能够创作出一部如此精致的喜剧，跟我以往的作品相比，这部电影更能反映出我内心的状态。

～

我们在布莱克希思服务站停下了，接上阿里，他坐在车后座，和那个黑色地球仪以及猪笼草挤在一起。霍华德说，阿里未来会当上加油工，阿里则说，如果未来能身穿紧身皮衣，成为“皮鞭”苏那样的人会更好些。

阿里的曾祖父是名共产党员，他的葬礼也是按照共产党的形式办的，没有提及上帝。

莱拉·亚历山大·加雷特扮演了《维特根斯坦》中的那位俄国教授，

他很高兴当初离开了苏联。约翰·伯恩和蒂尔达则想要移民到那里。

霍华德的祖父杰克在二十一岁时遭遇了一场煤矿事故，他被困在矿坑里三天，后来双腿都瘫痪了。那家公司只付给他两周的薪水作为补偿。他的生活非常不幸福，充满暴力与愤恨。

我提议吃午饭，霍华德说："我不敢相信我吃了一个兔肉派。"霍华德小时候养的兔子本杰明死掉后，他发誓一辈子也不吃兔肉，从未食言。上周日，我们在一家酒吧吃午饭，霍华德说："我的鸡肉野蘑菇派太好吃了。"

我说："我这个波尔图酒兔肉派没有你那个好吃，里面全是蘑菇。"于是，他明白了究竟发生了怎样可怕的事情。

～

今天是所有人印象当中最冷的十月天。花葵长得很高，堵住了后门，霍华德和阿里将其移植走了。作为代替，我们在原地种下了在前院奋力生长的酒红色玫瑰。我们还重新布置了后屋，这样，下周我就能在这里写作了。

10月19日　星期一

我花了一上午来买衣服，这样的事情我已经几年没做过了：我在二手服装店里找到了些别人不要的衣服——其中包括一件漂亮的工装衬衫和一件哈里斯花呢外套。在市场里，我买到一副摩托车护目镜——这是为《窄房间》准备的第一件道具。

在泽尔达·齐特尔的画廊里和她待了一会儿，那里正在展出一批安格斯·麦克宾[1]的照片。真是阴冷的一天。下午晚些时候，我坐134路公交车前往肯蒂什镇参加一场放映会。

在公交车上换了个位置——旁边坐着个令人恼火的小伙子，我们一路

1　安格斯·麦克宾（Angus McBean，1904—1990），威尔士摄影师、布景设计师，超现实主义者。

往北走，他一路大嚼着食物，声音很大，他的耳机里还放着吵闹的迪斯科舞曲。

～

英镑暴跌，梅杰先生这下四面楚歌了。矿工们计划游行示威，十年来，我们梦寐以求的事情终于要发生了。很遗憾，我们不能把这些匪徒吊死——我倒是很乐意看到这景象，因为有违公德而被公开处决。公车上的老人们看上去都很难过，沿着这条布满雷区的道路向北前进。134路公车上没有一个人脸上有笑容。司机一脸阴沉——三十年前我来的时候，这里可绝不是这样的。那时的售票员会微笑着欢迎老年人上车，和他们聊天，问候他们。这种悲伤的氛围就是撒切尔夫人留给我们的遗产：丑陋、冷漠、短视、狡黠而傲慢的愚蠢行径。她应该被英格兰流下的眼泪活活淹死。

在万隆咖啡馆，我看了那部小电影，很优雅也很有趣，里面没有无用的表演，每个人能随机应变。

10月21日　星期三

太阳出来了，我右眼的情况一团糟，感觉好像在朝着一群椋鸟打闪光灯。头痛仍在继续。当死亡紧盯着我的时候，我何必还要在乎其他事呢？

我把一整天的时间都用来做节目了，第二个节目谈的是米开朗基罗，昨晚录制的。我跟洛兰说，要是我拿不到采访节目的所有母盘，我是不会为这些媒体再做任何事的。这样，我就可以随心所欲地压榨他们了。

《独立报》打来电话，他们想让我写一篇关于罗伯特·梅普尔索普的文章。

十一点钟，我从泽尔达·齐特尔那里买了一张安格斯·麦克宾的照片。随后，打了辆出租车，在寒冷而晴朗的伦敦天气中前往理查德家。

我今早感觉很烦躁，试着做些事情让自己的心情平静下来，但收效甚微，这感觉好像是终夜深思，辗转难眠。视觉一片黑暗的那只眼让我感觉眩晕，走在街头的时候让我感到恐慌。我被路上开裂的铺路石绊倒，摔倒了。这样奋力的挣扎使我变得沮丧、易怒，非常不开心。所有我珍视的朋友不是死了就是已经奄奄一息，一个时代终成历史，那些冒险的精神与狂喜的情绪都已逝去。当我沿着维多利亚女王纪念碑转圈时写下了这段文字，生存带来的疲劳让我感到痛苦。真希望我能和HB的洗衣机一起去死。

～

我在理查德家开始画《盲眼狂人》。理查德很累，他请了个整骨医生来治疗他背部的病情。我完成了写给《独立报》的关于罗伯特的文章——这文章让我回想起一些美好的记忆，其中最深刻的就是他送我的两只象牙和用钻石制成的骷髅，我把这两个礼物摞在了一只圆环上。到下午茶时分，我已经完成了《狂热》和《相亲约会》这两幅画，接着画第三幅——《盲眼狂人》。理查德说，他很喜欢看我在这里画画，这能让他暂时忘记自己的麻烦事。这些画相当于对我生活界限的突破；我就像一个顽劣的男学生，会梦见渎神的事情。我的生活真是无趣。

～

回到家发现HB在一片漆黑中坐着看电视。他的洗衣机本来已经坏掉，但放干了水以后，又起死回生了。

10月22日　星期四

上次看医生是四周以前的事情了。圣玛丽医院让我害怕，照在我眼睛里的闪光灯比手术和病痛更可怕。我整个人拧成了一只钢圈。

我的老朋友高文拿着一枝准备送给他医生的仙客来花，走进了屋。他说，自从肯去世以后，他放弃了自己的生意，在巴黎买了一套间小公寓，在那里画画、制作陶器。许多年前，高文和肯从我的生命中突然消失。直到肯去世之前，他们都住在纽约。在医院的候诊室里聊天太费劲了，等我滴完眼药水之后，他已经去了诊疗室。

～

肯当时在《塞巴斯蒂安》里扮演那对爱人中较年轻的一位。我很高兴他的青春活力在电影中得以保存。

他曾经是个野孩子。当时电影中浴室那场戏里的刮身板就是他贡献出来的。1975年6月的一天下午，我用超8毫米相机在安东尼家给他拍了些照片。在荒废的背景中，落地式烟熏镜将他映衬得很好看。他全身赤裸，只穿了一双牛仔靴。他从厨房里拿了一罐橄榄油，还拿着那个刮身板。随后，他就把我拉上了床。在《塞巴斯蒂安》的一场戏里，他浮出水面，慢慢微笑起来。

肯会和全世界的人做爱。若是以前听到他去世的消息，我肯定会极为震惊，但现在，身处候诊室的我脸上只闪过一丝微光。肯特别喜欢下体巨大的男人。像他这样的男孩子在七〇年代时做了很多事情，让那时被礼节所冰冻的荒原逐渐消融。他为我们的幸福而死，他是那个随性年代中的梦中情人。

我认为肯是我们这个时代的英雄，参演《塞巴斯蒂安》里的性爱戏需要很大的勇气——露出勃起的镜头则需要更多的勇气。肯并不是色情片演员，而是一位严肃的摄影师。与高文短暂的相遇使我感到难过，但很奇怪，这次相遇却让我在今天剩下的时间里兴高采烈。

10月23日　星期五

今早我有一点发烧，可能是因为那个害得我剧烈疼痛的疖子的缘故，足有鸡蛋那么大。这是前几天才长起来的。

皮尔斯和我开车去邓杰内斯，路上遭遇了严重的交通堵塞。由于租赁公司不肯租给他车，我们本来就出发得比较晚。理查德没钱付给皮尔斯工资，他的资金储备也已经消耗殆尽。他欠着所有人钱，但他似乎已经把自己隔绝起来，只剩那些宝贝艺术品陪着他，仿佛是城堡里的睡美人。

10月24日　星期六

我把展望小舍里所有的暖气打开，虽然那害得我发烧的疖子依然疼痛，我还是睡得很香。

我做了个极其宏大的梦：我来到印度，发现自己身处一座巨大而摇摇欲坠的城市里——城市完全由紫色与黄褐色的沙石构成。建筑上搭了巨大的凉棚，用于遮挡日晒。这些棚子洒下长长的阴影，好像夏日清晨阳光下的影子。城市里很拥挤，不过我身边有一个年轻男子陪着我，当我的导游。那种氛围栩栩如生，我醒来时以为自己真的去了那里。

～

八点钟的时候，浴室好像火烤一样热，等我做完早饭后才发现原来浴缸里的水是凉的。当我再回到浴室时，发现地板已经被水淹没——我忘记关掉热水龙头了。

10月25日　星期日

昨夜刮起一阵狂风，吹得瓦楞板屋顶嘎吱作响，断断续续地冲击着整间屋子。狂风巨浪在海峡中奔涌，一艘巨大的液货船像巨石一般激起了白色的浪花。

我待在新房间里，很暖和，但有点头痛，由于最近的感染，我还发着烧。

～

贾尔斯来了，但我没心情待客。我借故避开了他，新栽了两株玫瑰。近几年，这些玫瑰在干旱与海盐的侵袭下长得很不好。我很高兴现在自己醒着，而且天色明亮。夜晚中的我被恐惧攫住，门口的风声响得就像《三只小猪》里那只大灰狼吹出来的，吹啊吹，我根本睡不着。

在海盐的影响下，金雀花已经焦黑，万寿菊也是，就连犬蔷薇上的红色果实也落了下来。海甘蓝正在枯萎，但洋蓟似乎打定主意要蔑视冬日的寒风。我隔壁的邻居认为他已经把自己的房子以六万英镑的价格卖了出去——我没法相信这种事。他提起他的妻子时，就当她是前妻。孤独的风吹过海角，已使他精神错乱、嗜酒如命。

我日复一日地在这里度过最后的岁月，病痛月复一月地将我折磨垮掉。

HB说，若是能让我免受一天痛苦，他愿意付出一切。他还说，如果我们能互换身体，同时我也会照料他的身体，他愿意这么做。但是现实会将我逼疯，他也无法承受这种痛苦。

～

风声太大了，我简直无法思考。我播放了弗雷斯科巴尔迪[1]的曲子，这音乐纤细的清晰感与海角的狂风相搏击。我望向海角小屋，看看有没有人迹。布赖恩和希拉起床了吗？在某些日子里，我会设想，如果我死掉，不会有人注意到我不在了——今天就是这样的日子。

我冒险出门，却被雨赶回了屋子。太阳突然出现，在可怕的云层后面露出了微弱的银光。

10月26日　星期一

风已经停了，明亮的太阳早早升起。垃圾车经过后，这里又安静下来。一片寂静，我甚至能听见自己身体的声音。

距离上次在邓杰内斯长时间停留，已经过去了几周。在这里的时候，时间过得飞快：我需要洗衣服、做饭、写作、画画以及打理花园。早上起床、剃须、吃早餐就需要将近一个小时。由于视力下降的缘故，所有事情做起来都要慢些——读书、写作，连集中精神都很难。至于拿起一本

1　指吉罗拉莫·弗雷斯科巴尔迪（Girolamo Frescobaldi，1583—1643），意大利管风琴演奏家、作曲家。

书、找一段参考文献就更难了。我把眼镜放在哪里了？我正在忙着准备《蓝》，我知道剧本必须重写，但是怎么才能做到呢？

～

日落时分，天空呈蓝灰色，伴着橙色与粉色的阳光，我沿着海滩散步。云层折射出多重乳白色的光辉。

随着太阳落山，核反应堆发出的光线每分每秒都变得更亮，从我的写字台那边，我看遍了附近一半的景色。变压器和布满电缆塔的街道上方的云层中绽开了一片黄绿色的亮光，一只孤独的乌鸦飞向那逐渐消逝的光芒，投下一小片黑影。

10 月 27 日　星期二

开始下雨了，冷风不停地吹，害得我没法离开屋子。连鸟儿都去寻找庇护所了。

10 月 28 日　星期三

陪伴我的人们已经离开我将近一周之久，现在我也想回伦敦了。我的感染似乎正在好转，尽管夜间依然不太舒服，但终究还是能睡着的。我手写的字现在看上去还算好，但是缺乏耐心和视力模糊可能会毁掉我的字迹。

太阳又出来了，海水变成了深深的紫罗兰色。我从没见过大海变成这个颜色。

10 月 29 日　星期四

坐出租车前往阿什福德，那位女司机实在是令人生厌。

准备坐公交车前往卡姆登，等了好久，最终决定放弃。我讨厌看不见东西的感觉——我心里清楚，自己永远不会向这件事妥协。和那些挤在人行道上的绝望的人们一样，我也很不开心。我的日记本滑落到黑暗中，出租车司机正在放些五〇年代的难听音乐，尽是些多愁善感的糟糕曲调。

10月31日　星期六

在这极为静美的秋日，树林已经被染成金黄，大卫和我一起开车去邓杰内斯。蜜蜂们大批地飞出来，后屋太热了，几乎没法在里面工作。

来了好多访客。马迪对《蓝》非常感兴趣；德里克带着两个很年轻的小伙子，他俩是舞者，德里克在一个暧昧的情形下认识了他们。

我们花了一个小时观察猪笼草吃掉一只绿头苍蝇，这只小虫最终落进了湮灭一切的口袋里。

德里克为我们做了一顿美味的晚餐，我却在吃芝麻菜和意面的间歇中睡着了。他看出来我已经筋疲力尽了，于是便开车送我回家。核反应堆的光芒照亮了灯塔，在灯塔之下，我感觉所有的呼吸都被吸走了。

十一月

11月1日　星期日

万圣节。亡者们伴着灰色的风，绕着小屋打转。我沿着海岸散步，救生艇翻倒在沙滩上，船上的人已经离开了。葬身大海的亡魂都躲藏在铁灰色的浪花中。已经风平浪静。我今早感觉好些了，只是一只眼睛已经看不见东西。今早，这只眼睛的视力消失了，尽管我用它盯着海浪，眼里却什么都没有——看不见那断桅的大帆船，也看不见倾覆的客船。

11月2日　星期一

今天是HB的生日。在洛杉矶的多尼寄来了HB和加里·斯特雷奇的合影。今天有风，天气湿润，街上布满了落叶。HB把第一版《窄房间》的剧本送去了电影公司。

三点半，我们在安迪位于达布莱街的家里放映了《维特根斯坦》的初剪版。

塔里克、本、特里、肯，以及所有时常聚在万隆咖啡馆的制作团队成员都在那里。特里和他的经纪人迟到了，从他们走进屋的那一刻，我就知道我们今天有罪受了，不过，我还是希望这部很棒的小电影能够打消所有疑虑。电影放映结束后的一两个小时里，屋里都在争吵。我被称为“贾曼先生”。这部电影被描述为“充满了错误”，一位英国教授竟能吐出这样的字眼，真让我勃然大怒。这场争论在几个月之前就该爆发了，事实上，我求之不得呢——当初我和伊格尔顿离开塔里克那场宴席的时候，我就知道我们的观点截然不同。坐出租车回家时，我们都处在冷峻的沉默中。当他们让我“继续努力”，同时让特里“离开《维特根斯坦》项目”时，我感到轻松一点。特里这样批评塔里克：“你肯定不敢这么对待霍华德·布伦顿[1]。”在我生活和工作的环境中，他这样的言论真是闻所未闻——简直就像个忙于打斗的文学界恐龙。我们通过团结协作才让这部电影熠熠生辉，人人都贡献了自己的想法，也许是同性恋身份教会我们把自我意识深深埋藏起来。如果我写给特里的那句“如果这剧本有任何你不喜欢的内容，请务必告诉我”竟得不到回应，我真不知道该怎么和他合作。

从头到尾，塔里克表现得都堪称完美，不过我能看出他和特里长久的友谊已经受到了影响。他试图解释小成本电影所承受的压力，但没什么效果。当特里的经纪人插嘴说“对他来说，剧本就是剧本”，我立刻站起身来，说他们所有人都表现得太过分了。我怎么可能蹚过这样的雷区呢？

对我而言，拍电影是使工作变得快乐的一种尝试。那些充满生命活力的人知道我们不能循规蹈矩地活着，这样的人也深知，所谓“错误”只是那些秉承“真理”的人用来指责别人的武器。

---

1 霍华德·布伦顿（Howard Brenton, 1942— ），英国剧作家，与塔里克·阿里合作过多项剧目及电影。

摄影机中没有文字，但在牛津大学里，文字太多了。在那里，人们为了生意而狂热地确保大家都遵循正确的做事方式。

特里的剧本是电影的基础，缺少了剧本，电影根本不可能拍成。我试过说清这件事，但毕竟我只是个好占便宜的商人，一个电影界的拾荒者，从高高在上的餐桌上捡些残羹剩饭，而学者们就相当于国王。这样的人平时太受关注，对他来说，我们承受压力而他收获成果是天经地义的事情。在我的人生中，我还从未被这么粗鲁地对待过。我不相信左边的蛤蟆能比右边的蛤蟆好到哪里去。在这两个小时中，一句让人舒服的好话，甚至是鼓励的话都没说过。

只有萨拉针对这部电影本身做出了评价，她说，如果旁边没有坐着几位大人物，她肯定会哭。

～

这些画离虚空越来越近了。我们画了一幅《帮助》，随后对其进行批评，我们还严厉批评了《现在我们都被内阁耍了》。我把手伸进颜料里，在画布上抓挠，仿佛是在突破自己绘画语言的极限。画布就是个囚笼，我在里面表演——用HB的话说，我就是个“老猴子”，一只可怜的老猴子。我这只老猴子从贝里克街的艾迪先生家里取回了一条极好的裤子。我用现金付的款。艾迪先生说，现在没人这样付钱了。我说，这让我有种抢了银行的感觉。

我们都很开心。我活在当下。过往的日子里满是阴影，而且，和约翰尼·罗腾一样，我也时常会做些噩梦，梦里感到*毫无希望*。我活在绝望中，但我觉得自己不应该就此放弃。那些荒废的年月，那种无望感，感谢上帝，我不会因为有无某种想法而被杀掉。

11月4日　星期四

我穿上那条锈色的裤子。太阳出来了，我正坐着公交车去万隆咖啡馆。詹姆斯和我在贝尔托饼屋进行了一次极好的会面，是叫《蓝图》《勿忘我》《阿拉伯婆婆纳》，还是简单地叫作《蓝》？资金已经快要到位，奈杰尔·特里、约翰·昆汀、迪亚曼达·加拉斯，还有布赖恩·伊诺都被我们讨论过了。

～

因为上次和伊格尔顿争吵，我还是气得冒烟。詹姆斯说，由于迈克尔·鲍威尔错误地演绎了《偷窥狂》，这部电影的编剧至今还在课上讲这件事。詹姆斯对这些人很不屑，称他们为“耍笔杆子的人”。对于我的合作伙伴，我一向会身先士卒地保护他们的声誉，但是他们也得相信自己在拍电影才行，而在拍电影时，人人都得或多或少地做出些牺牲。电影是与这个世界相碰撞的语言。

11月6日　星期五

HB说我太过分了。我现在躺在圣巴托洛缪医院，发着高烧，还得了细菌引起的肺炎，心里还想着下周一要出去和扬选好配乐用的钢琴。和艺术家一起生活肯定很不容易，他们的注意力总是分散的——他的工作也是他的爱人，你得学会分享。

～

这里的护士还是和以前一样充满魅力。医院里很安静，高效而有秩序。那些想要关停这家医院的人真是罪犯。他们给出的其中一个理由是伦敦的病床床位太多了，但圣巴托洛缪医院已经满员。安德鲁斯病房里面全是人，需要花几个小时才能给一位伤者找到病床。我们的现实是一个样，新闻报道却完全是另一回事。

～

我的画作和我的心境越来越像了，日记里的内容让我明白现在是什么情况。我的画属于社会现实主义，能够展现出主流媒体的虚假与一位艾滋病患者的心境之间的碰撞。

~

大卫护士称自己为“小推车娃娃”。他推着小车把早餐送进来说：“买红酒、烈酒、香烟、香水、免税商品啰。”我喜欢这里人的幽默感，能够消除任何忧郁。

~

早餐时，HB顺路过来了，他正在去健身房的路上。他看上去比平时更加迷人。我们可以在这里做点那种事。在我身处危机中，疼痛日渐深入我的身体之时，他就是我的生命线。

我发现，随着病情的加重，日记也像《梅杜萨之筏》里的图景那样，日渐沉沦。其实，以《梅杜萨之筏》为题，可以拍一部很棒的艾滋病题材的电影。电影可以采用五〇年代电视纪录片的那种形式，也可以像萨特的《禁闭》一样，只不过背景放在了海上——这筏子真是个不错的意象。我要让HB带点纸给我。

~

那位安静的盲眼理疗师经过病房——他对我们所有人而言都是勇气的象征。隔壁病床的多丽丝女士，当髋关节“出来”时，她摔倒了。幸好那时她的朋友就在旁边。她说她当时像疯子一样喊叫，她朋友还以为是心脏病发作了。

我在身上别了一个“救救圣巴托洛缪医院”的徽章，那些想要拆掉医院的人不过是些地产开发商罢了。这些人在八〇年代的时候非常猖獗，所有诚实善良的英国人都被他们骗了。他们建一处主题公园，里面空荡荡的屋子中，一片清冷，而公园外面的一切都在分崩离析。那些建筑阴沉的法西斯主义复古风格就能说明一切了：例如丑陋而俗气的拱门和三角顶饰。我支持在巴斯和切尔滕纳姆保留这种建筑风格，但是在居民区这么做也合适吗？

~

塔里克打电话来了。我说:“这是我那个身为革命党的朋友。”这句话让护士们很好奇，他们过来问我他到底是谁。多丽丝被推出去了，换进来的是一位眼泪汪汪的姑娘。她的声音听上去像是悲伤的呜咽。我很同情多丽丝，曾对她说:“我知道什么是真正的疼痛，这感觉糟透了，就像是极响的噪声，它会占据你所有的思想和行为，直到你不复存在。”

我正在发汗，那位温柔的护士名叫谢莉，她和我告别。她说，因为表现良好，她可以早点回家。

白色闪光照着我的眼睛。他们推进来一张病床，上面挂着一个写着“祝你康复”的气球。病房里有一台电视，还没人打开过——真是个奇迹。医院里的电视简直是一种折磨。在圣玛丽医院时，只有我觉得电视很烦人，于是不得不忍受这种折磨。相比而言，我更喜欢病房里的喧闹声。

11月7日　星期六

灯亮了，现在是七点。我又度过了一个无眠之夜。在深夜里，其他人的痛苦会脱离床位的桎梏，在黑暗中徘徊，这会让我感觉自己深陷在呻吟与低语的泥沼中。与上个月那位在门口倒在我身上，还一身冰毒味的酒鬼相比，隔壁的格拉斯哥人吉姆的威胁没那么大，他替换了多丽丝的床位。虽然已经被病魔和毒品戒断反应压垮了，他身上还有残余的人类精神。他很脆弱无力。他在夜间睡得很痛苦，浑身大汗，结果死掉了。

那位难过的姑娘头部有伤，她要这要那，但是护士们没法满足她的要求——她必须等医生给她开些止痛药，但她觉得好像医护人员不想让她痊愈似的，这种关系一直持续着。后来，护士们说:“如果你这么做，你可能就会退回起点了。”她是整个病房里最不开心的人。从很多方面来看，我在医院里比在外面开心——我可以忘却自己的烦恼——不用出门就可以看到全世界。

医生新给我开的药是氟氯西林和可弗它发定[1]（Kephtaphadin）。我在夜间出了点汗，凌晨四点时——这是恶魔们潜伏的时段——我醒来了，身上湿漉漉的，还很冷，感觉很不舒服。人永远不会感觉万无一失。

我和吉姆聊过天。一开始我很紧张，显然没人来看望他，而看望我的人很多，我就躺在他隔壁，这有点尴尬。他很欢迎我问他问题："但愿你今天上午感觉好些了，吉姆？！"他用灿烂的笑容回应，给我讲他胸口的症状。我感觉我和他之间的冰川正在融化。我一直很难和陌生人沟通，也许这是小时候被别人欺负导致的结果，这会让人容易退缩。也许多跟陌生人交流能让我渐渐脱离自己的保护壳。

我梦见了HB练习跆拳道时的喘息声。萨拉来看我了，她说HB在练习跆拳道的时候非常性感。我们准备和萨拉与艾莉森一起去看德莱叶[2]的《圣女贞德蒙难记》——这是我最爱的电影，在拍《爱德华二世》和《维特根斯坦》的时候，我的记忆深处时常浮现这部电影。

喝下午茶的时候很开心。塔妮娅带了好多贝尔托饼屋的点心过来看我，肯也来了。他给我带了一本很劲爆的杂志，里面有很多裸体小帅哥，他们身上肌肉过于发达，其他地方则太小了，他们的那个部位似乎刚被冰水刺激过，小得仿佛是在迎合当前的品味。

《独立报》刊登了我那篇关于罗伯特·梅普尔索普的文章，但他们没印出"屁眼"这个词，他们用"肛门"代替，这样这篇文章就不属于限制级，适合全家人阅读。我自己就是《独立报》的读者，但我认为，任何试图迎合家庭价值观的行为都是毫无价值的。问一个问题："什么是家庭？"然后扪心自问，这些价值观是从何而来的？你家里人会坐下来讨论家庭价值观的问题吗？我家肯定不这样，那些规章制度都是由外部世界强加的，只有制定规章的人才会让别人遵守。

1　未能找到这种药的信息，故采用音译。

2　指卡尔·西奥多·德莱叶（Carl Theodor Dreyer，1889—1968），丹麦电影导演，被认为是史上最伟大的导演之一。

罗伯特·梅普尔索普的行为让他成了扰乱社会公序良俗的小妖怪。我真看不出他拍的给别人口交的照片哪里淫秽了——显然维多利亚和阿尔伯特博物馆是这么认为的。谁在保护谁免受什么侵害啊？还有，我们也不太擅长自娱自乐。现在的文化只会给予否认，执迷于错误的性观念中。我很喜欢人们在桑拿房里做爱这件事，我希望他们也能在街上这么做。

～

感觉虚弱，我不再喜欢海德班女士了。她喝了三瓶香槟还有不知道多少瓶巴克鸡尾酒之后醉倒了。她真是自私，强行征用了电话，别人打电话来的时候她却不接，她隔壁那位病重的男士只好费劲地去接电话。她的一只耳朵已经失去听觉了，这应该能给她个教训，当然，这教训只是暂时的。我现在明白那位压力巨大的护士为何如此缺乏耐心了。

～

大卫·赫斯特从意大利打电话来，他听说我快要死了。我说："别担心，我已经垂死挣扎好几年了，等我成功死掉的时候再打电话通知你。"在这种问题上，意大利式的迟钝还是很让人耳目一新的。我很确定，如果我是罗马人，他们肯定会把我重病的过程拍下来，然后在一座大体育场里放映出来，还要配一个俗艳的访谈节目主持人，旁边再安排几个玩轮盘抽奖的小姑娘，要衣着暴露才行。

～

海德班女士刚刚被推出去了。

他们允许一帮讨厌、吵闹的孩子到处乱跑，这些孩子不经思考就到处捣乱。许多家庭在彼此聊天，十分吵闹。报纸上登出一篇文章，讨论王太后是否应该交税。皇室现在似乎在拼命把自己往绝路上逼。要是他们都完蛋了，我们该多轻松——与他们共存，就像是与尸体同眠。

吉姆说，他想要留在这里，避开他的朋友们。他仿佛能听见灵车向他开来的声音。

11月8日　星期日

多丽丝永远离开了我们，格拉迪丝也是——她死的时候穿着印有粉色玫瑰的家居服——她死之前几乎要恢复意识了。弗洛伦斯也去世了，她是个暴躁的人，陪在她床边的朋友则像埃及鳄鱼神一样坚强，时常戴着褐红色的帽子，抱怨过马路有多艰难。哈克尼家的寡妇们也去世了。这些老迈的人都已离去。他们的名字会不会被忘记？

我喜欢老女人，说不定在某种情形下，我会和一位老女人结婚。比起老男人，她们似乎更有幽默感，知识也更丰富。这些人生于“一战”，熬过“二战”，正是我的父辈。他们知晓许多实用的智慧，而不是媒体上的价值观。

我想，我们这一代人是否也有这样的智慧和恬淡寡欲的心态？

～

这里根本没有夜晚可言，因为急诊病室在晚间正忙。昨晚，病房另一边的窗外上演了一出戏剧，灯光甚至穿透了病床间的毛玻璃挡板，好像皮影戏。凌晨两点钟的时候，一个年轻的聋哑男孩尖叫起来，护士赶来后发现他躺在自己的呕吐物里，已经濒临死亡。接下来的三个小时里，越来越多的医生和护士不断赶来对他进行抢救。只听见咳嗽声、呻吟声、心跳停止后机器发出的哔哔声、氧气机的轰鸣声，人们不得不大喊才能彼此交流。

“迈克尔，迈克尔，迈克尔。吐出来。这样就对了，迈克尔。”

结束后，他进入了观察期。这令人不安，很吓人。

他无法说话，他的呻吟声让人更加感受到那面临死亡时的无力感。我只能当一个旁观者，什么也做不了。

我们都躺在熹微的晨光中，想着：这种事会不会发生在我身上？可能会。

今天早上，护士过来说：“他的情况很危急，但愿我们昨天的抢救是成功的。”他这话似乎没什么底气。

～

HB和小桃在这里上演了一出姐妹大戏，互相夸奖道：“你真酷。”

“你真漂亮。”

他们一起去看了《最后的莫西干人》，结果并不喜欢这部电影，他们说，这电影让人感觉有距离感，而且化妆和服装都糟透了，每个角色看上去都像是洗衣店的住客。战斗场面是最差的——就像是一群不知道自己在做什么的雅皮士。科林对肯尼思·布拉纳的新片的评价更差——电影琐碎得令人震惊。我也不会去看这电影的。电影从业者对视觉的珍视远超黄金。

～

我对我隔壁的病友吉姆已经比以前要友好得多。他决定戒酒，等他那做社工的朋友来探访他。

他经历了很糟糕的事：由于安德鲁斯病房已经满员，他只好去其他病房做了次肺部手术。他当时被“关起来护理”，没人清洗他的身体，清洁工也拒绝打扫那间病房，除了两个护士以外，其他人都用很疏远的态度来照顾他。医院没办法很快摆脱吉姆，但由于他们又不想挪动他，所以虽然已经过了十天，他还在这里。这让我很吃惊——我以为这样的态度只存在于过去。

安德鲁斯病房还是很不错的，工作人员总是乐于伸出援手，但若是病房满员了，你就自求多福吧。我上次住院的时候就不想出院，因为病情有可能会复发。

～

这里刚刚安静下来，突然，哭哭啼啼的乔伊和她丈夫之间爆发了一阵激烈而漫长的争吵：“我再也受不了了！”她想要拔掉输液管。

她有癫痫病，她的丈夫看上去还不坏，但有点忧虑。

“我现在没病了。”

“但是你可能有隐藏的病情，乔伊，你会没事的。”

“我想回家。”

乔伊被医院的环境吓坏了。她的丈夫则比我们想象的更讲求实际。

乔伊已经成了痛苦的化身，她生气了。我们已经被这场吵闹骚扰了足有两小时之久。终于，有一位护士忍不住来干预。乔伊似乎已经严重精神失常，谁的话也不听，她丈夫起身准备回家。乔伊喊道：“他要离开我了，他要抛弃我了！”

又过了一小时，痛苦的乔伊还在喊叫，整个病房都已群情激愤。

吉姆说：“她需要被绑起来。”在安德鲁斯病房里，他们曾经绑过一个裸奔的男子。

“他要离开我了，我想回家。”乔伊一边抽泣一边说。工作人员已经打电话给她丈夫了。“回家，回家。”她已经语无伦次。护士们特别体贴，但乔伊理解不了他们的好心。我知道他们不会放她走的，得需要两个人的帮忙，她才能走动。突然间安静下来了，她开始破口大骂：“混账王八蛋。混账王八蛋，你这个混账王八蛋。我想回丫（家），我想回丫（家）。我在这里就是个囚犯。”声音越来越大。

又过了半个小时，她还在哭号。病房里的氛围十分紧张。经过了长达二十四小时的精神压力之后，我对医院的观点有了些改变。我们竟会成天在这样的乱局中度日，真是难以置信。简直永无止境——又一个充满了责备、争论和泪水的夜晚过去了。终于，医护人员允许乔伊回家了，我们究竟受了多久的罪。

护士说：“再见了乔伊，很高兴和你相识。”

～

吉姆很有同情心，他耸了耸肩。他已经等不及要离开医院，去找一家旅社入住。他还要避免再沾染上酒瘾。吉姆每天都变得更健康、更开心。我希望害得他住院的多舛命运能够从此好起来。

11月9日　星期一

服用绿色的羟基安定药片使我得以睡足五个小时——破纪录了——于是早上八点半我就已经坐起来，感觉得到了充分休息，穿好衣服准备参加放映会。昨晚彼得医生允许我去参加这项活动。

我休息得特别好，问HB能否在凤凰之屋摆上一套桌椅。这样能防止我睡着——如果我躺在日式床垫上，立刻就会入睡。HB说："当然可以。"他今天就给我安排一套。

报纸上有一篇题为《鲁道夫·努列耶夫谢幕离场》的文章。真令人难过。我依然记得他那么多年间自由地跳跃以及当初和他见面时的样子。那时他在更衣室里，手里拿着舞蹈服，身上一丝不挂，对我说："怎么了？"而我却满脸通红、哑口无言。

九点半时，我出发去《维特根斯坦》的放映会。科林、詹姆斯·韦兰、扬，那一大帮人包括塔里克都来了。放映会进行得很顺利。我对科林说："你看，特里就是罗素，而我则是维特根斯坦。"科林放声大笑。

放映结束的时候，塔里克问科林说，这部片子有没有维特根斯坦的风格？科林说："非常明显。"

～

回到医院，又拍了X光。接着，医院里安静的氛围被一位穷困的老妇人打破了。她重演了昨天乔伊的痛苦场面："我想回家，我不想死在这里。"一遍又一遍。有时低语，有时高喊。医生答应给我更多的安眠药，我会需要这玩意儿的。她说，安德鲁斯病房里有八张床位，从一开始就是满的，但其他的病房里现在只有五个人而已。医院正在建一间可容纳二十人的病房，但明年十月之前应该不会投入使用。他们就此问题开了个紧急会议，医院决定从其他病房分两张床位给他们。

～

吉姆过来坐到我的床上，他说他即将被送到楼上的一间极其吵闹的开放式病房里。他希望能够留在安德鲁斯病房。他的人生简直是悲惨遭遇的百科全书。吉姆说，有一次在忙碌不堪的圣玛丽医院里，一位医生拿着胰岛素注射器来找他，幸亏当时吉姆头脑清醒，还很聪明，所以意识到了问题所在。他说："我可没有糖尿病。"

医生说："不，你有糖尿病。"

"那你看看病历上有没有。"

医生看了病历，发现上面写着："请检查是否有诱发性糖尿病。"他可能就是因为这句话才拿来了胰岛素，医生过于劳累，把这句话看错了。

～

我还在这里，仅此而已。

～

HB来了，接着，艾伦和金杰比茨也来了。金杰比茨换了新发型，戴着崭新的金丝眼镜。金杰比茨说艾伦开车时，一路都紧跟着几辆大卡车，当他加速驶入高速公路的时候，被它们溅得满是泥水。英国男孩子对自己的发型真是痴迷，他们会对着浴室的镜子，花上几个小时把头发梳理成型。

我睡着了，我很高兴能拍出属于自己的这部小喜剧。

11月10日　星期二

昨晚，在吃下绿色的安眠药片后，我梦见了自己的电影《塞巴斯蒂安》。这部电影真是被错误解读了，这究竟是同性恋的标志，还是挪用了异性恋的标志？由于拒绝多重性取向，最后被杀的人是塞巴斯蒂安。他向太阳神阿波罗、密特拉神，还有耶稣基督祈祷，其中，基督要求他把"全部的"注意力都放在自己身上。他们偷走了他的爱，并将其铸造成用于否认的武器。性爱场面吸引了所有观众的注意力：他们看见了一个英俊的裸体男子，但没将他视为一个精灵。在我的电影里，所有角色都代表着精灵爱丽尔[1]，他们不是任何想象中的血肉的化身。

～

我一直在重写自己的过去，过去的事情不是静止的。

～

我的性生活已经和老年人无异，虽然昨晚我还试图用手唤醒自己的性冲动，但我还是会联想到过去的事情。我想象出肯的样子，他在《塞巴斯蒂安》的水里大笑，身上涂满了油，拿出用羊毛包裹的玻璃瓶装着的那种老式催情剂。我还记得，在明亮的阳光下，他让我在安东尼那张大而凌乱的床上干他，他身体灵活，汗水让他的身体发光，他的精液洒满了床单和墙面。十年前，我曾跟罗恩睡在一起，那时我们两人都不知道接下来该怎么办，由于内心的罪恶感，我们抚摸彼此时都很无力。这么多年过去了，真是一段了不起的时光。和肯做爱时，他的古董青铜刮身板就放在床头柜上，我们仿佛进入了童话般的古代，不是伊甸园的那种，而是真正的天堂——我们就像亚历山大大帝、哈德良以及从那之后的所有男人一样，感受着权力、征服、屈从。我的天堂已经完满，像钟摆的节奏一样平衡，痛中有乐，但绝无负罪感。不像在《圣经》中的伊甸园里，同性恋者相对于异性恋而言，如同一片碎屑。就如同夏娃是用亚当现成的肋骨做成的一样，在基督教世界中，女性总会被欺凌摆布。

二十五岁时，我明白了，比起作为异性恋而死，不如作为同性恋而活。我经常在自己的书里描写性爱场面，这是为了打破这个严苛压抑的世界的束缚，而我就在这样的世界中长大。在这样的世界中，同性恋会被喋喋不休地品评："他是攻，他是受。"这样的说法可以解释行为，但不能表述心态。最早评论我作品的几篇文章严厉批判了我，评论家们认为我很消极，所以拍出的电影也会带来负能量。这种观点相当之短视。王尔德和热内所具有的消极性极大地改变了人们的观点，带来了革新，而积极分子与

1　指莎士比亚戏剧《暴风雨》中的精灵爱丽尔，贾曼也有根据此作拍成的同名电影。

异性恋者相互勾结。

～

噢，去他妈的医院。我一直在用付费电话通话，这次又让我怒火万丈。本，这位烦人的文化委员在英国电影协会里无事生非，把时间浪费在那些早已过时的点子上。这些家伙还没搞清艺术是什么，就想当艺术家了。他们的干劲都来源于各种从书上读来的偏见和想法。

～

和吉姆聊了很久关于皇室的话题。我说，干脆让新闻媒体像恐怖分子一样对付他们好了，把所有风流韵事都拍下来并加以报道——这样我们才能摆脱皇室。医院里任意一位护士都比戴安娜王妃更会照顾人，她能照顾人又有什么了不起的，不过是为了彰显其权力而做的包装。说实话，挺恶心的。

让他们颤抖吧，揭露他们那虚妄的伪装，让他们带着自己的丑恶，带着傲慢的态度与钻石首饰一起爆炸吧。把王冠上的珠宝送给鲍里斯·叶利钦，让他把这些玩意儿发射到外太空去。把白金汉宫改成酒店，把温莎城堡改成会议中心，把皇室陵墓放到苏富比拍卖会上——把它们放到日本百货商店里面出售，看上去应该不错。把皇室收藏品分掉，把他们脚下的地毯卖了。

～

明天，教廷最高会议将会投票决定是否任命女性牧师——教会要分裂了，真是个美好的结局。我希望这件事对教会造成的影响越大越好。就让号角吹响，把教堂的墙壁吹倒吧，直至其变成一片别致的废墟。

～

我肯定在恢复了。

～

这个大男孩面对痛苦时真是太可悲了，在身上插根管子也能让他大喊大叫。他究竟是怎么摔断腿的？应该是因为踢足球。来探望他的人里面，有许多面目呆滞的中锋，还有些姑娘，头发好像皱巴巴的面条。

～

三点钟时，万籁俱静。吉姆被带到商贸街的一处旅社了。他十分紧张，甚至忘记和我说再见。我半睡半醒。那位失明的理疗师来了，说我听起来有些喘不过气。这就是我睡着的原因吗？

～

我心里想着邓杰内斯，那些尚未开封的邮件，还有我的植物。

我感觉仿佛有什么东西在角落里游荡。我对医生说：“有些话，我们都已经想到，但没说出口，那就是——‘我不想在急诊室里死掉。’”我想待在一间安静的房间里，这样，当我恢复得足够好时，我就可以做些决定了。我问医生：“你们会优先处理一些病人吗？”

她说：“是的。”我并不想从这里搬出去，在这里，我得以认识那么多人，我也能对付那些偶尔发生的骚乱。

11月11日　星期三

塔妮娅、安德鲁、萨拉、詹姆斯都来了，今天真不错。有个很可爱的小帅哥搬进了病房，还有一个长得很像苦行僧的流浪汉。医生允许我回家，但是必须卧床休息。我要让HB抱着我睡一整晚。我很虚弱，呼吸微弱——我的肺部仿佛已经龟裂爆响，不过还没真正破裂。他们要治疗十四位艾滋病患者，八个安置在了安德鲁斯病房，三个在家，虽然连床都没有，但他们还是专门为这些人安排了医生和护士。剩下的人则分散在其他病房。

～

HB是所有小帅哥里最帅的那个，我等着他把我送回凤凰之屋。

11月13日　星期四

我昨天回家了，十分虚弱，呼吸微弱，被肺炎和这一周在急诊病房里的生活折腾得奄奄一息。我睡了一整天，到晚上的时候，有一点发烧，夜里的时候发汗，退烧了。奥格门汀——一种消炎类抗生素——快要把我的胃化成水了。HB说我应该穿上尿布。他说得对。今早，在黑暗中，他光着脚在地板上走，结果踩到了我肮脏的内裤，他说："哎哟！"

"别动那条内裤，这可是件艺术品，限量版屎内裤。"出于某种原因，这句话让他哈哈大笑。

~

科林打电话来了，他说他已经搞定了伊格尔顿，并认为《蓝》的剧本很不错。他还说《维特根斯坦》和肯的《德彪西的电影》一样，都是具有开创性的作品。他提出要为《蓝》筹集资金，我建议他考虑《梅杜萨之筏》，因为布赖恩·伊诺已经联系过我们，说要为这个项目提供资金或音乐。

世上第二伟大的建筑史学家，曾经教过我的约翰·萨默森去世了。不像佩夫斯纳，我对他的记忆已经所剩无几，除了他身上所具有的战前一代的文雅风格。如果说良好的举止也能够具象化，那约翰爵士就是其代表。能够上两位本世纪最伟大的建筑史学家的课，我深以为荣，其实并不只是上课，更像是专门辅导——当时一同上课的组员太少了。作为学生，我并没意识到那种教学水平有多高超——二十岁时，我并没有自己的思想体系，无从比较。

~

HB简直跟斯巴达人一样。"瘦狗才能跑得远。"他拿起一份《男孩们》[1]杂志，准备带给他在纽卡斯尔的伙伴们，那里没有这份杂志。

1　在伦敦发行的免费杂志，主要面向同性恋男士。

“我真不知道为什么我要这么做，这杂志所珍视的东西，都是我所讨厌的。”——也就是那种要把个人同某个群体联系在一起的愚蠢传统。HB讨厌酒吧、讨厌做发型，以及所有与消费主义文化相关的事情。HB是个俭朴的人。

~

大卫来访。他有一位朋友是“捣蛋行动组织”巴黎分部的领军人物，这个人刚刚爱上了一位英国姑娘。他因作为一个坚定的同性恋者而名声在外，所以他很担心自己刚刚发现的异性恋倾向会让自己声名扫地——不过那个女孩最近正在把自己打造成“男人”，这样他们就可以生活在一起，而不必担心引发丑闻。他俩已经出双入对好几次，女孩身穿极为剽悍的皮衣。对于那种“不敢言说之爱”来讲，这算得上是最有趣的反转了。

大卫陪我慢慢走去银行，十一点钟的时候一起回来了。

门铃响了。“哦，大卫，去看看是谁。”

“是福南梅森百货的送货员。”

“哦，那开门吧，肯定是有人跟我开玩笑呢。”在电影里，维特根斯坦对福南梅森百货的评价让大家都笑了。但这次真的是福南梅森百货的人！这是塔里克买来送我的一大篮食物。

~

尼尔·坦南特打电话来了，他正在制作一张新专辑。

皮尔斯带来了一把理查德的会堂椅，于是我就坐在了这张王座上。达格玛·本克是我的好朋友兼电影资助人，多亏了她，我在八〇年代的电影作品才得以问世，但是她这次没能让《蓝》得到编委会的认可。我对她说，这部电影会受到盲眼观众欢迎的，肯定会的。

今天下午，我比以往更得意了。

11月14日　星期六

昨晚，我一直在动脑子，所以一眨眼就睡着了。

和霍华德一起开车去邓杰内斯。我们很早就抵达了藜芦保育园，但是这里关门了。霍华德想要一株紫色的藜芦，我则想买一株黑色的和一株绿色的送给HB。我在公寓里留下两张字条，分别写着“丛林野兽角”和“金属野兽角”。

肯特郡所有的树叶都已被风吹落，现在，冬青树果实的色彩是最亮眼的。穿过满是迷雾的山丘与谷地，我们在一座小村庄里发现了一间古董店，里面有一位魅力十足的老先生。这间古董店仿佛兜售的是我的过去——所有东西都凌乱不堪，没有什么布置好的商品，也没有精致的物件，都是些维多利亚时代的小摆设，很简单的东西，像是家具、老照片、农具，只要是他能找到的，这里都有。

他带霍华德和我一起逛遍了这间店铺，随后上了楼。“这里以前是一家小旅店，”他说道，“我就是在这里出生的。”在一张非常特别的维多利亚时代照片里，有十三个人身穿自己最好的、但却不合身的衣服，我很喜欢。“哦，这张你拿走吧。不用，不用，这张照片我不收钱。”我们聊了至少五十分钟。

我买了一把十分精良的威廉四世时期的榆木椅子，花了一百二十英镑。我们把这一天称为“礼物之日”，随后便带上一张旧桌子和一把野营椅，冒着雨开车回家。我说：“这家店仿佛来自五〇年代，我们刚刚穿越到了过去。”

“老奶奶，六〇年代的时候，您在做什么？”

“那时我忙着染发，身上穿着土耳其长袍、戴着念珠和镯子，种大麻，过节的时候裸体跳舞，在大使馆闹事，参加先验主义冥想，和两性的人尝试群交，躺在艺术实验室的垫子上，看安迪·沃霍尔的《切尔西女郎》。”

“妈咪，八〇年代的时候，你在做什么？”

“在远郊买了栋房子，在考文特花园广场买了些衣服，买了保时捷跑车和手机。我们那时没时间听音乐。我们通过看广告来了解生活方式。我们戒烟、开始喝酒。当玛格丽特·撒切尔出兵、陷害阿瑟·斯卡吉尔的时候，我们欢呼，我们因福克兰群岛而欢呼，把北海产的石油当成不值钱的东西随便用。”

在七〇年代的时候，我的工作室位于泰晤士河南岸一片无人问津的区域，一周租金只要两英镑。我们举办过几场工作室展览，来了很多了不起的人——古德曼男爵来的时候，我们都觉得没什么，可能那时候我们觉得这种事是常态。森宝利家的人、约翰·贝奇曼、康兰和罗斯柴尔德、弗雷德里克·阿什顿，他们都来过。我不知道这样的事如今还会不会发生。那时的当权者都很机智，也开放得多。

纽约市的林肯·克里斯滕曾邀请我去吃晚饭，莫斯·坎宁安曾邀请我去西伯斯观摩他的课程，菲利普·约翰逊曾邀请我去温室待一天，还给我看他收藏的画作——“别拘束，就当在自己家一样”——我通常不接受别人的邀约，除了森宝利家的人，因为他们对我特别好。约翰会带我去很多地方，给我展示伦敦不为人知的那一面。我全身心投入，认真听、认真看，他则会开心地盯着我的脸。

那时，我把这样的邀约等同于夜间出游，觉得这没什么了不起的。世界已经变了样子。《太阳报》莫名其妙地流行开来。对于那段过去，我并不后悔，但仍然像阿尔戈英雄伊阿宋一样启程远航，让那些时光留在过往的港湾中，在我的眼里变得越来越小，直至消失在历史中。

八〇年代对人们的身心都造成了伤害。媒体合谋把普通的事物变成“极具争议的”话题——就好像做好事赚不到钱一样。我的天，那时候的同性恋被视为怪物——“哦，你看他就是那类型的。”——他们的眼中能透露出这种想法。八〇年代的人不会微笑，只会用“正确的”方法做事，那时，整个英格兰的街道与小巷都是笔直的。由于无法收买电影人——花费太贵了——所以他们很害怕我。同时，通往好莱坞的逃亡之路也被艺术家移民政策给堵住了，那里没有同性恋。我只好留在这里，身无分文，努力地拍电影。

～

我来讲一个故事，这个故事让新的偏见以及旧的政治分析都显得无力。

我的外婆莫塞尔以前雇过一个名叫碧琪的女佣，她一副苍白虚弱的样子，头发扎成髻，总是穿着一条优雅的老式裙子，裙子粉色的布面上镶着浅蓝色的花朵。碧琪经常给那些印度式装饰品清理灰尘，例如泰姬陵雕像、聪明的老猴子模型、眼框里镶嵌宝石的玉猪。那时，我都和外婆一起玩耍，玩她的琥珀珠子。我们经常需要用胶黏合这些珠子，这样能把小纸片粘起来。碧琪总是手滑，那些装饰品经常被摔碎，只好用胶水重新黏合，所以这些东西看上去就像进口的太妃糖。第三只老猴子模型的头已经没了，泰姬陵雕塑则已经破碎不堪——都怪碧琪的掸子，那是个装有链子的毛球。她和外婆经常边吵边笑，最后铺开粉色桌布喝上一杯茶，歇完之后接着吵。“哦亲爱的小德里克，外婆最爱你了。记得要把脚趾之间洗干净，不然它们都会脱落的。”

外婆的丈夫哈利在五十多岁时去世，碧琪的丈夫博特去世时的年纪比哈利大不了多少。这对女主人和女佣成了好朋友，虽然有服务关系，但也彼此照应。

碧琪称我为“亲爱的”，我则称她为“碧琪”，莫塞尔被她称为“小姑娘”、“老奶奶”或者“梅”。外婆会在碧琪清理灰尘的时候提心吊胆，担心她把黑暗的廊道里的帕台农式挂钟上的装饰品扫下来。直到五〇年代的某一天，厨房里的高压锅发生爆炸，差点要了她俩的命，再也没法吵架了。

过了许多年后，住在诺斯伍德的贝蒂小姐，也就是我的母亲，叫我去找她，她当时已经身患癌症。她说：“碧琪要来家里喝茶了，德里克亲爱的，她想要看看她的小德里克现在是什么样了。”

碧琪变得又老又虚弱，手里紧紧地捏着送给小德里克的礼物，而痴迷于园艺的小德里克则送给她一株种在南墙下的葡萄藤。“小德里克，你长得真高。你知道吗，我现在已经九十岁了，身体还强壮着呢，罗恩也要来喝茶了。”

碧琪坐在贝蒂小姐的椅子上，贝蒂泡的茶非常好。“噢，你做的蛋糕还是那么好吃。亲爱的，见到你真开心，你的笑容还和以前一模一样。”

碧琪坐在阳光下，我们坐在她的脚边，她看上去苍白而虚弱。门铃响了，她的二儿子罗恩走了进来。罗恩刚从澳大利亚过来，他长得很帅，是个百万富翁。

“贝蒂小姐，贝蒂小姐，见到你真开心。”

“快坐下来，坐在老爷子的椅子上就行。”

接着，贝蒂小姐开始担心起来，如今的她快要死了。回想当年，她还是个小姑娘，碧琪坐在曾经的“小姑娘”的椅子上，直到夕阳照在她的银发上，她俩才一边哭泣，一边分别。

～

时间是一种可以不劳而获的东西吗？

11月15日　星期日

我坐在新买的野营椅上，上面的帆布裂了。

十二点半的时候，尼科（尼古拉斯·瓦德-杰克逊）、肯·巴特勒、我，还有尼科的女朋友“小松鼠”一起去了一家很棒的餐厅，他们给我吃了生蚝。我特别喜欢吃生蚝，已经记不清究竟吃过多少次了。

尼科问我当初和HB是怎样遇见的。1986年的十月，我去纽卡斯尔参加一场名叫“泰恩赛德男女同性恋电影节”的活动。那次电影节是由彼得·派克组织的，在当时引起了很大关注。在28号条款[1]通过后，这个电影节虽然还是以同性恋为主题，但名字已经改了。28号条款——由议会里的那些罪人通过的对生命和语言的审查方式。

那时我正在参加一场座谈会，和我在同一组的还有阿瑟·布雷森和威兰·斯派克。我回答问题的时候，忍不住一直看着一个身穿漂亮西装的年轻人，他的发型很帅，眼睛显得十分聪慧。他就坐在第一排，随意地靠在椅子上。访谈结束后，阿瑟和威兰都说："你看见那个小伙子了吗？"

后来我们去了酒吧，我发现那个小伙子正在和几位朋友喝酒。威兰和我都特别想认识他，于是我说："我去问问他能不能带我们去酒吧或舞厅之类的地方。"我走上前去，说："你好，那边的几个人让我过来问你，能不能带我们去家酒吧？"

他的第一句话是："我从不去这种地方。"

不过这句话听上去还挺友好的，于是我接着问："那你能不能告诉我们酒吧怎么走呢？"

"好的。"接着，他和他的朋友给我们指了去洛克肖特酒吧的路。

我以为第二天中午十二点的访谈会上能再次见到他，因为之后我就回伦敦了。但让我失望的是，他没再出现。

两个月后，因为一件关于电影节的事情，我必须打电话给彼得。快要挂电话的时候，我说："当时观众席里有个小伙子，我心里一直念着他。"

"我知道你说的是谁，德里克，我可以给你他的电话号码，但是你要知道，他可是个大麻烦。"

圣诞节期间，我一直盯着他的电话号码看。我完全想不出该如何拨号。他说不定会把电话挂掉。他会怎么想？我可没有打电话给陌生男子的习惯。突然间，我有了个主意——我在新年前夜的下午六点时，趁他准备

1 28号条款（Section 28）是英国于1988年5月24日通过的一项修正案，该法案对同性恋话题的严厉管控导致英国大量同性恋组织的关停与自我整改。

出门庆祝之前打电话给他，并祝他新年快乐。

等我说完这些话之后，电话那头一片寂静。接着，他说话了。我问他有没有来过伦敦。他说他从没来过。“那么，我把我的电话和地址留给你，如果你想来伦敦，给我打个电话。”

他说：“这不太可能，因为我住在米德尔斯伯勒，正在为国防部研究声呐呢。”

我用一种有点傻的方式，夸他那天穿的西装好看，然后便挂断了电话。

一月末的时候，他打电话来了，说能不能来伦敦过个周末？时光飞逝。那时，我的情况一片混乱。12月22日的时候，我发现自己得了艾滋病，也许正是这件事促使我打了电话。我在国王十字车站等他，当他下火车的时候，看上去比我记忆中的样子还要英俊。我们当天晚上在特拉法加广场和皮卡迪利广场散步，随后在温德米尔街的莱宾点心餐吧吃了晚饭。他喜欢这里的食物，这让我放心了许多。回到家后，我说：“我会给你铺好床，但是我得告诉你件事，我是艾滋病阳性。”

他说：“这没什么好担心的，我来这里不是为了做爱。”

又过了一个月，他又来到伦敦，待了两周后回去了。我站在国王十字车站，心脏在怦怦跳动。他说：“我的合同要到期了，我在考虑接受一份皇家信号与雷达研究所的工作，地点在大莫尔文。”

我十分震惊，说：“你为什么不来和我一起住呢？虽然我住的是一居室，但我觉得总能想出办法。”他说他会考虑的。

过了一个月后，他打电话来说：“我决定不接受那份工作了，我要去伦敦。”

这就是我遇见HB的故事。

～

尼科说：“这简直太浪漫了，小松鼠，你觉得呢？你有没有把这段故事写进你的日记里？”

我说："没有，HB非常注重隐私。和我住在一起这件事对他的隐私已经侵犯得够多了。"

"但你真的应该写下来啊！真的应该写！这可比伊舍伍德[1]的那些故事好多了。"

~

这是我写下的版本，HB也有自己的说法。他评价说："好的东西你从来不写。"

~

尼科开车送我回凤凰之屋，他说："我和你聊天，肯定把你累坏了。"

"不，尼科，我的生活必须继续才行。我现在有很多项目要做，已经把自己的脑子累得和身体一样残疾了。若是无所事事，那就是在浪费宝贵的时间。"

"你怎么撑下来的？"

"哦，如果你什么也不相信，那就一无所有，不会再失去什么。"

~

我就存在于这些字眼中的空格里。

11月21日　星期六

我在圣巴托洛缪医院。医生说他觉得我身体的情况有些好转。相比上周的情况，我的呼吸要正常些。我得在这里待上至少十天，但医院的工作人员显得很热情，护士们也很和蔼可亲，对于那些我无能为力的事情，他们都会施以援手。我很担心会失忆。我不敢去隔壁病房看望安德鲁·赫德——说不定我会把卡氏肺孢子虫肺炎传染给他，或者他会传染我。他拒绝

1　指克里斯托弗·伊舍伍德（Christopher Isherwood，1904—1986），英裔美国作家，代表作有《单身》《别了，柏林》。

服用齐多夫定，这药本来可以治愈他的病情，如此一来他只能在失忆中度过余生了。

11月22日　星期日

艾滋病和其他疾病会使人接连不停地受到感染，就像货运列车那样接连不断。我现在已经得了牙龈炎，每日狂吞大量抗生素。那么，再多来些药片吧。

马克医生来检查我的口腔，说我看上去好些了。霍华德打电话来，他和卡尔准备带上HB从曼彻斯特捡来的橱柜去邓杰内斯，并去那里拿些书。

11月23日　星期一

昨晚，我向马克医生要了一粒绿色的安眠药，睡得很好。多数的夜晚里，我的心脏剧烈跳动，彻夜无眠。

～

今天早晨，我的精神好多了。我的一天始于六点钟的更昔洛韦输液，这是用来治疗眼睛的，然后打了一针。我洗了个澡，剃了胡子，接着就被接上管子，开始下一轮输液——这次是甲氧苄啶，用于治疗肺炎。这次输液用了两个小时之久。

我把房间布置了一下，这样我就可以继续写那本关于颜色的书了，我已经把中世纪的章节收尾，开始写莱昂纳多·达·芬奇。

抽血、吃午饭、瓶里的氧气不断减少——我身上缠满了管子和线。下午有一段休息时间，紧接着就会再次重复上午的流程。我身上又植入了一个新的接口，这样，他们就可以通过静脉输入药物，于是，我就忘记吃药了——至少二十片。

～

霍华德和卡尔来访。霍华德把我在邓杰内斯种的白水仙带来了，屋里满是芬芳的气息。他们还送给我一株仙客来，这花只能活几天了。

听收音机，接电话，还要忙着写作，现在的我还挺忙的——其实，医院的病房能让我专心工作，因为死神就在走廊里徘徊，护士的笑声阻挡了它的脚步。这周六或周日，我会出院。

我们讨论说可以把圣巴托洛缪医院变成一家艾滋病专科医院，就像专治麻风病的拉扎尔医院一样。我们死后可以在圣巴托洛缪教堂长眠，算是为这可怕的消耗性疾病立一座纪念碑。即便是我的敌人，我也不忍心让他们得这种病。相比之下，那些壕沟看上去轮廓清晰而完备。得了艾滋病，就好像把心灵放进了集中营，这种感觉，没有几个健康的人能懂。

我把医院视作一个能让我逃脱现状、恢复理智的地方——这里的每个人都知晓与问题相关的知识，并愿意伸出援手，脸上总是带着微笑。

在这里，我很舒服，感觉好像多年前第一次走进一间满是男同性恋的屋子时一样，这让我彻底放松了。

卡尔和我计划用铁路枕木搭建花园。我准备在圣诞节前提前开始做这件事。等到《维特根斯坦》大功告成后，我们就会勾画出《蓝》的框架。我怎么也没法给颜色小书想出个书名。《彩虹的尽头》？不，这可不行。《色彩斑斓》？《尖叫的色彩》？总会想出来的。

医生来了，他说会给我加大药量，以便抑制巨细胞病毒。我现在说话就像曾经中风后的父亲一样，气喘吁吁。在这一切事情当中，终归还有一件成功的事——我把脸上的疣都除掉了。

～

我写完了莱昂纳多·达·芬奇的那一章。我的体温依然正常。从邓杰内斯带来的白水仙让整间屋子闻起来无比美妙。由于得了鹅口疮，我必须吃更多药，用大量漱口水漱口。看那装满药的小推车沿着走廊不断走动，药片仿佛五彩纸屑一样漫天飞舞。我真的好想待在邓杰内斯，不过在这里也不错，因为那些伤害我的病有可能会被抑制住。

11月24日　星期二

类固醇的药效已经散去，我的体温急剧上升。今天过得很糟，情况更差了。

11月25日　星期三

尽管体温还在上升，我今天还是感觉好些了。我花了一个小时，一边写关于炼金术的章节，一边等待拍X光。詹姆斯在这里，和我讨论《蓝》。大卫已经写好剧本，我们记下要用的音乐，修改一些错误。

我的呼吸状况有所好转。现在的我不必昼夜不断地吸氧了。乌龟老了也会蜕壳。

～

可怜的HB坐在角落里，被冻了一整晚。史蒂芬街发生的炸弹袭击，导致凤凰之屋停电——詹姆斯说，这次袭击是由英国电影协会的一位心怀不满的员工干的。

～

照顾我的护士名叫文，是日本人。她给我带了一本关于颜色的书，很漂亮，里面印有很多精美的插图。

～

我穿着我那条靛蓝色的日式工装裤坐在那儿。文把上面的日本文字读出来，“棕榈树山谷”。蓝色是日本的颜色。当初我坐飞机从东京上空飞过时，就注意到了那些蓝色房顶的屋子。在日语里，没有用来形容蓝色的词。

11月26日　星期四

塔妮娅和米歇尔给护士们带来了些蛋糕，医生们则正在巡视。

今天的输液又没能成功，直到十一点前都没结束，所以我很忙。虽然我的手指甲看上去有点发紫，我还是给自己断掉了氧气。

输液的内容：每天花六个小时输甲氧苄啶，花两小时输更昔洛韦。在八个小时的时间里，我会被插上管子，无法活动。我变得缺乏耐心，幸好还有手机，HB的无线收音机也很好。第三频道放的音乐很不错，有点复古——是一首十五世纪的挽歌，由兰姆写给他的两位死于瘟疫的朋友。

~

我告诉HB要尽量在大路上走，这样不太容易碰上汽车炸弹。凤凰之屋后面有一片区域很危险，军情六处总部就在街对面。今天曼彻斯特有两起炸弹伤人的事件。

~

我躺着输液。那管子像蛇一样弯弯曲曲的，可以说是“服药过度了”。我在邓杰内斯种的白水仙在一旁散发极其美妙的芳香。

~

安德鲁·赫德在这里，他完全失忆了，什么都认不出来。吉尔伯特和乔治每天晚上都会来和他聊天，他俩简直就是善良的化身。他们是多年的老朋友了——像这样的情形，任何人都会需要这样的朋友。

HB很震惊。他说，偷尸体的人已经盯上了安德鲁，但他们只能通过文身将其认出来。我们都已经登上了通往遗忘之境的末班车。

11月27日　星期五

这屋子好像修道院的隔间。窗户上用的都是毛玻璃，在这永不拉开的百叶窗的阻碍下，阳光总也透不进来。我正在润色那本颜色小书，并打算将其命名为《极乐》——我不想以悲伤结尾，如果能做到的话，我想以歌唱告别。

~

我昨晚没怎么睡，断断续续地梦见了弗雷德里克·阿什顿。在梦里，他不停地抽烟，举止温和，舞者们围着他转圈，好像一个旋转的圆盘，只有中心保持静止。“能用十分钟说完的话，就不要用二十分钟。”

身处舞厅时，弗雷德是一位动作准确的伟大舞者。我第一次听到伊丽莎白·韦尔奇唱《你太年轻，记不起事》的那个晚上，弗雷德进入舞池，和阿盖尔公爵夫人跳起了舞，她铁灰色的头发拂着那巫婆般的面容，结果在溜滑的地板上摔了一跤，让大家都吃了一惊。

“噢，德里克，等你到了我这个年纪的时候，再也不会有人打电话约你出去了。他们会认为你忙得没时间。”我经常打电话。要是在当初我和弗雷德一起玩哑谜猜字游戏的那间仓库里办派对的话，他肯定会去的——在字谜游戏里，我演的是爱德华，他是沃利斯·辛普森，他让我们所有人都断断续续地活动。

“来啊，玛戈，该吃午饭了。”接着，他就会对我耳语道：“德里克，如果你不喜欢那些舞者，我可以搞定他们，如果不喜欢鲁迪，那你得自己对付他。”

比尔·邦迪是《爵士乐日历》[1]的灯光师，他不喜欢我。当时，无论我对他提什么建议，他都不听。突然，弗雷德的声音从暗处出现了：“比尔，你以为自己是玛丽亚·卡拉斯[2]吗？这只不过是一出小小的芭蕾舞剧罢了。”

我上次在萨德勒威尔斯剧院观看林赛·肯普创作的剧目时见到了他。那天晚上，坐在我后面的男子总是在踢我的椅背。我转过身对他表示不满，但他依然这么做。我转过身，说：“你要是再踢我的椅背，我就往你脸上吐口水。”他踢了，我吐了，于是他和他的同伴们都立刻软了下来，不

1 《爵士乐日历》（*Jazz Calendar*）是弗雷德里克·阿什顿于1968年创作的芭蕾舞剧，该剧采用了贾曼的设计元素。

2 玛丽亚·卡拉斯（Maria Callas, 1923—1977），出生于纽约的希腊女高音歌唱家，二十世纪最具影响力的歌剧歌唱家之一。

敢相信我真的这么做了。又给了我一个再也不去剧院的理由——他这是为我做了件好事。与此同时，弗雷德爵士在舞台上旋转，以便节省体力。

～

输液时，我的血管被堵住了，体温开始上升。当他们找出新的血管输液时，我已经开始咳嗽，呼吸困难，又继续吸氧了——我得完全依靠甲氧苄氨嘧啶才能维持生命。

～

那盆白水仙在夜间翻倒了。我用一种日式包扎的方法，拿白纸把水仙绑了起来。现在这花看上去非常优雅。

这里的伙食不错，虽然量不太够，总是让我有点饿——今天吃的是鲽鱼、美味的牛奶布丁：里面的原料是粗麦粉、大米和西米，这味道唤起了童年的记忆。他们能不能做点乳冻甜点呢？

每一天的结束都伴随着八个小时输液的终结，我被绑在管子上，听着电台的第三频道里播放着如水般温润的巴赫音乐录音，旋律优美而不引人注意，不会让我注意倾听。

今天下午我意识到，我们发现世界的媒介就是玻璃——透明度。

11 月 28 日　星期六

一夜安眠，我醒来之后浑身是汗，但体温已经降至正常。肺炎引起的呼吸困难已经消失了，我觉得自己已经进入了另一个阶段，总是需要输液，感觉自己永远无法离开这里了。

～

詹姆斯来了。英国电影协会是这样评价《想象十月》的：“太过时了。”这种评语可以放在《战舰波将金号》上。聊了很久关于电影和财务的话题，还讨论了应该选哪部短片和《维特根斯坦》一起播出。这个问题很微妙，我将拥有最终决定权。

今天这里非常安静。

～

米歇尔和塔妮娅给护士们送来了一大盒蛋糕，还带了些奶油蛋卷给我。他们送来了大量食物：加里、小桃，还有HB给我带了一大块美味的黑加仑馅饼。

～

霍华德带上相机，来给整个下午都在卧床的我拍照。霍华德正在寻找住处，这段时间对他来说很不容易。不过他很喜欢我送的那件俗气的紫色衬衣。他说，在去《时尚》杂志社的时候很适合穿这件衣服。《时尚》杂志准备登载他在《维特根斯坦》摄制期间拍摄的照片。这些照片加上那本书——其中将包含五十张照片——请霍华德来记录电影拍摄过程真是物有所值。

现在是十一点钟，我已经输完液，准备睡觉了。

11月29日　星期日

我的脸上长了一片又疼又痒的疹子。医院给了我一支可的松膏，抹完之后有刺痛的感觉。三点半时，马文来录制医院里的声音，以备用来制作《蓝》。我写完了关于彩虹色的章节，但我的手由于麻痹而颤抖。那些身患不同等级骨骼衰朽的病人正在走廊里游荡。可怜的安德鲁还是记不起事。他丧失了方向感，只能记起长度为一句话的内容。能用写作与阅读填补空闲的时光，真是上天的赐福。

～

HB带来了一本十七世纪的诗歌选集。我特别喜欢多恩[1]和马维尔[2]。

1　指约翰·多恩（John Donne，1572—1631），英国玄学派诗人。下文提到的诗句引自多恩的《日出》（*The Sun Rising*）。

2　指安德鲁·马维尔（Andrew Marvell，1621—1678），英国玄学派诗人。

多恩的那句“不守规矩的太阳啊，你为何穿过窗户与帘子，拜访我们的家？”恰好弥补了这间阴暗的房间里所缺乏的日照。病房里的照明全靠房顶玻璃罩子里的四根荧光灯管。

~

现在是十二点钟，我们依然穿着黄色睡衣。我睡着了。理查德来访，他比我还累。他说，这次去苏富比拍卖行，他才知道经济衰退有多严重。他希望能把我的画作送到纽约的画廊进行展览。他说，趁明年一月份经济形势恶化之前，他必须得做一笔大买卖——准备卖给日本人一幅超现实主义油画。

油画就是我们这个时代的郁金香，而这郁金香的花瓣已经被吹落。理查德的悲惨遭遇让我很难过。和黑暗斗争是件好事，但迷失在黑暗中可就不好了。他又开始让我画画。我很乐意去他的画室，走的时候让皮尔斯替我收拾烂摊子。皮尔斯会把颜料混合在一起，我们一边聊天，一边绘制新的画作：“我觉得这幅画的质量和前景都不如那一幅。”我们先用画刷，随后用厨刀，最后戴上橡胶手套蘸上颜料，在画布上抓挠出烟花般的色彩和扭曲的文字。这些画看上去像是我内心的写照，这是一种电影永远也无法表述的精神，在拍电影的时候，绝妙的点子以及不受限制的方法往往会被低成本所阻碍。激情四溢的颜料。

~

HB在七点钟的时候来了。他已经把那台旧洗衣机扔到查令十字街上的一间电话亭里，随后便回屋拿相机了。当他再出来的时候，洗衣机已经不见踪影。

我们一起读安德鲁·马维尔的诗，然后他就带上一大筐需要洗的脏衣服回家了——这对于他新买的洗衣机而言是个挑战。

11 月 30 日　星期一

六点钟醒来，开始输液。一直在忙着写作，直到更昔洛韦和甲氧苄氨嘧啶输完。我已经恢复了平衡感，感觉冷静了许多。

～

我起身穿上那件蓝色连体工作服，走去商店买了一份《独立报》、一支新笔和一些巧克力花生。午饭吃的是奶酪通心粉和菜花，还有蛙卵牛奶布丁。

～

迈克尔·佩林说《现代自然》这本书是他心中的年度最佳。他还说我现在很暴躁。他说得没错——我不可能有别的情绪了。

～

今早负责给我抽血的护士是格拉斯哥人，她说她很高兴能在艾滋病病房里工作。急诊室里有时就像噩梦一样——想要给一个吸了毒的酒鬼抽血，太可怕了。老年病房是最可怕的，那些老人都不愿意让她靠近，他们还骂她，有一个打了她。我能看出她有多想回家。

～

我今天输完液了，开始口服更昔洛韦和另一种药物来改善苯环利定带来的副作用。你应该看看我的脸，现在看上去好像在暴风雪里冻成紫色的狒狒屁股。

十二月

12月1日　星期二

睡得不错，早餐很好吃。医生来了，对我说，几乎不会有人由于身患弓形虫病而完全失明。这让我放松了一些，因为我很害怕以后两眼一抹黑，仿佛眼前罩着黑色帷幕。

他们推着我在医院里穿行，去做X光检查。如果检查结果正常，那在圣玛丽医院做完眼部检查之后，周四我就可以出院了。天啊，我要同时做多少件事？简直就像是个杂耍艺人。两部电影，一本书，还有一份剧本，那么多事都在同时进行。

大卫一直在档案馆里查资料——《庆典》的剧本曾包含许多令人毛骨悚然的对话，但最后没能拍出来，真是太令人吃惊了。在为期四周的拍摄中，为了能够凸显画面，许多对话被删减了。那份剧本里还夹着些写满各种想法的餐巾、托娅·威尔科克斯[1]的信，以及亚当·安特[2]的整形手术笔记。里面还有很多疯狂的摄影机角度素描，这样的视角是为想象而不是现实设计的。这些东西可能是我在拍摄期间画的。《埃赫那吞》里克里斯托弗画的水彩画都很不错，这些画都被收进一本书里，书的封面上印有国王的名字，由黄铜制成。

12月2日　星期三

夜里有个女人哭泣，绿色的安眠药使我睡着了。我四点钟醒来，开始给那本关于《维特根斯坦》的书写序言。接着，我又睡着了，直到九点才醒。我的体温开始上升，呼吸依然困难。我对医生说，现在我的感觉好像是在刀尖上行走。他说，在明天病房巡查之前，他们不会让我出院。现在有些病情正在潜伏期，我很可能会出疹子，所以这周末去不成邓杰内斯了。能不能参加配音工作呢？让我们祈求好运吧。能在医院待着，我还挺开心的，因为我不确定自己能否生活自理——HB现在正在上课呢，不过他说他愿意为我放弃一切，小甜心。

～

电台里正在播放斯特拉文斯基的《珀耳塞福涅》——我得买一张这首曲子的CD才行。有一种感觉叫作斯特拉文斯基的季节，他的音乐有种确定无疑的个人特征。

我睡着了，出了很多汗。四点半的时候，体温变成98华氏度（约合36.7摄氏度）。我的呼吸顺畅多了，但我的体力很差。吃了午饭。明天我要去圣玛丽医院找克莱夫·米格德尔看我的眼睛；随后，下午五点要回来接受医生的巡查。

1　托娅·威尔科克斯（Toyah Willcox，1958—　），英国著名歌手、词曲作家、演员、制片人和作家。

2　亚当·安特（Adam Ant，1954—　），新浪潮音乐的一位开创性人物。

12月3日　星期四

天哪，又是一天开始了，却有那么多事情要做。我想，最好每天只做点小事，一直坚持下去。

七点起床，剃须，洗澡，然后搭了辆车去圣玛丽医院。在黑暗的城市街道里开车，如同幻觉一般。尽管现在是交通高峰期，司机还是很快把我送到了。我到的时候，医院还没上班，但是楼下的门已经打开了。我本以为爬楼梯会对我造成麻烦，但其实并没什么问题。我在那里坐了好一会儿，其他人才渐渐来到。虽然我能走动，但是很虚弱。也许我太过喜爱安德鲁斯病房，在那里待得过久，反而对自己的身体不利。

～

昨天夜里出了点汗，但如果今天下午不出现什么症状，他们就会允许我出院回家了。活下去变得极具风险——有时，吃那么多药，输那么多液，你会觉得自己已经彻底完蛋，再也别想坐起来或走出病房，除非是被放进裹尸袋里运出去。至少我还有HB照顾，有些人则无人陪伴。

～

看到一些新的海报：《幸存者诊所时报》《心理诊所时报》。他们给我滴了眼药水，视觉变得模糊，这多灾多难的一年仍在继续。每个地方的每个人都在遭遇不幸。有一个男子，长发用发带扎起，身穿紫色衣服，看上去很奇怪。他自言自语，走来走去，他的靴子发出吵闹的声音。这个人把塑料杯子垒成一座高塔。我等啊等，终于等来了轮椅。不管你几点钟到这里，他们总是要花一个上午才能做完这些事。我觉得，巨细胞病毒已经开始在我的右眼里活动了，我能感觉黑暗在逐渐迫近。我想，这可能是因为现在太多人都在谈论眼部健康——人们活得更久了，这样的谈话变得更加常见。

迈克尔·科德来探望一位朋友。我的视觉很模糊，没注意到他的存在。感觉我又退回不健康的状态了。

～

对于是否要离开圣巴托洛缪医院，我变得犹豫不决。我最不希望发生的事就是刚出院一星期就又得住院。我还在发汗，但是体温已经降到了97华氏度（约合36.1摄氏度）。支气管镜检查结果显示没什么问题，这让医生们有点疑惑，对肺炎的治疗居然起效了。托尼说，这些病症会引起其他疾病，这种事情都是祸不单行的。我去圣玛丽医院检查了眼睛，没问题。

已经很晚了，HB和我在掷硬币做决定——三局两胜决定要出院。我决定在医院再多住一晚，看自己能不能在不吃安眠药的情况下入睡。

12月4日　星期五

一点钟醒来，写了些东西，随后一直睡到八点。

～

HB说我现在瘦骨嶙峋的，他想要把我喂胖。我的长发乱七八糟，我要回家了。

～

我蹒跚着和霍华德一起回到凤凰之屋，极其虚弱。桑迪来了，她身穿一件从摩洛哥带回来的冬装吉拉巴长袍，还翻看了霍华德的照片。接着，黏人的HB也回来了。我们一起在普莱斯托餐厅吃了意式烩饭作为午餐。随后我回到家开始卧床休息。

～

HB大嚼着盘子里的某种东西。

“HB你在吃什么？”

“奶酪。”

“看上去不像奶酪。”

“是温斯利戴尔干酪。你要吃点吗？”

“不了。”

趁他转身的时候，我从他的盘子里偷了一小片来吃。原来是杏仁膏——他吃了整整一磅之多。

12月5日　星期六

夜间的宁静不时被警笛的呼号打破，警察们正在到处追捕爱尔兰共和军。

我的身体又虚弱又麻痹，我的手在发抖，倒茶的时候，茶水洒在了杯壁上。HB说我现在的样子像是缩水了，如今我的腰带扣已经扎到第四个孔上了，通常是扎第三个孔。我在吃东西——这倒是挺让人吃惊的，毕竟我吃的那么多药已经能把我喂饱了。我现在轻如鸿毛，随便一阵风都能把我吹跑。蹒跚着度过了星期六。

男女同性恋中心即将由于“经营不善”而关门。这家组织早就不太受人重视，所以即便是倒闭了，也不会引人怀念。不知道为什么，这样的组织从来不会严肃认真地做事——这家中心本可以提供画室、课堂、会议室，甚至能建一所电影院，但是人人眼里都只有酒吧。

～

HB给家里做了些改动：添置了新暖气片、新洗衣机，还有从纽卡斯尔带来的新餐垫。这垫子很大，上面布满各种色度的绿。

HB和我在普莱斯托餐厅吃了午饭。HB吃了一大盘圣诞布丁和奶油冻——他在壁橱里藏了些杏仁膏。他的头发很长，看上如丝绸般润滑，很漂亮。虽然我觉得这样挺帅的，但他不喜欢这发型。

12月6日　星期日

我睡得很好，已经很多年没有休息得这么好过了。膝盖部位感觉有点虚弱，还有点困。HB在九点钟起床，他现在醒得越来越晚了。醒来后，他做的第一件事就是整理好我要吃的药。

昨天深夜，当我的体温达到99华氏度（约合37.2摄氏度）时，我完成了那首关于磷火幽魂的诗。但今天体温已经降至97华氏度。虽然我不敢相信，但有时我会觉得自己能逃过这一劫。我现在无精打采，部分原因是之前的四个星期里我几乎一直平躺着不动。肌肉若是不用，就会消失。虽然没有称过，但我估计自己的体重已经降了6.35公斤。

～

HB去了贝尔托饼屋，见了染色师玛蒂尔德和塔妮娅的艺术家朋友迈克尔·克拉克。迈克尔下周就要去拍照了。塔妮娅给我做了一大杯橙汁、一杯咖啡和羊角面包。

我给电影《蓝》里的蓝洞写了一篇文章。

～

HB和我一起坐在桌旁，好像两个用功学习的学生。我用那支金紫相间的笔写作，HB则噼里啪啦地敲打键盘，他肯定要拿优秀了。他说，他这么努力学习，就是为了让直男们看看他的本事。HB和班上的其他同性恋同学只要一逮着机会，就会对付那些直男，让他们的信心受打击。HB现在正在寻衅滋事呢。

～

艾莉森和萨拉来了，她俩开车带我们去巴比肯中心看德莱叶的《圣女贞德蒙难记》，还有交响乐团为其伴奏。这部电影简单而高效，里面充满各种角度的特写。

12 月 7 日　星期一

报纸上有一篇文章说——显然你可以把自己葬在自家的后花园里。并没有法律禁止这种事，不过环境保护部可能会对此有些意见。

12月8日　星期二

我今天感觉比以前强壮了许多，休息得也很好。我已经连续三晚睡得很好了。HB正在为自己的考试做最后冲刺。

～

我们忙着努力制作音效。我回家的时候，体温已经升到99华氏度以上了。HB说要带我去看医生。说实话，我现在已经是半个废人了，根本不知道自己身在何处。我一瘸一拐地走过街道，四处乱走，完全不受控制。一只眼睛失明，我过马路的时候磕磕绊绊，速度极慢。我的肉体已经不受控制。我想，没人能理解这种失去方向感的滋味。别人看到我好好地站着，会以为我还一如往常，能够用自己惯常的智慧来解答他们的问题。我的双手发抖，双腿好像被捆在了一起。我比以前强壮了一点。

12月9日　星期三

在音效工作室，我们给那几个火星人配音——分别是“夸克”“魅力”，还有“奇异”。金杰比茨还没打完字呢！我想，以这样的工作效率，颜色小书永远别想完成了。我今早告诉他：“现在的工作已经形同赛跑了！”

12月10日　星期四

我们把音效的工作完成了，并把关于《维特根斯坦》的那本书校对了一遍。我回家了，HB、卡尔和彼得都在家。他们花了一整天时间把理查德的工作室清理一新。

12月11日　星期五

七点钟起床，今天很冷，有雨。HB一边给我整理药片，一边吼我，说我自言自语的时候发出的声音太大。他六点钟起床，九点之前竟然一言不发。他很讨厌我新买的皮质手套，说这种手套只有那些要掐死人的家伙才会戴。我碰了一下他的后颈，他猛地跳了起来。

在意大利餐吧，奥蕾莉亚给我做了杯卡布奇诺。在七点半以前，这家店有着意大利的气氛，之后，苏活区的人就涌进来了。我拿上收到的信件，坐上前往圣巴托洛缪医院的出租车，在路上读起了信。我坐在那里，等着做胸部X光检查。我排在队伍的首位。马克医生说我看上去比以前好多了。我确实感觉强壮了不少。现在的睡眠比起以前好了很多。昨晚，我一觉睡到天明，中间没有醒来。

～

校订了《埃赫那吞》的剧本以及颜色小书的前三章。叫《颜色中的颜色》如何？《埃赫那吞》的剧本有种巴洛克风格，以诗歌和歌剧的形式写成，还有埃及背景以及乱伦的剧情。其实，这部作品可以很简单，用白色墙面和沙土地面布景就可以，虽然根据剧本，金色雕像中藏着一笔财富，但其实没有必要表现出来。《维特根斯坦》的手法就能够创造奇迹。福尔图尼式长裙穿在男人或女人身上都很好看。

12月19日　星期六

霍华德、阿里、卡尔和我一起开车沿着我们常走的观光路线前往邓杰内斯——途经霍克赫斯特的藜芦天堂苗圃，霍华德在那里从伊丽莎白·斯特兰曼手中买了一株紫黑色的幼苗。

我们在油勺餐厅吃了早饭，那里的茶味道太差了，阿里最后只好吃一条奇巧巧克力来驱散那种恶心的余味。雨不停地下。我们在一点钟的时候到了展望小舍——彼得已经在那里等我们很久了，他还以为我们走丢了。路边摆了五十根铁路枕木，又湿又重。我们决定用这些枕木在蜂房外侧修整后院花园。卡尔和彼得成功地在天黑之前搬运了九根枕木。

阿里为我们所有人做了一顿大餐，我们五点钟时开始吃饭，不过当时天色太黑了，看上去好像是午夜。随后，霍华德和阿里便离开前往伦敦。

早早上床。

12 月 20 日　星期日

一整天都在下大雨，想要在花园里劳作是根本不可能的。自从九月以来，我就没怎么来过这里——除了那次和霍华德同行的怪异周日之旅，此时园子里几乎有一百零一件事情等着我去做。屋里的炉子都烧着火，布赖恩也已经给屋顶做了保暖工程，所以屋里很暖和。

天上在下雨，屋子散发出热气，让花园里的植物乱了节奏。深紫色的桂竹香在盛放，万寿菊已经被带着海盐的东风摧残。莨菪和菊芋在冬至时的黑暗天色中看上去巨大而奢华。我注意到桂竹香已经把自己的种子撒遍了每一个角落。还有虞美人、矢车菊、旱金莲，以及一片片的花菱草。七月时开花的高大蓟草已经和川续断、缬草、锦葵、雏菊一起播下了自己的种子——野花们适应得都很好。

通往莱德的道路旁的湖里本来有些岛屿，如今已经被洪水淹没，水位之高是我前所未见的。下午晚些时候，我们开车前往阿普尔多尔，我在那里买了一把放大镜和调色刀。我们在花园中心见到了彼得的朋友们，其中一个年轻男子曾给我写信，问我是否有多余的约翰·博斯韦尔的《基督教、社会包容和同性恋》——因为不管他去哪里买，店员都说我把这书全部买走了。

途经新罗姆尼回家，那里的教堂已经重建完毕并被清理干净，在靛蓝色的天空下显出亮眼的白色。

现在天黑了。彼得动身前往迪尔给自己的家安置家具，他的新家叫“艾尔·雷”——是一节放在核电站门口的改装过的火车车厢。英国核燃料有限公司送给我们一份看上去挺乐观的日历，上面有些破旧的教堂和田园风光的照片，日历的背面还印有指南，写明我们应该在发生灾难后采取什么措施。

12月21日　星期一

今天很冷，但没有下雨。我清洗了地板，做了早餐。有人来访时的工作量几乎比自己独处时还要多。不知怎么的，你必须让出点空间。

霍华德开车带我去迪尔——依然是一个美丽的海边小镇，面向大海的房子干净整齐，混凝土制的码头有一种单调的魅力。自从五〇年代以来，这里的咖啡店就没变过，带有明亮的铬黄色窗棂，上面镶嵌有马赛克式镜面。霍华德和我把车停靠在面朝大海的位置，我觉得，我们应该带上三明治和保温杯才对。

我们在一家很棒的二手书店里驻足停留。霍华德喜欢上了柜台后面的姑娘，她的头发像乌鸦羽毛一样漆黑。我们买了博斯韦尔的书还有《珍珠》，以及一个日记本。随后，彼得带我们去了一家二手服装店，我在那里花一大笔钱又买了一件哈里斯花呢外套，这衣服让我感到暖和。

从多佛到迪尔的群山笼罩在迷雾中，尽管在这一时节，白垩岩具有其独特的荒凉美感，霍华德和我还是认为西向的道路上风景更好。“真有威尔士的风格。”霍华德说道。这句话可没让彼得高兴多少，班戈附近的威尔士人对外人有一点敌意，彼得在经受这种遭遇之后，还处于恢复阶段。

“你以为是什么样的？”艾伦问道，“这些凯尔特语言中并不包含城市用语，它们乡土气息浓重、偏法西斯主义、思想匮乏——和公元八世纪时一样。”

威尔士的羊群养育了牧羊犬，结果牧羊犬咬伤了可怜的彼得。那时的他逃回了肯特，说他在班戈的经历就好像一名穆斯林去了波斯尼亚一样——在经历了那场农村里发生的噩梦后，他还在笑着。

“什么？”我问道，“威尔士人吃什么？是不是切尔诺贝利核电站泄露出的放射性污染物跟着雨水流到那里去了？”彼得说，他发现想要跨越语言障碍是完全不可能的——他若是想要和格伦道尔[1]的子孙们交朋友，就会感觉中国的长城横亘在他面前。由于和他生活在一起的农民一句英语也不会说，他开始学威尔士语；他们喜欢这一点，但还是不喜欢他。

～

卡尔又搭起了几根新的晾衣绳。我把圣诞树立了起来——其实就是一把被火烧黑的荆豆枝子，上面挂了些暗淡无光的老式装饰品。我们在晾衣绳的旁边搭建起了蔬菜园，在这一年中日照最短的日子里，阳光在四点钟时开始暗淡。我们吃了一顿丰盛的傍晚茶点，配有烤肉和一瓶上佳的红酒。

圣诞节

今天天色灰暗，很安静。大地上覆盖着迷雾，冰冷而寂静，一丝风也没有。彼得现在正在迪尔，艾伦说他会在中午时过来，带我去马盖特参加姐妹会的午餐会。我一上午都在忙着写作和修订颜色小书。

HB把自己关在凤凰之屋的房间里，只吃玛莎百货的那些即热食品。我们为什么要分开过圣诞节呢？也许这恰好证实了我们需要远离自己的家人。我知道，如果有人让我和他们共度圣诞节，我会很失望的。彼得问，为什么我们要在今天聚在一起呢？这是无数次血泪的教训——佩吉斯是不是还在我妹妹家里为火鸡而哭泣呢？随着所有人渐渐变老，参加家宴这件

1　指欧文·格伦道尔（Owen Glendower，约1359—约1415），威尔士统治者，是最后一位自称威尔士亲王的威尔士人。

事变得越发令人绝望。

一只大乌鸦无精打采地从花园上空飞过，正在飞回自己在海边的家，一丝风也没有，一片安静。我把煤搬进屋去烧火——在这里一个人真是太奢侈了，我试着在贺拉斯的作品中寻找能形容花园的诗句。

当时间的流逝让我们的箭术不再精妙，
为何我们还要瞄得那么高？
为何要渴望前往那被异国的阳光照耀的国度？
他的心里何曾想过流放？

令人愉悦的宁静。这是几周以来我第一次连续数小时独处，医院里总有刺耳的声音。数周里我一直在凤凰之屋里蹒跚而行，忍受着肺部的剧痛和右眼的钝痛，在人行道上跌跌撞撞。

～

白昼渐渐过去。我等着艾伦，他说两点时会来——或者按照乡村的计时方法，三点钟。我打电话给HB，但是如他所说，他已经把电话线拔了。理查德打电话来，他要去参加圣诞午餐会。他说他给我准备了香槟，明天会开车过来。

～

圣诞节的时候，无处不在的德里克·鲍尔就不在这里了——他已经飞去了墨西哥的阿卡普尔科度假喝龙舌兰酒了。这里的节庆期间人们简直滴酒不沾。

亲爱的艾伦和包容姐妹会的人把我带到了马盖特，在那里，图兰让我们坐下吃午餐，其中有些阴茎形状的饼干。他那位魅力十足的荷兰男友安德烈穿着那种松松垮垮的卡其裤，还能让身上的美景一览无余。安德烈和包容姐妹会的人在节庆的气氛中戴着明亮的珠子，看上去有贝里克街的感觉。

从图兰的房子往外看可以俯视马盖特海湾——真是令人窒息的美景。随着光线渐渐暗淡，我们伴着多丽丝·戴和卡门·米兰达的老唱片玩了击鼓传花。

八点钟，艾伦开车途经坎特伯雷送我回家——坎特伯雷真是一座充满回忆的废墟，实实在在而具有精神价值，最好远远地看这座城。当你看到直街的时候，可以暂时放下自己的信仰。我们这个时代的朝圣者可以直接开车进停车场，或是避开步行街上的混凝土垃圾桶。高街的拉特纳小店里没有圣托马斯的徽章，罗兰爱思女装店里没有苦修带，只有两位艺术家能够赞美这样的垃圾——杰夫·库恩斯和他的妻子“小香肠”。

节礼日[1]

半夜时分，阁楼里的冷水箱漏水了，我醒来时到处都在滴水，幸亏没滴在床上。我把水龙头关掉，问题解决了。一阵冷风在夜里刮起，所以我把窗户都关严，身上穿着桑迪那件暖和的摩洛哥式吉拉巴长袍。在节礼日前往灯塔的游客看见这件衣服都会回头。

～

我的医生马克告诉我，他要离开医院去做一个研究，他说：“我有个好消息要告诉你，你已经熬过第一位医生的治疗，成功活了下来！”这四个月里，所有事情都安静地过去了，我感觉我在自己以及朋友们的重压之下幸存了下来。我是不是该写个清单来提醒自己？彼得、特里、霍华德、大卫、汤姆、卡尔、肯、帕特里克、比利、罗伯特、汤米、保罗——多数人都是二三十岁大——他们都有过光明的未来，但他们的未来都被夺走了。当我记下他们的名字时，我在想，我的笔会在哪里停止写作，或是说会在写什么词的时候停下？这个词应当是“阿门”。

1　节礼日（Boxing Day）是英国及大部分英联邦国家在12月26日庆祝的公众假期。

～

风停了，十二月的灰暗天气已经散去，隔着卵石滩，核电站看上去只有一箭之遥。我希望能在花园里做些活，移植一两株玫瑰什么的。但是外面太冷了，而我现在也很“明智”。我不画画，我写作。

我走到海边短暂地待了一会儿，吹了一会儿强烈的海风。我一整天都是一个人——除了HB给我打了两次很长的电话。查令十字街受到炸弹的威胁，他躲着这些炸弹，似乎很开心。

风吹了一夜，五点钟的时候，楼顶的水箱又开始漏水。

12月27日　星期日

云层在海上移动，仿佛一堵高墙，太阳几乎要将其穿透。东风已经刮了一周，不过这风倒是把铁桶里烧的炉火吹得亮如白炽。在这个十二月里，海角如此荒凉，实在令我吃惊。只有两位耶和华见证人来造访。他们没祝我圣诞快乐，当看到我身上穿的吉拉巴长袍时，他俩吓了一跳。在《瞭望塔》和《苏醒》这部名字很差劲的电影里，那些圣洁的教徒们都穿成这样。我在冷风中站着，看上去好像一位先知，但他们没有给我下跪。这两人真是瞎了眼，他们即便是遇见上帝本人，也能花上一下午的时间劝他信教。我关上门后，我那荒凉的花园让我重新振奋起来，即便是耶和华和他的见证人都消失了，我的花园依然会在此长存。

唉，现在我的时日终结了，
我知道我很快就会死去，
因为我必受天谴。
我的双臂双腿皆将朽烂。
而现在我看见成群的恶魔，
从地狱中向我走来。

我开始画《致命》和《巨细胞病毒》这两幅作品——色彩十分迷幻、模糊，令人不悦、烦闷。太阳出来了，于是我试着在花园里劳作。我的体力只够给炉子添煤，花园里的活对我来说太难了。我沿着海滩走，只捡到几根小棍就回来了。尼基打电话来说，他正准备出发去伦敦，朱利安和理查德这次都无法成行。

~

太阳还是很亮，核电站消失在下午的迷雾中——乳白而多彩。

~

尼基和罗宾来了，他们给我做了些美味的腊香肠意面当午餐。夜幕降临时，我们驾车穿过沼泽地前往阿普尔多尔。尼基丢了一只手套和一些肉馅饼。六点半的时候，他们去了伦敦。

12月28日　星期一

清晨，天边出现一抹杏黄色的光晕，这片色彩好像水彩画，穿过海面向我们飞来。今早一片云也没有。

今早是CD机叫醒的我。七点钟的时候，CD机很奇怪地自己启动了，大声地播放起西贝柳斯的作品。我起床把机器关上，惊起了一片在厨房窗外的玫瑰丛里上蹿下跳的欧金翅雀。

我拖着自己66.7公斤重的身体（我的体重降了9.5公斤），走进了花园，翻新起鸢尾花的苗圃。去年夏天我就该做这件事了。尽管现在不是做这件事的最好时机，但看见苗圃变得整洁，还是让我心满意足。我把淡蓝色和黄褐色的植物混种在一起，即便它们不开花，叶子也很美，可以装点花园。我还挺幸运的，通常会被春季最后的东风所摧残的鸢尾花，如今已经开放。

~

艾伦和他的朋友班比一起来了。我们开车去阿普尔多尔，路上在新罗姆尼停下。在那里，比尔的杂货店开门了，我买了些意大利面回来，艾伦做了一顿大餐，班比则开始听乔治·克拉姆的音乐。

12 月 29 日　星期二

一股严霜降下，地表看上去仿佛是铁灰色的。尽管太阳依然亮着，好像阿尔卑斯山的风景一样，我还是得放弃园艺工作。我必须得小心才行，因为吃下的药使我不耐日晒。

～

中午时分，我的家受到了侵略。盖伊[1]来了，她花了两个半小时从牛津过来，速度很快。接着是彼得和卡尔。独轮车已经垮了，于是盖伊带我去园艺购物中心买了一辆新车和一些藜芦。阳光一整天都照耀大地，海角挤满了渔人。

四点刚过，太阳就在核电站后面落下了，天空在一个半小时里都是深红色的。盖伊开车带我回伦敦，我在那里和大卫碰面，然后带他去了拉加姆。讨论《梅杜萨之筏》。

房间被HB打扫一新，我错过了他的电话留言。

九点半时，我已上床。

12 月 30 日　星期三

花了一整个早晨让马克医生给我做检查。我的X光和胸透结果都显示有所好转，不过他还是对我肺部的一处阴影表示担忧。会是肺结核吗？还会有一轮测验。这将是我最后一次见他，他准备去滑雪，回来以后开始写科

1　指盖伊·坦普尔（Gaye Temple，1943—2005），贾曼的妹妹。

研论文，与他的告别实在令人难过。

药房花了一个多小时才整理好我的药，于是我走了，他们实在太慢，收费还那么贵——我得坐出租车回家——花了将近七英镑来取药。

我买了一张乔治·克拉姆的新专辑，然后回到凤凰之屋。

十二点半，金杰比茨来了，带上了打好的颜色小书，叫《多彩变色龙》如何？我们和约翰·梅伯里一起吃饭，然后去“购物”——也就是在考文特花园广场逛那些价格昂贵的精品店——那里挤满了人。有个小帅哥跟着金杰比茨，这让他十分激动。

～

我在查令十字街赶上了晚班火车——真是令人极其难受的经历——我旁边是一对提着大量打折商品的情侣，一边大吃薯条汉堡，一边喝着大杯冰可乐，打喷嚏，抽鼻子，车上其他人也差不多如此。这辆车往南走，途经普拉克利、海德科恩，还有马尔登，最后到达阿什福德。这一列火车的糟糕环境让我意识到同胞们的悲惨遭遇。我深感同情。其实，我希望自己根本不要出现在这里。当我们慢慢经过那些黑暗的车站时，我觉得厌世感正在这节车厢里像黑死病一样蔓延。每当列车开门时，我都趁机大口呼吸。我觉得这些“同行”的旅客们的脑细胞加起来都不足一个。顺从而褶皱的面容仿佛废弃的圣诞礼物包装纸，嘴巴下翻，双眼空虚，仿佛撒切尔夫人手下那些獐头鼠目的抵押权人，活该破产——希望破产能把他们送进坟墓：埋在东南地区那些沉闷的墓园里。

～

卡尔让屋里的炉火一直烧着，于是当我在八点打开门时，展望小舍里又暖和又舒服。回到家之后我开心吗？是的，我确实这么想。与火车里的环境相比，什么情形都会更令人感到舒适。炉火让寒冷的天气——确实冷，非常冷——远离我们。

12 月 31 日　星期四

今早的海角被霜染成了白色，大地在水流般的阳光下显露出微弱的白光。我把自己紧紧裹住，在花园里“探险”。卡尔已经把新的花坛建好了，看上去很不错。今天，街边的大土堆已经变小了。欧金翅雀再次出现，它们正在土堆上觅食。我挖了些肥料给藜芦，不过现在天寒地冻，我决定先不种这些植物。把屋后清理一番——在寒冷、干燥、无风的天气里，这里的植物似乎长得比以往都好。在这新年的前夕，我的万寿菊、琉璃苣，还有迷迭香都开花了。每个角落里的球茎都在发芽。

在午后的阳光下，我给侧面的第二个花坛施肥。做了土豆和鱼肉吃——今天的体重依然是66.7公斤，我得长点肉才行。

一九九三年

一月

新年

七点钟醒来，这是个冰冷的早晨，外面结了霜。迷雾拥抱着大地，核电站在雾中漂浮。严寒摧毁了阔叶植物，它们银装素裹地倾颓在地上。这霜带有绵杉菊一般的蓝灰色。

奈杰尔·特里打电话来——他说他已经对伦敦忍无可忍，正想着要搬回康沃尔郡。三十年来，这座城市变得越来越不宜居，城市居民也越发丑陋，这一切都使他做出此决定。他说，在街上，他会觉得不安全。

阿拉斯代尔从他在黑墙隧道尽头处的房子里打电话来，语气中带着绝望："我越来越讨厌东区了，只要能离开这地方，我愿意付出一切。"他住的地方有许多野孩子组成的帮派，对于这些孩子，心理医生和社工都无计可施。"昨天，为了帮一位店主，我被这帮孩子打了脸。店主可能需要面对任何一种武器，包括霰弹枪。"

为了迎接新年的到来，这就是我接听的前两通电话，我的力量在衰退，可能今天也不会有别人打来了。这些电话无法给我带来幸福与希望。

乔恩·萨维奇和尼尔·坦南特来了，接着到的是艾伦和霍华德。

霍华德和我讲述了我们前往莱德城乔治餐厅的午餐之旅——我们这两个蠢笨的旅人仿佛落入吸血鬼德古拉的圈套。酒厅里的人们将我们引进屋里，几位店主商量着是否要招待我们用午餐，这真是太英式了。你说，这样的事情能发生在欧洲其他地方吗？在新年的第一天乞求别人赐一顿饭？

艾伦说，肯特郡的人之所以总是像块石头一样沉默，是因为他们的祖先是当初准备被送往澳大利亚的罪犯，这些罪犯在格雷夫森德码头逃了出来，从此以后，他们就低调地生活，世代相传。

～

霍华德说他对于1993年感到很乐观。HB打电话了，小甜心。

1月2日　星期六

展望小舍的所有排水设施不是堵塞就是溢水，天气冰冷而晴朗。彼得已经和他那帮市场姑娘们出发去迪尔了。霍华德在厨房发出一声尖叫——他给自己的吐司面包抹红醋栗果酱时，发现这果酱已经生虫，成了蠼螋酱了。

冬　夜[1]

白居易

家贫亲爱散，身病交游罢。
眼前无一人，独掩村斋卧。
冷落灯火暗，离披帘幕破。

1　贾曼仅抄录了这四句诗，且缺原诗第四句“策策窗户前，又闻新雪下”。

长年渐省睡，夜半起端坐。

霍华德傍晚早些时候开车带我回到伦敦。天气冷得刺骨，当我把展望小舍的灯灭掉、排干水箱的时候，心里很难过。我在这里劳作了将近两周，终于，花园又能在一两个月内保持整洁了。肥料已经撒下，藜芦也已种好。

凤凰之屋显得有点荒废，很奇怪。我很想见到HB，当初我前往肯特郡，他出发去纽卡斯尔的时候，距今似乎已经过去了好几年——天知道他对于返回伦敦会作何反应。当他从北方打电话给我时，声音听起来总是有点不同。

1月3日　星期日

我一整天忙着修改大卫给兰登世纪出版社打出来的手稿。《埃赫那吞》的二审已经通过——这剧本可以拍成电影了。以前我曾经怀疑《塞巴斯蒂安》和《庆典》能否拍成电影，但它们还是被拍出来了。

刺骨的寒意拥抱着伦敦的街头。我在汤锅餐厅吃了点午饭，但一整天都觉得又冷又恶心。我的脸色变成了半人马涅索斯般的样子。我把头埋进枕头，下定决心，一定要坚强地活下来——再多活一年。乔恩·萨维奇说，我能存活下来，就是对那些恶毒之人的控诉。我觉得，曾经的我会一直不停地渴望着去做新的项目，如今这种渴望正在消逝。每天，执笔在纸上写作都变得越发困难，冒险精神在逐渐消失。

1月4日　星期一

HB昨夜从纽卡斯尔回来了，他看上去很健康，身上毛发旺盛、精力充沛。他一边抱怨自己的痛苦生活总是和洗衣机脱不开干系，一边继续平时的家务活——他把白色的衣服挂满阳台，看上去有地中海地区的风格，不过，在这样冷的天气里，只有上帝知道这衣服怎么才能晾干。

我们走去市场——那里什么也没有——回来的时候途经几家书店，在安妮·克里德书店和希普利书店驻足片刻，随后就回家打了几通电话，以求能弥补十二月里荒废的时光。我不知道哪件事更具有破坏性，是生病还是圣诞节。这两件事都占据了太多时间。

我收到一封来自眺望出版社的信，他们是《自担风险》的出版商。他们想要我在二月去趟纽约。英国电影协会想让我去柏林，而霍华德和我则想去开罗看金字塔——当然，这些事情都不可能发生。

1月6日　星期三

查令十字街很安静——因为三个燃烧弹把道路给封锁了，于是我们九点钟之后才醒来。在设得兰群岛爆炸的油轮于昨夜沉没了，漏出八万吨原油，最后漂到了海滩上。

西蒙取来了一架中国扬琴，我们在意大利餐吧喝了些咖啡，这里没什么人，却很吵闹——奥蕾莉亚忙着做卡布奇诺，有一位奇怪的西西里大汉，一头黑亮的头发，坐在那里无所事事，胳膊的动作却很大。

～

晚上，HB和我给《独立报》做了一期访谈，主题是“我们是如何认识的”。HB坐立不安地讲述“真相”——他从他的角度讲了我们的相遇，以及他在厨房里的苦差事。HB总是擦擦洗洗，就算不是为了我，他自己也会做这些事。HB说，由于他住在全英格兰待客最多的艾滋病患者家里，要是卫生间不够“卫生”，那可不行。

～

雨水倾盆而下，天气暖和了一些。

～

鲁道夫·努列耶夫死于艾滋病引起的感染，电视新闻闪烁其词地报道这个话题，说他死于一种“消耗性疾病”。诺曼和我聊起卡尔的自杀——诺曼认为卡尔之所以发疯，是因为身患晚期梅毒。诺曼有一位意大利的朋友，由于欠了十万英镑的债务，九月时开车冲下悬崖自杀了——在此之前，他已经自杀过两次。

1月7日　星期四

我在圣玛丽医院待了一上午，做了眼科检查、滴了眼药水、拍了闪光灯片——我的左眼有点小问题，两周后就可以复查了。

～

中午回到音效工作室做最后一次录音，这次是和奈杰尔一起的。

～

报纸上登了一份关于鲁道夫·努列耶夫的讣告，有点奇怪，但质量还算合格——很明显，虽然大家喜欢他的舞蹈，但并不都喜欢他这个人。他被描述成一个反社会、高深而神秘、虚荣的“彼得·潘”式人物。不过在我的记忆里，他皱纹不少。鲁道夫出生于这样一种环境中：男芭蕾舞者要屈服于社会的压力。他对于咖啡桌旁的事务缺乏耐心，于是便纵身一跃，进入了摇摆的六〇年代，这个时代并没有让他感到着迷。

男孩，更多的男孩，这就是他的兴趣所在。在我看来，他跳舞的目的就在于此。他只有回到后台的时候才开心。我曾经在凌晨四点时看见他在国王大道上猎艳，比起其他地方，他在那里时最能显露出自己的本性。他觉得任何人都会为他倾倒，其实，他会强行让别人这么做。他并不是想上了所有人——时间不允许——他只是想确认自己有能力这么做。

在不经意间，我略显幼稚地拒绝了他——虽然我们第一次见面时他就浑身赤裸，我还是没看出来他想和我做爱。我当时觉得他是个傻子。由于他精湛的舞技是票房的保证，对于他所有的不端行为，皇家芭蕾舞团都可以原谅。

跟可怜的尼金斯基[1]不同，鲁道夫掌控着局面，在我的想象中，他只会是这个样子。尼金斯基并不能清楚地认识自己，结果成了玫瑰花魂。鲁道夫则永远都是鲁道夫，他会出演罗密欧或某个王子，在舞台上蹦来蹦去，接受成百上千个幻想着和他上床的男孩的掌声。

鲁道夫就是唐璜般的人物，他对于男性肉体的欲望永无止歇——真是个来自西伯利亚的可怜的小男人，他在迷人时魅力无穷，烦人时则毫无光彩。

1月9日　星期六

霍华德和我开车去展望小舍，我们在园艺购物中心停下——咨询了他们有关藜芦的问题，但他们不太明白："什么是藜芦？室内还是室外植物？"

霍华德说道："就是圣诞玫瑰。"

"哦，都卖完了。"我觉他们从来就没有过这种植物。我注意到这家购物中心里的人比以前还要少。这里存着大批的袋装混合肥和泥炭块、大堆丑陋的锅子和石头、用来当栅栏的石板、成千上万的肥料，但一棵植物也没有——我想，植物毕竟需要人们来照料，还很容易死。

～

今天天气不好，很闷，大雨横斜着从海角上倾盆而下。成千上万只白海鸥搏击着风雨，在它们之下，白色的海马飞过冬日的海面。风雨太大，看不清什么。冷冷的雨水仿佛飞进了我眼里，像针扎一样疼。

～

花园里一月份的新绿在雨水中显得格外明亮。我很喜欢这些洋蓟，即

1　指瓦斯拉夫·尼金斯基（Vatslav Nijinsky，1889—1950），波兰裔俄国芭蕾舞蹈家、编舞家。

便是十二月最凛冽的寒风，也奈何不了它们的叶子。在这个时节，花园正处于最好的状态，所有植物都小心翼翼地活着，看上去棱角清晰，与卵石滩形成强烈对比。

我们沿着海滩散步。霍华德拍了些照片，把那套“咆哮的维特根斯坦”系列照片发到了《名利场》杂志上。有人来访，我躲着他们。大风绕着房子狂吼。

1月10日　星期日

我在半夜醒来，水箱溢出的水滴答作响——我给自己称了体重，现在快要有69.9公斤了。

刚种完藜芦，没过一小会儿，外面的大雨就倾盆而下，逼得我们躲在屋里。在那之后，想要出门是不可能的了，不过现在已经刮起了温暖的西风。

我们在冷雨中离开展望小舍，开车前往阿普尔多尔，接着回到了伦敦。

1月11日　星期一

时速一百英里的狂风袭击了设得兰群岛，整个北方都飘起了雪。

我那只盲眼使我逐渐被黑暗包围，皮肤灼痛。我并非是在抱怨，只不过是对日记坦诚相告。

在坎特伯雷，我打电话给金杰比茨，把他吓了一跳。上次我把颜色小书第一部分的修改内容给他的时候，还是十天以前，他根本感觉不到时间的流逝。我有工作要做，手稿却还没打出来。我集中精力忙了两个小时的成果都白费了。我觉得这本书永远也无法完成了，只会成为一堆谁都能搞出来的大杂烩。

～

报纸上登出了更多关于鲁道夫的新闻，《新闻周刊》请我写一篇关于“艾滋病与艺术”的文章。对这个话题，我不是很拿得准，我只确定一件事，那就是不同时代的艺术家之间存在着连续性——年轻的艺术家本可以在舞台边缘观摩伟大艺术家的风采，但鲁道夫由于艾滋病而英年早逝，让这种连续性从中断绝。我觉得弗雷迪·默丘里也是如此——皇后乐队少出一张专辑又有什么损失？答案当然是没有。

如果布鲁斯·查特文[1]没死，他能再走多少次旅程？若是梅普尔索普没死，他还能拍出多少照片？他们不都是没能完成自己的作品吗？我真正失去的是像大卫这样的朋友，这个住在斯莱德的二十四岁青年。

九十分钟的电影呈现不出艾滋病毒花上八年时间在宿主身上潜伏的历程。好莱坞的电影可以深情地讲述这个过程，让剧情发生在富裕的美国西岸的海景房里——现实的情况会让观众感到出戏。我们并不缺乏图像，只是图像质量堪忧。你能想象鲁道夫给你跳一出关于艾滋病的芭蕾舞吗？或是皇后乐队出一张关于艾滋病的专辑？感谢上帝他们没这么做。

1　布鲁斯·查特文（Bruce Chatwin，1940—1989），英国旅行家、作家。

我把这看作是审美的悲剧，他们创作出垃圾作品，只为了挣一点钱。这是临终安养院里的汽车旅馆式审美，就像在医院里杂乱地挂上些关于死亡的画，来让我们打起精神。我能明白拉里·克雷默[1]为何如此着急地创作，但是如果人人都这么做，我们就会被更多的平庸之作洗脑。

即便是纪录片，也无法给人讲述那种痛苦的、永恒不变的、吞噬一切的话语。我在写这一页的时候，有多少次不得不停下来抚摸我灼痛的脸？这没什么了不起的，这里没有什么戏剧性的事情，只是些用小调演奏的日常琐事。

～

保罗来访，对我说他被检查出了艾滋病阳性。我怕我表现得过于实际——问他是否找了个好医生，还说："嗯，我其实一直觉得你有艾滋病。要是碰上谁没得艾滋病，我还会很惊讶呢。"他看上去有点吃惊。同情心之井早已干涸。

～

我和杰拉德·麦克阿瑟共度了晚间时光，他一直在抱怨说关于布拉纳的"小电影"的报道已经取得成功。科林·麦卡比说："《彼得的朋友们》是我多年以来看过的最差的电影。"但是这部电影却出现在了恩格尔卢米埃影展，负责推广的是那家自认为与电影业有关、并引以为傲的经销商。他们拒绝推广《爱德华二世》，甚至没来看《维特根斯坦》的试映。我的虚荣心不算什么，有些事情则更加危在旦夕，如果没有影展，就没有电影业。

尽管霍华德在所有主流时尚杂志上发表的文章都是花了钱才登载的，还是有人肯邀请他去当代艺术中心、米尼马影院，或是贝克街上的小影院里工作两周。他接受了当代艺术中心的邀约，我们没得选。我们的宣传资金预算只能印一张海报，不够发行电影的。我一下午都在和丽兹·雷迪什

1　拉里·克雷默（Larry Kramer，1935—　），美国编剧、作家和 LGBT 权益活动家。他曾亲身经历了二十世纪八〇年代的艾滋病危机并成了一名重要的政治活动家。

商讨对策。如果一无所有，怎样才能宣传电影？

杰拉德说，我是布拉纳瓦根唯一的影评人：“别人都和你想的一样，但只有你能表达出来。”对于那种无能的文化人，何必要给他们空间呢？他那个版本的《哈姆雷特》很无聊，很土气，从精神上就崩溃了。人们从没给文化半点发展机会，所有人都只知道追求一夜暴富。如布鲁克的《仲夏夜之梦》中所言，至关重要的干预行为其实不会产生任何影响，平庸之人不会在意，而果决的人们则会继续负重前行。虽然“咆哮的维特根斯坦”以后也会无人问津，但这套摄影作品一定会是成功之作。我不会替英国电影协会赚钱，所以将来他们或许会让我在一星期之内拍出下一部电影，每个工作人员都将一无所获，但却乐在其中。没必要继续缴纳协会的会费，早在多年前，我就被迫无视他们的规则了。

至少永远都有观众看我的电影——除非遗传工程学家动些手脚。

1月12日　星期二

今早，在讣告栏里看到安德鲁·赫德去世了，年仅三十四岁。当我还在圣巴托洛缪住院的最后时日，他经常走进我的病房里，一副迷惑的样子，随后就回去看电视。多数时候他都坐着，看上去好像一只破烂的玩具熊。吉尔伯特和乔治几乎每个晚上都会来和他坐一会儿。毕竟是老朋友，他能意识到他们的存在。但每当他们一走，安德鲁就把他们抛在脑后，眼不见，心不念。我觉得他从来就没有治愈的希望，他拒绝服用齐多夫定——这药也许可以缓解病情，但救不了他的命，他脑子里的毛病永远也不会治好了。在多数日子里，我都会想起安德鲁。我想问问他情况如何，但不敢这么做。艾滋病伴我左右，与我一同走进死亡之谷。

报纸上，安德鲁的照片仿佛正在往外看，这是他鞠躬谢幕前的最后一次露脸。和鲁道夫、罗伯特、布鲁斯等人不同，安德鲁的死真的是艺术界的损失，毕竟他的生涯才刚刚起步。我很高兴他死得那么干脆，从病情恶化到去世只有八周。

～

十点钟时，霍华德和阿里来了，我们一起开车途经达特福特隧道前往伍德布里奇。我们本打算在科尔切斯特吃点东西，但环城公路把这个镇子隔离开了，仿佛不存在一样。店面上的招牌让人感觉不舒服，似乎这里不是乡下小镇，而是个大超市。城镇边缘的建筑属于八〇年代的新乡村风格——这里都是自行设计，成英亩的瓦片房顶式仓库千篇一律，山上有一座意大利式村落，还有六座水磨房，以及懒散的鲁琴斯式古典主义的破碎三角顶饰。我们很快就离开了，在一处设计得极差的环岛上，几乎和一个新手司机撞车。

在贝斯·查托的苗圃里，我们花光身上所有的钱来买藜芦、黑色耳状报春花以及银色鼠尾草。我们和贝斯打了招呼，随后开车去伍德布里奇拜访布赖恩·伊诺，还见了西蒙和马库斯——伊诺正在为《蓝》创作配乐。我们喝了茶，随后在昏暗的天色中离开了。

我在一家二手书店里买了本里尔克的书，随后便回到了伦敦。

接上HB，我们一起去达奎斯餐厅吃饭。林恩正在那里庆祝她的生日——罗恩·佩克、基思·米洛、安妮·伯绍德、奈杰尔·格林伍德都在这里。我们这一大帮人吵吵闹闹，大声唱着《祝你生日快乐》。在餐厅里，你肯定最怕碰见我们这样的人。

奈杰尔说，一群低阶贵族正在抢购梅普尔索普的摄影作品，他们正在自己废弃的田产里享乐呢。基思对罗伯特·梅普尔索普的作品主题表示赞赏——这么说没有一点问题，因为山姆对他进行了资助，所以不会有行差踏错之虞，就算真的一脚踩空，也会落进钱袋子里。

基思对我们说，巴腾贝格家的人用纳税人的钱，把他们的油画重新装裱，然后放在国家美术馆的森宝利厅里展出，让纳税人花钱进去看展。

晚餐的最后，他们说玛利亚·卡拉斯的骨灰被撒进爱琴海时，风把骨灰吹到了某位重要人士的脸上，当时那人还在接受电视直播采访，迷了他的眼睛，差点让他窒息。

1月13日　星期三

我们去了都市色彩影院，那里放映了35毫米放大版的《维特根斯坦》。在我看来，放映情况挺好的，西蒙·菲尔德被说服了，同意让我们在当代艺术中心将电影展映三周。外面下起了大雨，风把伞都吹翻了。

～

百合花腐烂后的味道比大麻还难闻。鲁道夫下葬了，死时身穿他最爱的晚礼服，戴着奖牌和最爱的贝雷帽。《独立报》的首页上登了一张很不错的照片：一位哀悼者紧紧抓住一张照片。这张图就放在新闻标题的下面：《在努列耶夫的墓旁，美丽的人已经变老》。

～

晚上，林恩和迪格比陪我走去天堂酒吧参加圣巴托洛缪医院的慈善音乐会。塔妮娅和米歇尔表演了《女佣》，这部剧依然很令人不安。三十年前，当我们在国王学院表演这出剧目的时候，我们预计宫务大臣会派突击部队逮捕我们。我实在看不出《女佣》怎么会冒犯到别人，它只是批判了特权——正是这种特权，使得统治阶级的走狗们逐渐变成了女佣、男仆、奴才。

1月17日　星期日

邓杰内斯。有几件惊喜的事情。当彼得挖坑准备种下藜芦时，我们发现粉色的花朵中出现了第一朵开放的雪花莲，粉色的花已经占据了花圃前方的大部分区域，现在有更多的万寿菊和番红花在绽放。尽管寒风凛冽，接骨木上还是挤出了几个花骨朵儿。自圣诞节以来，虞美人和矢车菊的面积已经翻了一倍。

第一批雨滴洒在窗户上，我本打算将水擦干，但一阵疲乏感袭来，让我只想在花园里走动。大风在吹着，虽然不那么冷，但会扰乱我的平衡感。

我把一些植物搬到屋外，把从阿普尔多尔带来的十字架放在佛罗伦萨式喇叭下面。尽管大风还在吹，所有植物都已经准备迎接炽热的夏日了。热天气对植物造成的损害比寒冷更严重。一月的花园看上去令人开心。

～

HB打电话给我，《维特根斯坦》让他很开心，因为他已经收到了很多夸赞的评论，不过他不是很确定自己的妆容够不够好，他说这样的妆让他看上去好像个变装皇后。我不敢告诉他，如果不那么担心妆容的话，他演起来会更轻松。他从周日的报纸上剪下的那段报道让他很激动。我想，论及迟钝这件事，没人能与HB匹敌。我在等彼得开车把报纸送来，但我想，他肯定会很晚才来，因为昨晚他又带了一个女朋友去了艾尔·雷酒吧。

德里克在过完了墨西哥式圣诞节之后，回到了“波西米亚”。西蒙、马文和大卫在中午时过来了，我们审阅了一遍《蓝》。彼得和他的朋友伊索贝尔在海边拾荒，带回来一个用来种长生草的托盘，还有一个铲状锚爪。

巴奇打电话说，《维特根斯坦》里的色彩都出错了。我们当初要是能用35毫米摄影机，早就解决这个问题了。放大后的图像看上去还不如《塞巴斯蒂安》和《庆典》这些老片子。

静下心来开始读《独立报》上登载的《我们是如何认识的》。文章写得很好，但是一处小错把我逗笑了：“年轻的中尉（subaltern）”被写成了“年轻的苏丹（sultan）”。我早早上床睡觉。

1月19日　星期二

早上，太阳炙烤着隔壁房屋周边的垃圾——这些垃圾已经被风吹了几个月之久——所有东西都会变干净的。

肯打电话来说，他很喜欢《维特根斯坦》，还说我看上去身体比以前好了。我体重比以前增加了些——虽然胃总是不舒服，我还是恢复到了73公斤。

彼得从莱伊带来了液体蜡，我用它给前屋以及地板做了抛光。展望小舍现在闻起来有种富丽堂皇的味道。

大卫打电话来告诉我说，3月3号《蓝》就可以完成了。关于《呐喊》的事情，迈克尔·怀特还没有联系洛，他们都有点咄咄逼人。我绝不能更改自己的计划。在我生命的最后时光里，我必须尽可能地按自己的愿望活着，看雪花莲成长，与HB共度时光。

~

在邓杰内斯，我不会遇到熟人或熟悉的事物，而伦敦简直就像是雷区，总是会见到半生不熟的人。我们沿着海滩散步，发现几只海鸥被困在了渔网里，彼得涉水去解救它们，一只孔雀蛱蝶飞过花园。

1月20日 星期三

关于《维特根斯坦》以及塔里克举办的派对，我收到了三封善意的来信，全都是六十多岁的人写的。年轻一代已经不会写信了，他们身旁全是纠缠着的电话线，但很奇怪，他们也不怎么打电话。我想，写下“我爱这部电影”比说出来要简单。

~

对于换医生这件事，我的心里有些难以接受。今早打电话给圣巴托洛缪医院，下午我会在那里参加一次烛光游行活动。我可以去那里拿上药。我脸上的皮肤红肿，仿佛擦掉了皮。人们还以为我出国旅行了，肤色被太阳晒成这样——其实是被邓杰内斯卷席着海盐的冷风吹成这样的。

~

黑色的油污逐渐消退，但仍然沾在《梅杜萨之筏》上。他们会在四点钟准备好我的药。拼命想要找个日子去柏林、宣传《维特根斯坦》、去美国、打理花园。科林打电话来说，那本关于《维特根斯坦》的书看上去很不错，不过他觉得伊格尔顿的剧本太传统了——这就是我改剧本的原因。

肯今晚要和玛丽亚·圣朱斯特一起吃饭，肯称她为玛丽亚·圣女巫。我不想在田纳西·威廉斯的祭坛上献祭自己了。难道我在花园里不会更开心吗？我要把工作清理干净，静下心来。

～

和托尼一起在潘记餐厅吃了顿美味的午餐，我们把所有写作的项目都审了一遍。托尼想要写一本传记，我觉得传记肯定会很好玩。我们准备做些采访。

～

我们从圣巴托洛缪医院游行到圣保罗大教堂做晚祷。我在自己家大门口遇见了康尼·扬纳里斯，他跟着我一起来了。蜡烛已经熄灭，不过一些人带着灯笼。一个短发的高个男孩身穿皮衣，和我们一起前进。我提出要帮他点亮蜡烛，于是开始搭上了话。随着晚祷开始，他说："我们俩有些相似之处，咱俩都是世界小姐。"这小伙子怎么可能是世界小姐，他看上去很帅，就像个普通版的比内尔[1]。我们在宣讲信条之前就离开了教堂。我坐在一张椅子上，假装给自己加冕，拿起伞离开，结果忘记了戴围巾。

离开圣保罗大教堂后，我们坐在普莱斯托餐厅里，吃了份萨巴里安尼甜点和意面。我们一直在那里待到十一点。"比内尔"去一家名叫"船员"的夜店猎艳了。康尼给我们讲了些他在希腊经历的故事，他在一次恶作剧的过程中摔断了腿。

1月21日　星期四

在圣玛丽医院，约翰和"让·科克托"在候诊室里待着。约翰已经被

1　应指让－雅克·比内尔（Jean-Jacques Burnel，1952—　），法国音乐人、贝斯手。

收进安德鲁斯病房，他在那里被整惨了。他的处方有问题，他说，在晚上的时候他几乎站不起来，被疲劳感所压倒。

～

在码头区诊所的候诊室里，一位肤色苍白到几近半透明的女子已经快要死了。去年八月的时候，她脖子里还插着根针。她在轮椅里坐着，歪歪扭扭，一蹶不振，眼睛失神，仿佛在望着虚空。她低着头，浓密的头发立着。她的身体几乎可以被目光穿透，和虾一样透明，闪着衰朽的荧光。

眼科专家很不开心：一个年轻的病人开始拒绝服药，她现在已经失明——如果他早点知道这件事，本可以挽救她的视力。我的巨细胞病毒检测结果依然稳定，没有恶化。闪光灯照进眼里，“往上看，往下看，往左看”。噢，我真是太累了。

～

HB和我一起步行去大英博物馆，试图找一条丢失的灰色围巾，但希望渺茫。博物馆现在正在重修，外面都被围起来了，看上去好像基督。

～

电话不停地响，HB给电话录了一段音，说答录机已经不能留言了。

1月22日　星期五

我的脸部皮肤火辣辣地疼，有点泛出紫色。我蹒跚着走去意大利餐吧。人们快要把眼珠瞪出来了，没人真的会看向我。咖啡杯上的勺子掉了下来。我没注意到安东尼奥把勺子捡了起来。黄色玫瑰舒展开花瓣，由于《自担风险》在今天成功出版，他们送了一大捧鲜花给我。门口还放着淡绿色的藜芦以及一些种子。我觉得，我对生活的掌控力越发薄弱了，我的动作变得比之前还要紊乱。也许我应该去横穿马路，给自己身上灼痛的皮肤做个了结——HB说，今天的皮肤看上去没有昨天那么红了。

我完成了对《蓝》和《小英格兰》的修改。

～

HB在午餐时分回来了，说他考得不错。

吉米·萨默维尔打电话来，我们聊了聊媒体上报道的艾滋病话题——关于艾滋病预防的描述与现实之间有着极大的鸿沟。媒体上没有说，身患艾滋病还要坚持着活下去有多难。在风烛残年里，一杯伏特加就已经算是过量；在性致来临的时候，只能用安全套来掩盖自己的疲软——就像这样。

巴腾贝格家的那批极具轰动性的“卡米拉门”录音带被完全披露了，还登了一张“水果蛋糕王子”的照片。接下来媒体还会去调查些什么？

HB正赤裸着在公寓里跳来跳去！

1月24日　星期日

这个早晨，很累，我从贝尔托饼屋撤回到家里。那儿的人说话声音都太吵了。塔妮娅用威胁的口吻让他们闭嘴。相比之下，意大利餐吧安静得好像一间正在做礼拜的教堂。

春意已经漫入阳台，触碰着HB的盆盆罐罐。黑色的白屈菜和绿色的藜芦开花了，最近几天长出来的嫩芽已经把藜芦围住了。鲜绿色的鼠眼木丛中，长出了一朵紫黑色的花；一星半点黄色茉莉和两朵雪花莲在金银花下面开放。不管我望向哪里，都有极其明显的春归迹象。我在这充满生命力的地方走动，动作轻柔得仿佛秋天蓟花的茸毛轻轻飘落。

～

很奇怪，《爱德华二世》在电视上播出了。播报员提醒观众说这部电影里有男同性恋裸露场景。我想，什么时候这些提醒公告才能不再有存在的必要？什么时候，英国人才能成熟一点，不要再用幼稚的眼光去看待性事？或者说，难道是异性恋人群永远长不大，只能停留在自己创设的幼年阶段，永远不会成熟？我忧心忡忡，胃里仿佛有根针在搅动——也许是因为奥蕾莉亚的浓咖啡？但我已经开始严肃对待身体遭受的疼痛了，这些症状会一直在阴影里慢慢潜伏，直到有一天破土而出，将我彻底摧毁。

1月25日　星期一

大卫·L和大卫·P一起开车去邓杰内斯。大卫·P说电视机前的观众必须收到这样的提醒才行：我是个“撒旦的化身”。

～

艾滋病电影、与艾滋病共生、与死亡共欢宴、小丑击碎头骨、尸体中的儿童、摆一圈玫瑰、公开处决。

我们努力把席里柯画作中的最初几个场景构建出来，直到十点钟才停下来。

1月26日　星期二

茉莉花在夜间开放了。

阳光明媚，一小缕微风带着嫩叶味道；冰霜正在消融，水从排水管流进集雨桶里，滴滴答答。大丛大丛的雪花莲开放了，种得越久，它们的美就越自然。去年秋天种下的花看上去有点散乱。自从土耳其人被禁止从野外挖掘雪花莲之后，这种花就成了最难成功种植的球茎植物，而且还非常贵，所以雪花莲时常会被人们放在搁板上养，直到干枯凋谢。

午餐后下起了雨，天气变得非常冷，风也很大，所以我们待在屋里，忙着《梅杜萨之筏》的工作。八点钟时，我们开车去了超市。

自从目睹核电站冒火以来，直至今天，已经过去了整整三年——HB打电话来，说我的日记条目又登在了《独立报》上。

1月27日　星期三

阴沉的雨飘了一早晨，原本耀武扬威的西风逐渐消退，在近乎凝固的空气中，雨滴仿佛犬蔷薇上钻石般的露水。天气很暖和。有些鬼鬼祟祟的野兽又把我布置的圈子捣毁了，我将其整理好。大卫开车带我去阿普尔多尔的苗圃，我在那里买了百里香、一株丝兰、过期的风信子和蔬菜种子。然后回家继续忙着《梅杜萨之筏》的事情。

詹姆斯成功地说服了大卫回伦敦。对于他的离开，我并不开心，但还是礼貌地接受了这一事实——我并不希望他被两派人拉来扯去。就这样吧，我们已经根据席里柯的这幅画创作出了相当棒的剧本，明天，如果天气允许的话，我要去花园里劳作。

～

克林顿先生正在努力改变军队里对同性恋的裁定，所有的媒体都在说他的坏话，说这样会有大量的同性恋想要参军。不过他们忘了，军队里本来就已经有成千上万的同性恋了。

～

我那只快要废掉的眼睛遮住了大量的光线，让一月的天光暗淡得更快了。

1月28日　星期四

神秘事件仍然在继续，花园的石头撒遍了卵石滩。

～

HB在雾气中来到了这里，浓雾降临，让浪花的声音也变得模糊，路上大货车的声音都像耳语一般。我把白色风信子种在接骨木树下——所有的球茎植物都被我藏在灌木和玫瑰丛下，这样他们就不会被访客踩到了。HB用小推车把大量的肥料撒在园子里，直到飘落的小雨迫使他回到家里。

天色接近黄昏时，海滩变得更加神秘。那里几乎没有人，只有远处两人在浓雾中挖着什么东西。雨水经由有故障的管道流进集雨桶里，发出音符般的声音。路上开过的火车后面跟随着雾气的尾迹，即便是在中午，他们也开着车灯。雾角在鸣响着，警告着过往的船只，听上去有种忧伤的音调。

马路上到处都是水坑，乌鸦和海鸥栖在电线杆上，它们身上都被雨水打湿，懒得聒噪了。

~

天光变得暗淡，但又亮了起来，军队在莱德靶场打枪，震得窗户闷声作响。

大卫・P蹒跚地走过卵石滩，摔倒了。我给他的父亲打电话，带他回霍克赫斯特的家。我在邓杰内斯遇到的问题就是，不管是谁走到了我这里，都会摔倒，或是由于精神疲惫，或是由于身体有恙。这都发生过多少次了？太多次了。比起我一个人在这里，如果有人陪伴，我反而要担心更多事情，要做的事也更繁重。

大卫的父亲在七点时过来了。

1月29日　星期五

我的花园今早一派悠闲，已经十点钟了，所有植物还是一动不动，连玫瑰花上的露水也不落下。为了对抗潮湿的天气，番红花略微地卷起。太阳在云层后徘徊，想要露出面孔，但最后她还是选择放弃，把云层当成枕头，蒙在了自己脸上。

我待在家，只有雪花莲的钟状花冠在微风忽然轻拂的时候前后摇曳。这是个静止的早晨，几乎无风而凝滞，海水从沙滩上退去，采珠船仿佛在慢镜头中做着挖掘工作。核电站似乎被定格。我屏住呼吸，眼睛眨呀眨，像快门一样。太阳似乎又在努力拨开云层，想要看看这个世界。阳光微微照在花园的绿叶上，光线在卵石滩上漫溯。

～

对我来说，真是没有什么时间休息。我给炉火添柴，清理地板，在海滩拾荒，做早饭，写日记。我究竟是个游客还是居民？我就是个穿着废弃外套的流浪者，步履艰难地绕着圈子，像天上的太阳一样，只好留在家里。

～

莱伊的那位好心的古董商人来了，正在清理我的阁楼。六年了，阁楼里摆满了各种小玩意儿，垒得足有椽子那么高。各种锅、海上漂来的东西、椅子、一辆手推车、一辆送货自行车和一只旧箱子。

～

洛兰打电话来：有更多的摄影师正从日本赶来找我——他们给我寄了一封长信，不达目的誓不罢休。他们用传真机答复我，还求佛祖保佑他们。

1月30日　星期六

我屏着气等着第一批水仙花开放，天气也仿佛在闭着气。送奶工人来了之后，雾气也散了，太阳迷迷糊糊地从云层中探出头，费力地将它们推向一边，犹豫了一阵，然后将光芒洒满了整个海角。这一天开始了，我也不停地打喷嚏、咳嗽。

我把自己从疯狂的蜗居生活中解脱出来。雪花莲已经长出了一圈，仿佛裸身的处子一般美丽。海水泛出蓝光，似乎在和天空谈情说爱。我拿起铲子，走进花园。当我在劳作的时候，邮递员送来了一些信件，还有一个装满书评和画评的信封，是我的几个出版商送来的。评论者们不喜欢我在画作和《自担风险》中愤怒的攻击性表达，这些人更喜欢《现代自然》里的那种忧郁乡村风。我肯定就像个被惯坏的孩子，怒气冲冲、脾气极差。

但是，如今我的病情并没有给我放弃的机会，如果要对此作出反击，那就得找个人吵架。总有一天，这些画不会被认为是小孩在发脾气，他们会看到这些画上沾染着我的泪水。我的眼睛已经模糊，没办法理解这种流行病的缘由。我是否就像一只地狱冥犬一样，在朝着别人的家门口狂吠？

很奇怪，我们竟会如此分裂，导致《自担风险》只会被人们看作是我的自传？这本书的多数篇幅都在描述至今仍在占据新闻版面的攻击性事件。允许我们在从军的时候坦白性取向，能对他们造成什么威胁？难道竟会有人如此脆弱，他们可以在战斗中牺牲，却不能忍受同性恋人士公开自己的身份？比起成千上万的波斯尼亚人，许多大将军们把同性恋看作更严重的威胁。

～

疲惫的太阳终于放弃了一月的白昼，也辜负了我的水仙花。HB和我走去核电站，在路上发现了一些弯曲的铁丝网，这玩意儿可以用来制作上等的雕像。他把铁丝网拉回家，我们将其布置起来。

1月31日　星期日

我的五十一岁生日。我带着惊喜记录下这件事。谁会想到我竟然能在三一学院记录下这个日子？剑桥很冷，也很荒凉，城市灰蒙蒙的，就像这里的十九世纪建筑上的灰砖一样。三一学院的广场上也雾蒙蒙的，没什么人。我们抬头望向维特根斯坦曾经驻足的窗子。

我们在剑桥艺术中心给一群学生以及硕果仅存的维特根斯坦主义者放映了《维特根斯坦》。

维特根斯坦是在贝文夫人的房子里去世的。贝文夫人转头问扬说：“你是不是工艺议会的成员？”扬听了这话很高兴。她接着说：“你很快就会成为他们的一员的。”

我们吃了顿很棒的午餐：烤牛肉、约克郡布丁、焦糖布丁。

我他妈是不是什么都记不起来了?

达迪·赖兰兹说他曾遇见过托马斯·哈代——哈代生于1840年，他们生活的年月横跨了一百五十年。达迪在1929年与维特根斯坦见过面，并曾和他一起在三一学院的广场上散步足有一下午之久。他导演的《李尔王》让维特根斯坦感到很惊艳，于是他拦住达迪，对他表示祝贺。

达迪很想念维特根斯坦那双明亮的蓝眼睛，他觉得卡尔的表演效果不好。他说，奥托琳唯一能让人记住的就是她的声音，其音调的升降好像驴叫。HB饰演的约翰尼很准确，迈克尔演的罗素也很好。他还说，比起我们塑造的凯恩斯形象，真实的凯恩斯其实没那么活跃。

贝文夫人认为卡尔在所有躺在床上的镜头中完美地诠释了维特根斯坦，不过他的举止有点强势（日耳曼风格）。

我们都不那么羞怯了，午饭之后，我们回伦敦。我很乐意在不那么正式的场合下与达迪共度时光。

～

我们开车回去的时候，科林问我对于宗教持什么态度。我们聊了聊我画作中表现出的愤怒，所有人都觉得这种风格令人不适，这种情绪也存在于《梅杜萨之筏》之中。

二月

2月1日　星期一

昨夜HB没有回来。他告诉过我，今晚之前他不会来，我忘记了，因此我睡得很不安宁，脑子里一直在想他是不是出事了。我完全依赖于他。如果HB知道了，他会开玩笑说我只不过是想让别人帮我熨衣服罢了，但熬到半夜三点的时候，我意识到我的生活里不能没有他。

早上的时候，有一张他寄来的明信片送到了，上面说要给我亲亲抱抱，很可爱。每当他离开凤凰之屋，都会给我寄一张，即便是我们一起出门，他也会趁我不注意的时候把明信片寄出去。这样，当我们回家的时候，就会在一堆信里发现它。

～

科林为电影业的命运而叹息，他说现在募集资金越来越难了，电视台已经放弃努力了，第四频道和英国广播公司似乎已经被货币主义的强权所淹没，六〇年代是最后的黄金时代。

美国人认为，英式生活中最保守的一面也称得上是冒险，所以皇室国家主义的做法并不安全。今天，路易斯安那州发出了一份怒气冲冲的时事通讯稿，其对《爱德华二世》的否定再次证明了这种看法。他们说我刻意给幼稚的恐同人士拍了部电影。即便是那句“得到改善”也有挖苦讽刺的意味，实际上的意思是——“恶意模仿一部老戏剧”。

像我拍的这种电影，根本不能和外国电影进行公平的比较。在美国，看我电影的观众都晚生了十五年，在格斯·范·桑特刚刚大获支持、取得成功的时候才见到了我的作品。

写下这段文字的时候，我正在准备去英国广播公司和杰里米·艾萨克斯录制《面对面》，他一直坚定地支持我的电影。由于我觉得这可能是我最后一次在电视上露面，我想要向人们传达我生活中的快乐而不是忧伤，这让我有些紧张。比起拍摄《爱德华二世》或《卡拉瓦乔》时的情形，我在《维特根斯坦》的工作中所取得的平衡感更能清晰地反映我的情况——现在能够给我的生活造成痛苦的只有艾滋病，别无其他。之前，当我找到内心的平静时，所有问题都已经被解决——但平静的水面忽然兴起波澜，我仿佛被卷入了一场死亡与崩溃的狂野之旅。我确实希望自己不要表现出心里那种被淘汰的感觉。感谢上帝，化妆师在我和摄像机之间架设了一道屏障。

2月2日　星期二

我一早上签了几百本书——每本书上都要有签名才行。HB去上班了，他身穿一件粉紫相间的制服——看上去好像一款鸡尾酒小食，这件衣服设计得如此之丑，根本不会有人想偷。今早我看不见东西，差点把他撞倒了。

～

晚上，我去参加了尼基·德·容的关于同性恋和戏剧的讲座，这次讲座在伦敦大学学院的古斯塔夫·塔克剧院举行。今天的观众很奇怪，很老气——他们问的第一个问题是："所有的同性恋是否都不快乐？"我很生气。尼基对于我突然的发声感到很开心，观众们也很喜欢这一点。

～

在普莱斯托餐厅吃晚饭。年轻的肖恩·奥康纳拄着拐，但看上去精力充沛，状态很好。他在餐厅里追着一个留胡子的小帅哥走来走去——在我看来，他有点瘦，我不是很喜欢。很高兴能回到HB身边，他直到半夜还在忙着增值税退税的事情。

我睡着了，忘记吃药了。

2月3日　星期三

我又为出版社签了好多书，随后在寒冷的雾气中回了家，脸上感到烧灼般的疼痛。如果我瘙痒的皮肤能够在一下午的时间里恢复正常该多好——感觉自己好像是一盘剩饭，正在被一群蚊子和黄蜂亲密接触，太令人分心了。比这更烦人的事情是人们会拦住我，指着我脸上瘙痒的地方，问道："噢，这么漂亮的肤色是在哪里晒的啊？你去哪里了？"

"哦，我去了圣巴托洛缪。"他们还以为这是西印度群岛的某个地方呢。由于这种严重的症状，我的注意力已经完全被分散了，感觉好像置身于火山坑的边缘，明明呼吸困难，还要努力保持冷静。要么障碍物挡住我，要么我撞到障碍物上——巨细胞病毒在寒冷的天气里遮盖住了我更多的视野。我仿佛活在黄昏的微光里，或许我该说，这就是我人生的黄昏。

2月4日　星期四

萨拉、艾莉森、小桃还有HB带我去看《惊情四百年》——这真是一个平淡无奇的夜晚。电影的布光十分昏暗，里面的演员仿佛一群售货员和奈科斯特商店里的橱窗模特。这部电影实在太差了，甚至让我改变了自己对弗朗西斯·科波拉[1]的观点。任何一个有点天赋的人都能把这个题材拍得更好——毕竟这类主题早就有许多人涉足了。HB说，这电影有点效仿《英伦末日》——迪亚曼达·加拉斯在红色天空与黑色飞云的背景下尖叫。

加里·奥德曼、基努·里维斯、安东尼·霍普金斯的表演都非常差，特别傻。电影通过砰砰作响、拙劣的背景音“维持”一种紧张感。演职人员表放出来的时候播放起了一首安妮·伦诺克斯的歌。还是让穆尔瑙来拍吧。

这就是我从不去电影院的原因。科波拉上次拍的电影已经够差了，但这次犹有过之。如果把他们花在血浆上的预算给我，我都能拍出一部故事长片了。不过，当然了，掺和进这样愚蠢的电影工业中，就是一步错棋。你只要迈进好莱坞一步，就再也回不来了。

《惊情四百年》是当今电影界中的一个典型，其中毫无批判性的传统。莱斯特广场电影院的观众里有谁看过穆尔瑙的电影、汉默电影公司[2]的片子或其他类似的作品？那些影评人的脑子只有豆子那么大，他们竟然给这部电影好评，真该枪毙。让我低声把实情说出来吧：他们都收了贿赂，把自己的脑子拿去明码标价。

2月5日　星期五

沿着漫天飞絮的路去邓杰内斯。半路上去了藜芦天堂苗圃，在那里，我们从伊丽莎白·斯特兰曼那里买了一株亮紫色的藜芦和一株乳白色的

1　弗朗西斯·科波拉（Francis Coppola，1939—　），美国电影导演，代表作有《教父》三部曲、《现代启示录》等。

2　汉默电影公司（Hammer Film Productions）是英国一家专门制作哥特、恐怖电影的影视公司。

植物。

零下四度的低温没能阻止花园焕发生机，犬蔷薇下面的水仙已经开花，蔷薇的叶子也长了出来。

霍华德特别喜欢一株乌头的样子，这株植物又成功活过一年。他在新开辟的花圃里埋上肥料，并种上从阿普尔多尔买的百里香，以及从霍克赫斯特买的报春花和肺草。

五点钟，寒冷而多雾的白昼落下帷幕。霍华德正从远处慢慢往回走，从空旷的海滩走回屋子。

七点钟，霍华德在黑暗的天色中返回伦敦。

2月6日　星期六

今天早晨，外面灰暗而寒冷，这正是二月死寂的天色。我的水仙花盛放开来，点亮了这个春天。

～

今天是寻求改善的日子。晕乎乎的状态让我的灵感在阴沉的光线中了无生气。在这个冻得人牙齿打战的日子里，番红花都把自己裹了起来，连雪花莲都在颤抖，我必须变得无情一些才行。

一大群海鸥组成一个圈子，绕着前院的圆木圈子飞来飞去，它们和我这座鹅卵石铺就的花园一样，都被冻透了。几只海鸥时不时地起飞，看上去好像我眼睛里的飞蚊。

～

尽管天气寒冷，当HB从伦敦过来之后不久，蜜蜂还是出来了，不过活动频率不是很稳定。HB独自去海滩散步，朝着核电站走去。等到雨水开始渐渐落下时，他回来了，还带着一堆用来装点花园的铁丝网。

我开始写作政治不正确的《梅杜萨之筏》，试图创造出一个角色，苏布利耶特——一个黑人奴隶女孩，穿着范思哲的草裙。

～

拉里·克雷默在电视上宣称以后放弃性生活，这很令人悲伤，但也是很聪明的一步，是有目的的政治行动，以退为进。他似乎很专注，甚至给自己挑好了墓地，这种事应该是我们讨论的话题才对。英国墓地的风格都太阴沉了，根本没给人以选择的余地，处处都是标志着死亡的旧式十字架、假笑着的天使雕像，墓碑上刻着陈腐的“亲爱的爱人”之类的话，连坚硬的石头都承受不了这么生硬的话。也许，正如我向杰里米·艾萨克斯所建议的那样，我应该背上包，从此人间蒸发。

2月7日　星期日

这是一个潮湿安静的早晨，很暖和，花园看上去情况很好。观赏葱上长出了蓝绿色的尖头。桂竹香也长出了深绿色的新芽，迷迭香上仿佛覆有蓝色的粉末。HB拉着最后一车肥料走过卵石滩，在时光的流逝中留下新鲜的车辙。天上下起小雨，HB也进了屋。

～

HB说，一段时间之前，有几个和我一样也身患艾滋病的小伙子登门造访。身上的瘙痒仍在继续。不知道我现在哪个部位最难受，头顶、肩胛骨，还是双腿？这几个地方似乎一个比一个痛苦，让我无法集中注意力。我现在正在拼命对付自己逐渐衰退的生命和即将瓦解的身体机能。

～

霍华德来了，他说从伦敦来的路上都在下雨。邓杰内斯的天晴了，蜜蜂们都从蜂巢里飞出来了，它们似乎心情很不好，所以霍华德也不敢出去挖掘蔬菜。

2月8日　星期一

黎明时醒来，外面下着凄凉的小雨。海鸥吵闹地彼此争吵，卵石滩上空无一人。清洁工人的推车和一群拿着黄色油桶的渔人是生命存在的唯一迹象。我写着信，准确地说是明信片。我不知道这些邮件是否显露出坚强，或许其中也有绝望。

～

了无生气的早晨蜷缩在迷雾中，连那些渔人也消失在视野里。紫色与白色的番红花如雨后春笋般突然出现，像六孔哨笛一样装点着春天。花团锦簇，雪花莲仿佛发出银铃般的声音。霍华德在海角四处转悠，金雀花的美丽令他着迷。金雀花就像音叉一样晃来晃去。我们注视着缬草丛中的三株牡丹。东风刮起来了，我们拍了一批静物照片。

2月9日　星期二

在玛丽亚·圣朱斯特家里和肯、HB、迈克尔·怀特、罗伯特·福克斯、保罗·斯科菲尔德[1]一起吃晚饭。玛丽亚要为田纳西举火炬，保罗专门来这里见我——他很喜欢《爱德华二世》，所以希望我能和他、瓦妮莎·雷德格雷夫一起执导《呐喊》。

罗宋汤和酥皮牛排——HB的食物。

玛丽亚和伊迪丝·埃文斯一起讲述起他们据理力争的故事：约翰·吉尔古德在包厢里说，如果玛丽亚离开舞台去喝水的话，伊迪丝就会被抢戏，伊迪丝说："我愿意冒这个险。"

田纳西的话题在餐桌上被不断提起。我想象出一张小白鼠在笼子角落里瑟瑟发抖的照片。玛丽亚说，有一次夜里出去玩的时候，田纳西曾求卡

1　保罗·斯科菲尔德（Paul Scofield，1922—2008），英国著名舞台及电影演员。

赞[1]允许他摸一下玛丽莲·梦露的胸部，虽然他们都躺在了一张床上，卡赞还是说："不行，她是我的。"

玛丽亚喜欢动物皮毛——她的房子里装满了各种垫子和盖毯，都是用受保护动物或已经灭绝的动物皮毛制成的。她曾经对自己的女儿说："你怎么可以这么对待妈妈？你去了中国，却没给妈妈带回一只雪豹，你真是太残忍了。"

这场晚宴在一些善意的愚蠢玩笑中结束了。我们在录用马龙·白兰度的问题上尤其如此，肯认为这是个极其糟糕的主意——他认为这会搞垮整个项目。

2月11日　星期四

为《蓝》举办了一场放映会，所有事情都很顺利。康尼很喜欢这部电影——将观众锁定在蓝色中，的确可以给予他们足够的想象空间。在没有地理位置、人物画面的情况下，还是可以想象出面孔和地点的。

～

我回到家，心里犹豫不决。我认为接下来应该拍摄《梅杜萨之筏》。我躺在床上，挠痒痒足足有一小时。

～

HB在喷一种喷剂。他说："我要通过喷氟利昂来让夏天提早到来。"

林恩从纽约打电话来。我们开始设想一些写在帽子上的名字。HB的帽子上写"梦游症患者"，彼得是"惯犯"，霍华德是"蒙昧主义者"，而我则是"好争论者"。

1　指伊利亚·卡赞（Elia Kazan，1909—2003），美国著名导演，代表作有《欲望号街车》《码头风云》等。

2月12日　星期五

讨论了一下拉里·克雷默的事情，关于七〇年代人们狂野的性生活，他的那句评论“他们都死了”冒犯了许多人。那个年代的人的性行为数量与其他时代并没什么不同，只不过七〇年代的时候这种事更明显。他的言论并不正确：我们那个年代的很多人都死了，但并非全部。这就是对那段岁月的误读，以及出于自我仇恨的否定。他把话说得那么精确，好像把我们都拖进墓地里埋了似的。拉里坦白说，他这辈子都没有过爱情。

我支持他探讨这个话题，但不同意他对我们性生活的观察结果。在他的看法中，性爱的泥潭等同于爱情——即使是过量的性生活也不会冲昏人的头脑，但爱情则不然。我从不觉得自己利用过那些一夜情的对象，也从没被他们利用过，我们分别的时候总是很开心的。那种基督教与犹太教共有的价值观都在性高潮中灰飞烟灭了。

～

大卫和我冒着迷雾开车去邓杰内斯，在迷途中，我俩计划拍一部色调为深红、背景是呛人的地狱之火的电影：杂碎玻璃、疯狂、一部包含艾滋病毒的恐怖电影（病毒以一只有意识的野兽形象出现，到处走动着）、歇斯底里的笑声、别西卜大魔王、军团、卡氏肺炎、人间地狱、硫黄中产生的红色、魔鬼研究学。

～

海甘蓝正长出紫色的叶子，而两节荠已经有两英寸高。玫瑰的花苞即将绽开，第一批水仙花正在盛放。三点钟的时候，我们启程回伦敦。

～

我能接受自己对那些花朵的想念，它们自然会开放，而我也会想象出它们的样子。

2月13日　星期六

HB不在，我度过了一个难眠之夜。今早，我收到了他的情人节礼物，我在他的桌上给他留了一个漂亮的蓝色喷壶。身上的瘙痒感开始消退了，不过还没完全消失——凡西达药剂是引发这个病症的罪魁祸首。现在身上不那么灼痛，我可以忍受这种感觉。

～

我很担心彼得·塔切尔的情人节嘉年华，不过即便只有我们十几个人参加，这也算是个开始。我是该盛装出席，还是该明智一点，穿上那件温暖的黑色大衣？最后，萨拉套上一件《爱德华二世》里用过的金色外套，里面则穿着吉拉巴长袍。我穿上另一件外套，并套上《庆典》里的那条写有“英格兰的荣耀”的围裙。我们在身上装点一些小金属片，然后便出发去苏活广场，路上经过了贝尔托饼屋。

贝尔托饼屋的顾客们看到我们时瞪大了眼睛，就像孩子看见了六〇年代的那种奇装异服一样，我已经习惯了。接着，我们去了苏活广场。在那里，不到一个小时，就有两千个拿着粉色气球的人加入了我们，在场的还有一个桑巴舞团、姐妹会的人，以及一辆装点着许多男神像和女神像的彩车。在简短的开幕演讲之后，我们启程前往老康普顿街，准备把这个地方重新命名为同性恋街。彩车在街上摇摇摆摆地开着，从米尔德里德咖啡店来的女孩儿们等不及了，索性都冲上了人行道。人们从窗户里探出头，向我们招手，粉色的气球飞过了屋顶，飘上了情人节的天空——蓝天和太阳取代了多日的阴霾。

彼得从一扇窗户里探出身子，给老康普顿街上方的新街牌摘下帷幕，所有人都欢呼，而我宣布这条街正式开放，新的街名开始启用。这次事件的全过程都带给我们一种早期同志骄傲大游行的感觉。此次活动给街头示威带来了政治上的冲击，让我很开心。同时，从人们脸上的表情可以看出，他们的感觉与我相同。

2月14日　星期日

在我睡着之前，我意识到自己的左眼已经变得模糊，看电视的时候感觉中间有个洞。我尽量让自己睡着，不去想柏林或纽约之行可能会取消。今早，眼睛的情况似乎有所稳定，只不过是寒冷天气引起的感染，千万别再给我做一次弓形虫病治疗了。

～

星期天的早晨冰冷而灰暗，又是个二月天。

～

我努力工作，并清理了书桌，上面的东西都垒成一座山了。

～

HB打电话来，祝我情人节快乐，他在冰箱里留了些冰激凌给我做礼物。

2月15日　星期一

HB昨晚回来了，弄出了各种细小的声响，仿佛是一个捣蛋鬼在清理情人节嘉年华留下的垃圾。在这次活动中，多数店铺生意都不错，对这件事表示赞赏。卡米萨除外，他开了一间意大利杂货铺，活动期间，他大发雷霆。

～

十一点半，我去圣巴托洛缪医院做检查，结果要在手臂上输液。我和霍华德聊天——我们俩本该在六点钟时坐上前往柏林的航班。我做了许多慢跑运动，才能进行这次旅行，结果却是这样。回到凤凰之屋后，我和HB聊了聊安乐死的事。我闭上眼睛，失去了方向感，试图忘记巨细胞病毒。还需要多久，我才能结束这种由感染引起的暗淡视觉？

2月16日　星期二

太阳出来了，我沿着交通堵塞的街道慢慢走去圣玛丽医院。我瞥见公园和广场里有水仙花，苏塞克斯花园有大片粉色的杏花。有这么一瞬间，我决心要努力抗争，把自己心中如二月迷雾般的压抑感去除。

HB今天很迷人。我离开家的时候，他在看电视上的迈克尔·杰克逊做客奥普拉·温弗里的访谈——杰克逊带有一种迷人的孩童般的举止，让这场本来很乏味的访谈变得有趣。不分年龄，不分性别，他就像一个日本歌舞伎。一位永远带有致命微笑的艺伎。伊丽莎白·泰勒简短地上台说了几句赞扬的陈词滥调，随后就下去了。

~

我昨天在下午四点钟时睡着了，直到晚上，一直在打瞌睡。我想我应该取消前往纽约的行程——我没有足够的精力进行这次旅行，感觉好像参加试炼一样艰难。

~

菲利普医生检查我的眼睛，也许病变又开始活跃了。我坐在那里挠痒痒，感觉好像身体被风沙侵蚀一样。尽管窗户外有墙和太平梯挡着，我还是能看见太阳。

他发现我的左眼里有病变。我打电话取消了本周六的美国之行，然后打了辆出租车去理查德家，我俩在那里吃了午饭——帮我完成画展的皮尔斯已经离开了他。

我去了圣巴托洛缪医院，一直在输更昔洛韦。似乎输液需要一年之久——三点半的时候他们才放我走。来来回回，来来回回。我仿佛深陷瘙痒的阴影中。我还能坚持多久？这感觉仿佛是在隔着橱窗玻璃看自己的人生。

圣巴托洛缪医院的前景不佳。不知道我们这些病人会被安置到哪里去。每一个去了科尔斯顿病房的人都很不开心。由于艾滋病房已经爆满，他们占了那边十八个床位。我们将有一座新的医疗机构，但在我有生之年里不会完工了。准备好死在急诊病室的楼道里吧。当你失控的时候，人生的无常会令人更痛苦。

2月17日　星期三

回到圣巴托洛缪医院，继续和瓶罐、冰柜为伍。上午十点半时，尽管卫生部大臣想要把我们关停，一切看上去都还好。加里护士说："你得看看我给你准备了什么。"我准备试着给自己输液，这样我就可以在展望小舍过周末了。我用嫉妒的眼神盯着HB在阳台上养的植物，他在我离开的时候警告我不许碰。

我再也看不清东西了，晕乎乎的，一只眼的视力彻底消失。我能听见身体右侧某处的对话。我想象自己身处一间剧院的侧翼，舞台上正在上演生与死的戏剧，演员们没有叫喊，而是在低语。

2月18日　星期四

HB和我一起在圣巴托洛缪医院。他学会了怎么注射更昔洛韦药液，一共需要三十个步骤，其中还包括搅拌药液。

2月19日　星期五

我今天觉得没那么累了，HB已经把输液的技术提升到了艺术的层次。谁能想到我们最后会是这样呢？

肯来这里吃午饭，我给他表演了《梅杜萨之筏》里的情节，他说我的表演很不错，可以出演这个角色。

2月20日　星期六

我、HB还有霍华德一起坐在车里。HB在高霍尔本见到一只沙皮犬，他很兴奋。HB今天早上的工作考试里有三门拿到了优秀，他称自己为“病人杀手博士”。我们到了圣巴托洛缪医院，HB去给我拿用于输液的盐溶液。尽管视野里一辆车也没有，他还是被医院外的交通警察赶来赶去。

霍华德种在前院里的“午夜皇后”藜芦被偷了——这足以说明克拉珀姆的居民是什么样的。

我们在犬之岛附近遭遇了交通堵塞。HB问道：“毛毛怪，你能看出咱们现在在哪里吗？”

“看不出。”

“嗯，上次去邓杰内斯还挺好的，你开心吗？”

～

邓杰内斯。彼得带来了些帽子。霍华德的帽子上写着“蒙昧主义者”，HB的帽子则绣着“梦游症患者”。彼得给新开垦的花圃施肥，霍华德给玫瑰施以磷肥。HB睡着了，电视还开着。我打开成堆的信件，做了会儿陶艺。我们在藜芦天堂苗圃里买了些植物，包括一株从克里特岛进口的牛至、两株岩蔷薇，我们准备明天将其种下。万物都开始生长，紫色的海甘蓝正在抽苗，雪花莲的花期快要结束了。

2月22日　星期一

塔里克打电话告诉我，《维特根斯坦》在柏林电影节上获得了一只小熊。[1]

早上六点HB就出去上班了，直到下午两点都没有回来的迹象。我每天

1　指《维特根斯坦》获得了第43届柏林国际电影节泰迪熊最佳电影奖。

都在想，自己也许应该放弃电影事业，就此开始休息。

2月23日 星期二

今天是忏悔星期二。HB今晚要做薄煎饼。昨夜我的导管满了，所以我现在又进了医院。我做的梦比以前更奇怪了——我和一位瑜伽修行者一起走上了一面垂直的墙，他长得好像只苍蝇。我和理查德在普莱斯托餐厅吃饭的时候，身上很痒。我心情十分烦躁，只得回家，但夜里睡得还好，能够进入自己的梦境。

约翰·斯威尼医生说，我可以在星期四的时候安装一个静脉导管——这种管子一直插在身上，随时都可以开始输液。这样，我以后就再也不用针管了。

奈杰尔·特里讲起蒂尔达的故事，非常好笑。有人根据蒂尔达在电影《奥兰多》里的形象做了个洋娃娃——我觉得他们这种做法应被称为“经销”——她对此感到很不开心。蒂尔达并不是个天真的人，她总是为自己而抗争，做出大量的努力，才显得总是驾轻就熟。有人很愚蠢地说，她就

是我的“缪斯”，其实为何不说我是她的“奴隶”呢？不管怎样，她对我而言就像是海蚌里的沙粒，多亏了她才能产出举世无双的美丽珍珠。我不敢相信自己竟会喜欢《奥兰多》，虽然这是和朋友们一起拍的。某些征兆告诉我，视觉方面会有问题，《视与听》杂志认为这部电影借鉴了格林纳威的风格。

2月25日　星期四

早早起床，还没吃早饭就去圣巴托洛缪医院做静脉导管手术。皮肤非常难受，灼热而瘙痒，让我看不下书，连写东西也做不到。感觉自己好像《神圣的罪人》里的那只刺猬一样，浑身都是刺。

十点钟到了E栋，我坐在候诊室里看着电视里的新闻，上面报道的全是坏消息和寒冷的天气。

～

手术用了足足一上午，考虑到有可能出现心脏衰竭，他们在我身上粘了电极。一开始，麻醉剂让我的手臂感觉灼痛难当，接下来的事我就不记得了，醒来之后，我浑身抽搐打战，随后他们把我推回安德鲁斯病房，把我放回床上，周围全是朋友。我觉得这间病房很舒服，形状好像扭曲的盒子，足有十面墙。

HB在八点的时候来了，他带来了酸奶，还呵我的痒。他说，今天他在游泳池度过了吵闹的一天。他还说，《卫报》上有些关于《维特根斯坦》的正面评论，还有，《综艺》杂志说HB很英俊。

2月26日　星期五

我在梦里又回到了印度，梦中的这片土地仿佛变成了一片如珠宝般美丽的微缩模型，树木、森林、木材厂、农业生产的喧闹声。没有任何灰尘来破坏这梦境。我花了十二卢比买了一只铜碗，坐在火车里，惊讶于这片瑰丽的美景，仿佛一幅彩虹中的勃鲁盖尔的画。

我在睡着的时候最开心，由于视力减弱，现在的白昼漫长而混乱。我曾希望自己在手术中一睡不醒，但心里却很清楚自己总会醒来。今早，我感觉没那么疼了。

2 月 27 日　星期六

慢慢地输液，霍华德来了，他戴着那顶写着“蒙昧主义者”的帽子。昨晚我身上很痒，在床上度过了一夜。我一度以为自己再也别想回展望小舍了。我们在圣巴托洛缪医院拿上药液和其他药剂，随后便沿着黑斯廷斯大道前往艾登克罗夫特苗圃。我像个衰朽的老人一样在那里闲逛，买了百里香和其他药草，喝了些茶。寒冷的北风在松林间沙沙作响。去了藜芦天堂苗圃，然后回家生火取暖。我们在路上碰见一位背包客：“收入：每年一英镑；购买物：六盒火柴；结果：快乐。”

霍华德费力地给我接上输液管，这些管子好像有了生命，如同八爪鱼一样，把腐蚀性的药液喷得满客厅都是。第二次尝试的时候成功啦，但是药液没有滴下来，半途停滞了。

雪花从白崖飞来，遮住了太阳。

三月

3月1日　星期一

我在八点时到了圣巴托洛缪医院。他们给我换了衣服，在我的手臂上新插上一根针，输更昔洛韦药液。我又开始满眼蒙眬了。十一点钟时，我去德雷恩利工作室给《蓝》配音。我的脸部灼热难当，胃部仿佛瘫痪，所以我在夜间不断醒来。我买了根拐杖，以便警告查令十字街上的行人离我远点。

～

我收到一条电话留言，说马克·麦考密克自杀了。

关于马克的故事数也数不清。他生于一个富有的贵族家庭——他的叔祖父塞拉斯发明了联合收割机，整个美国中西部的农业机械都是他家的公司制造的。他母亲的家几乎就是凡尔赛宫的翻版，里面全是皇室的珍品物件。当马克离开妻子，转而投向男人——据称是全美最帅的小伙子——的怀抱时，他母亲吓坏了，命令他再也不许进家门，还给他办了个假葬礼，埋了空棺材，并立起一座墓碑。

在马克说出那句“去你妈的”，转而去华尔街当了一位普通的商品经纪人时，他们家族关于十亿美元的遗产之争也宣告结束。他赚了数百万，三十二岁就决定退休了。

马克又高又瘦，总是神经兮兮的样子，很聪明，也很大方。

他一直有着冲动的个性，曾提出要用一百万美元买断《卡拉瓦乔》，还在圣人俱乐部给我们办了一场极其奢华的开幕式。上次见面的时候，他还提出要资助我们的“狂怒!”组织，但我知道，一旦告别之后，没人还会记得这种话。

马克在东62街上有一套大公寓，他家的看门人都很帅，不过，阳光从来都照不进房间里。他家总是拉起窗帘，暗淡的电灯永远亮着。那里乱成一团，只有一间房是空着的，那就是浴室——里面涂上墙面漆，看上去像是圣特罗佩海滩上的大帐篷一样。马克喜欢收集各种乱七八糟、毫无关联的无用玩意儿——他家的壁橱里满是奢侈品牌的服装，都快装不下了，架子上摆放着成千上万的陶瓷猪和塑料猪。他养了几只苏格兰㹴犬，分别叫“希望”、“疼痛”和“苦闷”。在马克看他那九十多个台的电视时，这几只狗就对彼此吠叫。

在电视机顶上，有一张吉米的纪念照片，那个小帅哥——他在马克的乡间住所的车库里，把自己锁在车中，放毒气自杀了。

马克总是重复着他的那些不言自明的真理，仿佛自己是救世主，这些话语就像电视广告一样，在最平凡的对话中脱口而出。

马克每周五晚上都会出门跳舞，等到早晨，他就会开着车去乡间。八〇年代的时候，我们喜欢远离主流生活，几乎都不怎么跳舞。我再也没有体力去喝大酒了，所以马克自己去寻欢作乐。

现在他死了，和吉米的死法一样，同一辆车，同一座车库，同一栋房子。

3月2日　星期二

我们参加《蓝》的制作工作。在韦科市，所谓的耶稣[1]和联邦警察持枪对峙，他开枪射中四个警察，自己则在交火中身受重伤。

感受到复杂的疼痛感，令我很迷茫，失去了感官。

我们在午夜前完成了《蓝》。保持着绝对的专注。我们刚开始工作时，西蒙·沃特尼就来到了工作室。西蒙·特纳彻底喝醉了，看上去很可爱。我觉得这部电影非常了不起——这是我第一次能正眼看自己的作品。电影随着二十世纪的发展而变动，这是第一部能够接纳抽象知识的长片，它把电影带到了已知世界的边境，奥克苏斯河。

我把这部电影献给HB，以及所有相爱的人们。

3月4日　星期四

今天早上我起晚了，HB温暖的身体让我忘记了时间。我们在十点半的时候到了医院。这几天很奇怪，我的身体和心理机能都在衰退。我散了一会儿步，之后感觉精神好了很多。

～

我回到了候诊室，滴上眼药水，视觉变得模糊。再次重复——我又回到了候诊室。候诊室简直就是人间地狱，但今天，在经历了多日的绝望后，我的精神又回来了。

～

我一路挥舞着自己的手杖才回到家。HB说，那部红色调的电影应该被命名为《硫黄同素异形体》。我们准备拍出硫黄从黄色变成橙红，最后变

1　指大卫·考雷什（David Koresh，1959—1993），美国邪教大卫教派的头目。他认为自己是上帝派来的最后先知。

黑的过程。

～

收到了一封来自利兰的信，来信者是马克的文书助理，说他想我们了。这封信是在马克刚自杀的时候寄的。

～

我回到了X光候诊室，这次是为了检查我的静脉导管是不是安放在正确的位置上。那种酸痛感已经快要消失了——自从做手术以来，这种感觉已经持续了一星期。我旁边有一个聪明的小伙子，他做了化疗，头发几乎都掉光了。他精神很好，脸上带着微笑，和我说起他的父母。

～

轮到我拍X光了。我看上去很好笑，一半的胸毛都被剃掉了，换作是HB，就会说我是“半个毛猴子”。现在，我下楼到了免疫学诊室。医生说我可以把伤口上的金属固定针摘下来了——他们之前给我缝合得很好。

我在三点钟时离开医院，在HB准备去上班前找到了他。我想着自己奇怪的人生，睡着了。

八点钟的时候，尼基·德·容打电话来，开车带我上街。外面挂着很多星条旗，感觉我好像吃了迷幻药似的。巴特西桥上挂着银白色的灯泡，看上去像是通往天堂的入口。在巴特西艺术中心，我们看了一出怪异的短剧，名叫《神圣的字句》。这部剧有些天才的设定，要是让布努埃尔来拍，肯定是部好电影。

尼基带我去乔·艾伦餐厅，我在那里吃了肉排。一看到那位帅气的侍者，我的心就已经飘过这间房，被他深深吸引。

尼基把声音放低，开始写文章。他被冻得缩起身子，头戴羊毛帽子，看上去好像《圣诞颂歌》里斯克鲁奇的睡帽。今晚总算不用看那些野生动物的节目，一群毛茸茸的野兽自相残杀。

3月4日 星期五

我和HB一起写《窄房间》剧本的第三稿。

3月6日 星期六

温暖而多云。我和HB、德里克·鲍尔一起开车去展望小舍。我们聊起了葬礼、火化、殡仪、纪念碑之类的事情。人们通常不讨论生命终结的事情，我们会这么做，还聊得很开心。

在森宝利超市购物，又从巨石苗圃买了些植物。

晚上，我和HB一起写《窄房间》的剧本。

3月7日 星期日

天气依然温暖而多云。我早早起床去花园里劳作，种下了刺苞菜蓟。一位年轻的西班牙建筑师出现在我们的视野里，他读过《现代自然》。他拿着相机，却没拍照。

上次封圣仪式时种下的几十株白色番红花在屋后开放了。之前曾刮过强劲的东风，肺草和藜芦都遭殃了，有一株接骨木也是如此，幸而位于房子旁边的植物得到了保护，没有受到风的摧残。

～

建筑工布赖恩打电话来说，由于厨房的排水管被蜂蜡封住了，他可能得挖一个新的渗水坑。

HB正在擦洗窗户上的海盐，让外面的景色看上去清晰一些。上周的严霜把水仙花压弯了腰，如今它们已经直起身来。

3月10日　星期三

又放映了一次《蓝》，包含了演职员表——所有人离开的时候都兴高采烈的，由于上天肯饶我一命，能拍出这部电影，大家都放松了许多。

我整个下午都在忙着把扣子缝在衬衫和裤子上，只用尝试两次，我就能把线穿进针眼里。脸上很红，很热，我读了一章《伏尔泰的私生子》。

3月12日　星期五

在圣巴托洛缪医院输液一小时之后，大卫和我趁着明亮的春光，开车前往展望小舍。

蜜蜂正在荆豆花上采蜜，一只巨大而孤单的大黄蜂在发现了番红花橙色的雄蕊之后，开心地转起了圈子。两节荠已经开始展开叶子，海甘蓝已经长成了深紫色，前门附近的拉维纪草每分每秒都在生长。桂竹香和迷迭香，还有玫瑰花都即将绽开花苞；薰衣草也在活动着。我种下了紫色的鼠尾草和蓝色的蓟草。

3月17日　星期三

我是在坐在圣玛丽医院等着检查眼睛的时候，认识了罗伯特·蒂凡尼。今天早上，我在《独立报》的讣告栏里见到了他的名字。距离当初我们一边等待一边聊天似乎已经过去了一段时间。我一直不知道他是做什么的，不过今天知道了——他曾在皇家马斯登医院工作，在抗击癌症的前线奋斗，还对工作做出了革命性的创新。我能看出来，他是个很卓越的人，有幽默感，魅力十足，脸上总带着可爱的微笑。我曾经在圣巴托洛缪医院去病房里看他，但是他病得太重，如今他已逝去。我记录的事情，怎么都变得这么糟了？

～

HB给我涂抹润肤霜，让我平静下来。霍华德和我在泰特美术馆看了罗伯特·莱曼的作品展，很优雅。

3月20日　星期六

在国家电影院办了《维特根斯坦》的首映式，效果非常好。《维特根斯坦》在柏林电影节上获得的奖是一只可爱的泰迪熊，今天这只小熊也送到了我手里。在寒冷的天气中，HB陪我穿过滑铁卢大桥，走回了家。

3月21日　星期日

起不来床。眼睛和脸部灼痛。难过。

3月22日　星期一

我该放弃吗?

3月23日　星期二

我还活着。

～

在圣巴托洛缪医院待了一上午，体温达到了102华氏度（约合38.9摄氏度）。验血、拍X光。我的肺部感觉干净多了，但我可能得了MAI（鸟型分支杆菌细胞内感染）——这是一种鸟类身上携带的肺结核病。

在《面对面》节目上，有几个人祝贺了我。

3月24日　星期三

我一整夜都醒着，挠痒痒。我的脸部很难受，灼烫难忍。我梦见自己醒来了，身体也好了——真是个奇迹——根本没有奇迹。

我们开车去了邓杰内斯，随后返回伦敦。

身体在颤抖，发高烧。

3月25日　星期四

十点半起床。

3月26日　星期五

《维特根斯坦》在当代艺术中心上映了，雷・蒙克对此非常支持。

3月27日　星期六

和霍华德一起开车去展望小舍。

3月29日　星期一

一整天都卧在床上。

3月30日　星期二

老样子。

3 月 31 日　星期三

订正了《塞巴斯蒂安》的校样。缩减了《梅杜萨之筏》的制作规模。电影就是：狡猾的人拍给白痴看的东西。

四月

4月1日　星期四

今天发生的事情，我什么都不记得了。

4月2日　星期二

医院给我换了新的尺码的衬衫。

我的朋友们真是多灾多难。

大卫·迪普纳尔	艺术生
罗伯特·弗雷泽	艺术品商人
比利·吉布	设计师
特里·李尔	音乐家

保罗·特里西	戏服设计师
保罗·贝特尔	电影人
鲁道夫·努列耶夫	舞蹈家
伊恩·张伯伦	演员
帕特里克·斯蒂德	作家
卡尔·鲍恩	画家
罗伯特·梅普尔索普	摄影师
霍华德·布鲁克纳	电影人
肯·希克斯	摄影师
马里奥·杜布斯基	画家
格雷厄姆·克莱克	设计师
马克斯·戈登	建筑师

还有另外六个人正濒临死亡，其中包括我自己。

～

HB一直在纠缠着医生们，我完成了一轮新的药物注射。是什么东西让我感觉浑身灼热？是氨苯砜还是乙胺嘧啶？现在我正在吃膦甲酸钠，上帝啊，这种药千万要起效才行。我的生命正在逐渐变成噩梦，能不能单纯让它变成普通的坏梦？

4月8日　星期四

两天前，我住进了了圣巴托洛缪医院，今天是周四。我那狂暴的皮肤好像被晒伤了一样灼痛，轻轻一碰就会疼。这感觉就像是艾森海姆祭坛装饰画[1]上的圣安东尼之火一样。我仿佛被这片火海关进了动物园，就像一头痛苦的北极熊，在笼子里前后徘徊。我已经丧失了思考能力，除了坐在角落里以外，什么都做不了，想上街走走更是不可能的了。

我停止了进食，体重降了12.7公斤，体温则连续三周保持在101华氏度（约合38.3摄氏度）。拆信对我来说都算是重活，就更不可能回复这些信件了，这些事都是HB帮我做的。我连日记也写不了——得其他病的时候可从没这样过。我头昏脑涨，整天都卧床不起。我一直发烧，在无数无眠的夜里挣扎着想寻找个凉爽的枕头。我的头皮发痒，后背和胳膊发烫，抹上别人推荐给我的一种乳液之后，我的皮肤看起来像萨拉米香肠[2]一样。我的皮肤变成了浆果一样的棕色。走在街上有人问我："假期去哪里玩了？"

面对一个固执的发问者，我回答道："噢，就去了趟地狱而已。"

钟在嘀嗒时

在时间的流逝中，我的现实变成你的传说，
何时、何地、何人，沙子在我的指间流过，
我是基督的布丁中的恶魔，
我被弱者环绕，是个坏掉的便宜货。
红醋栗和葡萄干在白兰地里游弋，
为何你不把我当成硬币，猜猜正反？
亲我的屁股吧，
我就是鬼火，
环绕着翻飞的焰火，

1 艾森海姆祭坛装饰画是由日耳曼晚期哥特艺术雕刻家尼古劳斯·哈格瑙尔（1445/1460—1538前）雕刻，画家马蒂亚斯·格吕内瓦尔德（1470—1528）绘制的作品。该作品最初是为艾森海姆的圣安东尼修道院创作的，修道院的修士以治疗瘟疫和皮肤病而闻名。被瘟疫和皮肤病折磨通常被认为是恶魔与试炼的结果，隐修士圣安东尼（251—356）与"魔鬼"进行了旷日持久的战争。

2 意大利蒜肠，颜色为深红色与白色相间。

幽灵鬼怪，一团永恒的迷雾，
这是圣诞节的红色，
被冬青树扎破的手指，
戴上手套，以防感染。
我就是你手上的鲜血，
谁会在乎这样的便宜货？
我就是硫黄烟雾中的恶魔，
我闻起来就像臭鸡蛋，
牙与眼。

4月15日　星期四

我注意到自己的字迹变得越发潦草，好像一只蜘蛛织出了墨色的网——我的手在颤抖。现在爬进或爬出浴缸都变得极为艰难，要花上半个小时——不如跳进去好了。我再也拍不了电影了，我也写不出什么作品了。我闭上眼睛，垂下头，承受病痛。什么都没有——如果我生病的感觉是疼痛，那现在的感受就是极其可怕了。我真的认真想过要自杀——但这不是我的性格。

医生们已经多次更改我的处方了，昨天，皮肤科医生来看我，给我抹上了软膏和乳液，给我吃了些药片。“我们需要取走一点你的皮肤做测试。”

我说：“你把我的皮肤全拿走好了。”你看，我已经快疯了。我说：“如果我真的病了，请让我死吧。”死亡的想法是如此美妙，所有的挣扎都结束了，不会再有记者打电话问我是不是已经死了——这样他们就可以通过我再挣最后一点小钱，然后去折腾其他可怜的家伙。

这所医院真是个好地方，人们都很有魅力。那位护士坐在我旁边，用手臂搂着我足足半个小时之久。我在颤抖，身体赤裸，由于过于疼痛，甚至无法躺下。皮肤是人的主要器官，所以这样的病情可以致命。

今天我只感觉疼痛，那种痛苦的感觉已经减弱，我的大脑透视结果显示没问题。我开始吃东西了，浑身颤抖和步履蹒跚都是休克导致的症状。我的肺部还好。我决定再给自己的生命一次努力的机会。

～

今天下午，太阳出来了。我和HB一起散步，以便恢复“肺部功能”，他今天比以往还要帅。我还在因休克而颤抖，心里的事情仿佛被清理一空。我仿佛身处炽热的熔炉中，皮肤逐渐被烤得脱落。即便肉体被毁灭，我还是可以活下来，但心灵若是毁灭了呢？

4月16日　星期五

我终于开始恢复平静，因休克而颤抖的身体已经不那么麻痹了。霍华德带来了些花园的照片，非常精致优雅。

我的皮肤本来和甜菜根一样红，现在颜色变淡，有些苍白。

戴安娜和彼得·罗根这两位老朋友来了。我们一同度过了美好的一小时。

已经三个月了，今天，我终于无须不停地给自己搔痒。

～

你绝对无法想象参加电影节有多么无聊，他们会发给你精美的手册，上面还有你的信息。经受飞机旅行的痛苦之后，向导把你带进和其他地方一模一样的酒店，遇到的所有人都是以前见过的。当人们问“你看过这部电影吗”或“你看过那部电影吗”时，我会撒谎——偷偷说句实话，我什么都没看过。如果你什么都没看过，或许可以在阳光下散步一个半小时。

在酒店里，食物都一成不变，那充满热带水果的早餐宴席。剩下的工作就是接受采访——每个国家的每个记者都想要个“独家报道”，他们只会问些无聊的老问题，例如以前拍的某部电影如何，等等。他们都在试着忘记这些事，这样生活才能继续。

我还记得当初去巴黎参加《卡拉瓦乔》首映礼的时候。

我坐火车到希思罗机场，结果被多个航站楼弄晕了头，没人知道哪个是我们要去的地点。我爬上火车，又回到了凤凰之屋，一肚子怒火。在巴黎负责接待的组织人员简直都疯了，他们打电话给我。我说："我在机场迷路了，除非希思罗机场能改建得适宜人们出行，否则我去不成巴黎。"

他们对此表示怀疑。真是让我宽心了。

4月17日　星期六

我用背部下方的皮肤样本去做了切片检查，什么也感觉不到。肖恩护士用液氮开始对我脸上的疣子进行种族屠杀式的清理，随着烟雾升起，我的脸上留下了红点——好像一列老式蒸汽机车，连车站都开不出去。我放的屁足以在臭氧层上开个洞了。

～

电视上正在介绍一种斯雷布雷尼察的有毒饮食。我开始看一本关于园艺的书，读了马可·奥勒留[1]的《沉思录》——然后有点无聊。这种书应该在学校就读过才对，主要是用来教育年轻人的。我现在准备开始读马提亚尔[2]的《语录》。

生活就是一种回归现实的过程，那烧灼而痛苦的皮肤病已经消失了，现在只是痒而已。深红色的皮肤正在逐渐让位于白色，就好像把煮龙虾的过程反了过来。我又吃了些东西，睡觉；我现在能打开并阅读信件了，并且开始享受访客到来的乐趣。

～

1　马可·奥勒留（Marcus Aurelius, 121—180），罗马帝国皇帝，著名的帝王哲学家，斯多葛学派重要代表人之一。

2　马提亚尔（Martial, 约 40—103/104），罗马帝国诗人。

我正在计划科尔马之行，去那里一小时后，再去艾森海姆祭坛。那种感官迟钝的症状已经不在，我也不必时刻努力撑住自己，七重面纱[1]已经揭去了四层。

～

安德鲁·罗根在两点钟时来了，那时我刚刚吃完一顿美味的午餐：肉排、紫甘蓝，还有小麦布丁。我们聊起迈阿密的老朋友和印度的静修院。他说我变瘦了。我现在正努力增肥。人人都想把自己变成迪万一样的身材——要是我和迪万一样胖，他们见了我都会鼓掌的。安德鲁身上穿着紫红色的衣服，他的确是我所有朋友当中最时髦的，无论是在排队看电影、在街上或是在其他什么地方，他都会让身边的环境焕发光亮。他并不是那种好显摆的人，事实上，在人们的印象中，他既安静又迷人——安德鲁的紫红色衣服看上去并不突兀，显得很克制，他不像八月时分的郊野花园那样肆意盛放，更像一位举止得当、打扮细致入微的印度王子。尽管现在正是困难时期，任何事情都还是能让他绽开笑颜。

～

我绝不能让自己一直待在邓杰内斯，还有很多未知的领域等着我去发现，而现在时间已经不多了。

～

HB摘下一朵水仙花，并扔进了用于清除疣子的液氮里，把我们吓了一跳。花朵拿出来的时候还冒着烟。他用手指把玩水仙，结果这朵花碎裂成了粉末。

～

我们去巴比肯中心看六〇年代的展览。人行道混乱而阴暗，四周很荒

---

1 指《圣经》中希律王的继女莎乐美所跳的七面纱之舞。莎乐美向施洗者约翰求爱后被拒绝，恼羞成怒决心报复，发誓一定要吻到约翰。希律王许诺，如果莎乐美肯为其跳舞，便答允她的任何要求。莎乐美穿上七层纱裙开始跳舞，并将纱裙一层层脱掉。舞蹈后，她要求砍掉约翰的人头。希律王无奈答应，杀掉了约翰，并将他的头颅装在银盘上交给莎乐美。莎乐美含笑亲吻了约翰的嘴唇。

凉，令人迷惑，风很大，这风景让我没法有好心情。HB不肯进去，他说门票的价格简直就是在敲诈，最后他还是屈服了。他一头乌黑的长发看上去很狂野。

这次展览是关于油画的，多数都是波普和欧普艺术作品，其中有些不错的作品，比如博伊尔家族的。感觉好像在看杂志。

当我看这些画的时候，我只能看清画家的照片：保罗·赫胥黎有一张天使般的脸庞，安定而内敛，但也很温暖。理查德·汉密尔顿看上去聪明而敏锐。有些很不错的画：从不恋爱的罗恩·奇塔基——他的作品曾在1962年带给我极大的惊喜。大卫·霍克尼画的“凯恩和梅布尔”系列看上去很淘气。约翰·莱瑟姆画的被烧毁的书籍——天哪，我真的想要一幅，要是在当时，从他们那里讨一件应该很容易。

展览的多数作品都纯净而自然，他们虽然对政治一窍不通，但至少这些作品还是关乎政治的——保利娜·博蒂[1]的作品体现了女权主义者的观点，很有意思，在那个时候极具新意。她去世得太早，不然肯定还能画出许多佳作的，真是遗憾。

4月18日　星期日

我起得很早，现在才六点钟。护士们正在准备今天的药片和药液。

我现在看上去像是爱德华七世时代的美人们喜爱那种惨白的样子。我枯瘦憔悴，之前被病体折磨的日子让我掉了许多肉。这是我许多个月以来最开心的一天，终于能够脱离孤独的禁锢，这感觉淹没了我，使我麻木，几乎像是在体会前世。

～

1　保利娜·博蒂（Pauline Boty，1938—1966），英国波普运动的发起者之一，去世时年仅二十八岁。

去了凤凰之屋，在我的感官终于恢复之后，我总算是回到人间了。今天天晴，微风，完美的春日。能出来真高兴。

萨拉顺道拜访，她看上去不错，感觉充满能量。她穿着一件“女同”T恤衫，套上了HB的皮夹克，昂首阔步地走来走去，真是个女汉子。她准备借走这件衣服，明天去萨迪·麦西酒吧的时候穿。能看到别人开心也是件好事。小桃和西班牙人一番云雨之后过来了，他说：“上次是为了你，这次是为了我。”西班牙人并不算好看，他是个军队里的小伙子，鼻子断了，只想着和别人上床。

我们绕着考文特花园广场散步，HB身上穿着一件非常帅的西装，是约翰·里士满牌的——黑色的面料上有彩虹色的绑带，好像在口袋上方佩戴了奖章一样。小桃带来了一本皮埃尔和吉勒斯写的书，相比之下，就连乔治男孩[1]和马克·阿尔蒙德[2]看上去都很有吸引力了！我在想，他们能为我做些什么？

～

有点小激动，《太阳报》的记者竟然在跟踪我，看来他们觉得我随时都有可能死掉。我真他妈不在乎他们写什么。《同性恋电影导演在医院搞艾滋病群交》。我打电话给托尼，说我要致电《太阳报》。如果我们不和这些人正面冲突，那就什么也改变不了。这很好。我打给了那位亲爱的记者：“哦亲爱的，我现在情况好得不得了。你明天想和我一起吃午餐吗？”我尽量让自己听上去很友善。他一瞬间就把电话给挂了。他们对我生活的打扰并不使我担忧，但是HB觉得这很可怕。

～

彼得·罗根来了，他知道很多关于安德鲁的故事——看来，平时的安德鲁并不像我遇见他的时候那么快乐，但是在玻璃暖房里的故事还是很令

---

1 乔治男孩（Boy George，1961— ），英国著名歌手、作曲家、时装设计师。他是流行音乐组合文化俱乐部（Culture Club）的主唱，以妖艳的女性化造型为人所熟知。

2 马克·阿尔蒙德（Marc Almond，1957— ），英国歌手、音乐人。

人开心的。彼得说，那个地方非常热，只要有声音，所有的窗户就自动关上了。迈克尔说，那里面的温度不受我们的影响。他需要在暖房里趴在地上，仔细捡拾山茶花瓣，避免这些东西堵塞排水管道。

～

如果你运气不佳，需要了解弗朗西斯·培根，看丹尼尔·法尔森的书倒是个不错的选择：里面的语言机智而严肃，有许多趣闻逸事，让往事奕奕如生。

4月19日　星期一

我开始提出关于葬礼的事情。因为没人愿意操办，所以葬礼不是个容易的差事。有一种深入人心的迷信，那就是办一次葬礼就会死一个人。人们其实很怕这种毫无价值的玩意儿，毕竟人只有一条命。我应该在马戏团的旋转木马里办葬礼。

～

两周前在邓杰内斯，HB突然消失了，我觉得这事情很神秘，原来他去骑了几个小时的自行车。我说："你知道吗，我觉得我应该被葬在伦敦，海格特或厄尔斯考特之类的地方，这样应该会容易些。"

他说："我花了一整个周日才在老罗姆尼找到一处带有高大紫杉树的墓地。我可不会骑车跑上十六英里来帮你改变心思。"所以，那就是我的长眠之所了，如果命运允许的话，他会和我葬在一起。

～

现在是六点钟，很安静。《太阳报》和《晚旗报》相继打来电话，他们略微表达了歉意。我能感觉出来，他们这两通电话只是为了收集新闻——当你随时可能生命垂危的时候，突然有电话打来问你是不是快死了，这感觉可真够奇怪的。

～

我到了圣巴托洛缪医院，和一个很有魅力的年轻男子聊天，他的爱人已经在医院里住了三个月。他每天都在午饭时分过来坐在电视间里。门口的标志上写着“访客——停留时间不可超过十五分钟”。

这里几乎所有的人看上去都很憔悴，头发雪白，气色不好，皮肤凹陷，身上穿的衣服仿佛晨衣和管子的结合体，看上去好像某种后朋克时期的珠宝选美竞赛。

今天，连我头部的瘙痒也开始平息，但是状况好转的速度很慢，这样也避免让我抱以太大希望。瘙痒的症状已经持续了两年，不过自从圣诞节以来都是慢性病。这种事情很不寻常，一开始不太容易看出来，所以我也没注意。

彼得医生在十一点时来了，他说我现在可以出院，在未来十天里回医院一趟就行。真是太好了！他们正需要腾出病床，而我已经足有一年没有感觉这么好了。女营养师配的餐让我吃不饱，所以我走去史密斯菲尔德的咖啡厅吃些培根鸡蛋——我能轻松适应在圣巴托洛缪医院的生活，他们这里的环境非常好。我现在全靠吃药维持生命。

～

在贝尔托饼屋见到了米歇尔，很迷人。她给我做了些特殊的蛋糕。《维特根斯坦》的成绩很不错，他们也重印了雷·蒙克写的书，这件事令人很开心——他对这部电影非常支持。

我出门散步，但伦敦密集的人流向我冲来会使我失去方向感，很吓人，如果他们的速度放慢一倍，则会让我不得不停步。我的视力有点改善了，不过路人看到我满是疤痕的脸，会把我当成僵尸。我在想，他们能不能意识到自己有多残忍。我知道自己以前也会这样，但我有过一次教训——我安慰自己说，比起十年前，如今的我更加善良，尽管还有许多提升的空间，但已经成功迈出了第一步。

4月20日　星期二

花店的女孩给了我一株墨蓝色的银莲花。无论我走到哪里，都会被大量的年轻人拦下来，他们都很可爱，有点害羞。和他们聊天是值得的，那种青春洋溢的能量可以对抗疾病。

～

我开始自言自语。我在屋里走动："德里克，你可真是个傻子，你明明一直把笔放在自己兜里的。"

HB说："他们会把你关起来的。"但是，他们所做的事情恰恰相反，我又发现了一种内心的声音。即便只给我几星期的健康时光，我也会觉得是上天赐福了。

～

在圣巴托洛缪医院待了一小时，接着出去散步——今天真是个极美的春日，街上几乎已经有些热了。我还在买书，这样可以提醒我趁身体允许多看些书。这是个我无法放弃的习惯，在浏览中获得愉悦，时而会在书中邂逅奇怪的想法。

～

眺望出版社即将印刷美国版的《现代自然》和《舞动的暗礁》，我从未在二手书摊上见过自己的书，要是能买这些书，肯定是件好玩的事，可以看到页边上人们写的笔记，或是看看他们撕下了哪些书页。

～

对于我的咳嗽声，HB很愤慨。我也没办法——彼得医生说了："不要再吃药了。"HB结束了自己救生员的工作，回到了家。四点钟的时候，他睡着了，五点四十五分时才醒来。他说，对于游泳的人们而言，他才是真正的危险因素——在岸边温暖湿润的空气中，他总是打瞌睡。

这些病真正伤害的是那些关心我的人——毕竟，我很快就能脱离苦海了。死亡的想法总是令人欣喜，但是死亡的过程可就没那么好玩了，对于像我这种身体坚韧的人来说尤为如此。我如今的余生好像宴席上的残羹剩饭，其深刻程度与玻璃底片一样透明——在这稳定的微光中，一半靠视力，一半靠想象。

我用金色的沃特曼牌钢笔写下这段文字，这是我最奢侈的体验了，用紫色的墨水！死亡集中营，还是非典型的假小子？不管怎么说，我的情况还好，已经在上天的保佑下享受了四十八小时的美好生活。

4月21日　星期三

我昨晚彻夜未眠，大概闭眼四十次。当屋外的乌鸫开始唱歌，我仿佛又变成了个小伙子，清醒地躺在梦中情人的身旁。HB在旁边睡着，我就着微光，仔细端详他。我不敢靠太近，因为如果我在夜里盯着他看，他会猛地醒来。今早，由于缺乏睡眠，我变得昏昏沉沉，真好。

～

在韦科市的那位“耶稣”，作为大卫教派的最后传人，成功地面向电视观众升仙了，他和自己的追随者们一起自焚而死，受苦难的孩子们，来到我身边吧。这种具有帮助和煽动性质的所谓上帝旨意让我发笑，看他们的营地都让人觉得无聊。电视新闻主持人惊恐地绞紧自己的双手。我希望那些重生派基督徒也能学习这种想法——这是对精神的清洗，把狂热的教徒们身上的火焰煽得更旺些吧。

～

买了本关于紫衫木的书，当我在老罗姆尼长眠的时候，就会与这种永生不死的植物为邻，所以我最好对其早做了解。

4月23日　星期五

今天的早晨凉爽而安静，我坐在那里，突然门口塞进来一封信，落在前厅的地板上——这是约翰·伯格[1]寄来的，他曾经让我开口唱歌。当然，我不应该引用私人信件里的文字，但我毕竟是个痴迷于自我的老家伙……他刚看完《爱德华二世》：“这件作品源于漆黑的夜晚，却能够燃起熊熊烈火，发光发亮。”

4月24日　星期六

七点半时，霍华德和我在意大利餐吧见面，接着，我俩就开车前往邓杰内斯，路上经过藜芦天堂苗圃——在那里，霍华德像发疯一样购买兰花——随后去了莱伊，我在那里买了手工制作的花盆，看上去很特别。

布赖恩用焦油色亮光漆把屋子涂成亮黑色，他准备重新整修展望小舍——我要新开一扇窗户，再安一扇钻石般的门，上面镶上铅字“爱情就是永恒的生命”。

展望小舍因桂竹香而熠熠生辉，虽然仍在下雨，我还在感冒，但仍然能闻到这香气。花园已经换了一副模样，有郁金香、第一批开放的矢车菊、开出巨大花苞的洋蓟、深红色的银莲花和最后一批葡萄风信子。琉璃苣上长出了花苞，琉璃苣也长出来了。

我做了顿美味的野餐当午饭，用新采挖的土豆配火腿和沙拉，还有一瓶上佳的白葡萄酒。我们安静而井井有条地开始工作，把植物种下，接着，霍华德拍了些照片——霍华德·苏利的镜头毫无咄咄逼人的感觉，正因如此，他的作品才透露出优雅。今天多云，光线非常适合彰显色彩。

我们移植的所有蔷薇属植物状况都很好，特别是玫瑰；藜芦看上去都很愉悦。新种下两株丝兰，然后移植了香科科属植物。两节荠已经长出花苞，接骨木则是明亮的浅绿色，卷心菜也长势良好。

今天一直在动来动去，慢条斯理地做事。

1　约翰·伯格（John Berger，1926—2017），英国艺术评论家、小说家、画家和诗人。

霍华德在八点时离开了，我看了一会儿杰夫·斯特赖克的录像带，九点半之前就上床睡觉了。

4月25日　星期日

一个阴沉而凉爽的早晨。赭红色的卵石滩和大海都被迷雾所吞没。我进食有些困难，什么东西尝起来都很难吃。我在夜间时虽然生着病，但睡觉时却像一段木头。我在快到六点时醒来。现在的我很虚弱，昨晚没吃饭。

我喜欢这种阴天——阳光会伤害到我。我的金笔、小日记本、“腿软先生”。我给自己做了一碗燕麦粥，又吃了个橘子。花园又迎来了新的一天。桂竹香的花丛中开出一朵极美的郁金香，红黄相间，带有漂亮的边饰。今年的桂竹香长得格外壮观。

我走去海边，肚子里翻江倒海，好像莱德靶场的机关枪一样闹腾。海滩上只见平沙无垠，处处荒凉，只有两个抓虾的男子和一个采珍珠的人。真不错，独处一天，我把自己照顾得挺好。

4月29日　星期四

凌晨四点，我到了圣巴托洛缪医院。昨天过得恍恍惚惚，明天一点钟，他们就会把我的静脉导管取出来。

HB来了。我没注意到这次的感染病症，他对此感到很生气——不过他在帮我调节身体指数的时候，我只想把他推开，这让我也变得暴躁易怒。西蒙·沃特尼对他说他就像宝石一样，我倒是开始想：“什么样的宝石？”也许是绿宝石，就像他的眼睛。我们出发去河边，在玛莎百货买了裤子，在市场里买了水果。我从米歇尔那里买来一块蛋糕送给护士们，竟然只花了五英镑，还附赠一个苹果派。

回到病房，我的体温飙升到了102华氏度（约38.9摄氏度）。卡尔来了，他带有一种静谧的力量，这是圣人才有的天赋。在我生病的那么长的时间里，曾有过许多访客来探望，只有他才拥有这种力量，或许，我该将之称为一种秘术。他从邓杰内斯把那支金笔带了过来。

弗兰德斯的虞美人
像是深红色的军队
向清晨问好
时间拨弄着深红的花瓣
越过鲜血浸染的原野
男孩们陶醉在花海中
这是希腊的奥维德写出的故事

五点钟，万籁俱寂，抗生素似乎已经开始缓解我的咳嗽。

～

给《独立报》写了封信。

先生：

我已经在这里待了两周，一开始是在急诊室，现在已经转到了科尔斯顿病房，这里主要负责照顾垂死的病人。我“自己”的安德鲁斯病房已经满了，而新的艾滋病房的建设工作已经被推迟。

那位酷似《蔓生蔷薇》的女主角罗丝的病人就躺在过道对面，她像是一只咯咯叫了两天的鸡，最后医生出于仁慈，给她打了一针镇定剂，终于平静下来。为了逃避，我想象自己是在十八世纪的庭院里，听着喷泉的声音，在亭子里读书，最后不得不被送到圣巴托洛缪教会医院，而这个医院里十分凉爽，时光静美。

留给这所大型国家级机构的时间不多了。弗吉尼亚·博顿利[1]说："我可不是做文化遗产生意的。"我们不都是身处文化遗产的生意中吗？没有过去，就看不出我们的未来。过去是一面镜子。所有的枝叶都有其历史，而医学的历史正始于此地。

这是世界上最古老的医院，十一世纪时由僧侣雷希尔所创立。他在前往罗马朝圣的路上，由于得了三日疟而病倒，圣人巴托洛缪在梦中命令他建立一所医院。他回到英格兰后，当时的国王把这片位于"斯姆斯菲尔德"的土地赐给了他。亨利八世后来将圣巴托洛缪正式认证为医院。当时的老旧建筑逐渐被新的所取代，其建筑的历史可以追溯到那个时代。

圣巴托洛缪并非一所新式医院。这里的房间又高又凉爽，但是由于对金钱的无尽贪欲，正在使这一切受到影响。弗吉尼亚·博顿利似乎听不进任何批评的声音。她的心里已经被某种意识形态深深控制，在我眼里，她对任何事都不加质疑，但只有质疑才能带来见解，所以她已经变得盲目而无知。这个国家的政府当然不是做文化遗产生意的。可他们又是做什么的呢？

总有一天，你们都会进医院。像现在躺在我对面的雷，他出事的时候附近就是医院，那真是很幸运了。雷在最近的炸弹袭击中受伤了，他脸上插满了碎玻璃。今天他的照片被登在小报新闻头版，被人们视为英雄。他说："感谢上帝，这家医院就在附近。"我想，这座城市里的商人们也会得心脏病吗？

有些改变是必要的，有些则不然；有些决定会让我们追悔莫及。关停圣巴托洛缪医院就是对历史的犯罪，也是对这座城市的犯罪。这座城市需要这些伟大的医院，如果失去了它们，就会破败不堪。我相信，如

1 弗吉尼亚·博顿利（Virginia Bottomley，1948— ），英国保守党政治家，1992 至 1995 年间曾任卫生大臣。

果这份报纸的读者们自己家的房子受到威胁时，一定会成为激进分子。圣巴托洛缪医院对我而言就是第二个家，在这里，我的生命得到了关爱。

“《蔓生蔷薇》的女主角”终于平静下来了，多亏了一群能够创造奇迹的医护人员。“能找个人把我的脚架上去吗？你在哪里，约翰？你在那里吗？谢谢你。”她终于静了下来。

我靠在椅子上，开始思考些事情，例如我的墓碑和如今的境况。在医院度过的夜晚能让我集中精神，真是上天保佑。我现在就像一朵花一样脆弱，却像只百灵鸟一样快乐。

护士告诉那位病重的老人说，他的兄弟现在正躺在楼上的病房里，奄奄一息。他们正在劝他上楼去。我准备就这样清醒地躺着，我第一个来，最后一个走。

4月30日　星期五

手术。接下来的十二个小时仿佛淡入淡出般结束。霍华德和HB和我坐在一起，我心想，西蒙应该也来过，不过我已经记不起具体情形。我一动不动地躺着，以避免感受到身体一侧刀扎一般的疼痛。我的脖子上插了一根希克曼静脉导管，所以今早感觉有点疼痛，不过浑身上下还是感到平和，多亏了安眠药。

~

现在是六点钟，我洗了澡，但没剃须。我必须剃须才行——浴室里的光线不足。那根静脉导管是万毒之源，如今已经被拆掉了。我闻到从史密斯菲尔德市场飘来的鸡蛋与培根的诱人香味。于是我去那里吃了些东西。我在那座小小的医院教堂门口停了下来，这里空荡荡的，接着，我翻看了一会儿《古今圣歌》。

五月

5月11日　星期二

今天早上，我把在医院期间写的日记落在了出租车里，我一直害怕发生这样的事。我们已经贴出“如有拾获，定有奖励”的广告，看看这有没有用吧。我去买些材料，用于重新装饰邓杰内斯的椅子。约翰·刘易斯家的颜料根本不行。

～

我在史密斯菲尔德市场买了一只1940年生产的纯金摩凡陀手表——“摩凡陀”在世界语里的意思是“坚持前进”。店主说这只表很稀有，他给的价格是最划算的。

～

病房里有只虫子在飞来飞去，今晚我们可有罪受了。HB和霍华德在鼻子上抹了某种乳霜，避免在探视的时候被叮到。

～

“《蔓生蔷薇》的女主角”正在大声喊叫。两周前，我就从急诊室搬到了科尔斯顿病房，这是一间开放式病房，里面有二十四个人——多数人有心脏问题和中风等病症，艾滋病患者大概有三四个，基本都是抑郁的年轻人。

在急诊室时，有位男士在我旁边摔倒了，他现在正躺在这间病房的尽头，默默无语。通道对面的老年男子今天早上五点的时候发生了一次心脏衰竭。情况一片混乱，心电仪的嘀嘀声响个不停，当医生用电击抢救他的时候，有人喊：“靠后站！”过了一会儿，他永远离开了我们。我问道：“你们为何还费那么多周折？”

护士说：“我们也是迫不得已，家人希望我们‘用尽全力’。”

“家人都很残忍，我很高兴自己没有家人。”

～

这些日子都很漫长，六点钟就起来输液、注射，以便提高我的白细胞数量——现在已经是九点。

接着，为了治疗肺炎需要输液三次，随着药液逐渐消失，我咳嗽和呼吸困难的病症也消失了——我的声音正日渐变得沉稳。八点钟吃早饭，看报纸——《独立报》，上周我写的信登在了头版，让我大吃一惊的是，我竟然收到了一百多封来信和慰问卡。访客们来来往往：卡尔是最棒的——他拥有一种沉默的力量，还有霍华德，HB先是很开心，接着就变得暴怒——因为上次我上厕所的时候找不到卫生纸，就用了他的法兰绒布，用完后我并没有将其扔进垃圾桶或是冲进马桶，而是整齐地叠了起来。HB回家之后匆忙地洗脸，洗完后用这块绒布擦了脸上的泡沫——据他说，这是他人生中遇到的最糟糕的事。

～

“《蔓生蔷薇》的女主角”醒了，开始大喊大叫：“走开！走开！滚蛋！滚蛋！乔治，乔治，乔治。”她太累了，像只鸡一样咯咯叫，护士出于好心给她打了镇定剂，她逐渐安静下来。

这里很热，我把自己的外套放在一边，坐在卡尔从法国带给我的那件法式蓝色制服上。

病房里充满了呻吟声与悲叹声：“护士，护士，护士。”查尔斯快要睡着了，说起话来像复读机一样，他尿湿了床，对此感到很羞愧。马克得了气喘病，他那印度裔的妻子陪在身边，他俩已经结婚三十年，他用慈祥的语气大声说：“我已经准备离开人世了。”还有一位伊斯灵顿的点心师傅，他被“神奇面包”这家企业挤出了市场，他第一次来这家医院是在1926年，当时，他的脚趾上有脓性感染。现在他已经回家了——真没想到，我居然还在这里。

～

霍华德和我去了诺斯伍德公墓，但是找不到我外祖父母的坟墓了。我们去了玛丽菲尔德，那里的白玫瑰已经结出花苞，我种下的紫藤也长得十分高大，散发出诱人的香气。我们给母亲种下的铃兰修剪枝子。

～

东安格利亚一片荒凉，霍华德说，这一大片荒野令人感觉冷冷清清，他更喜欢肯特郡那种杂乱的原野。肯特郡的边缘地带有很多兰花，这里一株都没有。房子很少，还很丑，外墙涂成粉色，没有护墙板。这里有几棵长势不错的橡树和巨大的七叶树，比起沼泽地里的任何植物，都有两倍大，还有很多长满木瘤的欧洲赤松。

我们去了哈丽雅特·弗雷泽的小修道院，受到了很好的招待。她的儿子查理收集过我所有的评论文章，十四岁的时候，就曾用超8毫米摄像机拍了一部片子，名叫《来自火星的杀人玩意儿》。

这栋房子是爱德华七世风格的，屋里凌乱地挂着些克雷吉·艾奇逊的油画，还有一幅哈丽雅特父亲的画像，看上去有些神经衰弱。据她说，她的父亲是同性恋——这幅画像是由奥利弗·梅塞尔绘制的，效果很好。我给自己家族写的墓志铭把她逗笑了。我以前就觉得公墓实在是太无聊了，每个人的坟墓上都没给出什么信息，那么多史密斯先生或史密斯夫人，谁知道哪个是哪个。

> 哈里·利顿·普托克曾在贝克斯希尔种香豌豆，在加尔各答做过茶叶和木材生意，在盛年到来之前就已逝去。他的太太莫塞尔·鲁本·“小姑娘”·梅在巴黎长大，因为买了香奈儿的裙子，把哈里搞破产了；她曾带着自己的各种纪念品，生活在一个平和而灰暗的小公寓里。伊丽莎白·伊芙琳·普托克，被人称作“永远微笑的贝蒂”，是德里克和盖伊的母亲；她非常善于制作礼服，看上去像是电影明星，还极其讨厌诺斯伍德这个地方。空军准将迈克尔·兰斯洛特·埃尔沃西·贾曼，他深爱着新西兰，是一位轰炸机飞行员，有盗窃癖，曾获得优异飞行十字勋章。他说过：“真遗憾，我们的孩子没能遗传我们的美貌。”兰斯曾在船上做工赚钱，二十八岁时就挣了两百个金币，都装在自己的腰包里。他是“二战”第一批执行轰炸任务的飞行员。此墓地由他们的子女德里克和盖伊安置。

回到圣巴托洛缪医院的时候已经有些晚了。林恩医生来监督X光检查。周四时要再做个手术，安装新的静脉导管。痰液样本是不可能检查出什么的。

～

访客们离开了，他们把晚餐送过来，输液的漫长夜晚开始了。我已经输液多达六次，现在还有两次，包括用于治疗眼花的更昔洛韦。十一点的时候，灯灭了，充满呻吟声的夜晚开始了，护士们时不时来给老人们翻身。

我带着输液架去厕所——自从来到这里以后，我的胃仿佛像是水做的。

八点四十五分时，夜班开始了，护士们开始交换信息。“《蔓生蔷薇》的女主角”开始叫喊：“噢噢噢噢。”

～

上周六的时候，我们早早就去了展望小舍。这里就像旋转木马一样，我们顺着前往斯塔夫克罗苗圃的路绕了很久才到。霍华德在斯塔夫克罗做了好几个小时的陶艺。在莱伊，我买了一只女式浇水壶，用来给绵杉菊浇水，还买了一只用起来力道平衡的泥铲。乔安娜带上野豌豆来到了展望小舍，豆子个头很大，是从那座老旧的救生艇站边上采的。她还带来了诺丁汉捕虫草、麝香锦葵，还有霍华德种的一大堆野生植物。

～

“《蔓生蔷薇》的女主角”叫喊得十分拼命，她用尽全身力气喊着“哦哦哦”。护士说我必须洗头了，我会的。

～

七个人在后院里立起了一块巨大的木头。彼得、卡尔、HB、卢克、霍华德还有其他朋友们几乎挪不动这玩意儿，但最终还是将其立起来了，看上去十分高大。德里克·鲍尔为午餐做了非常美味的鱼汤，他说，我总是来去匆匆——确实如此。

～

“《蔓生蔷薇》的女主角”已经练出了这一套本领：“救我，救我，救我。”在病房里住，真的令人大开眼界。上周我意识到，护士们的耐心真是无穷的。我们聊起艾滋病预防的事情。负责照料我的护士说，意大利的卫生部部长在一次会议上说，同性恋得艾滋病就是活该遭报应，这种做法可解决不了问题。

～

展望小舍的新窗子会花上一笔钱，不过鲁珀特·埃弗里特[1]刚刚花了六千英镑买了我的油画《病态》，这倒是能抵消大部分支出。

1　鲁珀特·埃弗里特（Rupert Everett，1959— ），英国演员，曾主演电影《同窗之爱》。

～

现在的肯特郡风景很美，到处都是绿色植物和遍布花朵的篱笆、野风信子、熊葱、紫色兰花、峨参和高挑的毛蕊花，在我遥远的年轻时代，就是这些花朵装点着原野。

～

在医院等待的时光是如此漫长，很有可能你再也没法离开。比如西蒙·曼斯菲尔德医生——性感的西蒙——他就在这里住了三个月，直到两周前去世。

罗伯特每两天来一次。我们去卡姆登看《蓝》。如今我的人生就像一只脖子上拴了可延长绳索的狗——如果要做的事情太过冒险，就会被主人拉回来。电影里的蓝色看上去有些发灰，柯达公司想让色彩呈现出一致性，却似乎让所有颜色都流失了。最糟的就是结尾时几乎看不清演职员表，而且，这个名单中没有感谢那些可能丢了大理石的实验室。霍华德说，看这部电影是一种令人痛心的体验。当然，由于这电影和我的生活如此接近，我从没这么想过。

我隔壁有一张空床位，弗吉尼亚·博顿利管辖之下的其中一张。上周医院有一张空床位，不过在我们楼上，由于财政拨款减少，那些收不到病人的病房就不会做修整。艾滋病病房本应该在九月动工，但现在什么动静都没有。

～

霍利·约翰逊正在和我通电话，他正在被小报记者围攻。他写了一封极为勇敢的声明，宣称他是艾滋病阳性。我们经常给彼此打电话。我准备画两幅油画——他把新闻头条复印给我了——具体安排就是派卡尔做那些重活。

～

你应该看看雷希尔荒废的厨房：我听说，建造医院的时候，有人把最后一批颜料渣都混在一起，于是配制出了这种死寂的灰色。科尔斯顿病房有米白色墙与灰色的地板。这个地方很破旧，水龙头从来都流不出热水，想要等到热水出来，只怕整个水库都会流干。

～

查尔斯说："护士，护士，护士。"一位护士曾对我坦白说她喜欢照顾那些难搞的病人。"护士，护士，护士。"他接着就陷入了沉寂。

～

我那只纯金的摩凡陀手表记录着时间的流逝。

～

如果把人比作动物，霍华德肯定是一只长颈鹿，当他拍照片的时候，身体总是向右倾斜，好像是个字母T，但少了半个横。霍华德对花很痴迷，由于不得不搬家，现在他正忙着把自己的东西搬到他父母位于唐卡斯特的家——他说话一直带有可爱的约克郡口音。他让我想起弗吉尼亚·伍尔夫，不过霍华德心里没有阴暗的角落。他的照片如同奇迹一般，在每日平凡的时光里凭空出现。

～

过了那么久之后，我又开始感觉疼痛。护士们正在更换警卫，但圣巴托洛缪医院真正需要的是大量的病人，这样，雷希尔建造的医院才能永远被人铭记。

～

每当我逃脱死神的魔爪后，我都疯狂地享受生活，我采取的方式是花大量的钱，导致自己入不敷出——医院的花费已经使我破产。这一次，展望小舍有了新开的窗户、新铺的石子路，修理了邓杰内斯的家具，诗歌、卡尔、衣服，还有我那在夜间闪闪发光的金表。

～

一位医学生来了，他问了我很多问题。对于他的多数问题，我给出的答案都是：不。

～

给盖伊写了封信，让她把“盗窃癖”这个词从墓志铭上去掉——她觉得妈妈不会喜欢这个词的。我觉得她说得对。

~

我在安德鲁斯病房里洗澡，没有肥皂。沐浴，抹上尤妙理乳膏。

~

我在等我的血液测验结果，然后就去凤凰之屋。

~

我正在回想，在重写丢失的日记时，我是在哪个部分偏题了？发生过什么，没发生过什么——其实什么都没有，这些文字和打磨机发出的嗡嗡声一样。病房里没有电视，感谢上帝。HB给我买了一台漂亮的红宝石色的收音机，准备放在邓杰内斯。

~

凤凰之屋门口有一群女学生堵着门，发出一阵吵闹的噪声。我对她们说：“借过，借过。”我想过去，但她们谁也不让开。其中一个女孩说话有点冲：“你应该先收起伞再进屋。”

我喊道：“这就收！”然后我挥舞着伞，洒了她们一身水。

5月13日　星期四

每天都能看到了不起的事情，但是由于我忘记把它们记录下来，这些事也变得平凡无奇了。有一位五十多岁的男士，举止优雅，满头银发，过去几周的时间里我一直在和他聊天——他的身体里有堵塞物，导致他无法进食，我看着他日渐消瘦。今天当我走进盥洗室的时候，他正全身赤裸地在里面站着呢。他很生气：“外面都写着卫生间有人了！”

“对不起，”我说，“但我确实没看见。”他看上去像是那种五〇年代的基安蒂葡萄酒瓶子，上面还沾了蜡。他身上的皮肉打着褶子，松松垮垮地垂下。他身材很高，肤色发粉，瘦得像竹竿，看到他，你会觉得，只要我金表上秒针一动，他整个人就会垮掉。这只表也在记录着我余下的生命。我的体重已经从73.7公斤降到了62.2公斤——这可不是什么健康的征兆。

~

三点钟时，我做了静脉导管植入手术。手术时，我做了个卡夫卡式的噩梦，梦里的我沿着走廊移动，到处都是床和光线。手术医生是斯莱特先生，梦里的他头戴泡泡帽，看上去好像刚从麦加回来。他是个很好的麻醉师，他用我的希克曼导管来输入药物，这样我就不用打针了。一个小时后，我醒了，他们把我推回病房。看上去手术很成功，我明天可以出院了。

~

这一天剩下的时间里都在做梦。爱丽丝护士说，她觉得我现在看起来非常温柔、成熟。

5月14日　星期五

最后一些要做的事情，拍X光、血检、痰检。天哪，要离开医院了，我肯定会很开心的。我很不耐烦地等着HB。等到午餐时分，在和林恩医生一起倒计时之后，我们出院了。我买了些蔬菜，还有些适宜夏天生长的植物种子，准备种在花园里：旱金莲、烟草、紫罗兰。慢慢走回家，我去了无印良品，买了件衬衫，准备去威尼斯的时候穿，还买了些红玫瑰送给HB。

~

雨水敲打着窗户。感谢上帝，我终于逃离了科尔斯顿病房那噩梦般的环境——虽然是噩梦般的环境，却有许多天使在那里。

5月17日　星期一

过了个梦幻般的周末。彼得和HB把那首诗[1]绘在了墙上。我们种下了岩蔷薇、洋蓟、丝兰还有康乃馨，接着，我们给所有植物施上磷肥。

蔬菜园已经长了起来：豌豆、欧亚香花芥，还有菠菜。我们种下两种萝卜——一种长得像卷心菜，另一个品种看上去像是粉色的球体。

～

加里来了，他带来了一块顶级的未经切开的蜂蜜块，里面有十三个蜂后巢室。霍华德拍了照片。蜜蜂们用自己的身体搭成了一座座桥，它们在蜂巢的出口聚集了一个小时之久，好像要飞出来似的。

布赖恩浇筑好了混凝土。我整理出些旧雕塑，准备熔掉做成青铜铸件。我走去海边捡些东西，带回了各种铁棒，准备用来搭建一个新的雕塑。

HB在把诗句绘在墙上的时候很开心。

德里克做了一锅极佳的鱼汤。

彼得·福特牧师打来电话。

5月18日　星期二

今早，我一边画风景画，一边用HB买的收音机听电台节目。

海石竹已经长遍这个花园，两年前我在核电站的另一边买的一株花，如今已经变作数百个含苞欲放的花骨朵儿。

在这里，我忘记了自己的病情。

霍华德把褐尾蛾赶出了花丛。

我们一起去德门特莱奥餐厅吃了顿饭。

1　指约翰·多恩的《日出》一诗。

5月20日　星期四

HB已经出发前往苏格兰，今早我独自一人在这里，身体还很虚弱，有些头晕，不过除此之外，我觉得心情还不错。我最近开始喜欢吃软果糕，一瞬间就能吃掉一大筐，其他的食物吃起来还是有些困难。我感觉有些恶心，每次只吃一点东西就不得不停下。

我戴上表，发现时间停在了凌晨两点。

5月22日　星期六

电话听筒还没放回，我就睡着了。我刚把听筒放回，HB就打电话来了。他很担心我，甚至联系了理查德。可怜的HB，真是受苦了。他似乎又累又难过，我希望他能享受一个安安静静的假期，他只吼了我一小会儿，我将之理解为爱的吼叫。

5月23日　星期日

电话答录机说："下午一点五十一分。"

我从九点起就待在医院，输液、打针、把身体里的钉子和希克曼静脉导管移除、检查眼部和反射神经——这是我做过最全面的整修。我唯一做不到的事情就是把一只脚放在另一只脚前面——我差点摔倒。

答录机说："没有新信息。"

在潘记餐厅吃午饭。自从上周以来，我重了1.4公斤——这倒是让我挺吃惊的，尽管我还在喝营养强化饮料，但吃东西很难。今天还没有令人不快的遭遇，不过我觉得自己可能需要拿着拐杖把粗心大意的行人赶开，吓唬那些撞到我的人。

5 月 24 日　星期一

福特牧师来家里喝茶。为了能让我葬在老罗姆尼，他费了好大劲。那里的居民对此很不高兴。福特牧师给我看了一段宗教节目电视纪录片，他们在节目里说的话再次证明了，他们不欢迎我葬在那里。不过他还是解决了这个问题，但有三个条件：其中一个条件是，不可以有其他人再被葬在那里——这就很麻烦了，毕竟HB将来要和我埋在一起。费了这么大劲，最终我们又回到了原点。我想，要不我干脆埋在莱德这种人口过剩的鬼地方好了，至少，在那里人人都会受到欢迎。我觉得自己没法应付那些要带入死亡之境的问题，我也不希望自己的朋友们在来墓地看我时，必须经受墓园看门人的责难，毕竟这些家伙不喜欢墓园的“外来者”。我可不希望与这种不悦之事作伴。

七年的良好关系，到头来却只得到些无用的安慰，这感觉真奇怪，现代自然。啊，看来毕竟不能遂人愿——忘掉那棵紫杉树吧。

我打电话给西普威的哈里斯夫人，问她能不能让我葬在花园里。

～

马克·布斯来了，我们煮了多佛鳎目鱼。他很喜欢那本颜色小书，说这本书一笔都不用改。我又找了些关于颜色的诗歌，加到书里面，但丁写的关于棕色的句子，还有老埃兹拉·庞德，他用一个字就能形容一切。

5 月 26 日　星期三

HB动身去伦敦了。霍华德在四点钟时来到家里，狂风四起。我们七点钟启程去法国。现在正在多佛等着坐气垫船。我对霍华德说，气垫船总是会翻，吓了他一跳。这倒不是开玩笑，我建议他——出于延长痛苦的时间的目的——在跨越冰冷的海峡时，穿上救生衣。

我们谈起肯特郡这个美食的荒漠，这里的人总是把鱼肉裹上面糊油炸，好像把鱼装进棺材一样。还有干瘪的炸虾、湿软的大虾冷盘、口味极差的巧克力蛋糕、刚解冻的千层面、晾了三个小时的冰激凌、热缩塑料包装的农夫午餐，上面放了橡胶一般的切达奶酪，谁都不会吃这种玩意儿。每个酒吧的招牌上都写着“此处有酒吧美食”，每当看到这种“酒吧美食”的招牌，我的心就猛地一沉。

在这个多风的日子，我们出发去度假，由于我的病情，这次假期被耽搁了无数次。这艘气垫船名叫“玛格丽特公主号”，感觉这艘船是通过烧杜松子酒来运行的。气垫船真是个笨重的玩意儿，像是只大黑甲虫，让人觉得这东西飞不起来，似乎属于另一个年代的科技，比如玛格丽特公主的时代。我想，和气垫船一样，她身上穿的应该也是橡胶制的裙子。

霍华德沿着漫长而笔直的诺曼大道开车，穿过路边散布着的灰暗而了无生气的村庄，爬上山，开进山谷。这些小村看上去实用气息浓厚，十分阴沉，毫无令人兴奋之处，没什么色彩，满是灰尘。我俩都觉得，比起这里，肯特郡要更加宜人。法国人似乎不怎么在乎房屋的外部装饰。

在道路尽头，我们抵达了韦尔农镇，这里离吉维尼[1]很近，风景不错。我们漫步到莫奈的花园，你肯定能想象这里是什么样。这个小镇上的好餐馆比整个伦敦都多。奶酪铺、肉店。这里的糕点店足以让贝尔托饼屋自惭形秽，还有葡萄酒和苹果酒。我从没见过这么充裕的物资，随便一家店都比英国的同类店面存货更丰富，有黄油、鲜奶霜、酸奶。

我们酒店的房间看上去像是印度的雨林，色调是令人不悦的棕色。霍华德去镇子里逛，从前小镇整洁得像百货商场，现在却变成了足球场。街上挤满了成千上万吵闹的男孩。我在车上睡着了。

1　吉维尼（Giverny）是法国厄尔省的一个市镇，因莫奈的故居及唯美的莫奈花园坐落于此而享誉全球。

5月27日　星期四

八点十五分——美丽的日出。“无腿先生”吃完法棍和奶咖当早餐之后，坐在车里。霍华德给他父亲打电话，今天是他爸的六十一岁生日。接着，他打给HB，保证说我们一定会平安无事。

～

有几个姑娘从福南梅森百货走到街上，还有些穿着褪色牛仔裤、紧身短夹克，挎着健身包的小帅哥。这几个小帅哥都挺好看的，并且对自己的外貌有着清醒的认识——他们还在抽烟，这样的行为在英国越来越少见了。

～

八点半时，我们敲了莫奈故居的门。短暂地喧闹过后，我看见他们拿的纸上写着“贾曼先生，大使”。我们穿过大厅，接下来的一个小时内，这里除了有二十几个身穿蓝色外套的园丁在整理成千上万的花朵，就只剩我们俩。

吉维尼的花园具有爱德华七世时代的风格，这里有栅栏，还有碎石铺成的小道，高大的花架上，玫瑰长得极为茂盛。这是全世界最杂乱、最生机勃勃的花园，其细微之处，唯有莫奈的画作才能描绘出来。尽管桥上白色的紫藤花已经快要凋谢，百合还未长出，花园的主体部分依然长满了鸢尾花、牡丹、沾着露水的玫瑰、大朵的雪莉罂粟和各种“不同”颜色的矢车菊——有些有条纹，有些则是纯黑的。堇菜花在花圃里开得到处都是，两座大花坛里开满了天竺葵。

这座花园令人愉悦，如同多彩的万花筒，绿叶当然也很重要。但只论花朵的话，我还从未见过哪座园子有这么多花。

莫奈的餐厅和展望小舍的颜色一样，都漆成了黄色，这让我很开心。

吉维尼与荒凉的邓杰内斯恰好形成对比：丰饶、水灵，白杨树为这座城遮挡阳光。我想，任何植物都能在这里旺盛生长。人人见了我都说

“Bonjour, M. l’ambassadeur”[1]，而我作为“大使先生”，总是戴着亮红色的帽子和猫头鹰似的眼镜，拄着拐杖，沿着大街蹒跚而行。游客们身穿难看的亮色帽衫——艳橙、绿、紫色——逐渐抵达这里，这完全打乱了莫奈油画中的色彩搭配。我觉得，应该对他们进行着装要求。不知道是不是只有我注意到了这一点。

回到韦尔农镇，喝了鲜榨柠檬汁、咖啡，吃了两份美味的糕点。

霍华德很开心，他找到一本《法国植物指南》，这上面列出了沙特尔附近的许多苗圃。

霍华德进了一家银行，随后就消失了。正当我准备放弃寻找他时，他却出现了。我能察觉到他的脚步声。

霍华德说，他在一本法国杂志上看见一座盖伊·瑟奇的花园，瑟奇总是把美好的东西毁掉。她的园艺技巧师承自森宝利超市的前院，她最善于糟蹋草坪。

～

沙特尔原来是个令人生畏的地方，不好玩，整座城市和里面的大教堂一样阴郁，教堂有着巨大的蓝色窗户。我们为HB点了一根大蜡烛，在城里跌跌撞撞地走，想要找家酒店，我们花了将近半个小时，终于决定出发去枫丹白露——这里的午餐还不如昨天路边的咖啡店。我在一家二手商店里买了顶极好的帽子，只花了六英镑。

～

霍华德很喜欢“傲慢的库彻尔”苗圃。我们偷摘了两棵长生花，还买了些蔬菜种子。

～

从沙特尔去埃坦普的路平摊得如同法式煎饼，毫无起伏。埃坦普只有一家酒店，闻起来像是陈旧的烟草，看上去好像从未打扫过。这里有一

1 法语，意为“你好，大使先生”。

只毛发蓬松的丑陋贵宾犬对着我们狂吠，害得我们消化不良。我对霍华德说："咱们把这狗带去卫生间，冲进马桶好了，要是它还敢挺着那只棕色鼻子游上来，那就再冲一次。"

雨水落下，由于没有床可以休息，也没早餐可以吃，我们十分惆怅。

～

在米利拉福雷，我们突然意识到，让·科克托曾居于此、葬于此。这座城市很漂亮，科克托的故居也很美，街道空空荡荡，很奇妙。这里的酒店干净而安静，价格也不贵——我们从广场对面买了法棍当作早餐，他们给我们做了两大杯牛奶咖啡。这座广场上有一栋极美的市场建筑，仿佛没有墙壁的木质谷仓。昨晚，这里全是出售廉价衣物和橄榄的小摊位。

我照例早早休息。霍华德去附近的城堡看燕子在黄昏的天色中绕圈飞行，一只大狗想要抓住它们。

～

十点半，太阳从云层中现身。天气寒冷，我真庆幸自己带了厚外套。穿上衣服，戴上厚围巾，还是觉得有点冷。我的腿部略微强健了一点，虽然今天还是有点蹒跚，但已经不再需要拐杖，力量正渐渐增长。下车的第一步是摇下车窗，这对我来说是个苦差事。霍华德和我已经形成了默契——他下车拍照，我在车上写日记。

～

辛普莱斯的圣布莱斯小教堂的装修是由科克托设计的，非常美丽。他的坟冢就坐落于教堂正中，样貌十分简洁。在四周的墙上挂着些植物的油画，还有几扇漂亮的彩绘玻璃窗。基督受难像以三角的形式悬在圣坛上方。这里四下无人，非常安静。我摘了一朵漂亮的粉色牡丹，放在了科克托的坟墓上。我觉得这朵花和坟墓粗糙的石料相得益彰。

科克托是一位优秀的艺术家。他着手做什么，什么就像诗歌一样美，比如这座小教堂就可以提振人们的精神。而沙特尔这块地方，只能摧残人们的精神。总的来说，我想我这个人终归是属于小地方的。

当我离去的时候，我感觉法国人极其尊崇他们的艺术家。这里没有那种负责剪草坪的教堂执事。你能想象米利拉福德的居民会反对科克托埋在这里吗？哎，英国人真可鄙。

～

八点钟时，在米利拉福德的街上，人人都拿着一束花，其中包括老太太、工人，还有我。

～

没想到，枫丹白露镇的旅店竟然和假日酒店一样，不用多少钱就能过夜。枫丹白露宫殿和温莎城堡一样丑陋，很不幸，竟然还没被烧毁。我们接着前往桑斯。这次旅程，我们遵循着“不喜则弃”的原则。穿过埃坦普的克莱普伊，我们到了福雷桑安德。一路上都是无尽的单调景色，霍华德觉得我们仿佛身处明尼阿波利斯。

我们看到“Brocante”[1]的招牌后，来到了一处作为交通枢纽的小村，这个地方叫塞纳河畔瓦雷讷，村里的房子都搭着条纹图案的棚子。

很高兴能继续上路赶往桑斯。路上的地貌渐渐开始变化，田野的风光逐渐明晰，一望无垠。我们走在辅路上，霍华德在一处二十码的花田里发现了至少五个不同品种的兰花，有紫色的，还有两种白色的，长着长长的舌状花蕊。

～

我们到了韦兹莱，原来这里才是世上最美的小镇，此处有无尽的山谷笼罩在迷雾中，木材烟尘的气息飘在其中。那座修道院带有罗马式的三角顶饰，几乎空无一人，十分安静——能让人眼前浮现当年巴斯伯爵夫人朝圣、屈膝跪倒时的场景。贝克特曾在这里祈祷。地下墓室里有一小部分抹大拉的马利亚的遗骨，装在整洁的金质圣物箱里。

又为HB点了一根蜡烛，然后我们就继续出发。太阳出来了。

1 法语，意为旧货市场。

～

我们来到了欧坦，这里有一处魔鬼的三角顶饰，其细节之处颇有古典气息。这座镇子还挺大。我们现在正前往龙尚——去看龙尚圣母院。田野上到处都是肥壮的夏洛莱牛，有着亚麻色的毛发。

～

一点钟，鸣蝉。我们把车停在路边，想找些兰花，但不太走运。我快饿死了，所以心里并不希望霍华德有任何意外发现。

吃完午饭，接着去博讷，路上经过了一百个16C级岩洞。对德里克·鲍尔而言，岩洞是最好的住宿地点："鲍尔先生在哪里？""他在16C级岩洞里呢。"[1]他如果住进了岩洞，只怕要待上一千年才肯出来。

～

经过博讷之后，地形又变得像煎饼一样平坦。霍华德说，所有景色中最有趣的部分就是那些绵延不断的白线。我们在六点时抵达龙尚。这里所有的酒店都住满了足球迷，各家酒店都让我们失望了。拉着行李箱的足球迷随处可见。我坐在车里，霍华德已经在一家酒店的大堂里待了五分钟了，肯定发生了什么事。这会是个好兆头吗？

～

我们又上路了，普利斯夫人指引我们去韦兹莱的太阳酒店。这家酒店有一间巨大的餐厅，盖着白布的桌子上摆着数不清的牛角面包，却无人在此住宿。这里有个小伙子长得很像在贝尔托饼屋工作的服务生，他带着一本《大象》杂志，边吃早餐边看。

酒店里没有热水，对我来说，这比找不到兰花更加严重。而且，让霍华德十分恐惧的事情发生了，在黑暗中蹒跚的时候，我大便失禁，拉在了浴盆里。

～

1　对话原文为法语。

来到龙尚——龙尚圣母院是一座灰白相间的混凝土建筑，上面装点着百叶窗、采光井，还有暗窗，看上去好像一顶大帽子——这是我们见过的最美的建筑。说真的，我觉得这可能是全世界最美的建筑。这座教堂在对光线的利用上堪与先贤祠或托尔切洛岛上的建筑媲美，而教堂上雪白的窗子又颇有现代风格。侧面的小教堂将日光过滤，营造出无与伦比的静谧感。几个世纪的阳光仿佛被吞进这里，和沙特尔那忧郁的蓝色交织在一起。飞扬而起的拱璧将这光线囚禁在室内，这被描述为一种“解放”——哥特式建筑中安装的人工呼吸器。

～

来了一家吵闹的游客，其中有个男子留着法式短胡子——看到他，你就能设想出他那些肮脏而吵闹的孩子们留着胡子是什么样。

～

最后一晚，我们住在肖蒙的终点旅馆，又是一家铁路酒店，这家的独特之处在于巨大的黑色大理石浴室以及一间同样巨大而空旷的餐厅，里面有六位女服务员以及一位主管，人人都打扮得无懈可击。霍华德说：“这是戴高乐将军的乐园。”他说得没错，科隆贝双教堂村就在前方。今天是周一公休日，这个早晨非常安静。没有车，没有人，天气寒冷而多云。这样的天气已经伴随了我们一周之久。霍华德一直在往西开，他的理由是：“途经巴黎的路上风景更好。”其实，他主要是为了去拜访几处苗圃。他在路上买了十三种不同的酿酒用的苹果，还顺便回到了韦兹莱去看那些蜂兰。因此，就为了他的一己私欲，我们必须得开上两个小时来偷摘些长在篱笆墙外的植物，再将之重新种在克拉珀姆。

我们走在一条笔直而漫长的路上，霍华德发现了许多蜂兰，他拿出那把罪恶的铲子，开始偷挖植物。随着时间的流逝，那个遵纪守法的霍华德已经消失不见，取而代之的是他的第二重“真实”人格——爱好园艺的化身博士，身披斗篷，手执尖刀。一旦听闻他的大名，整个法国的每一株兰花都瑟瑟发抖。他的身体仿佛被凯尔特神话中掌管植物的女神苏利附体，令人想象到B级片中夏季祭典的场景：用于献祭的处女，头戴紫色兰花编织而成的冠冕。我们的那辆大众轿车被他称为“用来逃跑的车”。

～

法国人要么魅力十足，要么谎话连篇，在餐厅工作的人尤其如此。拉昂的餐馆里有一位女士宣称他们要去参加聚会，随即便开心地把菜单从墙上取下，停止营业。这倒也没关系，但公休日期间，所有行业都不工作了，连喝杯啤酒都不可能。比起昨天那位敲竹杠的说德语的女人，今天的这位女士更加烦人。如果他们无意帮忙，他们就会故意语中带刺。我们总算在一家糕点店里买到一块蛋糕，吃午饭就别想了。我们决定坚定不移地往前走，在六点钟时到了布洛涅，但那里的人告诉我们要等到次日早晨。我们决定前往加莱，在那里，我们立刻就坐上了气垫船，这次的船名为“安妮公主号”。

霍华德说：“这船不会沉的。”

海上刮着大风。九点时，我们回到了展望小舍。在肯特郡，一英里路面上的坑洼比整个法国的加起来都多。

六月

6月1日　星期二

早早起床，这是个温暖而美丽的日子，我们在新开垦的苗圃里种上从法国带来的植物：蒲公英、黑萝卜、蒜叶婆罗门参以及其他异国品种。五月的风把花园摧残得很严重，有一株毛地黄被吹倒在地，虞美人看上去也萎靡不振。不过，即便如此，花园看上去仍然比我记忆里更美。鼠尾草上满是饥饿的大黄蜂，虞美人则被蜜蜂压弯了腰。

前门的门阶和石子路都已经修好。我收到了一张一千七百英镑的支票——谢天谢地，为了这些改建项目，我已经入不敷出了。

6月3日　星期四

克里斯托弗·劳埃德写了一篇关于展望小舍的文章，登在了《乡村生活》杂志上。他拍的照片让我的房子看上去像是丛林建筑，颇有异国气息。这篇文章描述准确，信息丰富。他推荐种植刺芹——我曾经种过，但没成功。也许我应该再试一次。

～

我的双腿极度虚弱，比起过去，如今的我只剩下筋疲力尽的躯壳，身体的力量在不断流失。我步履蹒跚地下楼，然后又强撑着登上台阶。颠茄素的药效开始发作了，用不了多久，我就会失去阅读能力。又过了一天。

6月4日　星期五

今天感觉好多了，我虚弱的双腿恢复了一点力量。吃了点樱桃当早餐。HB对我搂搂抱抱。

我坐在这里度过这个早晨，在我的心中，又浮现出法国遍布鲜花的原野。雏菊、山萝卜，以及能想象到的每一种夏花。但这里已经不再有那样的美景，田野的角落里只有几朵毛茛花。

6月5日　星期六

HB和我在汉普斯特德为亚历克西斯·比斯蒂卡斯拍摄了毕业影片。丹尼·马格特也在那里，他送我去圣巴托洛缪医院输液，随后把我送回家。亚历克西斯已经生了病，他的心情极差，无比哀伤。康尼说，他仿佛变成了小孩，如今他的母亲和姐姐总是陪着他。当我们终于可以离开时，纷纷和他拥抱，泪流满面，心里松了一大口气。HB吹起了萨克斯，错过了他本该坐的大巴车，只好坐火车去了纽卡斯尔。

这周发生了许多悲伤的事情——伯纳德·西蒙斯在马德里的一家酒店里由于心脏病发，突然去世，年仅五十二岁。电影人斯图尔特·马歇尔坐飞机从美国回来后，由于心脏和肝脏衰竭，病发死亡。他之前就是因为在某栋墨西哥楼房里病倒了，才被送往美国接受替代疗法的。邓肯·坎贝尔一直在批评替代疗法，而斯图尔特正是他攻击的对象之一。邓肯经营着“积极健康”公司，这家企业的主要贡献就是让更多人关注齐多夫定的问题。从他们开始大规模使用齐多夫定来治疗艾滋病人起，争议就一直不断，其毒性与剂量都存在问题。在这种药物的毒害下，还会发生成千上万的悲剧。我不反对替代疗法，但如果问题严重时，我还是会选用传统方式来治病。斯图尔特很聪明，把自己的生活安排得很好，却识别不出江湖郎中的手段。

～

大卫是住我隔壁的邻居，他的膝盖疼痛，去医院检查后却发现得了癌症。他明天要去做个透视检查。

再美的风景也会被病痛终结，全世界似乎都要踏进坟墓，但这也太快了。这个进程应该在十年之后开始才对，但事实上，十年前，世界的毁灭就开始了，现在还远没有结束。我想，如今发生的事情是否还会有人记得？也许不会，毕竟，比起人类经受过的其他苦难，这些并不算严重。霍乱或十九世纪流行的其他瘟疫，如今只会在医学教科书里出现了。

～

朱利安和尼克把我送到展望小舍。花园里有着亮蓝色的鼠尾草，看上去从未如此美丽。高大的海甘蓝、蓝色的矢车菊、无处不在的虞美人——都沐浴在粉色丁香的芬芳气息里。我给一些低垂着头的植物浇水——新种下的吊钟海棠、苴苕和一株玫瑰。

德里克·鲍尔答应给我们做晚餐，但等到十点时，我们放弃了，决定就在这里吃饭。沙拉里加了萝卜和欧亚香花芥。

6月6日　星期日

这是个美丽、宁静而晴朗的早晨。花园的情况很好，数不清的虞美人在盛放，草地婆罗门菊不知从什么地方钻了出来，开出紫色的星状花朵，有些花已经开始凋谢。在厨房窗户外面，紫色的玫瑰也开了花，一个月前种下的贝壳粉色的玫瑰也是如此。

～

在德里克·鲍尔家吃了顿美味的午餐——炖鱼配白葡萄酒。我们八个人都坐在室外。太阳从晴空中把阳光洒在我们身上，站在英吉利海峡边，依稀可以看见对岸的法国。

6月16日　星期三

今天，我觉得自己好极了。明天我会不会死掉？就像上周，我在热浪中一睡就是一两天。

天气凉爽，明亮的日光照耀在街道上，有种奇怪的宁静感，仿佛我们生活的世界只是一场幻觉。我在夏洛特街上的一间希腊咖啡厅吃了午饭，买了些颜料和一本黑色日记簿。

HB把厨房的东西收拾好，他说，HB家的人都是爱吵闹的生物。

接受了《每日电讯报》一场漫长的采访。

6月22日　星期二

上周五我们曾来过邓杰内斯。当时天气寒冷，所以我把屋子封了起来，没有理会花园，争取在周六的下午茶时间之前写完颜色小书。目前的进度距离完成已经不远，比我想象的要快。

我的身体继续恶化，日记会由于嗜睡症的缘故而中断。这个病症害得我昨天一直赖在椅子上起不来，什么也做不了，只能吃HB带给我的樱桃。我已经变得为食物而痴狂。我吃了大量的糖，所以体重也开始增加。现在已经不喝茶、不吃肉，除了早餐喝燕麦粥、吃葡萄柚以外，我已经不再吃正餐。今早我吃了一片吐司，不然的话，十点钟之前又会昏昏沉沉了。

～

今天是婚礼的日子，我必须睁大眼睛，克服困意。

斯文在花园里努力劳作，还擦了地。屋里的地面看上去很不错。

～

四点钟，艾玛和安娜来参加她们的婚礼了。太让人激动了。她们织了些漂亮的花饰头冠。我们走去海边，在那里，我为她俩主持婚礼。典礼过程中伴随着诗歌与简短的演讲，没过多久就结束了。由于海水拍击产生的噪声，我们得提高嗓门说话。她们交换了金戒指，随后我们大吃了一顿烤肉，喝了不少香槟，在烟花中结束了这一天。我知道安娜和艾玛决定结婚是件很重要的事，女同性恋和男同性恋之间没必要为难彼此。

～

九点半时，我必须上床休息。后来听霍华德说，直到凌晨一点时，大家才离开。他说，这是他参加过的最好的婚礼。和大家想的一样，这是件令人喜悦的事。

6月23日　星期三

霍华德和我穿过整个国家，前往汉普郡莫茨福特的玫瑰园。经过漫长的车程，我们在四点半时抵达那里。这座花园令人有些失望，但这里的玫瑰却美得惊人。在参观亨利国王的猎人小屋时，我经过一扇低矮的小门，磕到了脑袋，随后我们启程回到凤凰之屋。

6月25日　星期五

回到圣巴托洛缪医院，做了X光检查。我可能得了MAI（鸟型分支杆菌细胞内感染），甚至可能有点偏向肺结核。我必须得给我的肝部做活组织检查，看看有没有酶流失，情况确实在恶化。现在是十一点钟，我正坐在这里候诊。死的时候身边有无数的设备，这样的结局真是奇怪。有大型冷藏机、氧气管、液氮、监测仪、高级强心剂生命维持系统、陪同人员、必妥碘、上千个注射器，还有一棵大叶植物。

查尔斯护士消失了，我孤身一人。也许我应该趁他们还没拿来新药，赶紧让自己的心跳停止。细菌。

6月26日　星期六

我睡了一整天，没什么精神，连吃一碗樱桃的兴趣都没有。

经过数月结果未明的运作，《窄房间》的项目还是搁浅了。大卫·奥金拒绝让HB饰演“渲染者”这个角色，虽然HB愿意做出牺牲，但我不忍心让别人代替他。一个项目竟会以这样的方式失败，真是奇怪。我知道HB一定会成为这部电影里最大的闪光点，史蒂夫·克拉克-霍尔想要去英国广播公司碰碰运气。

HB做了意面当晚餐，非常好吃。接着，我们和小桃去影院看了一部恐怖片。

6月28日　星期一

天气晴朗，阳光明媚，我在人行道上跟着自己的影子走。桑迪·布劳顿死了，年仅四十八岁。我在报纸上看到了她的讣告。——死亡，这是个无影无形的状态。《独立报》报道了这个悲伤的消息。桑迪是一位极其和善可亲的艺术品管理人，温暖而包容。我真的不知道该怎么办。我的邻居大卫准备做左腿截肢手术，我的朋友——年轻的音乐人斯巴德得了睾丸癌，而我得了“腿软症”。

当我走进商店买奶酪和黄油时，我发现自己仿佛在和桑迪谈话。

七月

7 月 1 日　星期四

一大片虞美人。太阳已经升起，尼克和朱利安在花园里劳作，松土除草。

7 月 3 日　星期六

我睡了一整天。理查德来家里吃晚餐，他对我说，不要向运动失调症屈服。

7 月 4 日　星期日

我来到圣巴托洛缪医院。等着输液。做了个怪梦，这个梦像条㹴犬一样紧咬着我。

《窄房间》永远也别想拍成了，BBC没钱。

BBC正在广播一场糟糕的宗教典礼，只听见无数愚蠢的颂歌和更加愚蠢的所谓上帝之音。

天气极热，输液用了好几个小时。最后，我干脆在“电视间”里看《仁心与冠冕》，恐怕得很晚才能回家了。我现在连爬进出租车都难如登天。所有的设备对我来说都不适用。走路就是一场可怕的噩梦。

7月6日　星期二

我的生活又步履蹒跚地走进新的一天。

我坐了好几个小时，等着打针，这是条昏暗的过道，荧光灯透过半透明的塑料闪着微光。其他病人坐在轮椅上，身体都是奇形怪状的。无尽的等待。我开始犯困。有人推着一个躺在床上的男孩从我身边走过，脸蛋漂亮得像去过美容院。这小伙子已经神志不清，护士站在那里抚弄着他的头发。

医院的员工东奔西走，保持着一种极高的工作效率。他们仿佛能从过道的一边跳到另一边。除了医护人员以外，其他所有人都几乎静止不动。我从未见过这样的废人集会，每个人都坐在椅子里，东倒西歪。终于，感谢上帝，在压抑的情绪吞噬我之前，他们终于喊到了我的名字。医生给我身上涂满了凝胶，把我推进了一个吹风机似的仪器里。

和我们这些病人一样，圣巴托洛缪医院的员工们也对博顿利女士的愚蠢行为疑惑不解。简单来说，没人知道到底发生了什么。在坐出租车去贝里克街的路上，一谈起关闭圣巴托洛缪医院的事，司机就非常激动，不停地批评皇室成员，疯狂的伊丽莎白女王最近花了一百五十万英镑为她母亲建了一座纪念拱门，这扇门可没法通往任何地方。王太后的拱门丑得让人窒息，看上去像是乡下戏剧舞台上摆放的道具，穿过这扇门就能见到丑陋的修女们了。在揭幕的时候，女王拉动绳索，让世人见到了这如同一条粉色灯笼裤似的建筑。

~

午夜时分，我在汉普斯特德拦下一辆出租车，让司机带我去樱草花山附近的剑桥圆环。他问："你知道大概需要多少车费吗？"

"大约九英镑，我经常走这个路线。"

"你能不能别挠痒痒了，这让我有点紧张。"

"抱歉，但是我得了湿疹。"

"我可不希望后座沾满了你的皮屑。"

"你对每个乘客都是这种态度吗？"

"对于乘客，再小心也不为过。"

"这应该是你职业风险的一部分。坐你车的人中可能会有圣人，也可能会有罪人。而我就是个圣人。"

后来朱利安说："你总是挠头皮，身上又穿得破破烂烂，他可能以为你是个流浪汉呢。"这句话让我思考了一小会儿。

7月9日　星期五

出席了一场毕业典礼，英国皇家艺术学院将我任命为荣誉研究员。

十点钟的时候，我和其他的研究员一同抵达，其中包括雅克·朗、三宅一生[1]、罗伊·利希滕斯坦[2]、阿尔贝托·阿莱西[3]。我走到雅克·朗身边，误把他认成了阿莱西，我对他说："我收藏过一只你设计的茶壶。"这话吓了他一跳，他肯定以为我疯了。

这场活动还挺壮观——所有毕业生都身穿黑白红三色学士服，我们则

1　三宅一生（Issey Miyake，1938—　），日本时尚设计师，他以极富工艺创新的服饰设计、展览及香水闻名于世。

2　罗伊·利希滕斯坦（Roy Lichtenstein，1923—1997），美国著名波普艺术家。

3　阿尔贝托·阿莱西（Alberto Alessi，1946—　），意大利企业家、设计师，曾任全球知名家居用品制造商艾烈希的总裁。

穿着多种颜色的袍子，头戴天鹅绒的大帽子，旁边饰有金色流苏。到处都有身穿袍子的人，格雷·高里也穿着一件看上去像是廉价晚礼服的长袍。

典礼持续了几个小时。我快热死了，不得不脱掉长袍来降温。身边的年轻学生们想要帮我重新套上外套，结果在小号手奏乐的时候引起了别人的注意。

当他们喊出我们的名字时，一位庄严肃穆的矮小男子手执银杖，领着我们到前方，听着台上演讲者用“幽默”的方式向观众讲述我们的成就。我们必须脱帽向观众席致意，我可以很高兴地说，这些观众也用热烈的掌声和温厚的态度来回应。管风琴发出巨响，典礼很快就完成了，一切都已结束。

我们去马路对面皇家艺术学院的公共休息室。我没觉得有什么不一样，街上没有人向我脱帽致敬。我本以为这些艺术生都会颤抖着跪在地上表现出阿谀奉承的样子。但这种事并未发生。值得吗?

7月12日　星期一

山羊皮乐队（Suede）的义演举办后好评如潮。看来，我对不同年代艺术家的作品都感兴趣。苏西[1]唱了《卡罗琳说》，克里西·海特[2]唱了《口袋里的铜管乐》。虽然天气很热，这些歌并不让人觉得吵。我想，这大概就是流行乐演唱会的精髓所在吧——大汗淋漓。山羊皮乐队的小伙子们带着特有的派头登台表演，看上去好像刚从卡里加利博士的小屋[3]里爬出来似的。今晚，每个人看上去都很开心。

1 指苏西·苏（Siouxsie Sioux，1957—　），英国歌手，摇滚乐队苏西和女妖（Siouxsie and the Banshees）的成员之一。

2 克里西·海特（Chrissie Hynde，1951—　），美国歌手、音乐创作人，也是伪装者合唱团（The Pretenders）的主唱兼吉他手。

3 《卡里加利博士的小屋》是一部由罗伯特·维内执导的德国无声恐怖电影。

7月19日 星期一

我又回到了圣巴托洛缪医院的安德鲁斯病房。这是我第三次肺炎发作了。见了鬼了！HB上周在罗马就发现了这一症状。周五早上，当我在和某个意大利组织做访谈的时候感觉喘不过气来，那时，他就说我们应该回家。今天下午的某个时候，我们像往常一样爬进出租车，但我却眼前一黑，晕倒了。四个小时后，当我再次睁眼时，已经躺在了安德鲁斯病房里。坐飞机和出租车的事情，我都全然想不起来。HB说，回来的路上发生了许多喧闹和恐怖的事情——我的肠胃不受控制，在飞机上失禁了。最有趣的事情就是——这件事让HB觉得很好笑——坐在我们前面的几个雅皮士青年正在点香槟，他们被恶心到了，便问道："空乘，请问这股难闻的味道是从哪儿来的？"谁也不肯说，这气味的来源就是我这颗屎弹。

～

罗马之旅大获全胜。他们安排我们住进论坛酒店，那里风景绝佳，早餐格外美味。我的油画正在当地的几家画廊里展览，这些建筑完美无缺。这样的展览环境是最好、也是最和谐的。两个漂亮的白色房间里挂着巨幅油画，卡尔亲自把这些作品以极美的方式挂在了墙上。

这里的食物和以往一样精致。侍者们也很和善，有一盘盘的莙荙菜和海鲜、烤得极好的面包和面包卷——内里松软、外皮酥脆，难以置信地美味——还有小瓶装的苏瓦韦白葡萄酒和费雷利矿泉水。

7月26日 星期一

又是欢乐和疾病共存的一周。如今我的情况不太好，肺炎使我必须持续吸氧。我做了些噩梦，梦中坏事发生了。虽然我知道这些事不会*真的*发生。这些梦总是发生在清晨，令人感觉无比真实。我不停地挣扎，心想，如果我把自己弄醒，就可以把这些虚妄的梦境赶走，但即便是在下午醒来，我还是觉得这些事真的发生了。有时，睡眠会把我拖进一团乱麻之中。如果这一切都没发生，该有多好？

7月28日　星期三

我在安德鲁斯病房已经待了将近两星期，一边听着珍妮推着飕飕作响的吸尘器在过道里走来走去，一边做各种体检。平钦教授前几天正在科西嘉岛度假，他来医院看望我了。林恩医生去了丹麦，玛丽护士去了马略卡岛。而我则极其虚弱，只能躺在这里，最远只能蹒跚着走到厨房。

7月29日　星期四

身体依然病弱，但是总算出院了。巨细胞病毒已经感染了我的左眼，所以我又开始接受“引导”疗法。他们说，下周会重新修复我的视网膜。听上去好像很简单，但我才是那个任人摆布的小白鼠。我试图假装一切还正常，这样能让我坚持下去，但是情况正急剧恶化。

HB每天给我输两次液，吃的药如流水一般，我在疾病的海洋中沉沦，站都站不起来。社区的护士和理疗医师都来了。我能透过眼前黑色的迷雾看到他们。

～

我希望自己能记录些积极向上的事，但是，除了我的朋友萨拉和HB在身边无时无刻地照顾我以外，还有什么？我瘫倒在椅子上，动也不能动。

7月30日　星期五

不安的夜晚，我在凌晨四点突然醒来，浑身是汗。接下来的半小时里，HB帮我铺床，我又冷又怕。他意识到，我控制不了这种情绪。

我们在八点钟开始吃药、输液。不知怎的，我睡不着，只好糊里糊涂地醒着。等我穿好衣服时，已经是十一点半了。

~

肯来到这里吃午饭，他正在BBC上一门导演训练课。我肯定和他说了一些话，却怎么也想不起来，多半是些八卦。

~

HB和小桃·明内利去了潘记餐厅，他们吃了一盘风干香肠。接着，我们去了贝尔托饼屋。现在我独自待在凤凰之屋，坐在大椅子上，记录着无法记述的事情。

~

由于护士担心我会摔倒，HB为我的手杖买了一只新的橡胶防滑套。我拿上拐杖出门，四处挥舞以便让行人和我保持距离。我无法呼吸，虚弱得像一块洗碗布。但还是有一个观光客把我撞倒了。这是什么样的“生活”啊。不知道我们做了什么才会遭此报应。

HB说我非常坚强，比起安德鲁斯病房里那些垂死的小伙子，我看上去要强健得多。

~

真好：今天不用检测血液、血压。我可怜的身体啊，如此脆弱。

~

六点钟，我在电视上看了《禁忌星球》，这是一部怪异的莎士比亚式科幻电影。世界末日来临之际，女人格外倒霉。在电影里，她们总是穿着奇装异服，看上去非常性感，却没有性爱场面——毕竟外太空太冷了。

~

这是个充满感官的世界，夏天冰冷的风吹拂着我的脸。如今早晨的天气变得越发让人捉摸不透。不过，我还能在卡米萨杂货铺买一份火腿面包卷，再去贝尔托饼屋把它吃掉——它们的牛角面包口感太过浓重。

~

《窄房间》项目被取消的时候，我花了好几天才意识到自己可能会破产。没有收入，欠了房租，身体病重，只能坐在椅子里度日，连看书也做不到。我只有些油画，HB帮我付账。我填了一张表，说明我已经身患绝症，这样每周都可以领到七十英镑的救济金。

八月

8月4日　星期三

我和奈杰尔·芬奇会面，他在剧场工作。接着，霍华德和我开车去了邓杰内斯。我们在路上遭遇了交通堵塞，有一辆半挂式大卡车在拐弯时发生弯折，堵住了道路。今天很冷，咆哮着的大风让我只敢待在里屋，听着加文·布莱亚的那首《泰坦尼克号沉没》，停不下来。我勇敢地面对外面的天气，在花园里劳作了一小会儿。能回到伦敦，我很高兴。

8月5日　星期四

HB去了纽卡斯尔，于是社区护士来给我输液。

8月8日　星期日

护士拿给我一个可爱的布娃娃，这是她的一位病人做的——这个人已经八十岁了。这娃娃让我想起妈妈和她忙碌的辛格一起依照《时尚》杂志里的式样做的衣服，有白衬衫和领带、亮色的中式绸缎马甲。十八岁的时候，我穿着在玛莎百货买的套衫和裤子——可能没有卷裤脚——还有多切斯牌的鞋子，看上去像是受人尊敬的叔祖父。当时多切斯鞋店里还有台X射线机，孩子们觉得这很好玩，那时我们还不知道危险为何物。毕竟五〇年代是原子时代。

8月13日　星期五

我去门诊部的时候，碰见了尼科，这完全出乎我的意料。他和我一起回到诊所——他胳膊断了，现在骨头已经接好。和他在一起总是很开心。我们谈起他的邻居，已经去世的建筑师马克斯·戈登，马克斯的弟弟名叫阿德里安，曾住在公爵街的一套豪华公寓里，如今也已经死于艾滋病——又是无数回忆涌来。尼科说，他并不觉得难过，阿德里安度过了快乐的一生。

我们谈起我的运气和他的运气，尼科把我的画捐给了泰特美术馆，以纪念阿德里安。

我和彼得医生了解了一下大概情况，接下来，尼科开车把我送到凤凰之屋门口。我应该多和他见面，他总会使我开心。

8月14日　星期六

我和金杰比茨坐在一起修订颜色小书。我们完工了吗?

六点钟时，卡尔和皮雅来了，他俩很期待即将在波茨坦开办的画展。

尼基建议我吃些右旋苯异丙胺——现在我吃了那么多药，我很怀疑自己能否感受到药效。

我和衣而卧，灯也开着。我在五点钟醒来的时候，发现裤子已经脱掉，灯也关上了。

8月16日　星期一

米歇尔问："你小时候都吃些什么？"我小时候常吃乳酥，不过已经很久没再见过了；我那来自新西兰的父亲爱吃烤羊肉、金丝雀海绵布丁；我妈妈爱吃胡桃面包。我记得，在我的家中，食物从来都只是食物而已。除了圣诞节的火鸡、烤鹅和我父亲搅拌的白兰地黄油以外，我们不会特意吃什么好东西。我们会把白兰地黄油和极小份的圣诞布丁放在一起吃。

～

我的病情令社区护士慌张不已。吃东西是最痛苦的事情。大剂量的更昔洛韦让我感到恶心。

现在是中午，我正等着HB带着他那久违的微笑破门而入。

8月19日　星期四

一不小心戴着我那精美的手表进了澡盆，看来今天下午我得让HB去克勒肯维尔帮我修表了。这只表跟着我一直命途多舛。我看不见它。如果我的视力还正常的话，肯定不会发生这种事。哦，黑暗的阴影啊。

～

我的力气增长了一些，现在想要站起来没那么费力了。我现在夜里会穿上大号尿不湿，这样就不会因为失禁而惊醒了。两周之前，我在夜里常常会由于大小便失禁而惹出大麻烦。

～

我在圣玛丽医院碰上了一场悲剧：一位母亲带着她两岁的女儿来看病，孩子感染了巨细胞病毒，在滴眼药水的时候，由于刺痛而放声号哭。克莱夫说，他们最近遇到身患艾滋病的儿童数量越来越多。那位母亲对着孩子哼歌，终于使她平静下来。她们的遭遇震撼了我。得艾滋病就像是经受大屠杀一样。

8月22日　星期日

我在爱丁堡和萨拉在一起，正等着HB和加里从王子街回来。前几天，我每天都需要输液。克莱夫想让我继续每治疗两天休息一天，所以我的药剂现在还挂在灯架和挂钩上。

～

我们是坐飞机来到爱丁堡的。我从没在机场见过这么多人。电影节主办方让我住进了一家有六层楼梯的酒店，我可爬不上去，只好换酒店了——新换的酒店要比之前那个好得多，里面的餐厅是我吃过的最好的一家。萨拉、艾莉森和HB大吃了一顿鹿肉、三文鱼和苏格兰浓汤。

～

做了两场电视访谈，其中一个合作方是德国的电视台，过程很顺利。

有一位采访者问我，我的病情对生活有怎样的影响。其实，此时我的生活完全被病魔所控制，我已经被困在其中。我的身体状况极差，总是让我感到疼痛。有些时候，我甚至想死，但是这并没有那么简单。我一定会慢慢恢复的，这一过程将充满痛苦。

8月23日　星期一

今早，我觉得腿部力量恢复了一点，这让我精神很好。

我们几个人现在正坐在火车里：尼基·德·容在这次旅行中看了几出

戏剧，HB正在看一本烫金封面的平装书，内容庸俗，我则忙着写日记。

昨晚放映了电影，观众们很激动。随后，我们所有人都回到酒店吃晚餐。坐火车回家是件好事，坐飞机实在是一种可怕的体验。

～

HB抱怨说，现在的人们连撇号都不会写了，他把这种现象称为“撇号失踪疑案”。

～

我们回家后听到了一个坏消息：电影院即将在周四关闭，所以《蓝》无法在那里放映，而在那之前，我们也找不到其他放映场地。HB很难过，他抱住我，问我是不是不开心了。我说完全没有，我其实早就有心理准备。其实我根本不在乎——这样就可以少去一场放映会了。

九月

9月3日　星期五

我在圣巴托洛缪医院待了将近两周，一边输入大量的更昔洛韦和膦甲酸钠，一边接受肾脏和骨髓监测。每天都要打一针以便让中性白细胞保持活性，虽然还没有完全消除病菌感染，但现在情况正在转好。两周前，我做了一次眼部手术，极其疼痛。周四又做了一次，现在的我已经基本失明，再也别想看书或读报了。

在休息室里，有位医生一直在对着一位老人喋喋不休："如果你不这样做，那一周后你就会死。"老人闭口不答。医生变得很着急，最终选择放弃，他知道自己得不到任何答复。这场面有点生硬。

周三时，过道对面的那位年轻人病逝了。数周以来，他没说过话，也没有任何活动。他消瘦得像是某位法老的木乃伊或是丹麦泥炭沼里发掘出的尸体。我想，医生们已经停止给他输液了。护士说，他就是不想死，这简直有点违背自然规律。

～

HB和我穿过苏活区广场，在秋日的小雨中，这里空无一人。我感觉活着真好，要我说，我能活下来就是一场巨大的胜利。医生说，他本来以为我会死于上次的肺炎，败血症会要了我的命。我一直认为自己迟早能出院。我一点都不怕死，但希望这件事不会那么令人悲伤。能够活下来，而不是像科尔斯顿病房里的那些老人一样死去，我真的是千恩万谢了。老人往往过得很凄惨，那种疏离感和不安全感实在可怕。我觉得自己每天的生活都非常特别。处处都有好朋友，大家都希望我的身体能够好转。

～

过马路时，有一辆小货车故意要撞我们。HB狠狠地踢了那辆车，在车门上留下了凹印，还和司机大吵了一架。“就算我们在马路上走，你也没理由撞死我们。”

9月7日　星期二

和诺曼、尼科、理查德还有肯一起在惠勒餐厅吃午饭，我吃了一份汤和罐头虾。运动失调症状已经变得更加严重——我今天摔倒了，差点狠狠地撞在墙上。

9月9日　星期四

第二次眼部手术的时候，我感觉没有第一次那么疼，这次手术很成功，不过我依然什么也看不清，只能看到些影子。西区眼科医院和圣巴托洛缪医院简直有天壤之别，护士们总是对人颐指气使——他们不肯让HB打电话给安德鲁斯病房，因为他们不相信HB知道电话号码。我不得不说，上了年纪的人就是很招人烦。

9月22日　星期三

包容姐妹会的成员在一家酒吧的楼上订了一间房，一起庆祝我封圣典礼的两周年纪念日。他们唱起颂歌，说出祈愿。真是个愉快的夜晚，人人都很开心。

艾伦真是太棒了，他特别擅长把人聚集起来。今天他戴着头饰，看上去很有东正教的风格。有些姐妹会成员戴着蓝色面纱。这间屋里充满爱意，能够得到那么多人善意的关注，实在令人心情愉悦。彼得·怀特海德[1]刚被封为圣徒，他们选对人了。前几周实在是太忙了：我收到了大量信件，走在街上，人们会拦住我问好，还有修女为我唱歌，人们对我的爱意实在是过于深厚了。

1　彼得·怀特海德（Peter Whitehead，1937—2019），英国作家和电影制片人，他记录了二十世纪六〇年代末伦敦和纽约的反主流文化。

十月

10月1日　星期五

奇迹中的奇迹！昨天我彻底出院了，现在我正等着坐上维珍航空的大飞机，经由纽瓦克飞往纽约。最近状态有些起伏，但是视力足以让我将就着活着，不过，在我眼中，万事万物依然像是处在暮光之中。

HB扛着一个大袋子，里面装满输液所需的药品。如果有人打开包检查，天知道会怎么想。

～

膦甲酸钠的疗程终于结束了，我很开心，觉得身体也有所好转。我借了彼得的钱付给保罗医生才买来这些扰乱我身体机能的药。圣玛丽医院和圣巴托洛缪医院的大夫们似乎很开心，我的眼睛已经不疼，现在能看到视力表上的第三格了——在手术之前，我甚至分不清上面写的是什么字母。

失去视力会让人感觉与外界失去联系——就像是剥夺了你的感官能

力。我仿佛跌入寂静之中。在这么长的一段时间里，HB一直特别好。海蒂教他如何给我注射GCSF（粒细胞集落刺激因子）。每一针都会花上一百八十英镑，这还算是少的。有些药的价格我几乎负担不起。幸亏我不是在美国，圣巴托洛缪医院的医疗水平是全球领先的。他们已经做得够好了，这里的医护人员很幽默，珍妮用抛光机清洁地板时，整个病房都发出嗡嗡声——每当珍妮早上来上班时，我们都感觉很开心。

得知一个天大的好消息，让我惊喜不已——我赢得了法斯宾德奖，奖金足有一万三千英镑之多。他们把支票给我的时候，我差点从床上掉下来。这彻底解决了我的经济难题。我花了五百英镑为医护人员们买了旋转木马的门票，不过，这是我最后一次铺张浪费了。我想给HB买一台洗碗机，但他不让，他说他不想依赖任何东西。

我们还在等待飞机起飞。我很喜欢这个过程：飞机在跑道上绕来绕去，似乎永远也不会起飞，但奇迹突然降临——你飞到了天上，地上的房屋和街道变得越来越小。我想，由于身体疾病随时可能发作，出门远行变得很奢侈。出国成了一件很遥远的事情，我以为自己再也见不到纽约了。纽约绝对是世上最棒的城市，其间我们会住在曼哈顿的切尔西旅馆。

《蓝》大获成功，对这部构想简单的电影而言，有些影评夸赞得有点过火了，不过，我的确很激动。《蓝》登上了今天《纽约时报》影评栏的首页。大家都很开心。有一个年轻人曾被车撞伤，司机肇事逃逸，他在极度抑郁的情况下想要自杀，看了这部电影后，他决定继续活着。

我们终于升空了，飞到了伦敦那糟糕的天气之上。再过七个小时，我们就可以见到帝国大厦和纽约市的那些美丽建筑，看那些漂亮的厅堂闪耀着玻璃与大理石的光芒。

昨晚终于能躺在自己的床上，真是奢侈。我睡得像块木头，HB在我身边蜷着身子，看上去英俊极了。他昨天一下午都敷着面膜，看上去像是巴布亚新几内亚的泥人[1]。我们的确很开心。

---

1 指巴布亚新几内亚的部分土著居民，他们常把泥土涂在身上，并戴着土制面具以吓唬敌人。

我喝下一杯热辣的胡椒番茄汁。我时常想，我写日记的时候，是否应该写一些“深邃的”想法，但是，也许肤浅的事情会显得更有趣，生活本身也就是些表面功夫，那些揭露事态本质的想法，还是留在年少的记忆中吧。

飞机上即将播放人们从未听说过的那种“机舱电影”，通常电影里都会有华尔特·马修的身影。我想，我还是接着写日记吧。

飞机彻底满员，由于詹姆斯没有预订座位，HB不得不坐在吸烟区。

10月2日　星期六

据HB观察，纽约的食物已经超额生产了。通常，主菜和布丁会一起上：一盘鹿肉上配有樱桃，小牛肉配有杏子。今天的午餐令人难以下咽，电影节接待部门的食物让我食物中毒了，一夜都极其难受，还吐在了刚洗完澡的HB身上，他叹了口气，然后大笑着去再洗一次澡。

我们撤到一家小餐厅里，这里的食物无可挑剔——鸡蛋、培根和自制的炸薯条。我今天吃了三次。食物价格极其低廉，只需要几美元而已，做得还很好。

～

我们去了趟古根海姆博物馆，这里空空荡荡，正在举办利希滕斯坦的回顾展览。

～

杰夫·希尔、克里斯蒂娜·瓦尚、汤姆·卡林和布鲁斯·韦伯办了一场午餐派对——布鲁斯实在是魅力十足。他带了一本《舞动的暗礁》来让我签名。这本书的美国版真漂亮，比英国版要大很多。他问我和HB是怎么认识的。当我把我俩的故事告诉他后，他说这是二十世纪最美的爱情故事。

10月4日　星期一

HB去了军用品商店。又是晴朗而美丽的一天，天气十分适合散步。我们想要把衬衫送到洗衣店，切尔西旅馆附近有两家。住处的塞子不够用——HB曾经买过一个放在水槽里，又从附近的五金店里买了一个放在浴缸里，他说："就算是苏联也不会这么缺乏物资。"这里的房间都很大。

HB拆了一把放在窗边的椅子，在壁炉里生了火，和我依偎在一起。"看啊，长毛怪，是不是很浪漫？"接着，烟雾警报器就响了，发出了尖啸。他浑身赤裸，跑过去把警报器的电池拆下来。并没有人过来看是什么情况。

～

有人问了我一个非常有趣的问题：为什么比起以往的作品，《蓝》并没有显得更为愤怒？我说，我真的不愤怒，只感到忧郁，所以《蓝》真实地反映了我内心的状态。我早上起床的时候，并不会满怀愤怒。也许，如果我需要对付美国的医保制度，可能会很生气，但现在别人已经为我安置好了一切。

如果这部电影是有图像的，那就会像《花园》或是《英伦末日》一样难以理解。

10月6日　星期三

纽约一直是晴天，明亮而耀眼。中午，我们和克里斯蒂娜、汤姆、罗贝托·塞库托、斯蒂芬·弗里尔斯在一家生蚝餐吧里见面，大吃了一顿。比起我们，美国人对彼此的感情要更加深厚，也许是因为他们的工作更为繁忙，闲暇时间也更少。这场旅行最精彩的部分就是那家小饭店，我们用那里的早餐食品代替了许多正餐：嫩荷包蛋、美味的培根，还有自制炸薯条。这些东西加上一杯咖啡和橙汁，只要三美元五美分，在伦敦，这种价格简直不敢想象。看起来，伦敦的食物定价太高了。

10月7日　星期四

利兰带我们去了修道院博物馆[1]，我们在那里见到一位年轻又迷人的馆长，他带我们游览了一圈。我很喜欢伯里圣埃德蒙兹十字架[2]。我们坐在花园里，HB在追一只老鼠——老鼠、蜥蜴之类的爬行动物总是让他激动万分。我们的恋情就是一个奇迹，不过我认为，像这样慢慢地挣扎，他会觉得很艰难。

～

利兰说，他还是无法相信马克已经死了。在马克生前的最后几个月，他变得很有暴力倾向，利兰不得不搬走。马克的家人依然雇着利兰照看那些房子，但是工资只有原来的一半。马克没有写遗嘱，只在卧室抽屉里留下了一把枪。

10月9日　星期六

这周很开心。我们回国了，现在还是有可能拍摄《窄房间》的——罗贝托提出要出资弥补第四频道撤资造成的空缺。

～

HB去看望小桃，所以我现在孤身一人。他刚走，我就开始感到孤独。

他可真粗鲁！他竟然当着餐厅服务员的面叫我“老屁精”。哎，我当然知道自己排出的气体快要赶上喷气式飞机了。现在如果我发脾气，他就会反驳我：“别忘了布鲁斯·韦伯是怎么说的——这可是二十世纪最美的爱

1　修道院博物馆（The Cloisters）是大都会美术馆的分馆，因其外观酷似中世纪的修道院而得名。

2　伯里圣埃德蒙兹十字架（Bury St. Edmunds Cross）又称修道院十字架，制作于十二世纪，现藏于修道院博物馆。

情故事。啊啊啊。”

～

昨晚睡得不太好，希望今晚能睡得好些。

～

我们步行前往伊恩·希普利的书店，他给了我一本有趣的书，是关于艺术品修复的。他说，另一本关于培根的书有些古板而严肃，于是我没买。

～

HB顺路去了玛莎百货，给我买了一件毛衣。

10月10日　星期日

大卫和詹姆斯来到邓杰内斯，带了些桂竹香，很便宜，九十九便士可以买十二枝。我们将这些花种在土里。

～

HB留在伦敦，这样就可以去健身房度过安静的一天，不用照看我这个步履蹒跚的家伙了。能和他挽着手臂在街上一起走，是件很开心的事。

10月11日　星期一

卡尔给两幅大型油画绘制了背景，但我们的红黄颜料用完了，所以就暂时将它搁在一旁。

我们去了一家黎巴嫩餐馆吃午饭，这里的菜很不错。现在，吃东西对我而言仍然是个不可能的任务。我觉得很饿，但吃上两口就感到很恶心，千万别放弃啊。

10月13日　星期三

和HB一起待在邓杰内斯。下雨了，还下个不停。我坐在后屋里，雨水敲打着窗户。今天没有整理花园。

10月15日　星期五

在理查德的工作室里画了《卷心菜煎土豆》。马克·乔丹刚从曼彻斯特过来，他录下了我收到一大包一次性输液泵的场景。卡尔帮我把这些东西搬回屋里。

晚上萨拉来了。她刚剪辑完自己的新闻节目，这期节目是关于一部名叫《操翻侏罗纪》的色情电影的。这电影被起诉了。她说她足足花了十五分钟才给所有的"操翻"这个词做完消音。

10月16日　星期六

寒冷而晴朗的一天，没有一丝云。这一天由贝尔托饼屋的早餐开始。

贝尔托饼屋里又满是八卦新闻：克洛伊说彼得"太爷们儿了"，塔妮娅则说彼得"像天鹅绒一样软"。塔妮娅总是亲吻其他男孩，这让彼得很是嫉妒——他什么也做不了，而塔妮娅见一个男孩就亲一个。她的室友巴里是个异装癖，总是戴着金色假发，时常把一些出租车司机领回家。这些家伙才不在乎巴里是不是女人。

德里克·鲍尔现在已经是家财万贯。他觉得花一千英镑买件三宅一生设计的日式乞丐装根本不算什么。不过，这件衣服让他看上去像是一袋罗姆尼湿地产的土豆。最近，他开始把自己不要的衣服送给像塔妮娅这样的朋友们。

～

我最爱的电影人费德里科·费里尼[1]已生命垂危，即将死去。年轻的演员瑞凡·菲尼克斯[2]也是如此。

～

我觉得想要做些什么事越来越难。我甚至没法走到银行。

～

和詹姆斯、大卫一起看了一些超8毫米的老电影，这些作品比我记忆中的要更有分量。接着我去圣巴托洛缪医院输液。

詹姆斯和我一起去了一家位于伊斯灵顿的法国餐馆；午餐时一直在头脑中给那些画作起名字，其中最好的名字是《疯疯癫癫》。

途经尼尔街，在查令十字街上漫步了一阵，随后回到家。

1　费德里科·费里尼（Federico Fellini, 1920—1993），意大利电影导演、作家、演员，代表作有《卡比利亚之夜》《八部半》等。

2　瑞凡·菲尼克斯（River Phoenix，1970—1993），美国演员，1991年凭借在《我自己的爱达荷》中的表演夺得威尼斯国际电影节最佳男演员奖。

十一月

11月2日　星期二

由于HB的生日快到了，他给我们布置了不少麻烦事。因为去年生日没收到礼物，他这次要求每位朋友和爱慕他的人都送礼物给他。接着，为了确保我的脑袋不会撞到架子上，他在大白天拆掉了卫生间和卧室之间的墙，以便重新做个柜子。噪声之大简直难以形容！我不得不躲到理查德家里，结果在他家的沙发上睡着了。

11月3日　星期三

我正在吃一种增进食欲的药，不知道有没有效果。当然，如果能吃东西，就会对食物产生迷恋。我浏览着各个餐厅的菜单，内心充满绝望。如今的物价都太高了。在阿玛尔菲餐厅吃一顿二流意大利菜要花二十四英镑，在惠勒餐厅只用花上一半的钱就够了。如今什么事都变得乱七八糟。

米歇尔和塔妮娅带我去常青藤餐厅。我几乎没吃什么，只吃了份雪葩和一份罐头虾。

詹姆斯带我去阿拉斯泰尔·利特尔餐厅，我吃了份雪葩。寿司吃起来比较轻松。东京小馆的价格是所有餐厅里最合理的，吃一顿饭只用七英镑就够了。

11月5日　星期五

尼克、朱利安、塔妮娅和我一起去了邓杰内斯。晚些时候，彼得带着烟花也到了。我们做了些园艺工作，清理了菜园。塔妮娅做了饭。我们等着德里克，但他却一直没来。我想要画画，却看不清东西。我给HB画了一幅画作为生日礼物。必须得要一份治眼睛的新药才行，现在看什么东西都很模糊。

11月6日　星期六

6号早上，塔妮娅和彼得一起去接德里克·鲍尔这个富得流油的家伙——他现在通过售卖颜料，一年能挣十万英镑。尼克和朱利安冒着寒风在园里劳作。乔治·克拉姆的钢琴曲在厢房里鸣响着……一片寂静。

11月16日　星期二

泰特美术馆在大会议室里举办了一场极好的午餐会，墙上还挂着我的画。很多可爱的朋友都来了：理查德·汉密尔顿、尼克·罗格斯戴尔、约翰和安雅·森宝利、蒂尔达、尼尔·坦南特、罗伯特·梅德利，这次聚会真是无可挑剔。每个人都很开心，尼克·塞罗塔发表了一番演讲。曲终人散，人们还是要离开，真是令人悲伤，不过我还是约了尼科吃午餐。

～

生活变得越来越难，拿起电话都很吃力。我整天坐着，懒懒地不想动。我现在看不清东西，肯写了一篇关于我的画作的文章，昨天刚发表在《时尚》杂志上，我不得不让尼基帮我念出来。我现在只能分辨出杂志上油画的照片。平钦教授觉得我的病情可能没有自己想象的那么严重，这句话鼓舞了我。林恩医生说："我们不会那么轻易失去你的。"但我还是觉得自己的生命已经开始谢幕。

11月20日　星期六

邓杰内斯下雪了。

～

出乎我的意料，刚刚收到了一封来自福特牧师的信，他说HB和我都可以葬在老罗姆尼。这下我再也不用担心了。

11月23日　星期二

我们和安迪·贝尔以及一些十分活跃的喜剧演员一起录制了《坎普[1]圣诞节》，对于圣诞节这种阖家团圆的活动，我们毫不掩饰自己的厌恶之情。

对同性恋者而言，圣诞节不是个令人开心的节日。同性恋和圣诞节水火不容。所以，这个节目应该能让许多人开心一笑，让坚冰逐渐融化。

1　坎普（camp）一词源于法语"se camper"，意为"以夸张的方式呈现"。二十世纪六〇年代以来，"坎普"成为西方流行文化和同志文化中的重要概念，苏珊·桑塔格在《关于"坎普"的札记》一文中有详细论述。

11月26日　星期五

疾病让我的心境大受影响。总是会有些奇怪的幻觉和梦境——我曾想过，当世界上还没有“古代”这个概念的时候，一切都该是什么样的？这肯定会改变一切。街上的古旧石板也不过是旧石板而已，没人会觉得这有什么了不起。当人们发现这块石头曾在新石器时代被当作停车场栅栏时，那整个世界就彻底改变了。

十二月

12月2日　星期四

去布鲁塞尔看根据《现代自然》改编的戏剧，制作非常精良。其中一位演员克里斯让人目不转睛。我想我们应该安排一下，把这出剧拿到爱丁堡去演。

我喜欢布鲁塞尔，这是一座简单舒适的小城，对我这样的病人而言堪称完美。这里的食物也很美味，我的胃口已经开始恢复了。刚去没多久，我们就回来了。天气寒冷，还飘着雪。

～

做了更多怪梦。

圣诞前夜

朱利安和萨拉帮我装好输液仪器，他俩的动作有条不紊，但速度比HB

这个小帅哥慢了五倍。

～

安迪·贝尔打电话来说："你为什么不来马略卡岛呢？"——这可真是脑子有问题的流行歌手才问得出来的问题。我说不行，现在待在家里生活就已经很费劲了。不知道他接下来又会想出什么鬼主意。

～

与此同时，我的生命即将走向终点。谢天谢地，我真的快要受不了了，现在已经几乎站不起来。我在哪里？感觉恶心，不过还是把萨拉烹制的美味早餐吃完了。

～

有了更多关于史前的想法。

～

萨拉给我念了一份女性投票冗长的步骤列表。

～

坐着听西蒙给《花园》写的原声带，这音乐非常精确严谨。

～

彼得和我在设计苏格兰呢子套装。

～

有人请我给孩子们写一本关于艾滋病的书。

twice about it then it became a neon-pink parking post it must have changed the world forever"

Dec 2 Off to Brussels to see the play of dancing people it was very mad some of the actors it was compulsive viewing I think we should organise it in Edinburgh I like Brussels a homely city I am trying to restore my good appetite we were back before we went 1300 gm it was cold and snowy Julian and Sarah are getting strange dreams organised very meticulously my rep takes 5 times longer than it takes Fuffer ☆

Andy Bell rang and said why

一九九四年

一月

新　年

霍华德和萨拉出发去伦敦了。那部剧[1]在布鲁塞尔反响不错。

生　日[2]

放了烟火。

～

HB真爱。

1　应指根据《现代自然》改编的戏剧。
2　贾曼的生日为1月31日。

New Yearsday. Howard and
Sarah are off to London. The
Play is doing well in Brussels

Birthday fireworks

HB true love.

“你希望大家如何来怀念你？”

“当作一朵花。”

——德里克 · 贾曼

一頁 folio

始于一页，抵达世界

Humanities · History · Literature · Arts

出品人 范新
监制策划 恰恰
特约编辑 苏骏
特约审校 楼一
版权总监 吴攀君
印制总监 刘玲玲
装帧设计 山川
内文制作 陆靓

Folio (Beijing) Culture & Media Co., Ltd.
Bldg. 16-B, Jingyuan Art Center,
Chaoyang, Beijing, China 100124

一頁 folio
微信公众号

官方微博：@一頁 folio | 官方豆瓣：一頁 folio | 联系我们：rights@foliobook.com.cn

图书在版编目（CIP）数据

慢慢微笑 / (英) 德里克·贾曼著 ; 王肖临译 . -- 北京:
北京联合出版公司，2020.9
（伊萨卡丛书）
ISBN 978-7-5596-4428-2

Ⅰ. ①慢… Ⅱ. ①德… ②王… Ⅲ. ①德里克·贾曼
—日记 Ⅳ. ① K835.615.78

中国版本图书馆 CIP 数据核字 (2020) 第 129446 号

慢慢微笑

作　　者：[英] 德里克 · 贾曼
译　　者：王肖临
出 品 人：赵红仕
责任编辑：夏应鹏
特约编辑：苏　骏
装帧设计：山　川
内文制作：陆　靓

北京联合出版公司出版
（北京市西城区德外大街 83 号楼 9 层　100088）
北京华联印刷有限公司印刷　新华书店经销
字数　432 千字　880 毫米 ×1240 毫米　1/32　16.25 印张
2020 年 9 月第 1 版　2020 年 9 月第 1 次印刷
ISBN 978-7-5596-4428-2
定价：88.00 元
